D1995069

Andrea Budde

ı und Arbeitsrecht

Reihe
OrganisationBeratungMediation
herausgegeben von Dr. Harald Pühl

Bibliografische Information Der Deutschen Bibliothek:
Die Deutsche Bibliothek verzeichnet diese Publikation in der Nationalbibliografie; detaillierte bibliografische Daten sind im Internet über http:// dnb.ddb.de abrufbar.

Originalausgabe 2003

Ulrich Leutner Verlag, Zehntwerderweg 197, 13469 Berlin
www.leutner-verlag.de

Satz und Layout: Ulrich Leutner Verlag
Cover: Ulrich Leutner Verlag
Druck: WB-Druck, Rieden am Forggensee

ISBN 3-934391-19-2

Andrea Budde

Mediation und Arbeitsrecht

Rahmenbedingungen für die Implementierung von Mediation im Betrieb

UlrichLeutnerVerlag

Zur Autorin:
Dr. Andrea Budde, seit 1995 selbstständige Rechtsanwältin und Mediatorin, Fachanwältin für Arbeitsrecht in Köln, absolvierte ihre Mediationsausbildung Anfang der 90 er Jahre in Deutschland und den USA. Seitdem engagiert sie sich insbesondere für den Einsatz von Mediation in betrieblichen Konflikten. Besondere Beachtung fand das von ihr konzipierte und geleitete EU-geförderte Modellprojekt QUAK® zur Qualifizierung interner Mediatoren bzw. Konfliktlotsen im Betrieb. Dr. Andrea Budde berät Unternehmen bei der Implementierung von Mediation und bildet Mitarbeiter für ihre neuen Aufgaben aus. Nähere Informationen: www.konfliktmanagement.de.

Inhalt

0 Vorwort

Diese Arbeit ist als Reflexion meiner Praxiserfahrungen als Fachanwältin für Arbeitsrecht, Mediatorin und Trainerin für Mediation in Betrieben entstanden. Für die Entwicklung der vorliegenden Untersuchung waren besonders Prof. Dr. Stephan Breidenbach, der mich im Café des Ostasiatischen Museums mit meiner allerersten Mind Map zum Thema motivierte, daraus doch eine Dissertation zu machen und Prof. Dr. Roderich Wahsner, mein Doktorvater, wichtig. Am meisten gelernt habe ich in den letzten Jahren bei allen Konfliktbeteiligten, die sich auf das Wagnis einer Mediation bei mir eingelassen haben und von all den Seminarteilnehmern, die mich mit ihren Fragen immer wieder auf neue Ideen gebracht haben. Mit der Förderung der Hans-Böckler-Stiftung erhielt ich die Chance, meine Praxiserfahrungen wissenschaftlich zu reflektieren.

Einen besonderen Dank sage ich meinen Eltern, Dr. Joachim Steinbrück und Jochen Hoffmann sowie v.a. meiner Tochter Thea dafür, dass sie trotz manchmal sicher großer Eifersucht auf die "kleine Schwester Dissertation" bis zu deren "Geburt" mitgespielt hat.

Rechtsprechung und Literatur sind bis Oktober 2002 berücksichtigt

Dr. Andrea Budde, Köln

1 Einleitung

1.1 Ausgangspunkt und bisheriger Stand der Forschung

"Mediation" hat Konjunktur. Sie wird seit einiger Zeit nicht mehr mit "Meditation" verwechselt, sondern als eigenständiges, phasenweise strukturiertes Konfliktbearbeitungsverfahren unter Leitung eines nicht-entscheidungsbefugten Dritten sowohl in der juristischen Literatur[1] als auch von Praktikern[2] zur Kenntnis genommen. Mit § 5a Abs. 3 S. 1 DRiG wurde Mediation als juristische Schlüsselqualifikation in die Juristenausbildung eingeführt.

Der Einsatz betrieblicher Mediation wird in der Literatur immer häufiger als sinnvolle, schnellere und kostengünstigere Alternative zu arbeitsgerichtlichen Verfahren gefordert.[3] Arbeitsrecht stelle häufig keine adäquaten Mittel zur Bewältigung von Arbeitsplatzkonflikten zur Verfügung. Für die konkrete Anwendung betrieblicher Mediation hat sich, wie ein Blick in die neuere Ratgeberliteratur zum Thema[4] zeigt, bisher jedoch noch kein einheitliches Profil entwickelt. Es fehlt in den meisten Publikationen eine kritische Auseinandersetzung mit den konkreten betrieblichen Rahmenbedingungen,[5] v.a. im Umgang mit dem strukturellen Machtungleichgewicht zwischen einzelnem Arbeitnehmer und Arbeitgeber im Bereich des individuellen Arbeitsrechts.

Die vorliegende Arbeit hat zum Ziel, diese Lücke zu schließen. Dazu kann an Vorarbeiten aus unterschiedlichen Disziplinen und Richtungen angeknüpft werden, so z.B. an den in den 70er und 80er Jahren in der Rechtssoziologie

1 In der Datenbank IURIS waren im Oktober 2002 zum Stichwort "Mediation" über 300 Veröffentlichungen in juristischen Zeitschriften verzeichnet; in 9 Urteilen, davon in einer arbeitsgerichtlichen Entscheidung wurde der Begriff "Mediation" erwähnt.

2 Fachanwälte für Arbeitsrecht in einigen führenden Rechtsanwaltssozietäten haben 2000 den Verein "Arbitrium – Verein für Mediation, Schiedsgerichtsbarkeit und Führungskräfte" gegründet, die Zeitschrift Betriebs-Berater gibt seit 1999 in größeren Abständen eine Beilage mit dem Titel "Mediation und Recht" heraus. "Mediation in der Arbeitswelt" war 2000 das 2. Generalthema der 12. Arbeitrechtlichen Arbeitstagung des Deutschen Anwaltinstituts, vgl. FA Sonderheft 9/2000.

3 Z.B. Ponschab & Dendorfer 2001 m.w.N.

4 Altmann, Fiebiger & Müller 1999; Lenz & Müller 1999; Wittschier 1998, Wittschier 2000; Eyer (Hg.) 2001; Reitemeier 2001, Bitzer & Liebsch & Behner 2002.

5 Nicht zuletzt auch der arbeitsrechtlichen.

begonnenen Diskurs über "Alternativen zur Ziviljustiz"[6] und "Zugang zum Recht"[7]. Hier wurde erstmals die Gefahr des Rechtsverlusts und der Benachteiligung von sozial Schwächeren durch die Einführung von Alternativen zum Recht thematisiert. Für das deutsche Arbeitsrecht beschäftigten sich Blankenburg und Schönholz 1979 mit der "Verrechtlichung von Arbeitsbeziehungen"[8]. Von Schönholz wurde daran anknüpfend 1984 eine Untersuchung von Güteverhandlungen vor dem Arbeitsgericht und insbesondere der in ihnen geschlossenen Prozessvergleiche vorgestellt.[9]

Die damals begonnene Alternativen-Diskussion wurde Mitte der 80er Jahre abgebrochen.[10]

Erst Mitte der 90er Jahre wurde die Diskussion in Deutschland, diesmal in starker Orientierung an die praktischen Entwicklungen der ADR[11]-Bewegung in den USA und bezogen auf den Bereich des Zivilrechts, ohne Bezug zum vorangegangenen Diskurs, weitergeführt. Zunächst war die Diskussion geprägt durch die Frage der Entlastung der Gerichtsbarkeit. Dies mündete u.a. 2000 in der Einführung von § 15a EG ZPO,[12] der als Rahmengesetz eine landesgesetzliche Öffnungsklausel für die Einführung der obligatorischen Streitschlichtung in vermögensrechtlichen Streitigkeiten vor dem Amtsgericht über Ansprüche, deren Gegenstand an Geld oder Geldeswert die Summe von 750

---

6 Blankenburg u.a. 1982.

7 Bierbrauer u.a. 1978; Gessner 1976.

8 Blankenburg & Schönholz 1979.

9 Schönholz 1984; Schönholz kommt zu dem Ergebnis, auch Güteverhandlungen, ebenso wie streitige Verhandlungen würden "autoritativ von Richtern dominiert"; Schönholz 1984, 524. Einen positiven Zusammenhang konnte er zwischen dem Ausmaß der Erörterung der Fallgeschichte in der Güteverhandlung und dem Abschluss von Vergleichen feststellen. Schönholz 1984, 531. Die Güteverhandlung stelle weniger eine qualitative Alternative zur vorrechtlichen Streitaustragung als vielmehr eine "bloße Abschöpfung weniger hartnäckig verfolgter Fälle" dar; Schönholz 1984, 532. Ernüchternd ist dabei die auch heute noch gültige 6%-Quote der faktisch nach Abschluss eines Arbeitsgerichtsverfahrens weiter beschäftigten Arbeitnehmer; Schönholz 1984, 524.

10 Eine Ausnahme bildet Gottwald 1981.

11 Alternative Dispute Resolution, als Oberbegriff für Mediation, Schiedsverfahren und andere außergerichtliche Konfliktbearbeitungsverfahren; vgl. Goldberg, Sander & Rogers 1992.

12 BGBl. I, S. 2400 v. 15.1.1999.

Euro nicht übersteigt, in nachbarrechtlichen Streitigkeiten und in Streitigkeiten um die Verletzung der persönlichen Ehre bietet.[13]

Bislang wenig Beachtung hatte in der rechtswissenschaftlichen und rechtssoziologischen Literatur die Frage der innerbetrieblichen Konfliktbearbeitung gefunden. Untersucht wurden in neuerer Zeit die sog. Schiedsstellen für Arbeitsrecht in der ehemaligen DDR.[14] Aus diesen rechtsvergleichenden Arbeiten wurden jeweils rechtspolitische Gestaltungsmodelle innerbetrieblicher Konfliktregulierung entwickelt. Weitere Gestaltungsvorschläge für die innerbetriebliche Streitregulierung finden sich in Untersuchungen zum Thema Betriebsjustiz.[15] Grotmann-Höfling[16] entwirft ein eigenes Modell der Errichtung von sog. Betrieblichen Einigungsstellen (BEST) als Alternative zur Güteverhandlung.[17]

Ebenso entwickelt Wolmerath[18] im Rahmen seiner Dissertation zum Thema "Mobbing" Vorschläge für die betriebsinterne Konfliktbewältigung am Arbeitsplatz und fordert u.a. den Einsatz von Konfliktbeauftragten.

Groß[19] vergleicht das Verfahren vor der südafrikanischen "Commission for Conciliation, Mediation and Arbitration" mit der deutschen Güteverhandlung und kommt zu dem Ergebnis, eine konfliktnähere Bearbeitung von Arbeitsplatzstreitigkeiten durch Mediation sei sinnvoll.[20]

Aigner entwirft in ihrer zwischen Österreich und Deutschland vergleichenden Dissertation zum Umgang mit "Arbeitnehmerfehlverhalten" ein Modell des sog.

---

13 § 15a EG-ZPO fordert von den Streitschlichtern nach diesem Verfahren jedoch keine spezifischen Mediations- oder Kommunikationsqualifikationen. In einigen Bundesländern, so in Bayern und Baden-Württemberg darf die Schlichtung nur von zur Rechtsanwaltschaft zugelassenen Personen durchgeführt werden, die aber ebenfalls nicht über spezifische Kenntnisse in der Streitvermittlung verfügen müssen.

14 Niederländer 1995, Hommerich, Niederländer & Stock 1993, Fischer 1992, Hage 2001 m.w.N.

15 Kaiser & Metzger-Pregizer 1976, Vogelsang 1997.

16 Grotmann-Höfling 1995.

17 Diese sollen nach nicht zu befürwortender Vorstellung Grotmann-Höflings wie die Einigungsstellen nach § 78 BetrVG paritätisch mit Arbeitgeber- und Arbeitnehmervertretern besetzt sein und auch über die Beendigung von Arbeitsverhältnissen abschließend entscheiden können.

18 Wolmerath 2001.

19 Groß 2001.

20 Sie schlägt vor, die deutsche Güteverhandlung von der Streitigen Verhandlung personell vollständig zu trennen; in der Güteverhandlung könne dann eine Mediation durchgeführt werden.

abgestuften Konfliktmanagements und führt so erstmalig den Begriff des Konfliktmanagements in den arbeitsrechtswissenschaftlichen Diskurs ein. Bei individualrechtlichen Arbeitsplatzstreitigkeiten wegen Fehlverhaltens sei eine typische eskalationsabhängige stufenweise Konfliktentwicklung festzustellen. Die typische Entwicklung beginne mit dem Fehlverhalten des Arbeitnehmers,[21] werde beantwortet durch die Reaktion des Arbeitgebers sowie den von diesem veranlassten Interventionen[22] ggf. unter Einschaltung eines Dritten und münde schließlich in Sanktionen und arbeitsrechtliche Maßnahmen bis zur Kündigung. Die Klage des Arbeitnehmers vor dem Arbeitsgericht stelle nur einen Endpunkt in dieser stufenweisen Entwicklung dar. Ein allein arbeitsrechtlich orientierter Blick gehe an den Erfordernissen der betrieblichen Praxis vorbei. Gefordert wird eine verhaltenswissenschaftliche Erfassung des Rechts, das "den Neuorientierungen der juristischen Praxis ein theoretisches Fundament"[23] schaffen soll.

Von Bedeutung ist weiter die bislang in der neueren Mediationsliteratur nicht rezipierte Schlichtungs- und Schlichterforschung aus den 50er Jahren[24] sowie die kommunikationswissenschaftliche Auswertung von Gesprächsprotokollen und teilnehmender Beobachtung aus arbeitsgerichtlichen Güteverhandlungen.[25]

Als erste rechtswissenschaftliche Arbeit zum Thema Mediation befasst sich die Habilitationsschrift von Breidenbach[26] mit der Struktur des Mediationsverfahrens. Breidenbach entwickelt eine verfahrensrechtliche Konfliktbehandlungslehre in Ergänzung der traditionellen Streitentscheidungslehre des Zivilprozessrechts. Praktischer Hauptaugenmerk seiner Arbeit liegt auf dem Gebiet der Familienmediation.

Die zwischen Australien und Deutschland rechtsvergleichende Dissertation von Alexander[27] legt ihren Schwerpunkt auf die rechtspolitischen Rahmenbedingungen für die Einführung von "Mediationsprojekten" in Australien und Deutschland. Schwerpunkt ihrer Überlegungen bildet die Wirtschaftsmediation in Streitigkeiten zwischen Unternehmen, nicht die betriebliche Mediation.

---

21 Der "Aktion".

22 Z.B. ein Mitarbeitergespräch.

23 Aigner 2002, 21.

24 gl. Külp 1972, Keller 1973. Empirisch untersucht wurde, welche fachlichen, persönlichen und Methodenkompetenzen erfolgreiche Tarifschlichter mitbringen.

25 Vgl. Schröder 1995.

26 Breidenbach 1995.

27 Alexander 1999.

Die seit 1998 immer zahlreicher veröffentlichten Aufsätze zum Thema "Mediation und Arbeitsrecht"[28] gehen zum größten Teil nicht über die Betonung von Vorteilen der Mediation oder die Betonung ihrer Überflüssigkeit hinaus. Eine kritische Auseinandersetzung über die Rahmenbedingungen für die Einführung betrieblicher Mediation findet sich nicht.

Bislang fehlte eine über diese Kurzdarstellungen hinausgehende systematische Aufarbeitung von Mediation als einem Konfliktbehandlungsansatz für innnerbetriebliche Konflikte.

Im Verlaufe der Fertigstellung der vorliegenden Untersuchung wurden allerdings Ende 2001 eine Dissertation[29] und eine wissenschaftliche Monographie[30] - beide mit dem Titel "Mediation im Arbeitsrecht" - vorgelegt.

Albrecht[31] kommt nach einer Untersuchung der potenziellen Anwendungsfelder für betriebliche Mediation[32] zu dem Ergebnis, die Anwendung betrieblicher Mediation sei praktisch irrelevant und überflüssig. Es stünden genügend traditionelle arbeitsrechtliche Verfahren zur Verfügung.

Zum gegenteiligen Ergebnis kommt Lembke[33] in seiner rechtsvergleichenden Untersuchung über betriebliche Mediation in den USA und in Deutschland. Er zeigt Schnittstellen für die Implementierung betrieblicher Mediation in das deutsche Arbeitsrecht auf und schlägt Stufen-Modelle für die Integration von Mediation ins Arbeitsrecht vor. Für die Durchführung betriebsinterner Mediation hält er den Betriebsrat für prädestiniert. Neben dem Betriebsrat sei aufgrund der Gegebenheiten des BetrVG kein Raum für die Installierung betriebsinterner Mediatoren oder Konfliktbeauftragter.

---

28 Domnick & Harms & Neuffer 1996; Budde 1997; Thau 1997; Stevens-Bartol 1997; Budde 1998; Prütting 1999; Eyer & Redmann 1999; Ponschab & Dendorfer 2000; Abeln 2000; Redmann 2000; Richter & Schwartz 2000; Schubert 2000; Budde 2000; Fischer 2000; Webers & Eyer & Redmann 2000; Stückemann 2000; Dendorfer 2000; Henkel 2000; Hermenau 2000; Budde u.a. 2001; Ponschab & Dendorfer 2001; Gans 2001; Budde 2002; Ponschab & Dendorfer 2002; Prütting 2002.

29 Albrecht 2001.

30 Lembke 2001.

31 Albrecht 2001.

32 Allerdings mit einem wenig überzeugenden Mediationsverständnis: sie differenziert grundsätzlich zwischen "psychologischer" und "juristischer" Mediation und verkennt die Wichtigkeit der Interessenorientierung der Mediation in Abgrenzung z.B. zu Schlichtungsverfahren; dazu unten Kap. 2.

33 Lembke 2001.

Allen bisher vorliegenden Arbeiten fehlt die Auseinandersetzung mit dem Einsatz von Mediation im Kontext hierarchisch organisierter Betriebe. Die arbeitsrechtlich interessante Frage nach den für die Implementierung von Mediation im Betrieb erforderlichen tatsächlichen und rechtlichen Rahmenbedingungen - insbesondere vor dem Hintergrund des strukturellen Ungleichgewichts zwischen individuellem Arbeitnehmer und Arbeitgeber - wurde bislang nicht untersucht.

Die vorliegende Arbeit verfolgt das Ziel, zum einen die Frage nach der Verortung von Mediation im deutschen Arbeitsrechtssystem zu beantworten und zum anderen die für die Implementierung von Mediation im Betrieb erforderlichen tatsächlichen und rechtlichen Rahmenbedingungen herauszuarbeiten. Entwickelt werden soll dabei ein Modell des Kontinuums des Integrierten betrieblichen Konfliktmanagements,[34] in dem Mediation abgestuft - je nach Konflikteskalationsstufe - neben arbeitsrechtlichen Verfahren und anderen Interventionen seinen Platz einnimmt.[35]

1.2 Methodisches Vorgehen

Die Arbeit stützt sich zunächst auf eine Literaturauswertung aus deutscher und englischsprachiger Literatur zum Thema Konfliktmanagement und Mediation sowie der Entwicklung von Integrierten Konfliktmanagementsystemen im Kontext der (systemischen) Organisationsentwicklung. Dabei kann die Untersuchung an bereits veröffentlichte Untersuchungsberichte und Forschungsergebnisse[36] aus Rechts- und Organisationssoziologie, Betriebswirtschaft, Arbeitspolitik, Arbeits- und Organisationspsychologie, Konflikttheorie und Arbeitsrecht zurückgreifen.

---

34 Zur Begrifflichkeit: Budde u.a.2001, in Anlehnung an Rowe 1997a; s. auch Dendorfer 2000, Ponschab & Dendorfer 2002.

35 Auf diesem Kontinuum des betrieblichen Konfliktmanagements bildet Mediation neben den traditionellen arbeitsrechtlichen Verfahren eine weiteres "Werkzeug", das für bestimmte Konfliktsituationen geeignet ist. In Anlehnung an den Spruch des systemischen Psychologen Paul Watzlawick: "Wer als Werkzeug nur den Hammer kennt, für den sind alle Probleme Nägel" könnte für das Selbstverständnis der Arbeitsrechtswissenschaft gelten: "Wer als Werkzeug nur die arbeitsgerichtliche Entscheidung kennt, für den sind alle Arbeitsplatzkonflikte Rechtsprobleme."

36 Darunter finden sich auch die ersten Veröffentlichungen zum Thema "Mediation und Arbeitsrecht" und zur Implementierung von Mediation in Integrierten Konfliktmanagementsystemen von der Verf. selbst aus den Jahren 1998 bis 2002; vgl. Literaturverzeichnis.

Rechtsdogmatisch wird untersucht, wie innerbetriebliche Mediation in das deutsche Arbeitsrechtssystem einzuordnen ist. Rechtspolitisch werden Anregungen für die rechtliche Absicherung innerbetrieblicher Mediation gegeben.

1.3 Gang der Untersuchung

Zunächst soll im *zweiten Kapitel* ein erster interdisziplinärer Überblick über Ansätze des betrieblichen Konfliktmanagements gegeben sowie Mediation definiert und von anderen Interventionen und Verfahren abgegrenzt werden.

In *Kapitel drei* soll eine Bestandsanalyse traditioneller arbeitsrechtlicher Verfahren der betrieblichen Konfliktbearbeitung vorgenommen und Mediation in dieser Systematik verortet werden.

Kapitel vier befasst sich mit der konkreten Institutionalisierung von Mediation im Rahmen eines Integrierten Konfliktmanagementsystems in der betrieblichen Praxis.

Kapitel fünf untersucht die Zulässigkeit des betrieblichen Einsatzes von Mediation neben traditionellen arbeitsrechtlichen Verfahren und mögliche Ansatzpunkte für die Annahme einer Verpflichtung der Betriebspartner, präventive betriebliche Konfliktmanagementsysteme zu entwickeln. Schließlich wird gefragt, an welchen Stellen Mediation im System traditionell arbeitsrechtlicher Maßnahmen und Sanktionen Anwendung finden sollte.

In *Kapitel sechs* soll untersucht werden, welche rechtlichen Rahmenbedingungen für die Anwendung von Mediation im Betrieb erforderlich sind und an welchen Stellen sich Regelungsbedarf ergibt.

In *Kapitel sieben* sollen schließlich Vorschläge für die Absicherung und Förderung betrieblicher Mediation durch Betriebspartner, Tarifvertragsparteien und den Gesetzgeber entwickelt und eine Prognose über den Einfluss des Diskurses über betriebliche Mediation auf die Arbeitsrechtswissenschaft vorgenommen werden.

2 Konflikte und Konfliktmanagement in Betrieben

Eine umfassende interdisziplinäre Konflikttheorie für den Bereich betrieblicher Konflikte liegt bisher nicht vor und kann an dieser Stelle nicht erarbeitet werden.

2.1 Konfliktbegriff

Ursprünglich aus dem lateinischen "confligere" oder "conflictare" (= kämpfen, streiten, zusammenstoßen) stammend, existieren mittlerweile in der sozialwissenschaftlichen, psychologischen, rechtssoziologischen und wirtschaftswissenschaftlichen Literatur verschiedene Konfliktdefinitionen.[1] In der klassischen psychologischen Konflikttheorie[2] wird übereinstimmend davon ausgegangen, dass Konflikte existieren, "wenn unvereinbare Handlungstendenzen aufeinandertreffen."[3] Diese können von einzelnen "natürlichen" Personen, Gruppen, "juristischen" Personen oder Personen innerhalb von sozialen Einheiten (Binnenkonflikte) ausgehen.[4] Nach Glasl[5] ist ein sozialer Konflikt eine "Interaktion zwischen Aktoren, wobei wenigstens einer unvereinbares Verhalten mit einem bzw. mehreren anderen Aktor(en) erlebt. Dieses Verhalten ist gekennzeichnet durch Unvereinbarkeit(en) im:

- Denken / Vorstellen / Wahrnehmen
- Fühlen und/oder
- Wollen.

Aus unvereinbarem Verhalten wird erst durch die Einbeziehung kognitiver, emotionaler und/oder konativer Unvereinbarkeiten ein Konflikt. Ein Konflikt ist demnach mehr als eine Meinungsverschiedenheit, da er sich durch nicht vereinbare Handlungen manifestiert."[6]

---

1 Glasl, 1997, 12 f. hat in seinem für die allgemeine Konflikttheorie grundlegenden Werk zahlreiche Konfliktdefinitionen zusammengetragen und aufgearbeitet. Er spricht von einer "inflationären" Verwendung des Begriffs "Konflikt".

2 Basierend auf frühen Arbeiten US-amerikanischer Autoren wie Deutsch (1976), Rubin & Pruit & Kim 1994 (2. Aufl.).

3 Deutsch 1976, 18.

4 Montada & Kals 2001, 63.

5 Glasl 1997, 68.

6 Glasl 1997, 68.

Konflikt-Klassifizierungen und -Typologien werden je nach Konfliktraum und je nach Ursprungsprofession der jeweiligen Autoren nach deren berufsfeld-spezifischen Terminologie vorgenommen.

2.2 Betriebliches Konfliktmanagement

Obgleich der Begriff "Konfliktmanagement" auch in der deutschsprachigen Literatur immer häufiger verwendet wird[7] und gerade in der Mediationsliteratur immer wieder Gebrauch findet,[8] bleibt er zumeist undefiniert.

Für Glasl[9] ist, auch wenn der Titel seines Werkes "Konfliktmanagement" lautet, Konfliktmanagement ein Unterbegriff der "Konfliktbehandlung". Konfliktbehandlung sei der Überbegriff für jegliche Art von Intervention.[10] Unter Konfliktbehandlung versteht er "alle möglichen Bemühungen, auf Konflikte einzuwirken"[11]. Unterschieden wird zwischen präventiven und kurativen Konfliktbehandlungen. Präventive Maßnahmen sollen von vornherein das Ausbrechen eines Konfliktes verhindern, kurative Interventionen werden eingesetzt, wenn bereits ein Kampf stattgefunden hat und Schäden entstanden sind. Jede Intervention könne dabei schwerpunktmäßig entweder die Beeinflussung des vorhandenen Konfliktpotenzials, die Beeinflussung des Konfliktprozesses oder die Beeinflussung der Konfliktfolgen anstreben. Die Interventionen des Konfliktmanagements beziehen sich nach Glasl v.a. auf den Konfliktprozess, "so dass die Konflikte einen guten Verlauf nehmen. Es wird mit den Konfliktparteien versucht, die Dynamik der gegenseitigen Aggressionssteigerung und andere Spiralprozesse zu durchbrechen (...). Oft liegt dem Konfliktmanagement die Auffassung zugrunde, dass Gegensätze wesentliche Elemente des sozialen Lebens sind und deshalb die Konfliktparteien lernen sollten, mit ihnen weniger destruktiv umzugehen."[12] Neben dem gezielten Konfliktmanagement könne mit

---

7 U.a. in den Titeln der Publikationen von Schwarz 1997, Glasl 1997, Dieter & Montada & Schulze (Hg.) 2000.

8 Z.B. im Titel der Zeitschrift ZKM: Zeitschrift für Konfliktmanagement und Mediation.

9 Glasl 1997, 17.

10 Hier zunächst verstanden als jegliche Art des Eingriffs in das Konfliktgeschehen. Zur Verwendung des Begriffs der Intervention s.u.

11 Glasl 1997, 17.

12 Glasl 1997, 20, m.w.N.

Streitigkeiten[13] durch Konfliktkontrolle und Konfliktbeherrschung, Konfliktregelung, Konfliktregulierung, Konfliktüberbrückung oder Konfliktkanalisierung umgegangen werden.

Über diese individuell angewendeten Reaktionen der Konfliktbewältigung hinaus bezieht Konfliktmanagement auf der Meso-Ebene auch die Interaktionen, Verbindungen, Vernetzungen und Relationen zwischen einzelnen "Systemelementen" mit ein.[14] Jeschke versteht aus der Sicht der Wirtschaftswissenschaften unter Konfliktmanagement die "systematische, weitsichtige und zielgerichtete Handhabung von Konflikten".[15] Diese könne dem Unternehmen sowohl wichtige Impulse für eine langfristig tragfähige Politik vermitteln, als auch unternehmerische Kreativität freisetzen. Voraussetzung dafür sei jedoch eine veränderte Haltung, mit der Konflikte nicht pauschal als zu unterdrückende Störfaktoren denunziert würden, sondern ihre Signalwirkung für eine auch in der Zukunft akzeptable Unternehmenspolitik erkannt werde. "Somit können richtig interpretierte und adäquat geregelte Konflikte dazu beitragen, über gegenseitige Anpassungsprozesse ein harmonisches Beziehungsgeflecht zwischen der Unternehmensführung und ihrer Umwelt[16] zu etablieren."[17]

Konfliktmanagement wird in einem weitgefassten Sinne auch als "Ensemble von Modellen, Maßnahmen und Techniken, die geeignet erscheinen, Konflikte aus einer Herrschaftsperspektive zu steuern"[18], verstanden. Durch das Berufen auf "Verfahren" des Konfliktmanagements könne sich das Management von der Intimität und Emotionalität distanzieren, die mit dem Austragen spannungsgeladener Konflikte einhergehen. Das lokal erhöhte Verfahrensaufkommen in Organisationen sage daher etwas über das Vorhandensein "heiß" umkämpfter Konfliktfelder aus.[19]

---

13 Im Folgenden werden die Begriffe Streit und Konflikt, trotz ihrer inhaltlichen Unterschiedlichkeit im Sinne sprachlicher Abwechslung synonym verwendet.

14 Jeschke 1993, 1.

15 Jeschke 1993,1.

16 Wozu auch die Mitarbeiter zählen.

17 Jeschke 1993, 1.

18 Schettgen 2000, 97 unter Berufung auf ein u.v. Manuskript von Neuberger 1996.

19 Schettgen 2000, 97 unter Berufung auf Neuberger 1996, 12. Als Beispiele für die Steuerung von Konflikten aus der Herrschaftsperspektive führt Schettgen das gesamte Arbeitsrecht, Tarifverträge, Betriebsvereinbarungen und Arbeitsordnungen an; Schettgen 2000, 97.

2.2.1 *Ziele des betrieblichen Konfliktmanagements*

Übereinstimmend wird in der neueren Literatur zum Thema Konfliktmanagement als Ziel nicht die vollständige Eliminierung oder Vermeidung von Konflikten, sondern deren "konstruktives" oder "adäquates" Management formuliert.[20] Ein funktionales Konfliktniveau sei die Voraussetzung für den wirtschaftlichen Erfolg von Unternehmen. Dieses werde durch eine Unternehmenskultur,[21] in der die Austragung von Konflikten positiv bewertet wird, unterstützt. In wirtschaftlich weniger erfolgreichen Unternehmen seien die Akteure bestrebt, Konflikte herunterzuspielen und zu "glätten."[22] Rahim & Bonoma[23] und de Dreu[24] konnten empirisch nachweisen, dass ein zu geringes innerbetriebliches Konfliktniveau für die Effizienz eines Unternehmens ebenso ineffizient sei, wie ein zu hohes.

Kritisiert wird die Führungszentriertheit der meisten Konfliktmanagement-Ansätze.[25] Allein die Führung bzw. das Management werde für ein funktionsfähiges Konfliktmanagement verantwortlich gemacht. Dies gehe so weit, dass auch für die Regulierung von aus dem Arbeitsprozess selbst resultierenden Interessenkonflikten[26] das Management verantwortlich gemacht werde. Auch "das Management" sei nicht nur Regulationsinstanz, sondern selbst Auslöser und Gegenstand von Konflikten.[27] Das klassische Konfliktmanagement unterliege somit einer "doppelten Fiktion": "ManagerInnen wären in der Lage, in das Konfliktgeschehen monokausal einzugreifen und es omnipotent zu verändern ("Machermythos") sowie der Überzeugung, das Management könne quasi-neutral als 'interessen- oder leidenschaftslose' Instanz das Konfliktgeschehen rational steuern."[28] Um ein effizientes Konfliktmanagement zu etablieren, müssten alle wesentlichen betrieblichen Akteure miteinbezogen werden.

---

20 Rahim & Bonoma 1979; de Dreu 1997, Kolb & Putnam 1991 m.w.N.; aus rechtssoziologischer Perspektive: Gessner 1976, 9.

21 Zum Begriff der Unternehmenskultur im Kontext des Konfliktmanagements: Bendersky 1998, 307-311; allgemein: Doppler & Lauterburg 1997, 53 ff.

22 Breisig 1993, 99 m.w.N. So konnte im Anschluss an kollektive Streitigkeiten über die Lohnhöhe von Arbeitnehmern z.B. empirisch eine Häufung von technischen Innovationen empirisch nachgewiesen werden: Breisig 1993,99 m.w.N.

23 Rahim & Bonoma 1979.

24 de Dreu 1997.

25 Schettgen 2000, 100 m.w.N.

26 Zwischen Kapital und Arbeit: Schettgen 2000, 100.

27 Schettgen 2000, 100.

28 Schettgen 2000, 100.

2.2.2 Strategien des betrieblichen Konfliktmanagements

Grundsätzlich kann zwischen sechs verschiedenen Strategien des Konfliktmanagements unterschieden werden: Herrschaft bzw. Kapitulation, Untätigkeit, Rückzug, Verhandlungen sowie die Intervention Dritter.[29] Darauf aufbauend differenzieren Montada & Kals[30] die unterschiedlichen Interventionsoptionen des Dritten: Gerichtsverfahren, Schiedsrichterliches Verfahren, Schlichtung, Entscheidung durch Vorgesetzte. Schwarz[31] unternimmt zusätzlich eine historisch nachzuverfolgende Einteilung in sechs "Grundmuster der Konfliktlösung".[32] Er unterscheidet zwischen Flucht, Vernichtung des Gegners, Unterordnung des einen unter den anderen, Delegation an eine dritte Instanz, Kompromiss und Konsens.

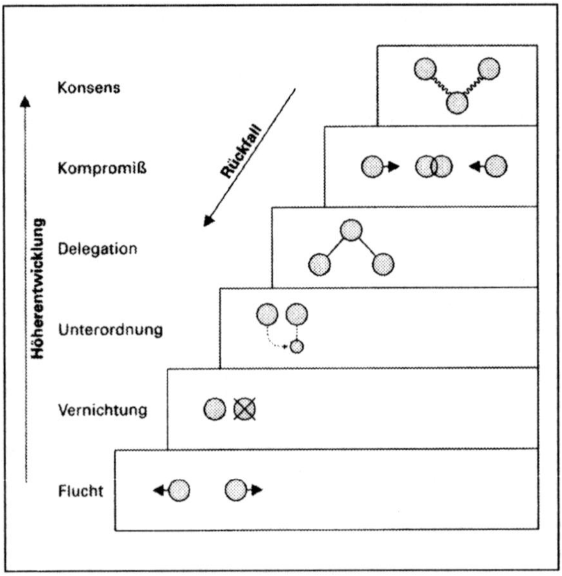

Abbildung 1: Die Grundmuster der Konfliktlösung (nach Schwarz 1997, S. 218)

Die Reihenfolge dieser Konfliktlösungsmuster ergebe sich aus einem kollektiven (historischen) und gleichzeitig individuellen Lernprozess: die sechs Stufen der Konfliktlösung seien sowohl bei Einzelnen als auch bei Gruppen identifizierbar. "Es sind dieselben Stadien, durch die auch ein Konflikt geht, und dieselben Stadien, durch die vermutlich auch der menschliche Lernprozess im Laufe der Zivilisationsentwicklung gegangen ist."[33] Derzeit befinde sich die

29 Rubin & Pruitt & Kim 1994.

30 Monatda & Kals 2001, 11 f.

31 Schwarz 1997, 217 f.

32 Auch wenn der Konflikt nicht endgültig "gelöst", sondern nur bearbeitet wird.

33 Schwarz 1997, 218.

Zivilisationsentwicklung an der Schwelle zwischen Stufe fünf und Stufe sechs seines Modells. Nur auf Stufe sechs könne es wirklich konsensuale Konfliktlösungen als sog. "win-win"-Lösungen[34] geben.

2.3 Ebenen der Konfliktbearbeitung

Konflikte können grundsätzlich auf einer der drei Ebenen der Macht, des Rechts oder der sog. Interessen[35] bearbeitet werden.[36] Bei der Bewältigung von Konflikten "richten die Parteien die Aufmerksamkeit auf eines oder mehrere dieser Elemente: Ihre Interessen auszugleichen, zu bestimmen, wer im Recht ist und/ oder festzulegen, wer mehr Macht besitzt".[37]

Eine ähnliche Systematisierung findet sich auch in der rechtssoziologischen und arbeitsrechtswissenschaftlichen Literatur der 70er und 80er Jahre.

Blankenburg und Schönholz[38] unterscheiden - z.T. mit identischen Formulierungen - gleichfalls zwischen drei grundsätzlichen Ebenen der Konfliktbearbeitung. In Konflikten könne "je nach Eigenart des Konfliktes" eine unterschiedliche Behandlungsform sinnvoll sein. Diese wechsle im tatsächlichen Konfliktverhalten ständig und werde mitunter sogar taktisch eingesetzt.[39] Sie unterscheiden zwischen den Bearbeitungsformen Vermittlung,[40] Richten[41] und

---

34 Bei der, anders als beim Kompromiss keine der Konfliktparteien nachgeben muss, sondern beide 100% dessen erzielen, was sie sich "eigentlich", neben den offen vertretenen Forderungen und Positionen wünschen. Vgl. Fisher & Ury & Patton 1990. Zur Erläuterung s.u.

35 Erläuterung des Begriffs "Interessen" im hier verstandenen Sinne, Fn. 119.

36 Ury & Brett & Goldberg 1996, 22 ff.

37 Ury & Brett & Goldberg 1996, 23.

38 Blankenburg & Schönholz 1979, 178.

39 Blankenburg & Schönholz 1979, 178.

40 Dies entspricht der Ebene der Interessen in dem Modell von Ury & Brett & Goldberg: "Der Dritte kann vermitteln. Dabei appelliert er an eigene Interessen der Parteien, betont die ihnen gemeinsamen Interessen, sucht nach Lösungsmöglichkeiten unter Berücksichtigung der Interessen beider, insb. nach Kompromissmöglichkeiten." Blankenburg & Schönholz 1979, 178.

41 Dies entspricht der Ebene des Rechts im Modell von Ury & Brett & Goldberg: " Der Richter kann sich dann auf eine rechtliche Beurteilung der Vergangenheit beschränken unter Ausblendung von sozialen Konsequenzen alternativer Entscheidungen, während der Vermittelnde den Streit entideologisieren und Zukunftsperspektiven einbeziehen muss"; Blankenburg & Schönholz 1979, 178.

Anordnung.[42] Die Erweiterung des Blickwinkels über die Betrachtung rechtsförmiger Konfliktbearbeitungsverfahren auf der Ebene des Rechts hinaus öffnet die Betrachtungsweise von der justizzentrierten Klassifizierung in "formelle" und "informelle" Streitbehandlung[43] in ein integriertes Verständnis unterschiedlicher[44] Wege der Konfliktbearbeitung[45] innerhalb und außerhalb des Betriebs.[46] Dies bildet die Grundlage für eine Vernetzung unterschiedlicher Ansätze des betrieblichen Konfliktmanagements zu einem systemischen integrierten Ansatz. Arbeitsrechtlich normierte Verfahren stehen neben arbeitgeberseitigen Entscheidungen auf der Macht-Ebene und interessen-orientierten Interventionen des psychologischen Konfliktmanagements.[47] Rechtsförmige

---

42 Dies entspricht der Ebene der Macht in dem Modell von Ury & Brett & Goldberg. "Der Dritte kann schließlich durch Anordnung Konflikte lösen. Mit dem Urteil hat die Anordnung gemeinsam, dass über den Konflikt entschieden wird, mit der Vermittlung, dass nicht (nur) eine Beurteilung bestimmter vergangener Tatsachen unter Rechtsgesichtspunkten vorgenommen wird, sondern eine Gestaltung von Rechten und Pflichten für die Zukunft innerhalb eines weiten Entscheidungsspielraums erfolgt. Je enger der Dritte in ein fortdauerndes Interaktionssystem mit den Parteien eingebunden ist - etwa ein Vorgesetzter -, desto eher kann sich mit Blick auf die Zukunft ein Verzicht auf die Erzwingung einer Anordnung im einzelnen Fall empfehlen." Blankenburg & Schönholz 1979, 178.

43 Vgl. Hage 2001, 36f. m.w.N.

44 Auch je nach professionellem Hintergrund.

45 Die Begriffe Konfliktbearbeitung und Konfliktmanagement werden für die Vielfalt sprachlicher Ausdrucksmöglichkeiten im folgenden synonym verwendet.

46 Bezugspunkt ist hier der Betrieb als Ort der Konfliktentwicklung, nicht das Gericht: wie die Bezeichnung "außergerichtliche" oder "alternative" Konfliktbearbeitung nahelegt.

47 Z.B. durch Coaching, Supervision oder auch Mediation. Aigner 2002, 374 entwickelt in Anlehnung an das 9-Stufen-Konflikteskalationsmodell von Glasl 1997 ein Modell des "abgestuften Konfliktmanagements" für Konflikte zwischen Arbeitgeber und Arbeitnehmer aufgrund von "Fehlverhalten" von Arbeitnehmern. Sie entwickelt ein betriebliches Gesamtsystem von Präventiven Interventionen des Arbeitgebers (Arbeitsvertrag, Mitarbeitergespräch, Krankengespräch), vorrechtlichen Reaktionen des Arbeitgebers (unbeachtet lassen, Kritik, Ermahnung, Anhalten zu Entschuldigung, Anhalten zu Schadensersatz), Kurative Interventionen (Rückkehrgespräch, Mitarbeitergespräch, Personalgespräch, Fehlzeitengespräch), Sanktionsähnliche Maßnahmen (Zusätzliche Ordnungsvorschriften, Neue Kontrollen, Einleitung eines Disziplinar-/ Bußverfahrens, Schadensersatzforderung) und schließlich Sanktionen (Disziplinarmaßnahme und Betriebsbußen, i.e.: Verweis, Verwarnung, Geldbuße, Nachteile bei Beförderung, Kombination der Maßnahmen sowie Suspendierung, Abmahnung, Versetzung, Kündigung, Entlassung).

Verfahren, insbesondere die Delegation der Streitentscheidung eines höher eskalierten Konflikts in die gerichtliche Streitentscheidung, bilden nach diesem Verständnis nur eine von vielen möglichen Optionen des betrieblichen Konfliktmanagements. Arbeitsrechtliche Verfahren werden betrachtet als ein Instrument des betrieblichen Konfliktmanagements neben anderen[48] und bildet gleichermaßen Ergänzung und Korrektiv zu den Interventionen auf den beiden anderen Ebenen.[49]

2.3.1 Konfliktbearbeitung auf der Ebene der Macht

Dabei ist die "informelle" oder "führungstechnische"[50] Konfliktregulierung durch den Arbeitgeber[51] im Sinne der oben vorgenommenen Einteilung auf der Ebene der Macht angesiedelt. Da Organisationen[52] auf dem Prinzip der Arbeitsteilung und mittels vertikaler Hierarchien funktionieren, entscheiden Vorgesetzte in Konfliktsituationen[53] im Rahmen ihres Weisungsrechts.[54] Neben oder im Rahmen der Ausübung des Weisungsrechts können Konflikte durch Umsetzung,[55] Versetzung[56] oder als "ultima ratio" durch Kündigung entschieden werden.[57] Arbeitnehmer verfügen über das Macht-Mittel des Streiks, um

48 Auch neben Mediation.

49 Zur Rolle des Arbeitsrechts in einem Integrierten Konfliktmanagementsystem s.u. Kap. 4 und 6.

50 Breisig 1993, 351.

51 Also meist Vorgesetzte, "das Management".

52 Hier verwendet als Oberbegriff für unterschiedliche Betriebe.

53 Auch wenn sie nicht unmittelbar als Konfliktpartei beteiligt sind, z.B. in Streitigkeiten zwischen Arbeitnehmern.

54 Vgl. Beyer & Fehr & Nutzinger 1996, 65. Das Direktionsrecht ist wesentliches Merkmal des Arbeitsverhältnisses. Mit seiner Hilfe kann der Arbeitgeber die Arbeitspflicht und ihre Begleitumstände näher festlegen. Preis in: Dieterich & Hanau & Preis (i.F.= ErfKomm) 2001, § 611 BGB Rz. 289.

55 Die im Falle von Spannungen zwischen Arbeitnehmern nach Auffassung des BAG auch ohne vorherige Abmahnung gerechtfertigt ist; vgl. BAG Urt. v. 24.4.96, NJW 97,78.

56 Mitbestimmungspflichtig und nur nach vorheriger Abmahnung.

57 Begrenzt werden diese einseitigen Optionen des Arbeitgebers durch die nächste Ebene der Konfliktbearbeitung: durch gerichtliche Verfahren wird die einseitige Weisungsbefugnis des Arbeitgebers begrenzt, s.u. 2.3.2.

Konflikte mit Nachdruck zu bearbeiten.[58] Staatliche Vollstreckungsmaßnahmen und strafrechtliche Sanktionen stellen weitere machtorientierte Interventionen des Konfliktmanagements dar.[59]

2.3.2 Konfliktbearbeitung auf der Ebene des Rechts

Korrektiv für die einseitige arbeitgeberseitige Weisungsbefugnis stellt das gesamte Arbeitsrecht als soziales Schutzrecht dar.[60] Die Konfliktbearbeitung in Arbeitsplatzstreitigkeiten kann auf Dritte delegiert werden, die auf der Grundlage materiellen Rechts und formeller Verfahrensregelungen[61] über die Angelegenheit entscheiden. Die Konfliktbearbeitung findet auf der "Ebene des Rechts"[62] statt.

Die Entwicklung der "Rechte-Ebene" stellte historisch einen wesentlichen Fortschritt von der Konfliktlösung durch Macht des Stärkeren[63] dar. Die Entwicklung von Rechtssystemen und für alle gleichermaßen geltenden Regeln, die durch neutrale und unabhängige Instanzen angewendet werden, bietet Schutz gegen Willkür der physisch Stärkeren oder Mächtigeren. Im traditionellen Rechtssystem wird daher "Ungerechtigkeit" durch Delegation an das Recht eingegrenzt.[64]

Der "Schatten des Rechts"[65] bildet das Korrektiv für die Konfliktbearbeitung auf Macht- und Interessen-Ebene. Ohne Zugang zu effizientem Rechtsschutz besteht die Gefahr der Willkür und der einseitigen Durchsetzung des struktu-

---

58 Vgl. die Beispiele bei Ury & Brett & Goldberg 1996, die das Modell der drei Ebenen der Konfliktbearbeitung auf der Grundlage von eigenen Erfahrungen mit spontanen Arbeitsniederlegungen in der US-amerikanischen Kohle-Bergwerken entwickelt haben. Auch hier setzt die Ebene des Rechts der macht-orientierten Intervention Grenzen, vgl. Däubler 1998a, 298 f. m.w.N.

59 Die i.d.R. in hoch eskalierten Konflikten Anwendung finden. Glasl hält eine Intervention auf der Macht-Ebene für unabdingbar für Konflikte ab Eskalationsstufe 7; vgl. Glasl 1997, 365.

60 Däubler 1998a, 63f. m.w.N.; Wahsner 2000, 61 f.

61 Mit einem höheren oder niedrigeren Grad an Formalität: so ist das Einigungsstellenverfahren z.B. informeller als das gerichtliche streitige Verfahren vor dem Arbeitsgericht.

62 Vgl. das oben vorgestellte Modell von Ury & Brett & Goldberg 1996.

63 Vgl. Schwarz 1997, 217 ff.: in der Frühzeit, im Feudalismus; auf Arbeitnehmer bezogen auch noch in der Anfangszeit der Industrialisierung: vgl. Däubler 1998a, 66f.

64 Mähler & Mähler 2001b, 11.

65 Mnookin & Kornhauser 1979, 950 ff.

rell Stärkeren.[66] Das Arbeitsrecht differenziert zwischen individuellem Arbeitsrecht, das sich mit Streitigkeiten zwischen Arbeitgeber und Arbeitnehmer befasst und kollektivem Arbeitsrecht, das Streitigkeiten zwischen Arbeitgeber und Betriebsrat oder Gewerkschaft und zwischen Arbeitgeberverbänden und Gewerkschaften zum Gegenstand hat. Konflikte zwischen Arbeitnehmern und solche zwischen Vorgesetzten und Untergebenen werden dem individuellen Arbeitsrecht zugeordnet.[67]

2.3.2.1 Arbeitsrechtliche Bearbeitung von Streitigkeiten zwischen Arbeitgeber und Arbeitnehmer

Die Begriffe Arbeitnehmer und Arbeitgeber werden vom Gesetzgeber stillschweigend vorausgesetzt und erhielten keine Legaldefinition. Arbeitnehmer ist der durch ein Arbeitsverhältnis zur Leistung von Arbeit Verpflichtete, der eine Dienstleistung in persönlicher Abhängigkeit erbringt.[68] Arbeitnehmer können daher nur natürliche Personen sein. Im Gegensatz dazu ist Arbeitgeber derjenige, der die Leistung von Arbeit von einem Arbeitnehmer kraft Arbeitsvertrag verlangen kann und zugleich Schuldner des Vergütungsanspruches ist. Arbeitgeber können demnach natürliche und juristische Personen sein.[69] Das Arbeitsverhältnis zwischen Arbeitgeber und Arbeitnehmer wird als ein Austausch von Leistung gegen Vergütung verstanden. Diese Hauptleistungspflichten stehen zueinander im Synallagma.[70] Im Gegensatz zu der Einordnung des Dienstvertrages als "Treudienstvertrag", der einen personenrechtlichen Vertrag im Rahmen des "personenrechtlichen Gemein-

---

66 Im betrieblichen Bereich i.d.R. der Arbeitgeber. Eine Ausnahme von diesem strukturellen Machtgefälle könnte allerdings bei hochspezialisierten Fachkräften bestehen, die nicht ohne weiteres vom Arbeitgeber durch Einstellung eines anderen zu ersetzen sind. Das deutsche Arbeitsrecht als soziales Schutzrecht ist in weiten Teilen unabdingbar und nicht-dispositiv. Vereinbarungen zwischen Arbeitgeber und Arbeitnehmer sowie zwischen Betriebs- und Tarifpartnern sind in weiten Teilen voll gerichtlich nachprüfbar. Der Rechtsweg zur Arbeitsgerichtsbarkeit kann gem. § 4 ArbGG nicht ausgeschlossen werden: vgl. unten Kap. 5.

67 Sie können jedoch nur über "Umwege", die zwischen Arbeitnehmern über die Fürsorgeverpflichtung des Arbeitgebers aus § 611 BGB und die zwischen Vorgesetzten und Untergebenen als solche zwischen Arbeitgeber und Arbeitnehmer bearbeitet werden, auch wenn "der Arbeitgeber" selbst keinen Konflikt mit dem Untergebene hätte; s.u. Kap. 2.3.2.2.

68 Preis in ErfKomm 2001, § 611 Rz. 218; vgl. zum AN-Begriff grundlegend BAG v. 30.11.1994 AP Nr. 74 zu § 611 BGB Abhängigkeit.

69 Preis in ErfKomm 2001, § 611 BGB Rz. 219.

70 Preis in Erf Komm 2001, § 611 BGB Rz. 7.

schaftsverhältnisses" darstellen sollte,[71] wird heute übereinstimmend vom schuldrechtlichen Charakter des Arbeitsverhältnisses ausgegangen.[72] Konflikte mit dem Arbeitgeber aus dem Arbeitsverhältnis sind nach arbeitsrechtlichem Verständnis solche über die Arbeitsleistung und das Verhalten des Arbeitnehmers am Arbeitsplatz. Nicht umfasst werden strukturelle und persönliche Meinungsverschiedenheiten zwischen Mitarbeitern unterschiedlicher Hierarchieebenen.[73] Die "personale Struktur" des Arbeitsverhältnisses findet im Rahmen von aus § 611 BGB abgeleiteten Nebenpflichten Berücksichtigung.[74] Als Streitigkeiten zwischen Arbeitgeber und Arbeitnehmer gelten auch "vertikale" persönliche Konflikte zwischen Mitarbeitern unterschiedlicher Hierarchiestufen, insbesondere zwischen Vorgesetzten des Arbeitnehmers[75] und "einfachen" Arbeitnehmern.[76]

2.3.2.2 Arbeitsrechtliche Bearbeitung von Streitigkeiten zwischen Arbeitnehmern

Für bürgerliche Rechtsstreitigkeiten zwischen Arbeitnehmern aus gemeinsamer Arbeit und aus unerlaubten Handlungen, soweit diese mit dem Arbeitsverhältnis in Zusammenhang stehen, ist gem. § 2 Abs. 1 Zf. 9 ArbGG ebenfalls das Arbeitsgericht zuständig.[77] In der Systematik des deutschen Arbeitsrechts bildet die Behandlung von Streitigkeiten zwischen Arbeitnehmern oder zwischen Arbeitsgruppen, Abteilungen oder Bereichen jedoch keine eigenständige Kate-

---

71 So das nationalsozialistische Verständnis von Arbeitsverhältnissen; vgl. Däubler 1998a,

72 Preis in ErfKomm § 611 BGB Rz. 8.

73 57% der Kläger in Kündigungsschutzrechtsstreiten vor dem Arbeitsgericht sind der Überzeugung, andere Gründe als die offiziell angegebenen hätten bei ihrer Kündigung eine Rolle gespielt. 43,1% dieser Kläger sahen als tatsächliche Gründe "persönliche Differenzen mit dem Vorgesetzten oder Unverträglichkeiten mit anderen Personen" an. Falke u.a. 1981, 328.

74 Dies liegt in der historischen Entwicklung des deutschen Arbeitsrechts als insb. Schutzrecht vor materieller und gesundheitlicher Ausnutzung begründet. Im Gegensatz zum Verständnis des US-amerikanischen Rechts finden im deutschen Arbeitsrecht die persönlichen Bürgerrechte von Arbeitnehmern im Betrieb erst in letzter Zeit ausdrückliche Berücksichtigung; vgl. dazu unten Kap. 5.

75 Ggf. auch Leitenden Angestellten.

76 Vgl. Fitting 2002, § 84 Rz. 8. Aus Sicht des hier entwickelten weiteren Verständnisses von Konfliktmanagements ist eine Differenzierung zwischen Konflikten zwischen Arbeitgeber selbst und Arbeitnehmer und zwischen Vorgesetzten und untergebenem Arbeitnehmer, also zwei Arbeitnehmern, sinnvoll. Streitigkeiten mit dem Arbeitgeber als Person nehmen nur in Kleinst- und in Kleinbetrieben einen wichtigen Stellenwert ein.

77 S.a. BAG v. 11.7.1995, AP Nr. 32 zu § 2 ArbGG 1979.

gorie.[78] Streitigkeiten zwischen Arbeitnehmern können Verletzungen von arbeitsvertraglichen Nebenpflichten darstellen.[79] Der Hauptpflicht der Arbeitsleistung ist als Nebenpflicht[80] die Verpflichtung zu Kooperation mit den anderen Mitarbeitern des Betriebes und des Unternehmens zugeordnet.[81]

2.3.2.3 Arbeitsrechtliche Bearbeitung von Streitigkeiten zwischen Betriebs- und Tarifparteien

Für Streitigkeiten zwischen Betriebsrat und Arbeitgeber und zwischen Gewerkschaft und Arbeitgeber(verbänden)[82] stehen unterschiedliche außerbetriebliche[83] und betriebliche[84] Wege des Konfliktmanagements zur Verfügung. Im kollektiven Arbeitsrecht wird grundsätzlich zwischen sog. "Rechtsstreitigkeiten" und sog. "Regelungsstreitigkeiten" unterschieden. Die Einordnung als Rechts- oder als Regelungsstreitigkeit entscheidet über den arbeitsrechtlich zulässigen Weg des Konfliktmanagements per Entscheidung durch die Arbeitsgerichtsbarkeit auf der Rechte-Ebene oder durch die sog. Schlichtung im Einigungsstellenverfahren, das auch interessen-orientierte Züge aufweist.[85]

---

78 Für den Bereich der Gruppenarbeit findet die starke Gruppenorientierung in der betrieblichen Organisation in § 28a BetrVG eine erste rechtliche Regulierung.

79 Dies ergibt sich aus der jedem Schuldverhältnis aus § 242 BGB innewohnenden Verpflichtung zu gegenseitiger Rücksichtsnahme, Schutz und Förderung des Vertragszwecks; vgl. Preis 2001, ErfKomm, § 611 Rz. 992.

80 Als Fallgruppe der Wahrung der betrieblichen Ordnung; vgl. Preis ErfKomm 2001, § 611 BGB Rz. 1023.

81 Dabei stellt sich die, allerdings im Rahmen dieser Arbeit nicht zu klärende Frage, ob es, angesichts gewandelter Arbeitsverhältnisse, aber auch im Kontext eines ganzheitlichen Verständnisses betrieblichen Konfliktmanagements ggf. einer grundlegenden Revision arbeitsrechtlicher Grundkategorien, z.B. des Begriffs des "Arbeitgebers" bedarf und inwiefern die stärkere individuelle Verantwortung einzelner Arbeitnehmer und von Arbeitsgruppen auch untereinander rechtliche Berücksichtigung finden müsste; vgl. Mückenberger 1993.

82 Da sich vorliegende Arbeit auf die betriebliche Konfliktbearbeitung konzentriert, bleiben Streitigkeiten zwischen Tarifvertragsparteien, zwischen diesen und Dritten und Rechtsstreitigkeiten zwischen tariffähigen Parteien und Dritten gem. § 2 Abs. 1 Zf. 1 und 2 ArbGG unberücksichtigt.

83 Als gerichtliches das Beschlussverfahren gem. § 2a ArbGG.

84 U.a. das Einigungsstellenverfahren gem. § 76 BetrVG. Überblick über die arbeitsrechtlich normierten betrieblichen Verfahren des Konfliktmanagements auf der Rechte-Ebene in Kap. 3.

85 Dütz 1978, 291 f.; zur begrifflichen Abgrenzung zwischen Schlichtung und Mediation s.u. Eine ähnliche Differenzierung in gerichtshoheitliche Rechtsan-

Bei Rechtsstreitigkeiten ist eine staatliche oder hoheitliche Normgebung vollzogen worden. Die "Interessengegensätze (zwischen Arbeitgeber und Arbeitnehmern,[86] d. Verf.) haben bereits eine abschließende Bewertung erfahren, insbesondere durch staatliche Gesetzgebung, autonome Satzung und privatautonomen Vertragsschluss".[87] Durch die Rechtsetzung hat bereits eine "Wertung" dieser typischen Konfliktsituationen stattgefunden. Damit liegen rechtliche Regelungen vor, über deren Anwendung durch Delegation auf einen Dritten entschieden werden muss.[88] Geklärt werden muss, ob für einen geltend gemachten Anspruch eine gültige Rechtsgrundlage[89] besteht und ggf. auch, wie diese angewendet oder wie sie interpretiert werden soll. Wenn auch die Rechtsgrundlage zweifelhaft sein kann und oft erst mit den Hilfsmitteln der Rechtsermittlung gefunden werden muss, so handelt es sich doch immer um Rechtsanwendung zum Zwecke der "Streitschlichtung durch Richterentscheid"[90]. Dies gilt auch für solche Fälle, in denen unbestimmte Rechtsbegriffe zu Grunde zu legen sind oder es um die Kontrolle ausgeübten Ermessens geht. Obgleich auch das gesetzte Arbeitsrecht als "Richterrecht" selbst einem ständigen und raschen, subjektiven richterlichen Unwägbarkeiten ausgesetzten Wandel unterliegt, soll - sofern Richterrecht zu einem Kon-fliktthemenbereich vorliegt - prinzipiell die Arbeitsgerichtsbarkeit zuständig sein. Nur wenn zu einem Konfliktthema keine rechtlichen "Vor-Wertungen" vorliegen, können außergerichtliche Lösungen versucht werden.

Bei Regelungsstreitigkeiten geht es demgegenüber nicht um das "ob?" des Vorliegens eines Anspruchs, sondern um das "wie?" einer künftigen Regelung. Ziel ist das Schaffen einer verbindlichen hoheitlichen, verbands- oder privatautonomen Regelung. Es soll nicht über das "Recht haben" entschieden werden, sondern gemeinsam Recht gesetzt werden, um für die Zukunft verbindli-

---

wendung durch Gerichtsverfahren auf der einen und privatautonome Rechtssetzung in der Mediation auf der anderen Seite nehmen Mähler & Mähler 2001b, für Mediation im allgemeinen zivil- und insbesondere familienrechtlichen Bereich vor.

86 Bzw. deren Vertretungen.

87 Dütz 1978, 291.

88 Dies kann grundsätzlich mit der Antwort auf die Frage "ob?" ein Anspruch besteht mit "Ja" oder mit "Nein" beantwortet werden; vgl. Schliemann 2000, 1312.

89 Einzelarbeitsvertrag, Kollektivvertrag oder gesetzliche Vorschrift.

90 Kirchner 1966, 2: "Wegen des gesetzlich festgelegten Entscheidungsmonopols der Arbeitsgerichtsbarkeit gehören diese Streitigkeiten grundsätzlich vor die Gerichte, ausnahmsweise nur und unter gewissen gesetzlich festgelegten Voraussetzungen bei entsprechendem Willen der Parteien vor Schiedsgerichte." Kirchner 1966, 2.

che Regelungen zu schaffen.[91] Ebenso wie den Rechtsstreitigkeiten "liegt auch den Regelungsstreitigkeiten ein Interessengegensatz unter den Streitbeteiligten zugrunde. Im Gegensatz zu den Rechtsstreitigkeiten lässt sich hier jedoch die Lösung des Konfliktes nicht aus einer bereits vorhandenen gesetzlichen oder vertraglichen Rechtsgrundlage ableiten. Die streitbeilegende Regelung soll (...) vielmehr durch eine Willenseinigung der Parteien gefunden werden, indem sie untereinander autonom aushandeln und vereinbaren, welchen Inhalt man der den Interessengegensatz überbrückenden Vereinbarung geben soll (...)".[92] Die Lösung besteht nicht in einem "Entweder-Oder" der von den Parteien geltend gemachten Forderungen. Vielmehr besteht ein Ermessensspielraum, der mehrere Lösungen zulässt, von denen die geeignetste nach Zweckmäßigkeitsgesichtpunkten auszuwählen ist. Während dem Richter bei der Entscheidung in Rechtsstreitigkeiten grundsätzlich ein bloßes Erkenntnisermessen eingeräumt ist, wie z.B. bei der Auslegung unbestimmter Rechtsbegriffe, hat die in einem Regelungsstreit zur Vermittlung angerufene Institution ein Handlungsermessen.[93] Regelungsstreitigkeiten in einem so verstandenen Sinne können nicht im Bereich des individuellen Arbeitsrechts entstehen, da die Parteien[94] nicht in der Lage und verpflichtet sind, für einen Augleich zu sorgen.[95]

Das Gesetz eröffnet für Regelungsstreitigkeiten einen Regelungsrahmen.[96] Nur für Regelungsstreitigkeiten wird mit der Anerkennung der Koalitionsfreiheit aus Art. 9 GG und des Mitbestimmungsrechts der Arbeitnehmer ein Bereich autonomer Rechtssetzung eingeräumt. Für die daraus entstehenden Regelungsstreitigkeiten ist die Konfliktlösung durch die Parteien selbst gegenüber der durch die staatliche Gerichtsbarkeit vorrangig. Aus diesem Grunde müssen für eine solche Konfliktbearbeitung Institutionen geschaffen werden, die bei

---

91 "Rechtssetzung" statt "Rechtsanwendung", vgl. Mähler & Mähler 2001, 1196 unter Bezugnahme auf Rehbinder 1993, 8 f.

92 Kirchner 1966, 2.

93 Welches seinerseits aber wieder begrenzt ist, vgl. § 112 Abs. 5 BetrVG. Zur begrifflichen Voraussetzung der Reglungsstreitigkeit gehört ferner, dass die streitenden Partner gleichberechtigt zur Einigung aufgerufen sind, "weil ohne eine solche nicht weiterzukommen wäre..." Kirchner 1966, 2.

94 I.e. der einzelne Arbeitnehmer.

95 "Streitet sich" z.B. ein Arbeitgeber mit einem neu einzustellenden Arbeitnehmer über den Inhalt des frei zu vereinbarenden Arbeitsvertrages, so besteht für diesen "Konflikt" keine Verpflichtung, eine Lösung anzustreben. Denn es gibt wegen des Prinzips der Vertragsfreiheit Verpflichtung zu einer Einigung zu gelangen.

96 Vgl. auch Schliemann 2000, 1312.

der Vermittlung unterstützen können. Solche Institutionen[97] sind meist gesetzlich festgelegt. Wo sie nicht ausreichen, gehört es zu den Aufgaben einer sozialgebundenen Autonomie, dass die Parteien selbst in freiwilliger Vereinbarung derartige Einrichtungen schaffen.[98] Ob ein kollektiver Konflikt durch Gericht oder durch ein eigenes Verfahren bearbeitet wird, ist demnach vom jeweils schon vollzogenen Grad der "Verrechtlichung" abhängig. Rechtlich normierte Sachverhalte sollen durch Recht, andere, noch nicht geregelte, können informell bearbeitet werden.[99] Damit ist die Entscheidung für das geeignete Verfahren aus traditionell arbeitsrechtlicher Perspektive nicht, wie es eigentlich sinnvoll wäre, auf die Analyse des jeweiligen Konflikts bezogen, sondern davon abhängig, ob der Gesetzgeber bereits Recht gesetzt hat.[100]

Regelungsstreitigkeiten werden i.d.R. durch die sog. "Schlichtung" beigelegt. Sie ist im Unterschied zur Rechtsprechung zur Entscheidung von Rechtsstreitigkeiten nicht auf eine verbindliche Streitentscheidung, sondern auf das Zustandekommen einer einvernehmlichen, von dem übereinstimmenden Willen der Beteiligten getragenen Regelung gerichtet. Der Begriff des "Schlichtens" bedeutet im Mittelhochdeutschen "etwas durch Bearbeitung glätten, ordnen, zierlich anordnen, streicheln, besänftigen, durch Streicheln beruhigen".[101] Mittlerweile wird unter "Schlichtung" alltagssprachlich die Tätigkeit des Ausgleichens, Vermittelns, zur Sühne, zu einem Übereinkommen, zur Entscheidung bringen oder in Bezug auf Versöhnen und miteinander ins Reine bringen verstanden.[102] Im Arbeitsrecht bezieht sich der Begriff der Schlichtung meist auf die Tarifschlichtung.

Die Schlichtung von Streitigkeiten zwischen Arbeitgebern und Gewerkschaften ist ein Phänomen aus den Anfängen der kollektiven Arbeitsverfassung Mitte des 19. Jahrhunderts.[103] Dabei gehe es "vordergründig um ein verfahrensmäßiges Instru-

---

97 Verstanden als Stellen und Verfahren.

98 Kirchner 1966, 2.

99 Schliemann 2000, 1312.

100 Die Rechte-Ebene bildet dann den alleinigen Bezugspunkt. Auch Regelungsstreitigkeiten werden eher rechte-orientiert bearbeitet, da die nahezu ausschließliche Besetzung des Einigungsstellenvorsitzes mit Juristen eine starke Justizzentrierung mit sich bringt.

101 Grimm & Grimm, Deutsches Wörterbuch 1899, zit. nach Hehn & Rüssel 2001, 63.

102 Deutsches Wörterbuch , zit. nach Hehn & Rüssel 2001, 63.

103 Königsbauer 1971, 21; mit dem Zusammenschluss von Arbeitnehmern und in der Folge auch von Arbeitgebern kam es zu Arbeitkämpfen und kollektiven Auseinandersetzungen; vgl. Däubler 1998a, 86 ff.

mentarium zur Erleichterung einer sachgerechten Entscheidungsfindung bei Tarifverhandlungen und damit um die Zurückdrängung der kampfweisen Auseinandersetzung zwischen den Sozialpartnern auf den Rang des allerletzten Mittels (ultima-ratio-Prinzip)."[104] Als Aufgabe der Schlichtung wurde im Gegensatz zum Richten nicht die Auseinandersetzung mit Rechten, sondern der "Interessenausgleich" verstanden.[105] Aufgabe von Schlichtern sei es, Regelungen vorzuschlagen, die geeignet sind, die Tarifparteien von einem Arbeitkampf abzubringen.[106]

Die Tarifparteien dürften dabei nicht das Gefühl haben, ihnen würde vom Schlichter eine Lösung aufgezwungen. In der Schlichtung sei nicht immer die objektiv richtige Lösung gefragt, sondern die politisch machbare.[107] Als Ziel von Schlichtungsangeboten wird die Verbesserung der industriellen Beziehungen und die Unterstützung betrieblicher Demokratie und Tarifautonomie angegeben.[108]

In Unterscheidung zu Mediation[109] sehen fast alle Schlichtungsordnungen vor, dass der Schlichter den Konfliktbeteiligten Vergleichsvorschläge unterbreitet. Diese Vorschläge können angenommen oder abgelehnt werden. In einigen Fällen kann auch ein verbindlicher Schiedsspruch gesprochen werden. Ob die Lösungsoptionen gemeinsam erarbeitet werden, hängt vom individuellen Stil des Schlichters ab, ist aber nicht Wesensmerkmal und Verfahrensgrundsatz eines Schlichtungsverfahrens. Im Unterschied zur Mediation verlaufen formelle Schlichtungsverfahren meist nach vorgeschriebenen Schlichtungsordnungen. Auch die Schlichtung ist daher, obwohl der Dritte nicht entscheidet, traditionell ein eher rechte-orientiertes Verfahren.[110]

Schwierigkeiten bereitete im Bereich des kollektiven Arbeitsrechts schon früh die Abgrenzung zwischen Schlichtung und Schiedsgerichtsverfahren. Auch heute noch ist die Terminologie vielfach unscharf: In vielen Tarifverträgen wird nicht

---

104 Knevels 1988, 409.

105 Sinzheimer 1927, 300.

106 Kirchner 1966, 11.

107 Knevels, 1988, 412.

108 Jakob 1993, 25.

109 In der Vergangenheit wurde in der deutschsprachigen Literatur der englische Begriff "mediation" meist mit ,"Schlichtung" übersetzt. Im folgenden soll unter Mediation i.e.S. in Abgrenzung zu Schlichtung nur noch das unten geschilderten Verfahrensgrundsätzen und dem für sie typischen Phasenablauf gehorchendes Verfahren verstanden werden.

110 Dies bildet, wie noch aufzuzeigen sein wird, den wesentlichen Unterschied zu Mediation. Mediation im hier verstandenen eigentlichen Sinne ist mehr als die Anwesenheit eines Dritten ohne Entscheidungskompetenz; so aber wohl z.B. Albrecht 2001.

sauber zwischen Schlichtung[111] und Schiedsgerichtsbarkeit[112] unterschieden. Einrichtungen, die ihrem rechtlichen Charakter nach Schlichtungsstellen sind, werden häufig als "Schiedsstellen" oder "Schiedsgerichte" bezeichnet, oder - noch häufiger - umgekehrt Schiedsgerichte als "Schlichtungsstellen".[113] Diese in Tarifverträgen als "Schlichtungsstellen" bezeichneten Einrichtungen sind ihrem Rechtscharakter und den ihnen überwiesenen Funktion nach meist echte Schiedsgerichte, in denen ein Dritter als Schiedsrichter über die Angelegenheit entscheidet, indem er[114] einen Schiedsspruch fällt. Vor Tarif-Schiedsgerichten werden Rechtsstreitigkeiten über zwischen den Parteien etwaig bestehende Rechtsansprüche ausgetragen. Der Ursprung für die terminologische Unklarheit dürfte bei der unpräzisen Kontrollrats- und Landesgesetzgebung der Nachkriegszeit zum Schlichtungswesen zu suchen sein.[115] Im Rahmen tariflicher Schiedsgerichtsabreden finden sich zudem häufig Bestimmungen, nach denen vor Anrufung eines tariflichen Schiedsgericht der vorherige Versuch einer "Verständigung" obligatorisch vorgeschrieben ist.[116]

Neben der Streitentscheidung durch Schiedsspruch oder der Konfliktbearbeitung durch Schlichtungsvorschlag eines Dritten zählen in den USA unter dem Oberbegriff "Alternative Dispute Resolution"[117] (ADR), d.h. Verfah-

---

111 Als Hilfeleistung bei Abschluss, Ergänzung und Erneuerung von Tarifverträgen.

112 Als Entscheidungsinstanz bei Rechtsstreitigkeiten über Anwendung und Auslegung bestehender tariflicher Verträge.

113 Vgl. Kirchner 1966, 5.

114 Die Verf. hat sich widerstrebend für die Verwendung der männlichen Sprachform entschieden, die Personen weiblichen Geschlechts ebenfalls mitumfassen soll, da umgekehrt die Verwendung der rein weiblichen Sprachweise unter Inklusion aller männlichen Menschen die Lesbarkeit zu stark beeinflusst und zu nicht gewünschten Rückschlüssen über eine etwaige Feminisierung der Mediation hätte führen können. Im folgenden sind also Schiedsrichterinnen, Mediatorinnen, Schlichterinnen, Rechtsanwältinnen usw. immer und ausdrücklich mit gemeint.

115 Kirchner 1966, 5.

116 Der Charakter der Rechtsstreitigkeit bleibt gewahrt, durch die vorherigen Vergleichsbemühungen entsteht keine Regelungsstreitigkeit, vgl. Kirchner 1966, 10. Nach Ergebnislosigkeit der Verständigungsversuche wird automatisch das Schiedsgericht zuständig. Insoweit besteht auch keine Verwechslungsgefahr mit den gleichfalls häufig anzutreffenden Güteverfahren, die vor echten Schlichtungsverfahren durchgeführt werden. Diese befassen sich ausschließlich mit Regelungsstreitigkeiten; vgl. Kirchner 1966, 10.

117 Alternative Streitbeilegung; nach der Definition des Alternative Dispute Resolution Act von 1998, durch den alle US-amerikanischen Bundesgerichte erster Instanz (die

ren, in denen ein neutraler Dritter hinzugezogen wird, auch der sog. Minitrial[118] und die "early neutral evaluation" [119] sowie die Mediation. Die Verwendung des Begriffs "Alternative Streitregulierung" legt eine "bemerkenswerte Justizzentrierung"[120] nahe. Andere als gerichtliche Verfahren sind (nur) "alternativ" zu diesen.[121] Anstelle des Begriffs der "alternativen" Streitregulierung soll daher hier im folgenden von "adäquatem"[122] betrieblichen[123] Konfliktmanagement gesprochen werden.

Federal District Courts) dazu ermächtigt und verpflichtet werden, gerichtseigene ADR-Programme einzuführen, sind Alternative Streitbehandlungsverfahren solche Verfahren, "in denen ein - mit dem streitentscheidenden Richter nicht identischen - neutralen Dritten die Sreitparteien bei der Regelung der strittigen Punkte unterstützt." Vgl. sec. 651 des Entwurfs für den ADR Act von 1998: "For purposes of this chapter, an alternative dispute resolution process includes any process or procedure, other than an adjudication by a presiding judge, in which a neutral third party participates to assist in the resolution of issues in controversy." vgl. www.mediate.com/articles/adra1998.com; vgl. auch Duve 1999, 79 ff.

118 Als unverbindlicher "Probe-Prozess" unter Vorsitz von den Parteien selbst ausgewählten "Richtern", mit dem Ziel, eine möglichst genaue Analyse der Rechtssituation zu erlangen. Nach einem moderierten Informationsaustausch zwischen den Konfliktparteien findet eine gemeinsame Sitzung unter Leitung eines nicht entscheidungsberechtigten "Probe-Richters" statt. Dieser würdigt die Informationen und stellt den Parteien eine Entscheidung, wie sie wahrscheinlich von einem ordentlichen Gericht gefällt wurde, vor. Vgl. Duve 1999, 96 f.

119 Vergleichbar dem deutschen Schiedsgutachten, s.u. Kap. 6; vgl. auch Duve 1999, 91 f.

120 Falke & Gessner 1982, 289.

121 Auch der Begriff der "Streit"regulierung ("dispute resolution") greift zu kurz: er wurde von Rechtswissenschaftlern in Abgrenzung zur Streitentscheidungslehre des Zivilverfahrensrechts entwickelt, vgl. Breidenbach 1995, 37. Streit ist jedoch nur ein Ausschnitt aus einem komplexen Konfliktgeschehen. Aus einem Konflikt wurden im Verlauf seiner zeitlichen Entwicklung Positionen und daraus Rechtsansprüche. Sinnvoller erscheint es, die juristische Streitentscheidungslehre neben anderen als eine Form des Umgangs mit Konflikten zu verstehen. Vgl. Breidenbach 1997, 879.

122 Breidenbach 1997, 879: i.S. von situativ zu dem jeweiligen Konflikt "passend".

123 Anstelle des Gerichts bildet der Betrieb als Ort der Konfliktentwicklung den Bezugspunkt: dies entspricht der Einschätzung, dass "eine sinnvolle Regelung von Sozialbeziehungen nicht Aufgabe der Justiz" ist; Falke & Gessner 1982, 290. Falke & Gessner schlagen in diesem Zusammenhang vor, "die frühen Stadien der Konfliktwahrnehmung durch die Parteien, ihrer Definitionen des Konflikts, ihrer Transformationen der Konfliktwahrnehmung bzw. -äußerung im Hinblick auf bestimmte Ziele, der zweiseitigen Aushandlungsversuche, der Einbeziehung von professionellen Beratern bzw. Interessenverbänden, der Einschaltung nichtgerichtlicher Einigungs- und Schlichtungsstellen sowie schließlich der Einleitung eines gerichtlichen

Neben diesen sog. "primären" Verfahren der alternativen Streitregulierung haben sich vielfältige Mischformen als "hybride" Verfahren entwickelt.[124] Im deutschen Arbeitsrecht sind v.a. Verfahren, die an das sog. med-arb[125] in den USA erinnern, anzutreffen. Dazu gehört das Einigungsstellenverfahren gem. § 76 BetrVG[126], in der der Einigungsstellenvorsitzende in der ersten Stufe vermittelt und über kein eigenes Stimmrecht verfügt, in der zweiten Stufe, sofern sich die Mitglieder der paritätisch besetzten Stelle nicht selbst einigen können, Entscheidungsmacht hat, indem er über die entscheidende Stimme verfügt. Auch das arbeitsgerichtliche Verfahren selbst mit der vorgeschalteten Güteverhandlung gem. § 54 ArbGG stellt ein solches zweistufiges Verfahren dar: in der Güteverhandlung versucht der Vorsitzende Richter, die Parteien unter Würdigung des gesamten Sachverhalts zu einer Einigung zu bewegen. Gelingt dies nicht, wird in der zweiten Stufe, unter Beteiligung der ehrenamtlichen Richter, über die Streitigkeit entschieden.[127]

Die umgekehrte Mischform des "arb-med" geht auf eine alte afrikanische Tradition zurück. Nach Darlegung der Problemlage durch die Konfliktparteien und Analyse der verschiedenen Informationen fällt der ausgewählte Vermittler zunächst einen Schiedsspruch, den er den Konfliktparteien vorenthält und in einen versiegelten Umschlag platziert. Anschließend findet ein Mediationsverfahren statt. Gelangen die Konfliktparteien in diesem Verfahren zu einer

---

Verfahrens und der dadurch häufig noch nicht abgebrochenen Aushandlungsversuche zwischen den Parteien ausdrücklich in die Diskussion über Alternativen zur justizförmigen Konfliktbearbeitung einzubeziehen." Falke & Gessner 1982, 289. Unter Betrieb wird dabei die Definition des BAG zugrunde gelegt: Danach wird unter Betrieb eine organisatorische Einheit verstanden, innerhalb derer der Arbeitgeber allein oder mit seinen Arbeitnehmern mit Hilfe von sächlichen und immateriellen Mitteln bestimmte arbeitstechnische Zwecke fortgesetzt verfolgt, die sich nicht mit der Befriedigung des Eigenbedarfs erschöpfen." st. Rspr.: BAG Urt. v. 18.1.1990, DB 1991, 500.

124 Goldberg u.a. 1992, 4. Auf eine nähere Darstellung der US-amerikanischen ADR-Verfahren kann hier verzichtet werden. Vertiefend: Sander 1995, 3 f.; Breidenbach 1995, 13 ff. Mähler & Mähler 1997a, 1015.

125 Ein zweistufiges Verfahren, in dem ein Mediator zunächst vermittelt, bei Scheitern der Vermittlungsbemühungen aber automatisch zum Schiedsrichter wird, vgl. Goldberg u.a. 1992, 4.

126 Dazu ausführlich unten Kap. 6.

127 zur Kritik daran vgl. Budde 2000a, 513 ff. Einen Überblick über die zur Verfügung stehenden arbeitsrechtlichen Verfahren des betrieblichen Konfliktmanagements gibt Kap. 3.

tragfähigen Lösung, wird der Umschlag mit dem Schiedsspruch verbrannt. Gelingt dies nicht und die Mediation muss ohne Ergebnis abgebrochen werden, wird der Umschlag geöffnet und der ursprünglich gefällte Schiedsspruch wird wirksam.[128] Diese Form wird in Deutschland bislang nicht als offizielles Verfahren praktiziert.

2.3.3 Konfliktbearbeitung auf der Ebene der Interessen

Neben der Möglichkeit, Konflikte durch Weisungen des Arbeitgebers oder durch diese ggf. korrigierende Rechtsanwendung von Arbeitsgerichten, Einigungsstellen, Schlichtungsstellen etc. ggf. einzuschränken, können Konflikte auch auf der sog. Interessen-Ebene bearbeitet werden. Unter Interessen werden dabei "Bedürfnisse, Wünsche, Sorgen und Ängste" verstanden.[129] Ausgegangen wird von einem Konzept des "integrativen Verhandelns"[130] im Gegensatz zum gebräuchlichen distributiven "Basarverhandeln"[131], in der das doppelte von dem gefordert wird, was man zu erreichen hofft. Beim integrativen Verhandeln wird unterstellt, dass Menschen grundsätzlich danach streben, ihre eigenen Wünsche und Bedürfnisse durchzusetzen. Werden die unter den Positionen[132] liegenden Interessen der Beteiligten offen gelegt oder von der Gegenseite antizi-

---

128 Holtwick-Mainzer 1985

129 Ury & Brett & Goldberg 1996, 24. Sie führen weiter erläuternd weiter aus: "Interessen beeinflussen unsere Überzeugungen und Wünsche nach dem Besitz von materiellen Gütern. Denken wir zum Beispiel an ein Ehepaar, das sich darüber streitet, ob es ein neues Auto kaufen soll. Vielleicht geht es dem Ehemann gar nicht um das Geld oder das Auto, sondern vielmehr darum, seine Freunde zu beeindrukken; für die Ehefrau hingegen ist eher die Mobilität von Bedeutung. Oder: die Verkaufsleiterin einer Elektronikfirma einigt sich mit dem Leiter der Herstellerfirma nicht über die Anzahl der Fernsehermodelle, die produziert werden sollen. Sie möchte unterschiedliche Modelle anbieten, denn ihr Interesse gilt dem Verkauf von Fernsehapparaten; verschiedene Modelle bedeuten mehr Auswahl für den Verbraucher und somit höhere Verkaufszahlen. Der Leiter der Herstellerfirma hingegen möchte weniger Modelle produzieren. Sein Interesse gilt der Senkung der Produktionskosten; die Produktion vieler Modelle ist für ihn mit höheren Kosten verbunden." Ury & Brett & Goldberg 1996, 24. Was die Konfliktbeteiligten "möchten" bzw. wollen oder fordern sind in dieser Terminologie die "Positionen". Die unter den Positionen sich verbergenden eigentlichen Motive, Ziele und Wünsche die sog. Interessen; vgl. auch Fisher & Ury & Patton 1990.

130 Vgl. Fisher & Ury & Patton 1990.

131 Haft 1992, 14 f.

132 S.o. im Sinne von Ansprüchen und Forderungen .

piert und berücksichtigt, sind demnach Lösungen erzielbar, bei denen keine der Konfliktparteien nachgeben muss,[133] sondern alle Konfliktbeteiligten ihre Bedürfnisse[134] voll durchsetzen können,[135] ohne Zugeständnisse zu machen.[136] Ansetzend an diesen jeweils eigenen inneren Motiven der Beteiligten kann entweder durch das direkte "integrative" oder "problemlösende" Verhandeln[137] ohne Einschaltung eines Dritten oder durch die Mediation unter Zuhilfenahme eines die Verhandlung moderierenden Dritten[138] Konfliktbearbeitung mit einem Konsens-Ergebnis erzielt werden.[139] Bei dem Konzept der Interessenorientierung handelt es sich um ein "Schlüsselkonzept" zum Verständnis des Unterschiedes zwischen auf der Rechte-Ebene angesiedelter konventioneller juristischer Methode[140] und Mediation als Verfahren auf der Interessen-Ebene.

---

133 Wie im klassischen Kompromiss oder Vergleich.

134 Nicht allerdings ihre ursprünglich in die Verhandlung oder den Konflikt eingebrachten Positionen.

135 Eine solche Lösung kann als Konsens-Lösung oder als "win-win"-Lösung bezeichnet werden. Klassisches Beispiel für das interessen-orientierte Erlangen einer "win-win"-Lösung stammt von Mary Parker Follet: Zwei Schwestern streiten um eine Orange. Die Mutter als unabhängige Dritte hat verschiedene Möglichkeiten hier zu intervenieren: Sie kann Schwester A die Orange geben und B nicht ("win-lose") oder umgekehrt ("lose-win"). Sie kann die Orange weg nehmen oder selbst essen ("lose-lose") oder sie kann eine klassischen Kompromiss vorschlagen, indem sie die Orange teilt. Die Mutter in diesem Schulbuchbeispiel tut etwas anderes: sie fragt nach den Interessen der Schwestern: "Warum brauchst Du die Orange?" fragt sie jede der Schwestern. Die eine antwortet: "Ich will einen Kuchen backen und brauche Orangenschalen als Aroma.", die andere antwortet: "Ich habe Durst auf Orangensaft und brauche das Fruchtfleisch". Auf diese Weise lässt sich in diesem (zugegeben schulbuchmäßigen) Beispiel durch das Lenken auf Interessen ("warum?" "was ist Dein Ziel?") eine "win-win" Lösung unabhängig von den ursprünglichen Positionen "Ich will die Orange!" "Du sollst die Orange nicht bekommen!" erzielen.

136 In neuerer Zeit wird dieser Ansatz allerdings aus psychologischer Sicht als zu egozentriert kritisiert: es gebe neben dem Streben nach Befriedigung eigener Interessen andere wichtige Motive, z.B. das Streben nach "gerechten" Konfliktlösungen; vgl. Montada & Kals 2001, 99 f.

137 Ury, Goldberg, Brett 1996, 25.

138 Als "Verhandlungsmanager".

139 Zu widersprechen ist Albrecht 2001, 36, die unter missverstandener Berufung auf Breidenbach 1997 meint, "man spricht von Interesse und nicht von Anspruch oder Position, um das Verhältnis zwischen den Parteien nicht negativ zu belasten." Albrecht 2001, 36.

140 Die einen Teil aus einem komplexen Konfliktgeschehen betrachtet und dies zu (Rechts-) Ansprüchen oder Positionen ("ich will" "du sollst nicht") formuliert.

Die jeweiligen Interessen der Konfliktpartner sind i.d.R. individuell unterschiedlich und setzen, unabhängig von dem in eskalierten Konfliktsituationen häufig dominierendem Begehren nach Rache, Unterwerfung oder Vernichtung des "Gegners"[141] bei den je eigenen Zielen und Wünschen eines Konfliktpartners an.[142]

Auf der Interessenebene geht es nicht um Sachverhaltsklärung, also die Durchführung von Ermittlungen oder das Erkennen der "einen Wirklichkeit". Die Sichtweisen der Konfliktpartner über Konfliktgenese, Ursachen und konkreten Ablauf differieren je nach eigenem Standpunkt und je nach Konflikteskalationsentwicklung. Bei einer interessenorientierten Konfliktbearbeitung steht die gemeinsame zukunftsorientierte "Problemlösung" im Mittelpunkt, nicht die Entscheidung über Recht oder Unrecht, wie in rechte-orientierten Verfahren. Im Gegensatz zu diesen wird bei interessen-orientierten Verfahren nicht das Vorhandensein eines für mehrere Konfliktparteien gleichen, einzigen und "wahren" Konfliktgeschehens vorausgesetzt.[143] Bei einer interessenorientierten Konfliktbearbeitung können die unterschiedlichen subjektiven Wirklichkeiten der Akteure nebeneinander fortbestehen,[144] eine objektive Erkenntnis eines Konfliktsachverhalts ist nicht Ziel interessen-orientierter Konfliktbearbeitung.

---

141 "Bevor die Konfliktparteien ihre unterschiedlichen Interessen miteinander in Einklang bringen können, wird es ratsam sein, dass sie ihren Gefühlen Ausdruck verleihen. In den seltensten Fällen sind bei Konflikten keine Gefühle im Spiel. (...) Gefühle zu artikulieren, wirkt sich beim Aushandeln von Vereinbarungen äußerst positiv aus." Ury & Brett & Goldberg 1996, 25. Techniken, wie die Konfliktparteien dabei unterstützt werden können, ihre je eigenen Interessen zu erkennen und den Wechsel von Positionen-Denken zu Interessen-Denken vollziehen können, sind Gegenstand von Mediations-Fortbildungen.

142 Unabhängig von der Person und Position der Gegenseite.

143 Das ggf. durch Beweiserhebung empirisch nachweisbar ist.

144 Die interessen-orientierte Konfliktbearbeitung fügt sich so auch in neuere Entwicklungen in Natur- und Gesellschaftswissenschaften ein: In Fortführung des Grundlagenwerkes der chilenischen Biologen Maturana und Varela, 1987 wurde v.a. von von Foerster 1994, Glasersfeld 1994 und Watzlawick 1994, Luhmann 1988 und Teubner 1989 die sog systemische Theorie und der systemische Konstruktivismus entwickelt. Dieser geht davon aus, dass die Wiedergabe ("Konstruktion") von Wirklichkeit, da sie durch über Sinnesorgane, Bewegungsapparat, Verstand und Sprache vermittelte Wahrnehmungen erfolgt, untrennbar mit dem Erkenntnisapparat des jeweiligen Subjekts verbunden ist. Damit werden Beobachter und das Beobachtete zu einem untrennbaren Ganzen. Je nach Standpunkt und individueller Wahrnehmung des Beobachters ändert sich danach die von ihm jeweils als Wirklichkeit definierte Außenwelt. Die wahrgenommene Wirklichkeit ist folglich stets eine "Erfindung" des Erlebenden, der durch seine Handlungen immer nur ein Teil dieser Erlebenswelt ist. Vgl. Maturana & Varela 1987, 267-268.

Für eine systemische und integrierende Betrachtung[145] unterschiedlicher Interventionen und Verfahren des betrieblichen Konfliktmanagements[146] sind neben den formellen rechte-orientierten Verfahren auch informelle Interventionen von Bedeutung. Neben den dyadischen Verhandlungen ohne Intervention eines Dritten[147] zählen zu den interessen-orientierten informellen triadischen Interventionen[148] in der Sozialpsychologie, der Pädagogik und den Sozialwissenschaften entwickelte Methoden wie z.B. Moderation, Prozessbegleitung, Supervision, Konfliktberatung und -coaching sowie Mediation zur Verfügung.

Bei der Moderation handelt es sich um eine Intervention, die organisatorische und methodische Hilfestellung für Gruppen bietet, mit dem Ziel, die Kooperationsfähigkeit der einzelnen Gruppenmitglieder zu verbessern.[149] Meist steht bei der Einleitung eines Moderationsverfahrens noch kein konkret benennbarer Konflikt im Vordergrund, sondern die gemeinsame Erarbeitung und Strukturierung von Themenbereichen und die Planung von Maßnahmen zu ihrer

---

145 Vgl. auch Wahsner 2002, 23,f., der auf die Begrenztheiten der "parzellierenden und Einzelprobleme jeweils isoliert betrachtenden wissenschaftlichen Denk- und Arbeitsweise" hinweist. Wahsner 2002, 23.

146 Eine einheitliche interdisziplinäre, verschiedene Interventionen und Verfahren berücksichtigende Theorie des betrieblichen Konfliktmanagements liegt bislang nicht vor und kann an dieser Stelle nicht entwickelt werden.

147 Vgl. oben die Unterscheidung zwischen integrativem und distributivem Verhandeln.

148 Unter Intervention wird hier in Anlehnung an die sozialpsychologische, sozialwissenschaftliche und pädagogische Literatur, vgl. Glasl 1997, 289; Schein 2000, 157 f., jede Form von Hilfestellung für die konstruktivere Bearbeitung von Konflikten verstanden. Typische betriebliche Interventionen sind dabei informelle Gespräche mit Vorgesetzten, Betriebsärzten, Betriebspsychologen, Betriebsratsmitgliedern oder der Personalabteilung, so die Ergebnisse einer von Aigner 2002 durchgeführten Betriebsbefragung; vgl. Aigner 2002, 189. Schein 2000 versteht weitergehend unter Intervention "jede Handlung" interner oder externer Berater; vgl. Schein 2000, 157. Auch Machteingriffe auf der Machtebene stellen so verstanden Interventionen dar. Neben diesen unstrukturierten informellen Interventionen werden auch die von Sozialpsychologie und Pädagogik entwickelten "Methoden" und "Strategie- und Rollenmodelle", vgl. Glasl 1997, 360 f. mit voneinander abgrenzbaren Indikationen als Interventionen bezeichnet. Im Gegensatz dazu sind "Verfahren" stärker formalisiert und weisen zumindest einen rechtlich relevanten Bezug auf.

149 Die Moderationsmethode wird in Betrieben häufig innerhalb und zwischen Arbeitsgruppen im Rahmen von Gruppenarbeit angewendet; vgl. Bertelsmann Stiftung und Hans-Böckler-Stiftung (Hg.) 1998.

Umsetzung.[150] Moderation wird i.d.R. in größeren Gruppen eingesetzt. Es kann sich um einen einmaligen oder einen langfristigen Prozess handeln. Ein Moderator ist nicht für den Inhalt, sondern nur für den Einsatz der Moderationsmethoden und die Strukturierung des Gruppenprozesses verantwortlich. Unter Prozessbegleitung wird die Beratung und Begleitung durch außenstehende betriebsexterne oder interne Berater verstanden.[151] Dabei werden die Konfliktbeteiligten durch einen "Prozess" der Veränderung begleitet, ohne dass der "Prozessbegleiter" sich inhaltlich äußert oder und ohne dass diese Inhalte einer verbindlichen Regelung zugeführt werden müssten. Es handelt sich meist um eine langfristige Intervention, in deren Verlauf mit Einzelpersonen, meist mit Führungskräften "an bereits länger fixierten Perzeptionen, Attitüden, Intentionen und Verhaltensweisen" der Konfliktparteien gearbeitet wird.[152] In der Folge kommt es häufig zu strukturellen Organisationsänderungen.[153] Als ein Ansatz der Prozessbegleitung wird unter Supervision die begleitende Reflexion von Erfahrungen, Fragestellungen und Konflikten am Arbeitsplatz verstanden.[154] Bei der Supervision handelt es sich i.d.R. um eine längerfristige Intervention. Im Mittelpunkt steht die personale Entwicklung einzelner Personen. Diesen wird durch die Bearbeitung beruflicher Themen die Gelegenheit gegeben, "personale Verengungen",[155] die sie an ihrer eigenen Entfaltung behindern, aufzuarbeiten.[156]

---

150 Schreyögg 2002, 114 versteht unter Moderation auch eine "generelle Führungshaltung" Die Führungskraft solle als "Moderator" die Kohäsion der Arbeitsgruppe fördern und ihre soziale Struktur entwickeln.

151 Glasl 1997, 362 f. Der Begriff wurde zunächst von Schein 1969 im Kontext der Organisationsentwicklung geprägt. In Abgrenzung zu klassischen reaktiven Beratungsverfahren fordert er das aktive Sichhineinbegeben der Berater in die jeweilige soziale Situation.

152 Glasl 1997, 362.

153 Blake & Mouton 1964; Mastenbroek 1979.

154 In der Literatur wird weiter differenziert zwischen Fallsupervision, in der persönliche Schwierigkeiten von Beratern in z.B. sozialarbeiterischen oder medizinischen Beratungssituationen im Mittelpunkt stehen, Leitungssupervision und Coaching, in der einzelne, meist Führungskräfte bei der Findung und Gestaltung ihrer Aufgabenfelder begleitet und unterstützt werden, kollegiale Supervision oder Intervision, bei der Fälle im Kollegenkreis besprochen und ausgewertet werden sowie die Teamsupervision, bei der alle Mitglieder einer Arbeitsgruppe Dynamiken der eigenen beruflichen Interaktionen bearbeiten; vgl. Schreyögg 2002, 27.

155 Schreyögg 2002, 27.

156 Schreyögg 2002, 27 m.w.N.

Als mittelbare Interventionsmethode ist die Konfliktberatung und das Konfliktcoaching einer einzelnen Konfliktpartei anzuführen. Im Einzel-Beratungsgespräch wird einer der Konfliktbeteiligten dabei unterstützt, selbst aktiv die jeweilige Konfliktsituation zu bearbeiten. Eingesetzt werden dabei z.B. Rollenspiele.[157] Die Konfliktbeteiligten sollen durch Beratung und Coaching selbst in die Lage versetzt werden, ihre Konflikte und Probleme künftig ohne professionelle Hilfe angehen zu können.[158] Durch Konfliktcoaching sollen insbesondere Führungskräfte "auf eine eigene Konfliktbewältigung vorbereitet" werden.[159] Neben den genannten Interventionen können auch Methoden der Gruppendynamik, Therapie, Organisationsentwicklung, Unternehmensberatung und die Mediation.[160] zur Regelung von betrieblichen Konflikten eingesetzt werden.[161]

Gemeinsam ist all diesen Interventionen, dass sie an der Förderung der Konfliktkompetenz einzelner ansetzen und diese dabei unterstützen, eigenverantwortliche, ihren eigenen Interessen entsprechende, Lösungen für Konfliktsituationen zu finden.

---

157 Z.B. auch der gezielte Rollentausch.

158 Schreyögg 2002.

159 Schreyögg 2002, 35.

160 Als interessenorientierte Intervention und gleichzeitig als rechtsnahes Verfahren; vgl. auch Mähler & Mähler 2001b, 1196f., die Mediation als "ergebnisorientierte Vertragsgestaltung" und gleichzeitig als "kommunikatives Verfahren zur Verständigung" begreifen.

161 Glasl fasst diese Interventionen unter dem Oberbegriff "Sozio-therapeutische Prozessbegleitung" zusammen; vgl. Glasl 1997, 363.

2.4 Das Kontinuum des betrieblichen Konfliktmanagements

Ähnlich wie bei der "Alternative Dispute Resolution" unterschiedliche rechteorientierte Verfahren als Gesamt-Verfahrens-Angebot betrachtet werden, kann für den betrieblichen Bereich von einem "Kontinuum des betrieblichen Konfliktmanagements"[162] mit Verfahrens- und Interventionsoptionen auf allen drei Ebenen der Konfliktbearbeitung gesprochen werden. Informelle Interventionen und formelle Verfahren lassen sich abhängig vom Grad der Konflikteskalation und ihrer Interessen-, Rechte- oder Macht-Orientierung einordnen.[163] Dabei werden die oben analysierten verschiedenen Formen des Managements betrieblicher Konflikte[164] auf "Gegenpole einer Typenreihe"[165] in einer Skala eingeordnet.[166]

Traditionelle hierarchieorientierte Organisationen, in denen der überwiegende Teil der betrieblichen Konflikte auf der Ebenen der Macht durch Anordnung bearbeitet wird, werden als "gestörte Systeme"[167] betrachtet. Für das Erreichen eines effizienten betrieblichen Konfliktmanagements sei es erforderlich, den überwiegenden Teil betrieblicher Konflikte auf der Interessenebene zu bearbeiten.[168] Ziel eines effizienten betrieblichen Konfliktmanagementsystems ist die Entwicklung und Bereitstellung von möglichst vielen interessenorientierten

---

162 Vgl. Moore 1996, 6 f., der das von ihm entwickelte "Continuum of Conflict Management and Resolution Approaches" vorstellt, in dem zwischen Konfliktvermeidung, dyadischen Verhandlungen, Mediation, Schiedsgericht, Gericht und Anwendung von Macht oder Gewalt zwischen mehr oder weniger interessen-, rechte- oder macht-orientierten Bearbeitungsformen ausgewählt werden kann.

163 Aigner 2002, 172 ff. unterscheidet in ihrem Modell des "abgestuften Konfliktmanagements" im Betrieb ansteigend mit der Konflikteskalation zwischen Reaktionen, Interventionen und Sanktionen.

164 Ähnlich wie die von Söllner, 1982, 4 vorgenommene Einordnung von Rechts- und Regelungsstreitigkeiten im kollektiven Arbeitsrecht.

165 Söllner 1982, 4.

166 Breidenbach 1995, 876 ordnet die unterschiedlichen Formen der Konfliktbehandlung auf einer Skala mit den Polen "Verrechtlichung" und "Entrechtlichung" ein. Er weist darauf hin, dass die Einordnung auf der Skala wesentlich von der professionellen Perspektive des "Konfliktbehandlers" abhängt: "Verrechtlichung oder Entrechtlichung als Tendenzen gerechtfertigt, soweit die ihnen zugrundeliegende anfängliche Definition (als Rechts- oder Sozialproblem) den Konflikt (tendenziell) adäquat erfasst." Breidenbach 1995, 53.

167 Vgl. Ury & Brett & Goldberg 1996, 41.

168 Ury & Brett & Goldberg 1996, 41.

Konfliktbearbeitungsoptionen. Damit soll die überwiegende Anzahl[169] betrieblicher Konflikte "niedrigschwellig" und frühzeitig mit der Möglichkeit des Erreichens von wertschöpfenden[170] Lösungen konsensual bearbeitet werden. Die rechte-orientierten Verfahren unterscheiden sich insbesondere in dem Grad ihrer Formalisierung und Verrechtlichung sowie in Bezug auf die Entscheidungsmacht eines Dritten.

Neben diesen Bezugspunkten lassen sich die Interventionen und Verfahren des betrieblichen Konfliktmanagements in einer Skala zwischen folgenden Polen einordnen:

- freiwillig oder obligatorisch
- ohne oder mit aktiver Beteiligung eines Dritten
- freie Auswahl des Dritten durch die Parteien oder Unterwerfung unter einen Dritten[171]
- keine, unverbindliche oder verbindliche Lösungsvorschläge des Dritten
- Suchen nach einer gemeinsamen Lösung der Konfliktparteien oder Entscheidung des Dritten
- Informalität oder Formalität des Verfahrens
- vertrauliches oder öffentliches Verfahren
- kein Einbringen von eigenem Expertenwissen oder Fachkompetenz als Experte.

2.5 Mediation als informelle Intervention und als "rechtsnahes" interessenorientiertes Verfahren des betrieblichen Konfliktmanagements

Mediation soll im folgenden als eine neuere Interventions-Methode und ein spezifischen Verfahrensgrundsätzen folgendes informelles, aber rechtsnahes Verfahren des betrieblichen Konfliktmanagements vorgestellt werden. Dabei stehen die Besonderheiten der Mediation betrieblicher Konflikte[172] im Mittelpunkt. Dies bildet die Grundlage für die in Kapitel 3 vorzunehmende Abgrenzung der Mediation von traditionellen arbeitsrechtlichen Konfliktbearbeitungs-

---

169 Der, wie oben ausgeführt, unvermeidlichen und grundsätzlich sogar erwünschten.

170 "win-win".

171 Verstanden auch als Ausmaß, in dem Zwang von oder auf die Parteien ausgeübt wird; vgl. Goldberg u.a. 1992, 4 f.

172 Auch in Abgrenzung von Mediationsmodellen in anderen Anwendungsbereichen.

verfahren. Als informelles Verfahren ist Mediation in besonderem Maße von der persönlichen Haltung des Mediators geprägt. Vor dem Hintergrund unterschiedlicher Mediations-Leitbilder soll nach den für die betriebliche Mediation erforderlichen Kompetenzen und daraus ableitbaren Folgerungen für die Qualifizierung[173] betrieblicher Mediatoren gefragt werden. Daraus werden Verhaltensanforderungen an Mediatoren gegenüber den Konfliktparteien[174] und allgemeine Verfahrensgrundsätze der Mediation abgeleitet. Im nächsten Schritt schließlich wird die Mediation von Arbeitsplatzkonflikten als "Verfahren" des betrieblichen Konfliktmanagements in den Rahmen eines "Kontinuums des betrieblichen Konfliktmanagements" eingeordnet. Den Abschluss der Bestandsaufnahme zum Thema "Betriebliche Mediation" soll eine kurze Darstellung empirischer Forschungsergebnisse über den Erfolg von Mediation sowie eine Auseinandersetzung mit ihren Grenzen[175] bilden.

Mediation[176] kann allgemein definiert werden als freiwilliges Verfahren, in dem Konfliktpartner mit Hilfe eines "allparteilichen"[177] Dritten ohne inhaltliche Entscheidungsbefugnis gemeinsame, aufeinander bezogene - nach Möglichkeit wertschöpfende - Entscheidungen selbstverantwortlich erarbeiten und treffen.[178]

Definition und Grundprinzipien sowie Struktur und Ablauf der Mediation sind in allen Anwendungsbereichen weitgehend identisch. Mittlerweile haben sich elementare und unabdingbare Verfahrensgrundsätze der Mediation herausgebildet.

Ausgeübt wird Mediation in Deutschland von Angehörigen ganz unterschiedlicher Professionen, insbesondere von Juristen, Psychologen und Angehörigen anderer psychosozialer Berufe. Im betrieblichen Bereich verwenden auch Betriebswirte oder Sozialwissenschaftler als Unternehmensberater oder Betriebs- bzw. Personalräte ganz unterschiedlicher professioneller Herkunft das Verfahren der Mediation.[179]

---

173 Häufig juristisch unpräzise als "Ausbildung" bezeichnet.

174 Die sog. "Medianten".

175 Insbesondere zum Umgang mit Machtgefällen in der Mediation betrieblicher Konflikte.

176 Lat.: "Vermittlung".

177 Diese Formulierung wird anstelle des Begriffs "neutral" verwendet, um klarzustellen, dass es auch für Mediatoren keine vollständige Neutralität geben kann.

178 Moore 1996, 14; Breidenbach 1995, 139, m.w.N..

179 Oder "mediative Elemente" als Anwendung von Grundhaltungen und Gesprächstechniken der Mediation, ohne dass alle unten vorgestellten Verfahrensgrundsätze insgesamt eingehalten werden; vgl. Mähler & Mähler 2001b, 1194 f.

Je nach Ursprungsprofession der jeweiligen Autoren werden in der Literatur von Juristen eher die Alternativität und Außergerichtlichkeit des Verfahrens,[180] von Psychologen eher die Chancen persönlicher Weiterentwicklung durch kommunikative und therapeutische Interventionen,[181] von Sozial- und Politikwissenschaftlern eher die "soziale Technik" im Rahmen sozialer Entscheidungsprozesse[182] und von Betriebswirtschaftern das Verhandlungsmanagement[183] in den Mittelpunkt gestellt. Dabei kann Mediation nach dem Erlernen der wesentlichen Strukturen des Verfahrens und dem Einüben der dazu wichtigen Haltung und Gesprächstechniken grundsätzlich von "jedermann" ausgeübt werden.[184]

2.5.1 Historische und geographische Wurzeln

Mediation bzw. die Vermittlung in Konfliktsituationen ist keine Erscheinung des 20. Jahrhunderts. Sie findet sich mit ähnlichen Elementen und Strukturen weltweit und in unterschiedlichen historischen Epochen. Insbesondere im asiatischen und im afrikanischen Kulturkreis ist Mediation eine traditionelle Streitbeendigungsmethode, die in der Religion, Geschichte und Kultur verwurzelt ist.[185] Sie wurde und wird anstelle juristischer Verfahren eingesetzt, weil diese nicht zur Verfügung stehen oder standen bzw. keine gesellschaftliche Akzeptanz finden konnten.

Historisch ist das Vermitteln als Vorläufer des Richtens archaischen Ursprungs. Theoretisch wurde das Vermitteln[186] vor der Aufarbeitung der seit Ende der 70er Jahre entstehenden Mediationsbewegung in westlichen Demokratien[187] als dessen "diffuse, nicht beschreibbare Vorform"[188] bezeichnet. Früh wieder-

---

180 Mähler & Mähler 2001b,1186; Breidenbach 1995, 139.

181 Montada & Kals 2001, 5f.

182 Troja 2001 m.w.N.

183 Jost 1998 unter Bezugnahme auf Spiel- und Verhandlungstheorien.

184 Zur Frage der etwaigen Kollisionen mit dem Rechtsberatungsgesetz bei Ausübung von Mediation von Nicht-Anwälten s.u. Kap. 6.

185 Für Japan und Taiwan: Krapp 1995; Wahsner 1999, 5 auf tradierte kulturelle Normen japanischer Arbeitnehmer hin, wonach diese ihren Betrieb oder ihr Unternehmen als "eine große Familie" ansehen. Auch dies könnte eine Ursache dafür sein, dass Konflikte in Japan nur im Ausnahmefall durch ein rechtliches Verfahren bearbeitet werden; für Afrika: Holtwick-Mainzer 1985 jeweils m.w.N.;.

186 Englisch ebenfalls "mediation".

187 Insbesondere den USA und Großbritannien.

188 Holtwick-Mainzer 1985, 24.

entdeckt und "importiert" wurden diese Konfliktbearbeitungsansätze durch US-amerikanische Ethnologen.[189] Sie wurden im Englischen als "mediation" - eben "Vermittlung" - übersetzt. Auf dieser Grundlage entwickelte sich ein vom reinen "Vermitteln", aber auch von dem im deutschen Arbeitsrecht bekannten Begriff der Schlichtung[190] unabhängiger Mediationsbegriff, nämlich die Mediation im hier verstandenen eigentlichen Sinne als eigenständige Intervention und eigenständiges Verfahren[191] mit eigenen Strukturen.[192]

Schwieriger ist die Unterscheidung im Englischen, wo der Begriff "mediation" gleichzeitig die Bedeutung von Vermitteln, Schlichten sowie Mediation im hier verstandenen Sinne beinhaltet[193]. Dieses Problem taucht auch in den ersten Übersetzungen von Mediationsliteratur aus dem Englischen auf, wo "mediation" meist mit "Schlichtung" ins Deutsche übersetzt wurde, ohne dabei von dem eigenständigen arbeitsrechtlichen Schlichtungsbegriff im Deutschen zu unterscheiden.

In den USA bildete die Vermittlung[194] von Tarifkonflikten bei der 1947 auf der Grundlage des Labor Management Relations Act eingerichteten staatlichen "mediation"-Behörde, dem "Federal Mediation and Conciliation Service" (FMCS)[195] den Ausgangspunkt für die Entwicklung von Mediation in Arbeitsplatzkonflikten.[196] In Deutschland wurden in den 50er bis 70er Jahren die frühen Arbeiten zu "labor mediation" frühzeitig rezipiert und in industriesoziologischen und rechtswissenschaftlichen Untersuchungen zur Rolle von Schlichtern, insbesondere in Tarifstreitigkeiten, weiter entwickelt.[197] So beleuch-

---

189 Wesel 2001, 196.

190 "labor mediation".

191 Charakterisiert durch eine eigene Verfahrensstruktur, insbesondere den für die Mediation typischen Phasen-Ablauf, vgl. Kap. 2.5.3.

192 Insofern ist die Unterscheidung in § 18 der Berufsordnung für Rechtsanwälte zutreffend, die zwischen "Vermitteln" und "Mediation" unterscheidet.

193 Zum Teil wird zwischen "mediation" und "conciliation" differenziert. Dabei entspricht "conciliation" der Schlichtung.

194 "mediation".

195 Eine ähnliche staatliche Schlichtungs- und Mediations-Agentur ist die britische AKAS.

196 Folberg & Taylor 1984, 5; Lembke 2001, 103 ff.; außerhalb dieses Bereichs wurde Mediation v.a. von Bürgerrechts- und von kirchlichen Gruppen entwickelt, um Nachbarschaftskonflikte zu bearbeiten.

197 Von der neueren deutschen Mediationsliteratur blieben sie bislang jedoch unentdeckt.

tet z.B. Keller[198] in seiner sozialwissenschaftlichen Arbeit “Theorien über den Einfluss des Neutralen auf Schlichtungsverhandlungen” die Verwendung des Begriffes “mediation” und die Anwendung von “mediation” in amerikanischen Tarifschlichtungsverhandlungen im Vergleich zur deutschen Schlichtung. Keller unterscheidet schon damals zwischen “mediation” im “weiteren” und im “engeren” Sinne: im “weiteren Sinne” werde er für die Beilegung oder Vermittlung in Gruppenkonflikten aller Art gebraucht, in dem ihn ausschließlich interessierenden “engeren” Sinne meine “mediation” die “Schlichtung” von kollektiven Arbeitsstreitigkeiten.[199] Erst Ende der 80er Jahre entwickelte sich aus Erfahrungen von Vermittlungs- und Schlichtungsverfahren eine Struktur und ein lehrbares Instrumentarium an Gesprächs-, Verhandlungs-, Moderations- und Kreativitätstechniken.

Über “mediation” im von Keller verstandenen engeren und weiteren Sinne hinaus wird in vorliegender Arbeit unter Mediation ein strukturiertes, idealtypisch in unterscheidbaren Phasen ablaufendes Verfahren, das i.d.R. mit einer schriftlichen, in jedem Fall rechtsverbindlichen vertraglichen Vereinbarung endet, verstanden. Aufgabe des Mediators ist es, die Konfliktpartner durch gekonntes strukturiertes Verhandlungsmanagement und Empathie darin zu unterstützen, selbstverantwortete inhaltliche Entscheidungen zur Konfliktbeendigung zu finden.[200] Dabei wird dem Dritten von den Konfliktbeteiligten auch formal die Rolle eines unabhängigen Vermittlers zugewiesen. Diese “mediation” im eigentlichen Sinne wurde von deutschen Übersetzern häufig nicht mit “Mediation”, sondern mit “Güteverfahren”[201] oder “Schlichtung”[202] übersetzt. Daher ist es nicht verwunderlich, dass heute die Begrifflichkeiten “Schlichtung”, “Mediation”, “Schiedsverfahren” und “Güteverfahren” häufig unscharf und falsch verwendet werden.

In der US-amerikanischen Literatur wird daneben auch die sog. “manager mediation”[203] erwähnt.[204] Im hier verstandenen Sinne werden dabei zwar “mediative” Techniken[205] und eine mediative Haltung eingenommen, ohne dass

---

198 Keller 1973.

199 Keller 1973, 15.

200 Ähnlich Mähler & Mähler 2001b, 1186.

201 So die deutsche Übersetzung eines englischen Texts von Vidmar 1993, 35.

202 Jakob 1993.

203 Kolb 1989, 92.

204 Als Konfliktvermittlung durch Führungskräfte und Manager.

205 Mähler & Mähler 2001b, 1194 f.

es sich um ein Mediationsverfahren im hier verstandenen eigentlichen Sinne[206] handelt.[207] Ein Mediator zeichnet sich somit neben seiner formalen Rolle als unabhängiger Vermittler ohne Entscheidungskompetenz als "Hüter" der phasenstrukturierten Verhandlung aus. Die Grundlagen für die Fähigkeit, durch die Phasen einer Mediation zu lenken, wird i.d.R. durch eine Mediationsfortbildung erworben.[208] Für die Entwicklung der Mediation in der Arbeitswelt in Deutschland wird auf die seit Ende der 80er Jahre in Deutschland gewonnenen ersten praktischen Erfahrungen aus anderen Anwendungsbereichen der Mediation, insbesondere der Trennungs- und Scheidungs- sowie der Umweltmediation aufgebaut.[209] Für den betrieblichen Bereich, insbesondere für den Einsatz nebenamtlicher "Konfliktlotsen" als interne Mediatoren stand das Konzept der "Streitschlichter" an Schulen Pate: hier werden Schülerinnen und Schüler in gesonderten Trainingseinheiten zu Streitschlichtern ausgebildet. Sie vermitteln in Streitigkeiten zwischen anderen Schülern meist niedrigerer Jahrgangsstufen.[210]

Neben diesen "mediationsnahen" Wurzeln bezieht sich die Mediation von Arbeitsplatzkonflikten in starkem Maße auf neuere Verhandlungsansätze der 80er Jahre, insbesondere auf die integrativen Verhandlungsansätze nach dem sog. Harvard-Konzept[211] und deren Wurzeln in der Spieltheorie.[212]

Insgesamt kann festgestellt werden, dass sich Mediation als eigenständige Interventionsmethode entwickelt hat, in der Erkenntnisse aus Konflikt- und Verhandlungsforschung, Kommunikationstheorie, Friedensforschung[213] sowie für den Bereich der Arbeitsplatzkonflikte Ansätze aus Arbeits-, Organisations-

---

206 Als "Institution", vgl. Mähler & Mähler 2001b, 1194.

207 Managern, Vorgesetzten, ebenso wie Richtern, Einigungsstellenvorsitzenden, Betriebsräten in Beschwerdeverfahren oder Tarifschlichtern fehlt eine wesentliche Voraussetzung für die Übernahme der Mediatorenfunktion: sie können nicht wirklich allparteilich sein, weil sie selbst Entscheidungskompetenzen und -verpflichtungen innehalten. Sie haben ein eigenes Interesse am Verfahrensausgang und sind damit nicht mehr allparteilich.

208 So im Ergebnis auch eine der wenigen vorliegenden deutschen Gerichtsentscheidungen zum Thema Mediation: OLG Rostock 20.6.2001, 2 U 58/2000, das dem beklagten "Mediator" ohne den Nachweis einer einschlägigen Fortbildung untersagt, sich Mediator zu nennen und für diese Dienstleistung zu werben.

209 Breidenbach 1995; Troja 2001; Mähler & Mähler 2001b; Fietkau 2000.

210 Vgl. Hagedorn 1995

211 Vgl. Fisher & Ury & Patton 1990.

212 Vgl. ausführlich Jost 1998; aus juristischer Sicht: Eidenmüller 1997, 31 ff.

213 Zum Thema Zivile Konfliktbearbeitung vgl. auch Albers 2000.

psychologie und -soziologie sowie aus der sozialwissenschaftlichen Forschung zur Organisationsentwicklung zusammenfließen.[214]

2.5.2 *Verfahrensgrundsätze*

In der oben angeführten Definition von Mediation wird auf wesentliche Merkmale und Grundprinzipien der Mediation Bezug genommen.[215] Diese bilden Verfahrensgrundsätze und Mindest-Verfahrens-Garantien für die Medianten.[216] Sie grenzen Mediation darüber hinaus klar von anderen Interventionen, Methoden und Verfahren ab. Sowohl die Mediationsliteratur[217] als auch die verschiedenen[218] Berufsverbände für Mediation[219] befassen sich ausführlich mit allgemeinen "Grundprinzipien" und ethischen Standards, an denen sich Mediatoren selbstverpflichtend zu orientieren haben.[220] Diese Standards wurden von den unterschiedlichen Mediationsverbänden jeweils in Anlehnung an den "Code of Ethics" für Mediatoren, eine gemeinsame Formulierung der American Bar Association, der Mediatoren-Organisation "Society of Professionals in Dispute Resolution" (SPIDR) und der American Arbitration Association (AAA),[221] formuliert.[222] In den USA haben sich inzwischen weitergehende Standards für die

214 So auch Mähler & Mähler 2001b, 1188.

215 Z.B. auf die Allparteilichkeit des Dritten.

216 Zu den Anforderungen an Mediation als Verfahren vgl. auch Prütting 1997, 69.

217 Mähler & Mähler 2001; Breidenbach 1995; Moore 1996 jeweils m.w.N.

218 Deutschen und US-amerikanischen.

219 Überblick unter www.mediate.com und www.centrale-fuer-mediation.de.

220 Mediatoren verpflichten sich mit Eintritt in einen Mediatorenverband auf die Einhaltung der dort formulierten Standards. Standards und Richtlinien versuchen im Wege der Selbstverpflichtung und damit - passend zum Ansatz der Mediation - privatautonom und unabhängig von staatlicher Regulierung u.a. auch die nicht vorhandenen gesetzlichen Regelungen zum Verbraucherschutz bei der Inanspruchnahme von Mediation zu ersetzen. Vgl. unten Kap. 5 zu Tendenzen der rechtlichen und gesetzlichen Absicherung von Mediation in den USA und Europa.

221 Vgl. www.mediate.com.

222 Für den Bereich der Mediation von Arbeitsplatzkonflikten formulierte der Bundesverband für Mediation in Wirtschaft und Arbeitswelt e.V. (BMWA), www.bmwa.de, die ersten Standards für seine Mitglieder. Andere Verbände folgten nach. Einen aktuellen Überblick über alle Verbände und ihre jeweiligen Richtlinien und Standards gibt www.centrale-fuer-mediation.de/Verbaende.

Durchführung von Mediation in Betrieben und Verwaltung und für die Implementierung entsprechender Programme entwickelt.[223]

Vorliegende Arbeit befasst sich mit den Erfordernissen und Möglichkeiten der Absicherung der Verfahrensgrundsätze der Mediation im Betrieb im Kontext des deutschen Arbeitsrechts. Im folgenden sollen daher zunächst die für die Anwendung von Mediation im Betrieb wesentlichen Standards als Verfahrensgrundsätze vorgestellt werden.

2.5.2.1 Eigenverantwortlichkeit der Konfliktpartner: Autonomie und Partizipation

Das wesentlichste Grundprinzip der Mediation stellt die Eigenverantwortlichkeit der Konfliktbeteiligten für den Umgang und die Lösung ihres eigenen Konflikts dar.[224] Die Entscheidung, weiterhin an einer Mediation teilzunehmen und ob, wie und welche inhaltliche Lösung oder Entscheidung gefunden wird, liegt allein bei den Beteiligten.

Mediation als radikal selbstbestimmtes Verfahren steht daher zunächst den Anforderungen der Arbeitswelt entgegen. Sie kommt allerdings vielen Forde-

---

223 So z.B. die Codes of Ethics der Vereinigung von Ombudspersonen, The Ombudsman Association (TOA). Zum Begriff der Ombudsperson und weiterführend sowie die Richtlinien der American Bar Association mit SPIDR und anderen vgl. Kap. 4. Für die Implementierung von Mediations- und anderen Alternativen Konfliktbearbeitungsprogrammen bei US-amerikanischen Bundesverwaltungen wurden auf der gesetzlichen Grundlage des "Administrative Dispute Resolution Act of 1996" (ADRA), 5 U.S.C. 571-584, "Core Principles for Non-Binding Workplace ADR" für die Implementierung und Anwendung von Mediation im Rahmen von "Federal ADR Programs" aufgestellt. Hier werden neben der Betonung der ethischen Verpflichtungen der externen und internen Anbieter von Konfliktbearbeitungs-Dienstleistungen v.a. die Rahmenbedingungen für die Gewährleistung von Vertraulichkeit/Verschwiegenheit, Neutralität, Schutz von Arbeitnehmerrechten, Selbstbestimmung, Freiwilligkeit und Vertretung klargestellt. Darüber beinhalten die Core Principles Richtlinien für die Zugänglichkeit und die praktische Durchführung von internen Mediationsprogrammen. Es ist zu erwarten, dass sich auch in Deutschland für den Einsatz betriebsinterner Mediatoren und für die Implementierung von Integrierten Konfliktmanagementsystemen eigene Standards und Regeln entwickeln; vgl. auch unten Kap. 7. Zu den zu berücksichtigenden rechtlichen Rahmenbedingungen im deutschen Arbeitsrecht vgl. unten Kap. 6.

224 Hier liegt die Stärke des Verfahrens und der Hebel für den in der Literatur häufig apostrophierten gesellschaftlichen "Paradigmenwechsel" durch Mediation hin zu mehr Partizipation und Autonomie; vgl. Mähler & Mähler 2001b, 1187 f.

rungen in der Literatur nach mehr Autonomie, Partizipation[225] und Bürgerrechten im Betrieb[226] der letzten Jahre entgegen: Mediation ist ein Weg zur autonomen Gestaltung von tatsächlichen und rechtlichen Bedingungen. Sie dient der künftigen Gestaltung von (Arbeits-)Verhältnissen und damit der Rechtsgestaltung. Gestärkt werden kann die Privatautonomie der einzelnen Beteiligten und somit auch der Beschäftigten ebenso wie die durch Art. 9 GG gewährleistete Tarifautonomie und die Autonomie der Betriebspartner. In der Regel entwickeln Mediatoren keine eigenen Lösungsvorschläge[227] und treffen keine inhaltlichen Entscheidungen. Sie sind allein für die Herstellung eines "sicheren" Rahmens und für die Einhaltung des strukturierten Ablaufs der Mediation verantwortlich.[228]

2.5.2.2 Freiwilligkeit

Die Konfliktbeteiligten schließen ihre Vereinbarung freiwillig, sie können nicht zu einer Einigung verpflichtet werden. Umstritten ist, ob sich das Grundprinzip der Freiwilligkeit "absolut"[229] sowohl auf die freiwillige Teilnahme als auch die freiwillige Durchführung und Einigung bezieht oder ob eine "relative"[230] Freiwilligkeit ausreicht, die lediglich sicherstellt, dass die Mediation ohne Furcht vor Sanktionen[231] jederzeit abgebrochen werden kann.[232]

---

225 Partizipation verstanden als Integration betroffener und beteiligter Personen und Gruppen in Entscheidungsprozesse, vgl. Mähler & Mähler 2001b, 1187 f. und Troja 2001. In der Politikwissenschaft wird Mediation als "partizipatives Beteiligungsverfahren" diskutiert. Mediation als kooperatives Konfliktmanagement sei als "Teilsystem" geradezu erforderlich, um bei fortschreitender Ausdifferenzierung der Gesellschaft in soziale Teilsysteme ein Mindestmaß an kommunikativer Vernetzung zu gewährleisten; Troja 2001, 395 f.. Auch in der Organisationssoziologie wird eine stärkere Partizipation von Beschäftigten gefordert; vgl. Kotthoff 1994, Kieser 1998, Minssen 1999; Müller-Jentsch 1999.

226 Vgl. Oppolzer 1998 Wendeling-Schröder 2001, 360; Matthies u.a. 1994; Mückenberger 1993.

227 Außer, um einen Anstoß für die Entwicklung neuer kreativer eigener Ideen zu geben.

228 Troja 2001, 13.

229 Albrecht 2001, 89.

230 Albrecht 2001, 89.

231 Zur Problematisierung dieser in der vorliegenden Literatur zum Thema kaum wahrgenommenen Fragestellung s.u. Kap. 6.

232 Für die absolute Freiwilligkeit: Breidenbach 1995, 272f.; Mähler & Mähler 2001b, 1186; für eine relative Freiwilligkeit: Duve 2001, 18 m.w.N.

Für das Ausreichen einer relativen Freiwilligkeit sprechen neben der Tatsache, dass die Annahme der "absoluten" Freiwilligkeit in Arbeitsstreitigkeiten aufgrund des Machtgefälles zwischen Arbeitgeber und Arbeitnehmer realitätsfremd ist,[233] auch empirische Ergebnisse. Diese belegen, dass bezüglich der Verfahrenszufriedenheit der Medianten mit der Mediation, unabhängig davon, ob sie zwingend vorgeschrieben war oder völlig freiwillig eingegangen wurde, in etwa gleiche Ergebnisse erzielt werden.[234]

2.5.2.3 Allparteilichkeit des Mediators

Wesentliches Verfahrensmerkmal der Mediation ist die "Allparteilichkeit" des Mediators.[235] Mediatoren verfolgen keine eigenen Interessen an den Inhalten möglicher Lösungen.[236] Dies schließt den Einsatz von unmittelbar Vorgesetzten oder von Mitarbeitern der Personalabteilung mit Weisungsrechten und -pflichten als Mediatoren im Betrieb grundsätzlich aus. Ebenfalls eingeschränkt wird damit die Möglichkeit von Betriebs- und Personalräten, als Mediatoren i.e.S. tätig zu werden.[237] Ebenfalls ausgeschlossen ist damit die Vorbefassung mit einer Angelegenheit, z.B. als Rechtsvertreter oder -berater eines Medianten.[238]

---

233 Wenn ein Vorgesetzter oder die Personalabteilung einem Konfliktbeteiligten eine Mediation "vorschlägt", gehört zu einer offenen Ablehnung eine gewisse Risikobereitschaft des Arbeitnehmers.

234 Vgl. Kressel 2000, 523; Duve 2001, 18.

235 Ähnlich der "Unparteilichkeit" des Richters. Der Begriff "allparteilich" wird anstelle des Begriffs "neutral" oder "unparteilich" verwendet, um zu verdeutlichen, dass es eine völlige Neutralität von Dritten niemals geben kann. Mediatoren sollen sich im Verlauf des Verfahrens abwechselnd mit den Sichtweisen aller Medianten identifizieren können und damit abwechselnd und ausgewogen "parteilich" sein; vgl. Troja 2001, 12.

236 Hingegen ist die Anwendung "mediativer Elemente", z.B. in Mitarbeitergesprächen, sehr sinnvoll. Anders Kolb 1989, 92, die drei Bereiche von "mediation" - allerdings im oben erläuterten weiten Sinne verstanden als "Vermittlung" in Organisationen - unterscheidet: 1. Mediatoren in formalen Rollen, z.B. Ombudspersonen, 2. Managerial "mediation", d.h. Manager als Vermittler sowie 3. "labor mediators", d.h. "Schlichter" in Tarifverhandlungen; vgl. Kolb 1989, 92.

237 Sofern sie als Betriebsrat eigene Interessen zu vertreten haben, dazu ausführlich Kap. 6.

238 Dies ergibt sich für Anwalt-Mediatoren auch aus § 18 BORA, nach der Mediation eine anwaltliche Tätigkeit darstellt. Somit gilt das Verbot der Vertretung widerstreitender Interessen gem. §§ 45, 46 BRAO, 3 BORA.

2.5.2.4 Vertraulichkeit

Im Gegensatz zu einem Gerichtsverfahren werden in der Mediation Informationen vertraulich behandelt. Dies gilt sowohl bezogen auf den Mediator, der einer Schweigeverpflichtung unterliegt, als auch bezogen auf die Medianten untereinander.[239]

2.5.2.5 Unabhängigkeit des Mediators und Ergebnisoffenheit des Verfahrens

Voraussetzung für die Durchführung einer Mediation ist die Weisungsunabhängigkeit des Mediators. Dazu gehört, dass betriebsinterne Mediatoren[240] gegen Benachteiligungen wegen ihrer Tätigkeit geschützt werden müssen.[241] Die Durchführung des Mediationsverfahrens muss "ergebnisoffen" möglich sein.[242]

2.5.2.6 Informiertheit und Offenlegung von Informationen

Nur bei Offenlegung von Informationen und für die Konfliktbearbeitung wesentlichen Tatsachen ist eine Mediation mit dem Ziel einer zukünftigen konsensorientierten "win-win"-Regelung möglich. Dies bezieht sich zum einen auf den Austausch von Informationen zwischen den Medianten[243] und zum anderen auf Informationen über sachliche und rechtliche Rahmenbedingungen einer Vereinbarung. Diese werden i.d.R. durch jeweils parteiliche mediationsexterne Beratung eingeholt.[244] Ziele sind die Gewährleistung eines ausgeglichenen Diskussionsstandes und der Ausgleich von informationellen Machtungleichgewichten.[245]

---

239 Zu den Möglichkeiten, diese Vertraulichkeit für den betrieblichen Bereich rechtlich abzusichern vgl. unten Kap. 6.

240 Ähnlich wie Betriebsräte.

241 Vgl. unten Kap. 6.

242 So dürfte ein Mediator z.B. nicht von vom Arbeitgeber bzw. dessen Repräsentanten beauftragt werden, eine Mediation durchzuführen, um einen Arbeitnehmer "dazu zu bringen", einen Aufhebungsvertrag abzuschließen.

243 V.a. in der Trennungs- und Scheidungsmediation; Mähler & Mähler 2001a, 4 weisen darauf hin, dass die Offenlegung von Tatsachen, die eine eigene Schwäche signalisieren, in der Familienmediation dazu führen könne, dass sich die Konfliktpartner künftig eher gegenseitig stützen.

244 Unter "Anwalts-Mediatoren" ist in der Praxis umstritten, inwieweit sie selbst rechtliche Informationen in der Mediation geben können, ohne ihre Allparteilichkeit zu gefährden, s.u..

245 Vgl. auch Breidenbach 1995, 258.

Auf der anderen Seite kann bei teilweisem oder vollständigem Scheitern einer Mediation[246] gerade die Informiertheit der Gegenseite über eigene, sonst nicht bekannte Schwächen die eigene Rechtsposition in einem anschließenden Gerichtsverfahren gefährden.[247] Mähler & Mähler[248] schlagen daher vor, die Konfliktpartner explizit auf die Gefahren der vollständigen Offenlegung von Informationen für ein etwaig anschließendes Gerichtsverfahren hinzuweisen.[249] Die Information über Alternativen ist als solche darüber hinaus auch Bestandteil des Mediationsverfahrens selbst.[250] In Phase fünf des Mediationsverfahrens werden die von den Konfliktparteien erarbeiteten Lösungsvorschläge bewertet. Hier überprüft jede Seite ihre "Best Alternative to a Negotiated Agreement" (BATNA).[251] Der Abschluss einer rechtsverbindlichen Vereinbarung soll für jede Seite jeweils "besser" sein als andere Lösungswege außerhalb der Mediation, also auch als gerichtliche Entscheidungen.

2.5.2.7 Gleichberechtigung der Medianten

Als wesentliche Voraussetzung für die Anwendung von Mediation wird die grundsätzliche "Gleichberechtigung" bzw. "Chancengleichheit" der Beteiligten angeführt. Nur bei ausgeglichenen Machtverhältnissen kann privatautonom eine eigenverantwortete Vereinbarung geschlossen werden.[252] Daher wurde die Anwendung von Mediation in Arbeitsverhältnissen zwischen Arbeitgeber und Arbeitnehmer zunächst nicht für mediationsgeeignet gehalten.[253] Dennoch gewinnt die betriebliche Mediation, auch zwischen Arbeitgeber und Arbeitnehmer in den letzten Jahren in der betrieblichen Praxis eine immer stärkere Bedeu-

---

246 Insbesondere im Bereich der Wirtschaftsmediation.

247 Der Anspruch auf Offenlegung von Informationen wird daher von Mähler & Mähler 2001a, 4 als die "Achillesferse" der Mediation bezeichnet. Vgl auch Risse 2000,1620.

248 Mähler & Mähler 2001b, 4.

249 Dies kann gerade im betrieblichen Bereich, sofern es um den Bereich des Vorfelds von verhaltensbedingten Kündigungen geht, von entscheidender Bedeutung sein und sollte ggf. rechtlich eindeutig geregelt werden; vgl. unten Kap. 6.

250 Vgl. unter 2.5.3. zum Phasenmodell der Mediation.

251 Vgl. Fisher & Ury & Patton 1990 und ggf. auch ihre WATNA (= Worst Alternative to a Negotiated Agreement).

252 Breidenbach 1995, 252 f. m.w.N.

253 Breidenbach 1995, 252 für den gesamten Bereich der sozialen Schutzrechte. Aus dieser Perspektive unproblematisch ist die Mediation kollektiver Streitigkeiten zwischen Arbeitgeber und Betriebsrat oder zwischen einzelnen Arbeitnehmern einer Hierarchieebene.

tung.[254] Geklärt werden muss, ob und ggf. wie ein missbräuchlicher Einsatz von Mediation mit dem Ziel, arbeitsrechtliche Schutzbestimmungen zu unterlaufen, auszuschließen ist.

2.5.3 Das Phasenmodell der Mediation

Lange wurde davon ausgegangen, der Vorgang des Vermittelns beim "Schlichten"[255] sei nicht beschreibbar und erforschbar. Die Tätigkeit des Dritten und der Einsatz seiner persönlichen Autorität sei nicht definierbar und variiere von Fall zu Fall und von Person zu Person.[256] "Der Prozess der erfolgreichen Vermittlung wird als nicht lehr- und lernbare höchstpersönliche Fähigkeit des Dritten, gar als eine Kunst angesehen."[257]

Mit der Entwicklung und Einführung von Mediation[258] versucht die neuere Mediationsliteratur und -forschung, diese Lücke zu schließen. Was in der Mediation geschieht soll nicht länger die "Zauberdose" oder "Black Box" bleiben, in der durch "Magie" des Dritten irgend etwas Unbeschreibbares, Intuitives hervorgerufen wird, durch das die Streitenden schließlich zum Friedensschluss motiviert werden. Mediation als "Institution"[259] kennt eine zeitlich logische Abfolge, die herkömmlich in sog. Phasen unterteilt wird.[260] Durch das Einhalten dieser logisch aufeinander aufbauenden Phasen und die jeweils situationsadäquate Anwendung spezifischer Gesprächs- und Kommunikationstechniken[261] soll diese "Kunst" der Vermittlung und Schlichtung künftig professionell erlernbar und anwendbar werden.[262] Aufgabe des Mediators ist es, dabei zu unterstützen, das anfänglich in eskalierten Konflikten typische destruktive Handeln der Beteiligten in konstruktive Verhandlungen zu verwandeln. Die Medianten werden dabei unterstützt, aus den typischen sich gegenseitig bedin-

---

254 S.o. Kap. 1

255 "mediation" oder "labor mediation".

256 So Holtwick-Mainzer 1985,25, ohne sich jedoch auf die neuere Mediationsliteratur zu berufen.

257 Holtwick-Mainzer 1985, 25.

258 Im oben definierten "eigentlichen" Sinne.

259 Mähler & Mähler 2001b, 1194.

260 Mähler & Mähler 2001b, 1191.

261 Die wieder typischerweise jeweils in unterschiedlichen Phasen der Mediation eingesetzt werden.

262 Zur Möglichkeit, Mediation und interessengerechtes Verhandeln zu erlernen: Raider & Coleman & Gerson 2000, 499f. m.w.N.

genden Reaktionsmustern herauszutreten und auf der Grundlage der Rückbesinnung auf die je eigenen Wünsche und "Interessen"[263] aus der verengten Wahrnehmung im Konflikt hin zu einer gemeinsamen Problemlösung zu gelangen.[264] Der Vorteil der Mediation als triadisches Verfahren im Gegensatz zu dyadischen Verhandlungen besteht darin, die typisch auftretenden sog. "Verhandlungsdilemmata"[265] ausschließen zu können.

In der Mediationsliteratur wird zwischen Modellen von fünf bis neun Phasen oder Stufen unterschieden, die sich allerdings inhaltlich kaum voneinander unterscheiden.[266] In allen Modellen folgt nach der Vorbereitung mit dem Abschluss des sog. Mediationsvertrages eine Phase der Informationssammlung und der Strukturierung der Themen, eine Phase der Konfliktbearbeitung i.e.S., eine Kreativitätsphase und schließlich eine Fixierungsphase mit Abschluss und Umsetzung der erzielten Vereinbarung.

Das folgende Phasenmodell orientiert sich an Moore[267] und wurde von der Verfasserin in der Praxis[268] gemeinsam mit Dr. Markus Troja und Stefan Kessen weiterentwickelt.[269]

2.5.3.1 Phase 1: Vorbereitung der Mediation und Mediationsvertrag

Die Vorbereitung der Mediation wird auch als ihre wichtigste Phase bezeichnet.[270] Nach der Feststellung der Falleignung im Rahmen einer Konfliktanalyse[271] entscheidet sich hier, ob es überhaupt zu einer Mediation kommt.

---

263 Im oben definierten Sinne als Bedürfnissen, Ziele und Wünsche verstanden.

264 Mähler & Mähler 1997b, 1264.

265 Bei denen Vorschläge des Gegners reaktiv und automatisch, da sie von diesem kommen, abgewertet werden; vgl. Duve 1999, 165f. m.w.N.

266 Troja 2001, 14 beschreibt ein 6-Phasen-Modell; vgl. Troja & Kessen 2002, 393-420; Fietkau unterscheidet 8 Phasen, Fietkau 1995, 19f. Moore differenziert zwischen 9 Phasen, Moore 1996, 66.

267 Moore 1996, 66.

268 Anlässlich der gemeinsamen Konzeption von Mediations-Fachlehrgängen für die Deutsche AnwaltAkademie.

269 Vgl. auch Troja 2001, 14; vgl. Troja & Kessen 2002, 393-420.

270 Moore 1996, 81 f.

271 Anhand der oben unter 2.1.2 vorgestellten Konflikttypologie; z.T. wird in der Literatur auch von "Konfliktdiagnose" gesprochen; so z.B. Glasl 1995 m.w.N.; diese medizinnahe Terminologie verweist allerdings für ein systemisches Mediationsverständnis zu stark auf das Vorliegen eindeutiger Ursache-Wirkungs-Schemata. Auch bei der "Analyse" eines komplexen Konfliktgeschehens von außen durch eine dritte Person,

Ist der Fall mediationsgeeignet und sind alle Konfliktbeteiligten bereit, an der Mediation teilzunehmen, sind die organisatorischen Rahmenbedingungen zu klären.[272] Das nun folgende Aushandeln von Regeln für das Mediationsverfahren[273] unterscheidet sich danach, ob es sich um eine Mediation durch einen betriebsexternen oder einen internen Mediator handelt.[274] Für externe Mediationen hat sich in der Praxis, ähnlich wie für den Bereich der Supervision und der Organisationsentwicklung[275] die Unterscheidung zwischen dem Arbeitgeber als "äußeren[276] Auftraggeber" und den "inneren[277] Auftraggebern", nämlich den Konfliktbeteiligten als Medianten selbst, durchgesetzt.[278] Sowohl mit dem Arbeitgeber als auch mit den Konfliktbeteiligten wird[279] vor Beginn der Erarbeitung der eigentlichen Konfliktthematik ein Gespräch über die "Spielregeln" des Verfahrens, über den Abschluss des sog. Mediationsvertrages[280] ge-

---

hat diese keine Möglichkeit, die "Wahrheit" zu finden, die "wirklichen Ursachen" herauszufiltern oder gar zu beurteilen, wer wann "richtig" oder "falsch" agiert hat.

272 Ort, Raum, Kostentragung.

273 Des sog. Mediationsvertrages; die Terminologie "Mediationsvertrag" und "Mediationsvereinbarung" variiert im deutschen Schrifttum: zum Teil wird genau umgekehrt das Ergebnis der Mediation, die verbindliche Regelung für die Zukunft als "Mediationsvertrag , die anfänglichen Regelungen über die Mediation als solche als "Mediationsvereinbarung" bezeichnet; vgl. Mähler & Mähler 2001b, 1185 ff.

274 Eine solche Differenzierung fehlt in der bisherigen Literatur zu Mediation und Arbeitsrecht. Erfolgt die Initiative für eine externe Mediation häufig von Arbeitgeberseite, d.h. meist durch einen Mitarbeiter der Personalabteilung, werden interne Mediatoren häufiger durch einen der Konfliktbeteiligten selbst, von einer sonstigen betrieblichen Stelle (z.B. von Diversity- oder Gleichstellungsbeauftragten, Medizinischem Dienst) oder aber durch den Betriebsrat angeregt. Mediationen zwischen Betriebsrat und Arbeitgeber können sowohl von Arbeitgeber- als auch von Betriebsratsseite vorgeschlagen werden. Nimmt ein Konfliktbeteiligter selbst den Erstkontakt wahr, ist der Mediator in der Situation, zu entscheiden, ob - unter Wahrung der eigenen Allparteilichkeit - eine Kontaktaufnahme (und damit ggf. eine erste Intervention gegen die reaktive Abwertung des Vorschlages der einen Konfliktpartei) mit der oder den anderen Konfliktbeteiligten möglich und ratsam ist.

275 Schein 1998.

276 Oder "de iure"-Auftraggeber.

277 Oder "de facto"-Auftraggeber.

278 Zu beiden steht der externe Mediator in einem u.a. vertraglichen Verhältnis.

279 Meist getrennt, zunächst mit dem Arbeitgeber, dann mit den Konfliktbeteiligten.

280 Die Terminologien "Mediationsvertrag" und "Mediationsvereinbarung" werden in der Literatur unterschiedlich verwendet. Z.T. wird unter "Mediationsvertrag" genau reziprok zur hiesigen Anwendung der Abschluss der Mediation, die Regelung der streitigen Konfliktpunkte, verstanden; so z.B. Mähler & Mähler 2001b, 1185 ff.

führt. Im "äußeren Mediationsvertrag" werden zwischen externem Mediator und Arbeitgeber Regelungen der Kostenübernahme und der Einhaltung der o.g. Verfahrensgrundsätze der Mediation geschlossen.[281] Hier handelt es sich um einen Dienstvertrag mit Geschäftsbesorgungscharakter gem. §§ 675, 611 BGB. Bei der Beauftragung eines Mediationsinstituts oder -verbandes wird der Vertrag zwischen dem Arbeitgeber und dem Mediationsinstitut geschlossen. In diesem Vertrag verpflichtet sich der Verband bzw. die Institution zur Stellung der Verfahrensordnung und des Mediators.[282]

Bei internen Mediationen sind i.d.R. die Konfliktbeteiligten alleinige Auftraggeber für die Einleitung der Mediation. Es kann ein einheitlicher Mediationsvertrag zwischen Mediator und Medianten geschlossen werden.[283]

Neben dem Aushandeln von Rahmenbedingungen und Regeln für den Ablauf der Mediation liegt in dieser Phase der Mediation der Fokus des Mediators darauf, eine Atmosphäre der vertrauensvollen Zusammenarbeit zwischen Media-

---

281 Der Mediator legt dem Arbeitgeber gegenüber seine Vertraulichkeitsverpflichtung fest, der Arbeitgeber erklärt den Verzicht auf Sanktionen anlässlich der Mediation; vgl. unten Kap. 6.

282 vgl. Heß & Sharma 2002, 686

283 Differenziert werden kann auch in dem Mediationsvertrag mit den Medianten zwischen einem Teil, der die Regelungen zwischen Mediator und Medianten und einem der die Regelungen zwischen den Medianten festlegt. Vgl. Koch 2000, 250ff., der vorschlägt, zwei Mediationsverträge abzuschliessen; Eidenmüller 2001, 8, 32 unterscheidet Mediatorverträge für Regelungen zwischen Mediator und Medianten von Mediationsvereinbarungen, die zwischen den Medianten gelten. Das Ergebnis der Mediation bezeichnet er als Mediationsvergleich. Bei Heß & Sharma 2002, 675ff. ist die "Mediationsvereinbarung" die vertragliche Abrede zwischen zwei oder mehr Personen ("Medianten") über die Durchführung einer Mediation im Hinblick auf eine bestimmte Konfliktsituation." Heß & Sharma 2002, 679, der "Mediationsvertrag" ist der Vertrag der Medianten mit dem Mediator. Heß & Sharma 2002, 685

284 Vergleichbar den Schiedsordnungen für die private Schiedsgerichtsbarkeit: z.B. Verfahrensordnung der Gesellschaft für Wirtschaftsmediation (gwmk) in München und des Bundesverbandes für Mediation in Wirtschaft und Arbeitswelt (BMWA) und der Hamburger Handelskammer; Mediationsordnungen jeweils im Wortlaut unter www.mediate.de. Der Nachteil dieser Ordnungen besteht in einer starken Verrechtlichung. Gerade für Arbeitsplatzkonflikte wird durch das Vorlegen vorformulierter "Ordnungen" bereits zu Beginn der Mediation eine starke Rechte-Orientierung eingeschlagen, die im Verlauf der Mediation häufig nicht mehr zu korrigieren ist. Zur Kritik an Verrechtlichungstendenzen in der Mediation: Gottwald 1999, 331 ff.

tor und den Konfliktbeteiligten zu schaffen, um den Konfliktpartnern die Sicherheit zu vermitteln, dass sie sich in einem "geschützten Raum" bewegen. Daneben werden von einigen Mediatorenverbänden "Mediationsordnungen"[284] zur Verfügung gestellt, auf die sich Mediator und Medianten beziehen können.[285]

2.5.3.2 Phase 2: Informations- und Themensammlung

Ziel des Mediators in der zweiten Mediationsphase ist es, Informationen über das Konfliktgeschehen und einen Überblick über die besprechungs- und regelungsbedürftigen Themen aller Konfliktpartner zu erhalten.[286] Die Medianten entscheiden über die Reihenfolge in der Verhandlung. Die Hauptherausforderung liegt für den Mediator darin, die gegenseitigen Angriffe und Beschwerden durch Einsatz von Gesprächstechniken[287] zu deeskalieren und dennoch Raum für den Ausdruck von Emotionen zu lassen.[288]

2.5.3.3 Phase 3: Interessenklärung[289]

Die dritte Mediationsphase verfolgt das Ziel, die Konfliktbeteiligten darin zu unterstützen, ihre je eigenen "Interessen"[290] zu erkennen und der Gegenseite offen zu legen. Dabei soll nicht die Klärung der Vergangenheit im Mittelpunkt stehen,[291] sondern der Blick in die Zukunft.[292] Das Erkennen der jeweiligen

---

285 Die Problematik von de-facto und de-iure Auftraggeber im innerbetrieblichen Bereich wurde von den Verbänden offensichtlich nicht zur Kenntnis genommen. Die Mediationsordnungen regeln ausschließlich das Verhältnis zwischen Mediator und Medianten.

286 Die so erarbeitete Themensammlung wird i.d.R. für alle sichtbar vom Mediator visualisiert.

287 Wie z.B. dem Aktiven Zuhören, dem Umformulieren und dem Reframing; vgl. Altmann & Fiebiger & Müller 1999, 138 ff. Die Medianten werden gebeten, sich in "Ich-Form" in sog. Ich-Botschaften auszudrücken; vgl. Montada & Kals 2001, 150.

288 Vgl. Montada & Kals 2001, 133ff., die darauf hinweisen, dass ein professioneller Umgang mit Emotionen Juristen häufig schwerer fällt als den dafür ausgebildeten Psychologen.

289 Diese Phase wird in einigen Phasenmodellen auch als "Umgang mit dem Konflikt", Besemer 1989, bezeichnet.

290 Unter den jeweiligen Positionen liegend, im oben beschriebenen Sinne.

291 Ohne dass diese, worauf Montada & Kals 2001, 133 ff. kritisch hinweisen, unberücksichtigt bleiben kann.

292 "Welche Wünsche und Bedürfnisse müsste eine künftige Regelung erfüllen?" anstelle von "Wer hat Recht gehabt?" Eingesetzt werden sog. lösungsorientierte systemische Fragetechniken, vgl. de Shazer 1994.

zugrundeliegenden Interessen kann neue Lösungsmöglichkeiten eröffnen, in denen keiner der Konfliktbeteiligten etwas aufgeben muss.[293]

Die Mediation betrieblicher Konflikte kann an dieser Stelle allerdings in stark hierarchisch organisierten Betrieben mit einer sehr kompetitiven Kultur[294] an ihre Grenzen stoßen. Für einzelne Arbeitnehmer kann die Offenlegung der ihren jeweiligen Positionen zugrundeliegenden "wahren" Bedürfnisse und Interessen mit hohen Risiken verbunden sein.[295] Um diese Risiken zu vermeiden, werden in der betrieblichen Mediation häufiger als in anderen Bereichen[296] Einzelgespräche eingesetzt.

In der dritten Phase formulieren die Konfliktbeteiligten ihre je individuellen Bedürfnisse, Wünsche und Ziele. Diese sollen von einer späteren Regelung erfüllt werden.[297] Die Ziele, Wünsche und Bedürfnisse werden vom Mediator für alle gut sichtbar visualisiert.[298] Die Phase der Interessenklärung schließt mit einer ausführlichen Liste der zu berücksichtigenden Interessen und Bedürfnisse für jeden Konfliktpartner ab.[299]

---

293 Hier liegt ein entscheidender Unterschied zur juristischen kontradiktorischen Streitentscheidung. Nach der juristischen Methode kann eine Streitigkeit nur als sog. Nullsummenspiel, vgl. Eidenmüller 1997, 31 ff. unter Berufung auf die mathematische Spieltheorie, entschieden oder verglichen werden: was der eine gewinnt, verliert der andere.

294 Zum Begriff der Unternehmenskultur Schein 2000.

295 Im Gegensatz zur Trennungs- und Scheidungsmediation zielt eine betriebliche Mediation nicht in erster Linie auf eine faire Beendigung des Arbeits- oder Kollegenverhältnisses, sondern auf die Herstellung einer störungsfreien künftigen Kooperation. Ein Offenlegen eigener Interessen beispielsweise an beruflicher Weiterentwicklung z.B. einem konkurrenzorientierten Vorgesetzten gegenüber könnte in einer kompetitiven Organisation negative Auswirkungen auf den beruflichen Aufstieg des Arbeitnehmers nehmen. Zum Thema des Einflusses der Unternehmenskultur und von Hierarchien auf die Mediation betrieblicher Konflikte liegen bisher weder Literatur noch empirische Untersuchungen vor. Diese Lücke kann im Rahmen der vorliegenden Arbeit nicht geschlossen werden. Um so bedeutsamer wäre eine die ersten betrieblichen Mediationsprojekte begleitende Evaluierung und Begleitforschung.

296 V.a. als in der Trennungs- und Scheidungsmediation, in der grundsätzlich gemeinsame Gespräche stattfinden, vgl. Breidenbach 1995, 279 f.

297 Zur Kritik an diesem "rational choice-Modell" Montada & Kals 2001, 104f.

298 Hilfsmittel von Mediatoren sind sog. Flipcharts, d.h. Schreibtafeln oder Moderationswände.

299 Die zumeist auch auf einem sog. Flipchart, einer Wandtafel aus Papier, visualisiert wird.

2.5.3.4 *Phase 4: kreative Suche nach Lösungsoptionen*

Unter Anwendung von sog. Kreativtechniken[300] werden in der vierten Phase unter weitgehender Zurückhaltung des Mediators von allen Konfliktbeteiligten gemeinsam Lösungsideen entwickelt. Diese können unverbindlich geäußert werden und gelten zunächst nicht als verbindliche Verhandlungsangebote.

2.5.3.5 *Phase 5: Bewertung und Auswahl der Optionen*

Schließlich werden die gemeinsam entwickelten Lösungsoptionen gemeinsam diskutiert, von jedem Konfliktbeteiligten bewertet[301] und dann gemeinsam ausgewählt. Geprüft wird auch, inwiefern die Lösungsoption rechtlich umsetzbar ist.[302] Falls erforderlich, holen die Konfliktbeteiligten vor der Auswahl Rechtsrat von parteilichen externen oder internen[303] Beratern ein.

2.5.3.6 *Phase 6: Vereinbarung und Umsetzung*

In der betrieblichen Mediation ist für die Klärung der Umsetzbarkeit einzelner Lösungsvorschläge häufig noch die Entscheidung von Vorgesetzten und die Zustimmung des Betriebsrats erforderlich. In dieser letzten Phase der Mediation nehmen diese zeitweise auch ggf. selbst an der Mediation teil. Schließlich werden die ausgehandelten Lösungsoptionen kombiniert und in einem Vereinbarungstext, der sog. Mediationsvereinbarung, formuliert.[304]

2.5.3.7 *Exkurs: Einsatz von Einzelgesprächen in der betrieblichen Mediation*

Unterschiedliche Angaben finden sich in der deutschen Literatur zum Einsatz von Einzelgesprächen mit den einzelnen Konfliktbeteiligten im Verlauf von Mediationen. Werden Einzelgespräche z.B. im Bereich der Trennungs- und Scheidungsmediation in Deutschland grundsätzlich abgelehnt,[305] wird für den

300 Z.B. Mind-Mapping, Brainstorming o.ä.

301 Maßstab dafür bilden u.a. die vorher herausgearbeiteten eigenen Interessen. Auch die Berücksichtigung von tatsächlichen oder rechtlichen Rahmenbedingungen stellen Kriterien für die Auswahl von Lösungsoptionen dar.

302 Zu beachten sind u.a. Formerfordernisse: in Mediationen zwischen Arbeitgeber und Betriebsrat z.B. die zusätzliche Erzwingbarkeit i.R. einer Einigungsstelle. Die Frage der Formerfordernisse von Betriebsvereinbarungen; im individuellen Bereich Schriftform für einverständliche Änderungen des Arbeitsvertrags etc.

303 Betriebsrat.

304 Je nach Konfliktthematik müssen dazu weitere formelle Voraussetzungen erfüllt sein: dazu und zur Frage der Vollstreckbarkeit von Mediationsvereinbarungen vgl. unten Kap. 6.

305 So z.B. Mähler & Mähler 2001a, 4-10 unter Berufung auf das Modell von Himmelstein & Friedman.

Bereich der Wirtschaftsmediation[306] und auch der betrieblichen Mediation[307] der Einsatz von Einzelgesprächen von einigen Autoren als genuiner Bestandteil des Verfahrens betrachtet. Der Vorteil des Einsatzes von Einzelgesprächen in der Mediation besteht darin, die Risiken für schwächere Parteien zu minimieren.[308] Nachteilig ist die Gefahr einer Manipulation der Beteiligten durch den Mediator und dessen Verlust von Allparteilichkeit. Im übrigen verlieren die Beteiligten eine Chance, im gemeinsamen Gespräch von- und übereinander zu lernen.[309]

2.5.4 Leitbilder und Rollen des Mediators

Da Mediation weitgehend informell und nur durch die Verfahrensgrundsätze und den dargestellten idealtypischen Phasenablauf charakterisiert ist, bestimmen Person und Haltung den Verlauf und das Gelingen der Mediation.

Ebenso wie in den USA lassen sich auch in Deutschland unterschiedliche Mediationsansätze und -richtungen unterscheiden. Bush & Folger stellen in ihrem in den USA breit rezipierten kritischen Grundlagenwerk "The Promise of Mediation" eine theoretische und systematische Aufarbeitung unterschiedlicher Einstellungen und Haltungen der Mediation gegenüber vor, um ihren eigenen "Transformationsansatz" von anderen Strömungen und Stilen der Mediation abzugrenzen.[310] Breidenbach[311] orientiert sich an diesem Modell und nimmt eine ähnliche Einteilung von Mediationsströmungen vor. Unterschieden werden fünf Hauptorientierungen von Mediatoren: im Vordergrund stehe für die einen "Access to Justice", d.h. die Frage des besseren, schnelleren und kostengünstigeren Zugangs zum Recht, für andere der Aspekt des "Service-Delivery", des Angebots von Mediation als neuer Dienstleistung. Für andere Strömungen stehe die "Individual Autonomy", die Selbstbestimmung der Konfliktparteien im Mittelpunkt. Darüber hinausgehend werde Mediation auch als Mittel zu "Reconciliation", also Versöhnung und am weitestengehend als

---

306 Duve 1999,155ff.; Eidenmüller 1997, 52; Eidenmüller 2000, 73.

307 Vgl. Altmann & Fiebiger & Müller 1999, 62, in Anlehnung an Slaikeu 1996, Lembke 2001, 48.

308 Z.B. den Wunsch nach Aufstieg am eigenen Vorgesetzten vorbei.

309 Dem Hauptziel der Mediation nach dem sog. Transformationsansatz.

310 Bush & Folger 1995.

311 Breidenbach 1995, 212 ff.

Raum und Impetus für "Social-Transformation", gesellschaftliche Veränderung durch gemeinsames soziales Lernen in Konfliktsituationen verstanden.[312]

Die Haltung des Mediators differiert daneben v.a. in Bezug auf den Grad der Rechte- bzw. Interessen-Orientierung.[313] Überwiegend rechte-orientierte Mediatoren würden es als ihre Aufgabe verstehen, rechtliche Bewertungen vorzunehmen und Lösungsvorschläge zu formulieren. Die Trennlinie zur klassischen Schlichtung wird dabei unscharf.[314]

2.5.5 Qualifikationsanforderungen und Kompetenzen von Mediatoren

Je nach Leitbild der Mediation stehen unterschiedliche Kompetenzen des künftigen Mediators im Mittelpunkt der Betrachtung. Unterschieden werden kann grundsätzlich zwischen Persönlichkeits-, Prozess-, Methoden- und Feldkompetenzen.[315]

Zunächst wurde in den 70er Jahren "mediation"[316] als eine "Kunst"[317] verstanden. Der Dritte wirke wie ein "Katalysator". Allein sein Auftreten, unabhängig davon, was er sage oder wie er handele, habe bereits einen "mäßigenden" Einfluss auf den Verhandlungsverlauf.[318] Gelegentlich genüge die bloße Anwesenheit eines Außenstehenden, um eine Einigung herbeizuführen und da-

---

312 Fietkau 2001 unterscheidet unter Bezugsnahme auf Bush & Folger 1995 zwischen: Mediation als Instrument der Manipulation, Mediation als Instrument der Bürgerbeteiligung, Mediation als Instrument für Interessenausgleich, Mediation als Instrument zur Entwicklung von Kompetenzen und fügt "Mediation als Instrument für kreative Problemlösungen" hinzu.

313 Duve 1999, 216 ff. unterteilt ähnlich in "distributive" Mediatoren, die - ähnlich wie nach deutschem Recht ein Richter in Vergleichsverhandlungen die Parteien dazu bewegt, die umstrittenen Sache oder Summe aufzuteilen - und "integrative" Mediatoren, die bei den Interessen der Parteien ansetzen und damit eine "gemeinsame Wertschöpfung", Duve 1999, 218, ermöglichen. Kressel 2000, 535 ff. unterscheidet Mediatoren mit einem "task oriented" oder einem "socioemotional style".

314 Im hier vertretenen eigentlichen Sinne ist Mediation mehr als Schlichtung und das Führen von Vergleichsgesprächen. Die Interessenorientierung des Mediators ist Wesensmerkmal der Mediation i.e.S.

315 Vgl. Kressel 2000, 527 ff.

316 Wohl im Sinne von Schlichtung.

317 Külp 1972, 19 oder auch als "Mythos": vgl. Kolb 1993, in dem von ihr herausgegebenen Band "When Talk Works – Profiles of Mediators", 459 f.

318 Keller 1973, 20.

mit einen Streik zu verhindern.[319] Von zentraler Bedeutung sei, dass sich ein Dritter in den "Kommunikationsprozess" zwischen den Tarifpartnern einschalte und auf diese Weise den Informationsstrom kontrolliere.[320] Der Schlichter beeinflusse durch die Verleihung von "Sicherheit" die Qualität der vorhandenen Informationen.[321] Neben der Betonung der Anwesenheit des Dritten als strukturelle Chance von "mediation" wurden aus Befragungen von Tarifschlichtern Schlüsselkompetenzen für "gute"[322] bzw. "sehr gute"[323] Schlichter herausgearbeitet. Neben Branchenkenntnissen und der Akzeptanz des Dritten als "respektierte Autorität" wurden von den befragten Schlichtern selbst v.a. persönliche Kompetenzen für wesentlich gehalten. Genannt werden: Geduld und ein Gefühl dafür, wann ein Schritt abgeschlossen und der nächste begonnen werden sollte, ein Gespür für Alternativlösungen, Humor, Kontrolle über die eigenen Gefühle sowie originelle Ideen. Daneben werden v.a. kognitive Fähigkeiten für bedeutsam gehalten: die Fähigkeit, faktische und menschliche Daten schnell zu analysieren. Insgesamt seien intellektuelle Fähigkeiten für einen Schlichter bedeutsamer als eine "sweet personality".[324]

Das von Keller 1973 beschriebene "ideale Vorgehen"[325] von Tarifschlichtern erinnert an den später entwickelten oben dargestellten phasenhaften Ablauf von Mediation: zunächst müsse Vertrauen und Verständnis zwischen Schlichter und Parteien hergestellt werden.[326] Dazu benötige jede Partei ausreichend Gelegenheit zur Darstellung ihrer Position.[327] Der Schlichter solle anschließend die Standpunkte wiederholen, ohne dabei jedoch eine Partei zu favorisieren. Indem jede Seite erfahre, dass ihre Darstellung angehört und verstanden wurde, werde die anschließende Diskussion erleichtert bzw. überhaupt erst ermöglicht.[328] Der sozialwissenschaftliche Diskurs um "mediation" und Tarifschlichtung wurde nach 1973 nicht fortgesetzt.

---

319 Keller 1973, 20 unter Berufung auf Meyer 1960.

320 Külp 1972, 29.

321 Ebenda.

322 Keller 1973.

323 Landsberger, zit. nach Keller 1973.

324 Keller 1973, 59.

325 Keller 1973, 59.

326 Phase 1 des oben dargestellten Mediationsmodells.

327 Entspricht Phase 2 des dargestellten Mediationsmodells.

328 Beschreibt die Technik des "Aktiven Zuhörens", bei der der Mediator mit eigenen Worten das Gehörte zusammenfasst und so zum "Dolmetscher" zwischen den Konfliktparteien wird.

Ohne an diese Untersuchungen und Thesen aus den 70er Jahren anzuknüpfen, wird Mediation[329] heute als erlernbare Interventions-Methode verstanden.[330] Umstritten bleibt dabei - je nach Mediator-Orientierung - in welchem Maße neben persönlichen und Prozesskompetenzen zur Steuerung des Verfahrens auch Feldkompetenz, d.h. Wissen aus der jeweiligen Branche und Rechtskenntnisse erforderlich sind. Die Diskussion darüber ist derzeit nicht abgeschlossen. Insbesondere von Seiten der Europäischen Kommission wird eine Regulierung des "Mediationsmarktes" im Sinne des Schutzes der europäischen Verbraucher angeregt.[331]

2.5.6 Chancen und Effizienz von Mediation

Für die Anwendung von Mediation in Betrieben werden von Mediationsbefürwortern in erster Linie ökonomische Gründe angeführt.[332] Mediation sei schneller, effizienter und v.a. kostengünstiger als Gerichtsverfahren oder eine Nicht-Bearbeitung von Konflikten. Für die USA stellte der Dunlop Report[333] fest, dass in 45% der befragten Unternehmen über 100.000 USD und in 10% der Unternehmen mehr als 1 Mio. USD durch Mediation und Schiedsverfahren eingespart werden konnten.[334] Für Deutschland liegen empirische Untersuchungsergebnisse zum Einsatz und Erfolg betrieblicher Mediation bislang nicht vor.[335]

---

329 Im hier verstandenen eigentlichen Sinne.

330 Vgl. auch Montada & Kals 2001, 237 ff., deren Resümee ist: "Mediation ist die Kunst des Möglichen. Die Kunst besteht in der sozial intelligenten und kreativen Anwendung von Kompetenzen. Die erforderlichen Kompetenzen sind erwerbbar." ebenda, 250; dies bezweifelnd Kolb 1993, 469 f.

331 Anfang 2002 wurde ein diesbezügliches "Grünbuch" veröffentlicht, vgl. Kommission der Europäischen Gemeinschaft 2002 (=Grünbuch ADR 2002), zu dem bis zum 15.10.2002 von nationalen Organisationen Stellung bezogen werden kann. EU-weite Zugangsregulierungen sind zu erwarten; dazu unten Kap. 6.

332 Vgl. z.B. Ponschab & Dendorfer 2001, 1 ff. unter dem Titel "Mediation in der Arbeitswelt – eine ökonomisch sinnvolle Alternative".

333 Einem Bericht, der auf der Grundlage einer Befragung in Großunternehmen der USA die Verbreitung und Wirksamkeit von Mediation und Schiedsgerichtsverfahren in Unternehmen untersuchte; vgl. Dunlop Report 1997, vgl. dazu auch Budde 2000a, 500 f.

334 Vgl. auch Ponschab & Dendorfer 2001, 1; Lembke 2001, 35f.; Zur Frage der Messbarkeit unmittelbarer und mittelbarer Kosten von unbearbeiteten Arbeitsplatzkonflikten: Budde 2001a, 15ff. m.w.N.

335 Es ist zu bezweifeln, dass in Deutschland derart hohe Beträge einzusparen sind, wie in den USA: im Gegensatz zu dort ist der arbeitsrechtliche Schutz kostengünstiger und zügig in Anspruch zu nehmen.

Neben quantitativen Gründen werden auch qualitative Gründe für die Anwendung von Mediation angeführt: durch die aktive und eigenverantwortliche Beteiligung der Konfliktbeteiligten im Rahmen des kooperativen Konfliktmanagements könnten individuell für die Beteiligten[336] "bessere", d.h. zufriedenstellendere, praxisorientiertere und nachhaltigere wertschöpfende Lösungen erzielt werden. Gesellschaftlich könne Mediation als Form des kooperativen Konfliktmanagements dauerhafte Sozialbeziehungen festigen und zu einer Demokratisierung führen.[337] US-amerikanische Untersuchungen zur Verfahrenszufriedenheit und zur Nachhaltigkeit von durch Mediation erzielte Vereinbarungen zeigen durchgängig eine Verfahrens- und Ergebniszufriedenheit von zwischen 70 und 90% der Befragten. Zunächst wurden in den 80er Jahre Medianten von Nachbarschafts-Mediationen befragt. Hier lag die Zufriedenheit mit Mediator, Vereinbarung und Verfahren zwischen 80 und 90%.[338] Auch nach neueren Untersuchungen[339] liegt die Verfahrenszufriedenheit mit dem Verfahren Mediation insgesamt[340] bei 70-90%.[341] In ca. 60% der Mediationen wurde eine Vereinbarung geschlossen.[342] Diese Quote liegt damit gut ein Drittel unter den Vergleichsraten von US-amerikanischen Rechtsanwälten, die in ca. 90% der Fälle Vergleichsverhandlungen erfolgreich abschließen.[343] Als Begründung für dieses schlechtere Abschneiden der Mediation wird von Kressel angeführt, in der Mediation fänden sich gerade "many intractable cases in which attorneys

336 Arbeitnehmer und Arbeitgeber.

337 Troja 2001, 404 f.

338 Überblick über die Untersuchungsergebnis bei Jansen 1988, 32 f.

339 Kressel 2000, 523.

340 Spezifische Erhebungen zur Zufriedenheit der Medianten mit betrieblicher Mediation liegen auch für die USA nicht vor.

341 Die Befragten würden Mediation einem Freund empfehlen und denken, Mediation sollte anderen Personen in ähnlichen Problemsituationen angeboten werden, vgl. Kressel 2000, 523. Dessen Forschung über Mediation als "sozialpsychologischen Prozess" speist sich dabei aus drei Quellen: Annahmen und Schlussfolgerungen aus Konflikttheorien, z.B. Deutsch 1976, Fisher, Ury & Patton 1990; empirische Forschungsergebnisse, Kressel 2000; sowie Wissen aus Fallstudien, z.B. Kolb u.a. 1993; Moore 1996; Kressel 2000,522.

342 Kressel 2000, 523.

343 Kressel 2000, 523. Für Deutschland hat Wasilewski eine anwaltliche außergerichtliche Vergleichquote von 70% aller zivilrechtlicher Auseinandersetzungen bei Einschaltung **eines** Anwalts außerhalb des Gerichts ermittelt. Arbeitrechtsstreitigkeiten blieben hier allerdings unberücksichtigt; vgl. Wasilewski 1990, 36.

have already tried and failed to produce settlement."[344] Trotz Nichterreichen einer einverständlichen Vereinbarung liegt die Verfahrenszufriedenheit aber immer noch bei über 75%.

Zur Frage der Nachhaltigkeit der getroffenen Vereinbarung gaben in Nachbarschaftsmediationen 1982 sechs Monate nach Abschluss der Mediation 79% der Initiatoren der Mediation und 87% der Gegenseite an, sie selbst hielten sich an die Regelungen der Vereinbarung.[345] Damit können in mehr als zwei Dritteln der untersuchten Streitigkeiten die Mediationsbemühungen auf mittlere Dauer hin als erfolgreich bewertet werden. Auch in einer Nachbefragung 8 - 14 Monate nach der Mediation waren noch mehr als zwei Drittel der Befragten der Meinung, auch die Gegenseite halte sich an die Vereinbarung. In 78% der Fälle gaben die Befragten an, die konfliktauslösende Situation habe sich verbessert, wobei allerdings in 30% der Fälle kein Kontakt mehr zwischen den Parteien bestand.[346] Zur Erklärung der hohen Quote der Einhaltung von Mediationsvereinbarungen werden v.a. Theorien der "kognitiven Konsistenz" herangezogen: die Vereinbarung werde eher als eine gerichtliche Entscheidung von den Parteien tatsächlich eingehalten, da sie sich psychologisch nicht in Widerspruch zu ihrer eigenen aktiven Beteiligung am Abschluss der Vereinbarung setzen wollten.[347]

Ebenso wie bei Nachbarstreitigkeiten finden auch Konflikte am Arbeitsplatz in dauerhaften Beziehungen der Beteiligten zueinander statt. Untersucht wurde für den Nachbarschaftsbereich, ob durch die Mediation eine dauerhafte Verbesserung der sozialen Beziehungen der Kontrahenten erreicht werden konnte.[348] Als Ergebnis wurde festgestellt, Mediation als Kurz-Intervention sei allein nicht in der Lage, "dysfunktionale Muster" in Beziehungen langfristig zu verändern. Das Mediationsverfahren sei zu kurz, die Probleme zu tiefgreifend und der "postmediative Kontext" so stressbelastet und komplex, dass die positiven Errungenschaften der Mediation später häufig wieder untergingen.[349] Gottwald[350] beruft sich auf diese Ergebnisse und führt zur Begründung an, die

---

344 Kressel 2000, 524.

345 Felstiner 1982, 128, zit. Nach Jansen 1988.

346 Jansen 1988, 34.

347 Felstiner 1978, zit nach Jansen 1988.

348 "Improvement in the Postdispute Climate", vgl. Kressel & Pruitt 1989, 399.

349 Kressel & Pruitt 1989, 399.

350 Gottwald 1981, 172 ff.

Beziehung der Konfliktpartner zueinander sei bei Inanspruchnahme von Mediation[351] bereits so belastet, dass auch die Mediation nur noch eine "geregelte" Auflösung der Beziehungen bewirken könne.

Eine empirische Untersuchung für betrieblichen Bereich steht noch aus. Zu erwarten ist,[352] dass Mediation nicht für jeden betrieblichen Konflikt die wirksamste Intervention darstellt. Im Rahmen eines Integrierten Betrieblichen Konfliktmanagementsystems[353] stehen neben Mediation weitere, ggf. auch langfristig anwendbare Methoden wie Supervision oder Coaching zur Verfügung, die je nach Konflikt, Beteiligten und Situation eingesetzt werden können.

2.5.7 Risiken und Grenzen der Mediation von Arbeitsplatzkonflikten

Der betrieblichen Mediation wird insbesondere entgegengehalten, sie finde in einem typischen Machtungleichgewicht[354] statt. Dies widerspreche dem Grundprinzip der Eigenverantwortung der Konfliktbeteiligten.[355] In den USA und dem folgend auch in Deutschland[356] wurde v.a. in den 80er Jahren das Aufkommen von Mediation als "second class" justice kritisiert.[357] Trotz aller ehrenvollen Motive ihrer Anhänger sei Mediation in ihren Auswirkungen ein Mittel der Mächtigen. Ohnehin bereits vorhandene Machtungleichgewichte würden durch den Einsatz von Mediation weiter verschärft. Insbesondere werde der Zugang zum Recht aufgrund der obligatorischen Vorschaltung von Mediation versperrt und damit der schwächeren Partei das Recht auf rechtliche Überprüfung verweigert. Gerade der Vertraulichkeitsgrundsatz des Verfahrens und der Ausschluss von Öffentlichkeit trage zur Privatisierung gesellschaftlicher Konflikte bei.[358]

---

351 Ebenso wie bei der Einleitung eines Gerichtsverfahrens.

352 Auch auf der Basis des oben vorgestellten Konflikteskalationsmodells von Glasl 1997.

353 Vgl. unten Kap. 4.

354 Zwischen Arbeitgeber und Arbeitnehmer.

355 So im Ergebnis wohl auch Breidenbach 1995, 252 f., der Mediation in "typischen Machtungleichgewichten" für die der Gesetzgeber als Korrektiv soziale Schutzrechte geschaffen hat, "ohne schützenwerte Modifikationen" nicht für anwendbar hält; vgl. dazu auch Budde 1999c, Budde 2000a; Budde 2001a.

356 Vgl. Jansen 1988 m.w.N.

357 Vgl. Bush & Folger 1994, die diese Kritiker unter dem Oberbegriff "oppression story" vorstellen; v.a. Nader 1979, Abel 1980; Überblick bei Budde 1999c.

358 Jansen 1989, 25.

Das Prinzip der "Neutralität" führe zum einen dazu, dass de facto sich die stärkere Partei auf Kosten der schwächeren durchsetzen könne. Zum anderen brächten Mediatoren ihre eigenen Vorurteile und -annahmen in das Verfahren ein. Mediatoren seien meist gebildete, weiße Angehörige der Mittelschicht, die sich damit eher mit den gesellschaftlich Stärkeren identifizierten. Durch frühzeitige Konfliktbefriedung würde für gesellschaftlichen Wandel wichtiges Konfliktpotenzial so kanalisiert, dass es nicht zu ernsthaften Bedrohungen von Staat und Wirtschaft kommen könne. Mediation versuche, Zugriff auf die gesamte Persönlichkeit der beteiligten Person zu nehmen und diese zu formen. Der Konflikt werde letztlich nur als intraindividuelles Problem der Person, als Manifestation persönlicher Probleme und nicht mehr als politische Frage wahrgenommen.[359] Häufig handele es sich bei dem Angebot von Mediation um eine "Verschleierungstaktik". Dies gelte in ganz besonderem Maße für die Bereiche des Arbeitsrechts, des Mietrechts und des Verbraucherschutzes. Mediations- und Schlichtungsstellen dienten letztendlich eher dem Zwecke, "die Konsumenten, Mieter und Arbeitnehmer, die Unterprivilegierten insgesamt, vom Rechtsmarkt fernzuhalten".[360] Unternehmen suggerierten, sie nähmen die Rechte und Anliegen von Mitarbeitern ernst. Eigentlich aber gehe es darum, kostenintensive und für die Reputation des Unternehmens schädliche Gerichtsverfahren z.B. in Diskriminierungs- und Mobbing-Fällen zu vermeiden.

Um potenzielle Risiken der betrieblichen Mediation zu minimieren und ihre Chancen für die effiziente Bearbeitung von Arbeitsplatzstreitigkeiten zu nutzen, untersucht vorliegende Arbeit die rechtlichen Rahmenbedingungen[361] denen betriebliche Mediation als Instrument eines Integrierten Konfliktmanagements nach deutschem Arbeitsrecht unterliegt, und zeigt auf, an welchen Stellen weiterer (Re-)Regulierungsbedarf besteht.

---

359 Abel 1980, 284; Jansen 1989, 25: "Informal Justice ohne materielle Schützenhilfe durch Recht oder (in der Sprache des reflexiven Rechts: die Überlassung der Konfliktregelung an die Aushandlungsprozesse zwischen den gesellschaftlichen Teilsystemen bei staatlicher Bereitstellung von Institutionen und Verfahren) läuft dagegen auf eine Verweigerung effektiven Rechtsschutzes für den Verbraucher hinaus."

360 Jansen 1989, 21, in Anlehnung u.a. an Nader 1979.

361 den "Schatten des Rechts", vgl. Mnookin & Kornhauser 1979, 950.

2.5.8 *Kriterien für ein situatives adäquates Konfliktmanagement in einem Integrierten Konfliktmanagementsystem*

Nachdem in diesem Kapitel ein Überblick über die unterschiedlichen Ansätze, Verfahren und Interventionen des betrieblichen Konfliktmanagements gegeben, Mediation als ein Verfahren des betrieblichen Konfliktmanagements vorgestellt und ihre Chancen und Risiken skizziert wurden, steht offen, nach welchen Kriterien entschieden werden kann, welches Verfahren oder welche Intervention des betrieblichen Konfliktmanagements für eine Konfliktsituation adäquat ist.

Zunächst ist zu klären, wie die Qualität von Konfliktregelungen beurteilt werden kann. Dabei lassen sich prozessbezogene, ökonomische und ergebnisbezogene Kriterien unterscheiden.[362] Zu den prozessbezogenen Kriterien zählt neben dem von den Konfliktbeteiligten jeweils wahrgenommenen Grad an Verfahrensgerechtigkeit[363] auch das Maß an subjektiver Verfahrenskontrolle[364] sowie die Qualität der zur Verfügung gestellten Verfahrensregeln.[365] Zu den ökonomischen Kriterien gehören eine Kosten-Nutzen-Analyse der jeweiligen Konfliktbearbeitungsform, die Feststellung der Schnelligkeit und Rechtzeitigkeit der Konfliktthematisierung sowie die Seriosität im Umgang mit Personen und Problemen. Zu den ergebnisbezogenen Kriterien können die von den Konfliktparteien jeweils empfundene Ergebnisgerechtigkeit, das ökonomische Ergebnis der Konfliktlösung sowie die Auswirkungen auf die künftige Beziehung der Beteiligten gezählt werden.[366]

Unklar bleibt, anhand welcher Kriterien die Adäquanz der jeweiligen Verfahren zu bestimmen ist. Die neuere betriebswirtschaftlichen Literatur fordert zwar ein "situatives" Konfliktmanagement je nach Eigenheiten des jeweiligen Falles, gibt aber keine klaren Handlungsleitlinien für die Auswahlentscheidung.[367] So stellt auch Sander fest, die Kenntnisse über Kriterien für die adäquate Zuordnung eines Konfliktes in die jeweilige Bearbeitungsform seien "noch ziemlich

---

362 Kollmannsperger 2001, 72.

363 Montada & Kals 2001, 99 ff., Dieter & Montada & Schulze (Hg.) 2000; Bierbrauer & Gottwald & Birnbreier-Stahlberger (Hg.) (1995); Kollmannsperger 2001, 72 m.w.N.

364 Der sog. "Voice-Effekt", d.h., die Möglichkeit, sich unmittelbar zu äußern und zu beschweren; vgl. auch Breisig 1993.

365 V.a. deren Konsistenz, Neutralität, Genauigkeit und Korrigierbarkeit.

366 Ausführlich Kollmannsperger 2001.

367 Vgl. Jeschke 1993, s. auch Glasl 1997.

rudimentär".[368] Zu berücksichtigen sind nach Sander[369] im Rahmen einer Konfliktanalyse die Kriterien:

- Art des Falls: Anzahl der Konfliktbeteiligten?
- Beziehung zwischen den Parteien: einmalige oder dauerhafte Beziehung der Konfliktbeteiligten? Verhandlungsstärke und "Machgleichgewicht?
- Bisheriger Verlauf der Verhandlungen
- Art des vom Kläger begehrten (Rechts-)Schutzes
- Rechtsnähe[370]
- Höhe und Komplexität des Anspruchs.

Nach Kollmannsperger müssen bei der Beurteilung der Adäquanz sowohl die Beurteilungskriterien als auch die Merkmale der Konfliktsituationen und deren Einfluss auf Kriterienwahl und -gewichtung betrachtet werden.[371] Für ein besseres Verständnis eines effizienten situativen betrieblichen Konfliktmanagements liegt an dieser Stelle erheblicher[372] Forschungsbedarf.

---

368 Sander 1994, 38; an dieser Stelle besteht ein hoher Forschungsbedarf.

369 Sander 1994, 38.

370 Ist dic Auslegung einer Vorschrift erforderlich? vgl. dazu die oben vorgenommene Differenzierung zwischen Rechts- und Regelungsstreitigkeit im deutschen kollektiven Arbeitsrecht.

371 Dazu aus betriebswirtschaftlicher Sicht grundlegend: Kollmannsperger 2001, 71 f. m.w.N.

372 Sozialwissenschaftlicher, betriebswirtschaftlicher und psychologischer.

3 Traditionelle arbeitsrechtliche Verfahren und Institutionen des betrieblichen Konfliktmanagements

Die folgende Bestandsaufnahme traditionell vorhandener[1] arbeitsrechtlicher Verfahren und Institutionen soll einerseits die rechte-orientierten Optionen innerhalb eines Kontinuums des betrieblichen Konfliktmanagements[2] vorstellen und andererseits Grundlage für die Einordnung von Mediation in diesem Spektrum bieten. Dabei liegt der Schwerpunkt der Betrachtung bei innerbetrieblichen Verfahren und Institutionen.[3]

3.1 Innerbetriebliche Verfahren und Stellen für die Bearbeitung inter-individueller Konflikte

Zunächst soll eine Bestandsaufnahme der Verfahren und Stellen für die Bearbeitung von Streitigkeiten zwischen einzelnen Arbeitnehmern und zwischen Vorgesetzten oder Arbeitgeber und Arbeitnehmern vorgenommen werden. Zu unterscheiden sind dabei gesetzlich vorgeschriebene Verfahren von solchen, die vertraglich vereinbart wurden.

3.1.1 Gesetzlich vorgeschriebene Verfahren und Stellen

3.1.1.1 Individuelles Beschwerdeverfahren gem. § 84 BetrVG

Gem. § 84 Abs. 1 BetrVG hat jeder Arbeitnehmer das Recht, sich bei den zuständigen Stellen des Betriebs zu beschweren, wenn er sich vom Arbeitgeber oder von Arbeitnehmern des Betriebs benachteiligt oder ungerecht behandelt oder in sonstiger Weise beeinträchtigt fühlt.[4] Von §§ 84 f. BetrVG nicht umfasst

---

1 Rechte-orientierter.

2 Und eines Integrierten betrieblichen Konfliktmanagementsystems, s.u. Kap. 4.

3 Einen Überblick auch über außerbetriebliche gerichtliche und außergerichtliche Verfahrensoptionen gibt Dütz 1978.

4 Die Novellierung des BetrVG 1972 durch das BetrVRefG 2001 hat für den Bereich des Beschwerdeverfahrens nach §§ 84ff. BetrVG keine Änderungen vorgesehen.

ist die Gruppe der Leitenden Angestellten.[5] Der Arbeitnehmer kann ein Mitglied des Betriebsrats zur Unterstützung oder Vermittlung hinzuziehen.

Historisch bildete das betriebliche Beschwerdewesen einen wesentlichen Ausgangspunkt des deutschen Systems der industriellen Beziehungen: "Als typisches personenzentriertes Beschwerdeverfahren wurden teilweise auf freiwilliger Basis Arbeiter- und Fabrikausschüsse eingerichtet, deren Kernfunktion in der Beschwerdevertretung bestand."[6] Allerdings führt das Beschwerdeverfahren gem. §§ 84 f. BetrVG nach einhelliger Meinung mittlerweile ein "Schattendasein"[7], es wird kaum in Anspruch genommen.[8] Obgleich das BetrVG dem kollektiven Arbeitsrecht zuzuordnen ist, da es die Grundlage für Rechtsansprüche zwischen Arbeitgeber und Betriebsrat bildet, stellt § 84 BetrVG ein innerbetriebliches Konfliktmanagementverfahren für individualrechtliche Konflikte zur Verfügung. Das Recht des Arbeitnehmers, sich beim Arbeitgeber zu beschweren und die Pflicht des Arbeitgebers, den Arbeitnehmer über die Behandlung der Beschwerde zu bescheiden, ergibt sich darüber hinaus auch aus der arbeitsvertraglichen Fürsorgepflicht.[9] Ein individuelles Beschwerderecht steht auch Arbeitnehmern in Betrieben ohne Betriebsrat zu.[10]

---

5 Mit und zwischen denen es ebenfalls häufig zu Konflikten kommt; Leitende Angestellte können entsprechend gem. § 26 SprAuG bei der Wahrnehmung ihrer Belange gegenüber dem Arbeitgeber ein Mitglied des Sprecherausschusses zur Unterstützung und Vermittlung hinzuziehen. § 26 SprAuG knüpft an § 25, der klarstellt, dass die Wahrnehmung seiner individuellen Belange Sache des leitenden Angestellten selbst ist: Oetker in: ErfKomm 2001, § 26 SprAuG Rz.1.

6 Breisig 1993, 354.

7 Breisig 1993, 358 und Hallmen 1997, 1. Nach Hallmen gab es 1997 außerhalb der Kommentierungen des BetrVG insgesamt nur 15 Veröffentlichungen zum Thema "Betriebliches Beschwerdeverfahren nach §§ 84 ff. BetrVG; Hallmen 1997, S. 2, Fn. 7.

8 Im Gegensatz zu den USA, wo "grievance procedures" einen entscheidenden Anstoß für die Entwicklung von Mediation in Unternehmen und für die Entwicklung Integrierter Konfliktmanagementsysteme boten, vgl. unten Kap. 4. Eine Veränderung könnte sich aus den zahlreichen in der letzten Zeit abgeschlossenen Betriebsvereinbarungen zum Thema "Partnerschaftliche Zusammenarbeit" bzw. Mobbing-Betriebsvereinbarungen ergeben, die häufig explizit auf das Beschwerdeverfahren hinweisen; vgl. Anhang bei Wolmerath 2001; zum Thema BeschSchG s.u.

9 Hanau & Kania in ErfKomm 2001, § 84 BetrVG Rz. 1: daraus ergebe sich die Anwendbarkeit des Beschwerdeverfahrens gem. § 84 BetrVG über den Anwendungsbereich des BetrVG hinaus auch für nicht betriebsratsfähige oder betriebsratslose Betriebe.

10 So Buschmann in Däubler & Kitttner & Klebe 2002 (=DKK), § 84 Rz. 2; zur Problematik der betriebsratsfähigen Betriebe ohne Betriebsrat und des Ausschlusses von Kleinstbetrieben aus dem BetrVG Wahsner 2000, 193 f.; 249 ff.

Beschwerden können sich gegen andere Arbeitnehmer oder Vorgesetzte oder den Arbeitgeber selbst richten. Der Arbeitgeber hat nicht nur selbst Benachteiligungen zu unterlassen, sondern auch eine "Überwachungspflicht" hinsichtlich einer möglichen Benachteiligung des Beschwerdeführers durch andere Arbeitnehmer. Dies wird daneben auch aus dem Benachteiligungsverbot des § 84 Abs. 3 BetrVG abgeleitet.[11] Gegenstand einer Beschwerde kann jede vom Beschwerdeführer so wahrgenommene Benachteiligung, ungerechte Behandlung oder sonstige Beeinträchtigung sein.[12] Ausreichend ist das subjektive Empfinden des Arbeitnehmers.[13] Ziel der Beschwerde ist das Abstellen von als negativ bewerteten Zuständen.[14] Mit einer Beschwerde können faktische Diskriminierungen oder Benachteiligungen[15] aber auch alle anderen individualen (arbeits-)rechtlichen Konflikte dem Arbeitgeber zur Kenntnis gebracht werden. § 84 BetrVG formuliert weit und schließt auch die Beschwerde über Rechtsansprüche nicht aus.[16]

Das Beschwerdeverfahren gem. § 84 BetrVG hat in den meisten Fällen Konfliktsituationen zum Anlass.[17] Bei Beschwerden handelt es sich häufig[18] um den Ausdruck von Konflikten aus Sicht einer Konfliktpartei.[19] In Konfliktsituationen fühlen sich häufig subjektiv mehrere Beteiligte voneinander beschwert.[20]

---

11 Hallmen 1997, 28.

12 Ausgeschlossen ist die sog. Popularbeschwerde: "Voraussetzung für das Beschwerderecht nach dieser Bestimmung ist, dass der AN eine Beeinträchtigung seiner persönlichen Position empfindet."; Buschmann in DKK, § 84 Rz. 7 unter Verweis auf Urteil des ArbG Hannover v. 29.3.89.

13 Hanau & Kania in ErfKomm 2001, § 84 BetrVG Rz. 4.

14 Hanau & Kania in ErfKomm 2001, § 84 BetrVG Rz. 5.

15 Z.B. durch sexuelle Belästigung, Mobbing, rassistische Diskriminierung, Arbeitsüberlastung, Informationsentzug.

16 Zur Abgrenzung zwischen Rechts- und Regelungsstreitigkeiten im kollektiven Arbeitsrecht, s.o. Kap. 2.

17 Vgl. zur Kritik am Fehlen des Konfliktbegriffs für Beschwerdeverfahren Breisig 1993, 354.

18 Sofern sich die Beschwerde gegen Personen und nicht gegen technische oder arbeitsorganisatorische Mängel richtet.

19 Die vom Betroffenen geäußerte Beschwerde entspricht der "Position" einer Konfliktpartei. Dies entspricht der Schilderung der Sichtweise einer Konfliktpartei in Phase 2 des Mediationsverfahrens, vgl. Kap. 2. Er formuliert einen Anspruch auf Unterlassung des ihn beeinträchtigenden Verhaltens.

20 So kommt es teilweise zu gegenseitigen Mobbing-Vorwürfen, vgl. Esser & Wolmerath 1998, 51 ff.

Das Instrument der Beschwerde soll einzelnen diskriminierten und isolierten Personen ein Mittel zum Machtausgleich an die Hand geben. Als einziges rechtliches Mittel des innerbetrieblichen individuellen Konfliktmanagements greift das Beschwerdeverfahren jedoch zu kurz: nahegelegt wird dadurch die Einteilung der Konfliktparteien in den Beschwerdeführer als Opfer und den Beschwerten als Täter.[21]

Der beschwerdeführende Arbeitnehmer hat Anspruch auf Entgegennahme der Beschwerde durch die zuständigen Stellen des Betriebs und auf Prüfung der Berechtigung der Beschwerde. Zuständige Stelle für Beschwerden gem. § 84 Abs. 1 BetrVG ist nach herrschender Meinung in der Literatur regelmäßig der unmittelbare Vorgesetzte.[22] Nach umstrittener Auffassung kann der Arbeitnehmer im Rahmen der betrieblichen Organisation den Instanzenzug bis zum Arbeitgeber selbst bzw. bis zum Personalleiter beschreiten.[23]

Unzweifelhaft ist Konfliktmanagement ein wesentlicher Aufgabenbereich für Führungskräfte und Manager. Dies ergibt sich sowohl aus der Fürsorgepflicht des Arbeitgebers bzw. den Nebenpflichten zu § 611 BGB.[24] Hält man allein den unmittelbaren Vorgesetzten für die zuständige Stelle des Arbeitgebers i.S. von § 84 BetrVG, ist für alle Konfliktfälle zwischen Arbeitnehmern und diesen unmittelbaren Vorgesetzten das Beschwerdeverfahren faktisch ausgeschlossen.[25]

---

21 Ausschlaggebend für den Beschwerdeführer, der im Rahmen eines Beschwerdeverfahrens nach § 84 (und 85) BetrVG einen Konflikt benennen und bearbeiten will, ist sein subjektives Beeinträchtigungsempfinden. Wie oben in Kap. 2 ausgeführt, geht mit der zunehmenden Eskalation von Konflikten eine Wahrnehmungsveränderung einher, die typischerweise zu gegenseitigen Schuldzuweisungen führt. Wer "Recht" hat und was tatsächlich geschehen ist, bleibt für Dritte häufig nicht beurteilbar. Zum möglichen Ausbau des Beschwerdeverfahrens in Verknüpfung mit anderen Verfahren des Konfliktmanagements mit dem Vorbild der USA: Breisig 1993.

22 Fitting 2001, § 84 Rz. 13; Hanau & Kania in ErfKomm, § 84 BetrVG Rz. 6.

23 Fitting 2002, § 84 Rz.13; Buschmann in DKK 2002 § 84 Rz. 12; a.M.: Richardi 1998, § 84 Rz. 29; wohl auch Hanau & Kania in ErfKomm 2001, § 84 BetrVG Rz. 6, die Ausnahmen nur auf der Grundlage einer Betriebsvereinbarung zu § 86 S. 1 BetrVG oder einen Tarifvertrag für möglich halten.

24 Zu diesem Zwecke werden immer häufiger Weiterbildungen für Konfliktmanagement oder auch Mediation für Führungskräfte angeboten; vgl. www.centrale-fuer-mediation.de. Vorgesetzte sind für den Arbeitgeber tätig. Sie können daher aufgrund der ihnen fehlenden Allparteilichkeit nicht als Mediatoren i.e.S. tätig werden., s.o. Kap. 2. Allerdings können sie "mediative Elemente" in die Art ihrer Gesprächs- und Verhandlungsführung integrieren.

25 Gerade Konflikte zwischen Vorgesetzten und unmittelbar Untergebenen gehören zu

Folgt man der zutreffenden Auffassung von Fitting u.a.[26], dass nach Erfolglosigkeit der Beschwerde beim unmittelbar Vorgesetzten der betriebliche Instanzenzug bis zum Arbeitgeber selbst in Gang gesetzt werden kann, kann auch ein gemeinsamer ranghöherer Vorgesetzter oder die Personalabteilung als zuständige Stelle i.S. des § 84 Abs.1 BetrVG[27] gelten.

Das Beschwerdeverfahren nach § 84 Abs.1 BetrVG kann ausschließlich mündlich durchgeführt werden, die Schriftlichkeit ist nicht vorgeschrieben.[28] Dem beschwerde-führenden Arbeitnehmer steht nach h.M. kein Anspruch auf anonyme Behandlung der Beschwerde zu.[29] Ist eine Beschwerde einmal erhoben, verfügt der Arbeitnehmer nicht mehr über die Möglichkeit, selbst zu bestimmen, wie weiter mit der Beschwerde umgegangen werden soll, die Beschwerde ist dann i.d.R. betriebsöffentlich.[30] Nach § 84 Abs. 1 Satz 2 BetrVG hat der

---

den typischen Konstellationen. Dies sind nicht per se auch Streitigkeiten mit dem "Arbeitgeber": häufig ist der Unternehmensleitung an einer guten Zusammenarbeit beider Personen gelegen.

26 Fitting 2002, § 84 Rz. 13.

27 Ohne gesonderte Festlegung in Unternehmensleitlinien o.ä. eröffnet § 84 Abs. 1 BetrVG hiermit die Politik der "offenen Tür" (die "open door policy", vgl. unten Kap. 4), die in vielen US-amerikanischen Konfliktmanagementsystemen eine wichtige Zugangsstelle zu interessenorientierten Verfahren und Interventionen darstellt; vgl. auch Buschmann in DKK 2002, § 84 Rz. 3, der im Einzelfall auch eine Beschwerde bei außerbetrieblichen Stellen für zulässig hält.

28 Diese führe nur "zu einer vom Gesetz nicht vorgesehenen Formalisierung des Beschwerdeverfahrens und zu unnötigem Verwaltungsaufwand in den Betrieben." Hallmen 1997, 50

29 Fitting 2002, § 84 Rz. 14 m.w.N.; a.A. Hallmen 1997, 46, die die Verschwiegenheitsverpflichtung aus der Fürsorgepflicht des Arbeitgebers und der Verpflichtung zum Schutz des Persönlichkeitsrechte sowie dem informationellen Selbstbestimmungsrecht als Teil des Persönlichkeitsrechts ableitet. Die Verschwiegenheitspflicht ergebe sich zudem unmittelbar aus § 84 Abs. 3 BetrVG: der Arbeitgeber sei nicht nur verpflichtet, selbst Benachteiligungen zu unterlassen, sondern auch die Einhaltung des Benachteiligungsverbotes durch andere Arbeitnehmer zu überwachen. Wenn eine Benachteiligung des Beschwerdeführers durch andere Arbeitnehmer zu befürchten sei, dürften diese nicht über die Person des Beschwerdeführers unterrichtet werden; Hallmen 1997, 46.

30 Betroffene Beschwerdeführer müssen befürchten, aufgrund der Beschwerdeerhebung selbst weiteren Benachteiligungen durch den Beschwerten ausgesetzt zu sein; auch dies könnte ein Grund für die geringe Inanspruchnahme der Beschwerdeverfahren in der betrieblichen Praxis sein. Im Gegensatz dazu hat in der Mediation jeder Beteiligte die Autonomie zu entscheiden, ob und ggf. wann das Verfahren beendet ist, die Inhalte der Gespräche bleiben vertraulich.

Beschwerdeführer das Recht, ein Betriebsratsmitglied zur Unterstützung oder zur "Vermittlung" hinzuzuziehen. Der Begriff des "Vermittlers" bleibt in Gesetz und Kommentierung sowie Gesetzesmaterialien undefiniert.

In der neueren Mediationsliteratur wird aus dem Wortlaut des Gesetzes und der Differenzierung zwischen "Unterstützung" und "Vermittlung" dem Betriebsrat im individuellen Beschwerdeverfahren nach § 84 Abs. 1 BetrVG eine Mediatorenfunktion zugeschrieben.[31] Zu bezweifeln ist, dass der Gesetzgeber "unwissentlich" Mediation in § 84 Abs. 1 BetrVG bereits normiert hat. Die §§ 81 ff. BetrVG wurden erstmals 1972 in das BetrVG aufgenommen. In der Gesetzesbegründung zu § 84 Abs. 1 heißt es: "Der Entwurf verbessert zunächst die Rechtsstellung des einzelnen Arbeitnehmers im Betrieb. Er gibt ihm erstmals eigene gesetzliche Informations-, Anhörungs- und Erörterungsrechte in Angelegenheiten, die seine Person und seinen Arbeitsplatz unmittelbar berühren. Außerdem wird das Beschwerderecht des einzelnen Arbeitnehmers erstmals ausdrücklich gesetzlich geregelt."[32] Zu § 84 Abs.1 S.2 wird ausgeführt: "84 regelt den Fall, dass der Arbeitnehmer seine Beschwerde bei den im Rahmen der Betriebsorganisation zuständigen Stellen erhebt. Dabei kann er ein Mitglied des Betriebsrats zur Unterstützung hinzuziehen."[33] Der Begriff "Vermittlung" wird in der Gesetzesbegründung weder erwähnt noch näher erläutert. Auch in der arbeitsrechtlichen Literatur und in der Rechtsprechung wird der Begriff der Vermittlung in § 84 Abs. 1 S. 2 nicht definiert oder von der "Unterstützung" abgegrenzt. Dem Sinn und Zweck der Vorschrift des § 84 Abs. 1 S.2 entsprechend ist mit "Vermitteln" die Kontaktaufnahme des den Beschwerdeführer unterstützenden Betriebsratsmitglieds mit dem Arbeitgeber bzw. dessen zuständiger Stelle zu verstehen. Hier kann das Betriebsratsmitglied allerdings nicht als allparteilicher und neutraler Dritter im oben definierten Sinne auftreten, sondern ist aufgrund der Aufgabe, den Beschwerdeführer zu unterstützen, einseitiger

---

31 So Lembke 2001, 222: "Soweit es um die Hinzuziehung des Betriebsratsmitglied zur "Vermittlung" geht, spricht das BetrVG in der Sache ausdrücklich die Konfliktlösungsmethode der Mediation an. Das Betriebsratsmitglied wird als neutraler Dritter ohne Entscheidungsbefugnis beigezogen." Deutlich wird an dieser Stelle ein Mediationsverständnis, das sich ausschließlich aus der Rolle eines Dritten ohne Entscheidungskompetenz definiert, ohne die sonstigen Verfahrensgrundsätze und den typischen strukturierten Ablauf der Interventionsmethode Mediation vorauszusetzen; zum hiesigen Verständnis der Mediation i.e.S. vgl. oben Kap. 2 .

32 BT-Drs. VI/1786, 31

33 BT-Drs. VI/1786, S. 48.

Interessenvertreter des Beschwerdeführers.[34] Gem. § 84 Abs. 2 BetrVG hat der Arbeitgeber der Beschwerde des Arbeitnehmers abzuhelfen, wenn er sie für berechtigt hält. Die Entscheidung wie mit der Beschwerde weiter umgegangen wird, liegt beim individuellen Beschwerdeverfahren nach § 84 BetrVG allein beim Arbeitgeber.

Insgesamt kann als Vorteil des individuellen betrieblichen Beschwerdeverfahrens dessen Konfliktnähe und rasches Ingangsetzen, seine Betriebsnähe, weitgehende Informalität und Kostenneutralität festgehalten werden. Nachteile des Verfahrens liegen in der fehlenden Verfahrensautonomie und Einflussmöglichkeit des Beschwerdeführers. Hage kritisiert zutreffend die "möglicherweise geringe Verfahrensgerechtigkeit (Willkür)" des Verfahrens.[35]

3.1.1.2 Kollektives Beschwerdeverfahren gem. § 85 BetrVG

Neben dem individuellen Beschwerdeverfahren gem. § 84 BetrVG haben Arbeitnehmer in Betrieben mit Betriebsrat auch die Möglichkeit, das kollektive betriebsverfassungsrechtliche Beschwerdeverfahren gem. § 85 BetrVG einzuleiten. Die Beschwerdeverfahren gem. § 84 und § 85 BetrVG und wegen sexueller Belästigung am Arbeitsplatz gem. § 3 BeschSchG[36] schließen einander nicht aus. Sie können kumulativ nacheinander oder nebeneinander eingeleitet werden.[37]

In der ersten Stufe des kollektiven Beschwerdeverfahrens nimmt sich der Betriebsrat der Beschwerde eines einzelnen Arbeitnehmers an. Er ist gem. § 85 Abs.1 BetrVG verpflichtet, sich mit der Beschwerde zu befassen und über ihre Berechtigung einen Beschluss zu fassen.[38] Dem Betriebsrat kommen dabei zu-

---

34 Ggf. vergleichbar der Rolle eines Rechtsanwalts, der gem. § 1 Abs. 3 BORA auch die Aufgabe hat, Mandanten konfliktvermeidend und streitschlichtend zu begleiten, ohne deshalb per se Mediator zu sein.

35 Hage 2001, 188. Dies ist jedoch nicht allein der Informalität des Verfahrens, so Hage 2001, 188, sondern v.a. seiner reinen Macht-Orientierung zuzuschreiben; vgl. oben Kap. 2. Ist der Arbeitgeber bzw. der unmittelbare Vorgesetzte als zuständige Stelle nicht bereit, der Beschwerde abzuhelfen, besteht auf der Grundlage von § 84 BetrVG keine weitere Verfahrensstufe, um den Arbeitgeber zu einem Tätigwerden zu bewegen.

36 S.u.

37 Sofern keine Betriebsvereinbarung oder ein Tarifvertrag auf der Grundlage von § 86 BetrVG etwas Abweichendes bestimmt.

38 Fitting 2002, § 85 Rz. 2 m.w.N.

nächst Aufklärungs- und Ermittlungsaufgaben zu. Der weitere Verfahrensgang ist davon abhängig, ob der Betriebsrat die Beschwerde für berechtigt oder für unberechtigt hält. Hält er sie für unberechtigt, hat er dies per Beschluss zu entscheiden und dem beschwerdeführenden Arbeitnehmer mitzuteilen. Dieser hat hiergegen kein Rechtsmittel, der Betriebsrat kann zu einer Überprüfung seiner Entscheidung nicht gezwungen werden.[39] Hält der Betriebsrat aufgrund seiner Ermittlungen die Beschwerde für berechtigt, hat er gem. § 85 Abs. 1 BetrVG beim Arbeitgeber auf Abhilfe hinzuwirken. Der Arbeitgeber ist verpflichtet, mit dem Betriebsrat über die Erledigung der Beschwerde zu verhandeln. Dabei vertritt der Betriebsrat stellvertretend die individuellen Interessen des sich beschwerenden Arbeitnehmers gegenüber dem Arbeitgeber.[40] Eine persönliche Anhörung des Beschwerdeführers ist im kollektiven Beschwerdeverfahren nicht vorgeschrieben.[41] Diese sei in den meisten Fällen jedoch “zweckmäßig”.[42]

Kommt der Arbeitgeber nach eigener Prüfung zu dem Ergebnis, dass die Beschwerde berechtigt ist, muss er für Abhilfe sorgen. Hält er sie für nicht berechtigt, hat er mit dem Betriebsrat Verhandlungen zu führen mit dem Ziel, die Berechtigung der Beschwerde zu klären, nicht notwendigerweise auch für ihre Abhilfe zu sorgen.[43]

3.1.1.3 Einigungsstellenverfahren aus Anlass einer Beschwerde gem. §§ 85 Abs. 2, 76 BetrVG

Hält der Arbeitgeber die Beschwerde auch nach Verhandlung mit dem Betriebsrat für nicht berechtigt, kann der Betriebsrat gem. § 85 Abs. 2 BetrVG die Einigungsstelle nach § 76 BetrVG oder eine dafür auf der Grundlage eines Tarifvertrages oder einer Betriebsvereinbarung eingerichteten betrieblichen Beschwerdestelle gem. § 86 BetrVG[44] anrufen, um eine verbindliche Entscheidung über die Beschwerde herbeizuführen.

Auch der Spruch der Einigungsstelle betrifft die Berechtigung oder Nichtberechtigung der Beschwerde, nicht unmittelbar die sachliche Erledigung und

39 Fitting 2002, § 85 Rz. 2.

40 Er ist hier im Gegensatz zum individuellen Beschwerdeverfahren gem. § 84 BetrVG selbst Konfliktpartei, stellvertretend für den beschwerdeführenden Arbeitnehmer.

41 Weder vor dem Betriebsrat noch vor dem Arbeitgeber.

42 Fitting 2002, § 85 Rz. 3.

43 Fitting 2002, § 85 Rz. 3.

44 S.u.

etwaige Verpflichtungen des Arbeitgebers zur Abhilfe.[45] Die Einigungsstelle kann gem. § 85 Abs. 2 S.3 BetrVG nur in individuellen Regelungsstreitigkeiten, nicht bei Vorliegen eines Rechtsanspruchs gem. § 76 Abs. 5 BetrVG im erzwingbaren Einigungsstellenverfahren durch Spruch verbindlich entscheiden.[46] In der Praxis kommt es bei Verfahren gem. § 85 Abs. 2 BetrVG sehr selten zu einem Spruch der Einigungsstelle.[47] Unabhängig von der Frage des Vorliegens einer Rechtsstreitigkeit kann im freiwilligen Einigungsstellenverfahren nach § 76 Abs. 6 BetrVG auch eine Befassung mit individuellen Rechtsansprüchen erfolgen.[48] Durch die Anerkennung der Beschwerde als gerechtfertigt entsteht ein im Klagewege durchsetzbarer Rechtsanspruch des einzelnen Arbeitnehmers auf Abhilfe.[49]

Mit dem Beschwerdeverfahren nach § 85 BetrVG verfügen die betroffenen Arbeitnehmer durch Delegation auf den Betriebsrat über die Möglichkeit, ohne Angst vor Benachteiligungen ihre Anliegen zu vertreten. Der Betriebsrat wird in der ersten Stufe des Verfahrens zum Ermittler und Entscheider: er entscheidet, ob die Beschwerde berechtigt ist oder nicht. In der zweiten Stufe wird der Betriebsrat zum Stellvertreter und Anwalt. Anstelle des Beschwerdeführers führt er die Verhandlungen mit dem Arbeitgeber und entscheidet über das weitere Procedere.

Dem Vorteil der Entlastung des einzelnen Arbeitnehmers, seine Angelegenheit nicht gegen den mächtigeren Arbeitgeber allein vertreten zu müssen, stehen allerdings auch Nachteile gegenüber: die Rolle der Betroffenen wird auf die von "Impulsgebern" reduziert. Die Beschwerdeträger verlieren Autonomie und Kontrolle über "ihren" Fall. Im Zuge des "Übernahmeprozesses" der Beschwerde durch den Betriebsrat kommt es zudem zu einem erheblichen Re-Definitions-Risiko.[50] Dies erhöht sich noch dadurch, dass die Betroffenen nicht mündlich gehört werden müssen. Tendenziell droht durch diese Verfahrensform die "Entmündigung"[51] des einzelnen Arbeitnehmers. Das Verfahren nach

45 Fitting 2002, § 85 Rz. 5 m.w.N.

46 Zur Abgrenzung zwischen Rechts- und Regelungsstreitigkeiten und der Schwierigkeit einer Abgrenzung s.o. Kap. 2.

47 Fitting 2002 § 85 Rz. 4 m.w.N.

48 Fitting 2002 § 85 Rz. 4.

49 Im Urteilsverfahren vor dem Arbeitsgericht.

50 Breisig 1993, 359.

51 So Breisig 1993, 358: das Beschwerderecht als Individualrecht habe in der deutschen Mitbestimmungskultur keine Tradition. Das zeige sich auch darin, "dass die

§ 85 BetrVG bietet den Betroffenen nicht genug Entlastung: häufig benötigen Konfliktbeteiligte v.a. die Möglichkeit, ihr Anliegen in einem vertraulichen Rahmen erst einmal zu äußern und "Dampf abzulassen". Sie benötigen eine neutrale, dafür qualifizierte Ansprechperson, die "zuhören" kann. Über die weiteren Verfahrensschritte müssten die Betroffenen selbst entscheiden können.[52] Beschwerdeführer können nur Einfluss auf den Gang der Beschwerde nehmen, indem sie die gesamte Beschwerde zurücknehmen.[53]

3.1.1.4 Andere gesetzliche Beschwerdeverfahren

Ein zusätzliches Beschwerderecht für Fälle der sexuellen Belästigung am Arbeitsplatz wurde in § 3 Abs. 1 Ziffer 1 BeschSchG verankert. Betroffene Beschäftigte haben das Recht, sich bei den zuständigen Stellen des Betriebes oder der Dienststelle zu beschweren, wenn sie sich vom Arbeitgeber, von Vorgesetzten, von anderen Beschäftigten oder von Dritten am Arbeitsplatz sexuell belästigt im Sinne des § 2 Abs. 2 BeschSchG fühlen. Konfliktparteien sind der belästigte Arbeitnehmer[54] auf der einen und der Arbeitgeber als Fürsorgepflichtiger für das Bereitstellen eines "sicheren" und "gesunden" Arbeitsplatzes auf der anderen Seite.[55]

Nach § 3 Abs. 2 BeschSchG hat der Arbeitgeber oder Dienstvorgesetzte die Beschwerde zu prüfen und geeignete Maßnahmen zu treffen, um die Fortsetzung einer festgestellten Belästigung zu unterbinden. Die zuständige Stelle ist i.d.R. der unmittelbare Vorgesetzte; richtet sich die Beschwerde gegen ihn der nächsthöhere gemeinsame Vorgesetzte.[56] Zur Verwirklichung des Gesetzeszwecks ist bekannt zu machen, welche die im Betrieb zuständige Stelle ist.[57]

Betriebsräte entgegen sonstigen Gepflogenheiten nicht bestrebt sind, die Möglichkeiten des § 85 BetrVG mit eventuellem Einigungsstellenverfahren in ihre Netze von betriebsverfassungsrechtlichen Handhaben und Einflussgrundlagen einzubeziehen." Breisig 1993, 358.

52 Dies entspricht auch Erkenntnissen im Umgang mit Opfern sexualisierter Gewalt; vgl. Schiek 1995 Vorbemerkung zum BeschSchG, Rz. 15 f.

53 Vgl. Buschmann in DKK 2002, § 85 Rz. 7. Damit wird das Beschwerdeverfahren insgesamt abgebrochen, was jedoch u.U. präjudizierend auf eine nachfolgende gerichtliche Behandlung der Angelegenheit wirkt und innerbetrieblich nicht zur Festigung der Glaubwürdigkeit des Beschwerdeführers beiträgt.

54 Bzw. in über 90 % der Fälle die belästigte Arbeitnehmerin.

55 Vgl. Schiek 1995.

56 Schlachter in ErfKomm 2001, § 3 BeschSchG Rz. 1.

57 Schlachter in ErfKomm 2001, § 3 BeschSchG, Rz. 1.

Dies kann z.B. eine Gleichstellungs- oder Diversity-Beauftragte sein. Im weiteren entspricht das Verfahren dem oben zu § 84 BetrVG ausgeführten. Hält der Arbeitgeber die Beschwerde gem. § 3 Abs. 2 BeschSchG für nicht berechtigt, eröffnet § 3 Abs. 1 S.2 BeschSchG die Möglichkeit, zusätzlich eine Beschwerde nach § 85 BetrVG an den Betriebsrat zu richten. Ergebnis des ggf. sich anschließenden Einigungsstellenverfahrens kann sein, dass der Arbeitgeber oder Dienstvorgesetzte angemessene arbeitsrechtliche Maßnahmen gegen den Belästiger auszusprechen hat.[58]

Auch in mehreren anderen Einzelgesetzen werden individualrechtliche Beschwerderechte ausdrücklich normiert. Dazu zählen § 17 Abs. 2 S. 1 ArbSchG, § 21 Abs. 6 Zf.1 GefVO, § 17 Abs. 2 S. 1 ArbSchG.[59]

3.1.2 Verfahren und Stellen auf vertraglicher Grundlage

3.1.2.1 Tarifliche oder betriebsvereinbarte Beschwerdeverfahren und -stellen auf der Grundlage von § 86 S. 2 BetrVG

Gem. § 86 S. 2 BetrVG kann durch Betriebsvereinbarung oder durch Tarifvertrag[60] bestimmt werden, dass in den Fällen des § 85 Abs. 2 BetrVG an die Stelle der Einigungsstelle eine betriebliche Beschwerdestelle tritt. Die Betriebsvereinbarung oder der Tarifvertrag regeln den Verfahrensablauf, die Zusammensetzung der Beschwerdestelle, die an die Stelle der Einigungsstelle tritt und ggf. einen betrieblichen Instanzenzug für die Behandlung von Beschwerden.[61] Zu gewährleisten ist, dass Betriebsrat und Arbeitgeber in der Betrieblichen Beschwerdestelle einen gleichgewichtigen Einfluss nehmen können.[62] Eine Betriebsvereinbarung zur Errichtung einer betrieblichen Beschwerdestelle kann nach h.M. nicht erzwungen werden, es kann lediglich eine freiwillige Betriebs-

---

58 Vgl. § 4 Abs. 1 Zf.1 BeschSchG.

59 Auf eine differenzierte Darstellung wird verzichtet. Die Verfahren orientieren sich an § 84 BetrVG und lassen den Übergang zum kollektiven Beschwerdeverfahren gem. § 85 BetrVG zu.

60 Neben der tariflichen Schlichtungsstelle gem. § 76 Abs. 8, s.u.

61 Z.B. unmittelbarer Vorgesetzter, nächsthöherer Vorgesetzter, Beschwerdeausschuss, Personalabteilung; Beispiele bei Fitting. 2002, § 86 Rz. 2.

62 Hanau & Kania in ErfKomm 2001 § 86 Rz. 1; Fitting 2002, § 86 BetrVG Rz. 2.

vereinbarung abgeschlossen werden.[63] Der Zuständigkeitsbereich der Betrieblichen Beschwerdestelle entspricht dem der Einigungsstelle auf der Grundlage von §§ 85 Abs. 2, 76 BetrVG[64] und befasst sich ebenso wie diese ausschließlich mit Beschwerden einzelner Arbeitnehmer. In einer "Beschwerdeordnung"[65] können Verfahrensregeln festgelegt werden.[66]

Ebenso wie die Einigungsstelle ist die Beschwerdestelle auch eine (Vor-) Entscheidungsstelle, die eigene Ermittlungen durchführen kann und soll, um die Berechtigung von Beschwerden zu prüfen. § 86 BetrVG kann einen Hinweis darauf geben, dass der Gesetzgeber zusätzliche Einrichtungen zur Konfliktbearbeitung bei individuellen Arbeitsplatzkonflikten grundsätzlich für zulässig hält.[67] Durch § 86 BetrVG und dessen Zuständigkeitsbeschränkung auf Angelegenheiten des § 85 Abs. 2 werden de lege lata die betrieblichen Gestaltungsmöglichkeiten stark eingeschränkt.[68] In der Praxis wird von der Möglichkeit, Betriebliche Beschwerdestellen einzurichten kaum Gebrauch gemacht.[69] In der Literatur empfohlen wird die Errichtung Betrieblicher Beschwerdestellen für große Betriebe.[70]

---

63 Anderer Auffassung wohl Breisig, der für den Arbeitgeber eine "Nebenpflicht zur Durchführung des Beschwerdeverfahrens aus dem Gebot vertrauensvoller Zusammenarbeit" mit der Pflicht, "für die organisatorischen Voraussetzungen zur Ausübung des Beschwerderechts zu sorgen und eine Beschwerdestelle einzurichten" ableitet, Breisig 1993, 69.

64 Buschmann in DKK 2002 § 86 Rz. 4.; Fitting 2002 § 86 Rz. 4, die ausführen: "Die Zuständigkeitsregelung nach § 85 Abs. 2 kann nicht geändert werden." Damit kann eine Betriebliche Beschwerdestelle z.B. für die Bearbeitung von Streitigkeiten zwischen Abteilungen wegen des Verbots der Popularbeschwerde nicht zuständig sein.

65 Fitting 2002, § 86 Rz. 4.

66 Fitting 2002, § 86 Rz. 4, die als Beispiele aufführen: "Form und Frist einer Beschwerde, Anhörung der Beteiligten, Vorentscheidung des zuständigen Vorgesetzten, Einspruch bei einem Beschwerdeausschuss und dessen Zusammensetzung, Geschäftsordnung und Form der (vorbehaltlich der Beschreitung des Rechtswegs) endgültigen Entscheidung".

67 Dazu ausführlich unten Kap. 6.

68 Dazu unten Kap. 5 und 6; vgl. auch Lembke 2001, 231ff., der § 86 in der geltenden Fassung als Rechtsgrundlage für die Gestaltung interner Mediationsprogramme heranzieht.

69 Erst seit Ende der 90er Jahre in Zusammenhang mit den Diskussionen um Mobbing und Sexuelle Belästigung am Arbeitsplatz finden sich vereinzelt Betriebsvereinbarungen über die Errichtung Betrieblicher Beschwerdestellen; vgl. Anhang bei Wolmerath 2001.

70 Fitting 2002, § 86 Rz.3.

3.1.2.2 Verfahren auf der Grundlage einer Betriebsvereinbarung gem. § 87 Abs. 1 Zf. 1 BetrVG: Betriebsjustiz

Gem. § 87 Abs. 1 Zf. 1 BetrVG hat der Betriebsrat, soweit eine gesetzliche oder tarifliche Regelung nicht besteht, mitzubestimmen in Fragen der Ordnung des Betriebs und des Verhaltens der Arbeitnehmer im Betrieb. Zweck des Mitbestimmungsrechts des § 87 Abs. 1 Zf. 1 BetrVG ist die gleichberechtigte Beteiligung der Arbeitnehmer an der Gestaltung der Arbeitsbedingungen und der Zusammenarbeit von Arbeitgeber und Arbeitnehmer sowie der Arbeitnehmer untereinander. Im Mittelpunkt steht der Schutz der Persönlichkeit des einzelnen Arbeitnehmers.[71] Auch Maßnahmen, die nur mittelbar das Verhalten der Arbeitnehmer beeinflussen sollen, sind mitbestimmungspflichtig.[72] Auf der Grundlage von § 87 Abs. 1 Zf. 1 BetrVG ist als traditionelles Konfliktregelungsverfahren für Streitigkeiten zwischen Arbeitnehmern und zwischen Arbeitgeber und Arbeitnehmer die Errichtung von "Betriebsgerichten"[73] und die Einführung von Betriebsbußen anzuführen.[74] Unter Betriebsbuße wird eine Sanktion bei Verstößen des Arbeitnehmers gegen die kollektive betriebliche Ordnung verstanden.[75] Rechtsgrundlage für die Einführung bildet die Betriebsvereinbarung gem. § 87 Abs. 1 Zf. 1 BetrVG, in der die Betriebliche Bußordnung von Arbeitgeber und Betriebsrat gemeinsam niedergelegt wird. Die Betriebsgerichte werden i.d.R. paritätisch von Arbeitgeber und Betriebsrat besetzt.[76] Das Verfahren selbst muss rechtsstaatlichen Grundsätzen entsprechen und v.a. den Grundsatz des rechtlichen Gehörs wahren.[77] Obgleich in der Literatur umstritten[78], hält das Bundesarbeitsgericht die Verhängung von Betriebsbußen auf der

71 Fitting 2002, § 87 Rz. 63.

72 Fitting 2002 § 87 Rz. 68; BAG v. 9.12.1980, AP Nr. 2 zu § 87 BetrVG 1972 Ordnung des Betriebes

73 "Betriebsjustiz".

74 Vertiefend zum Thema Betriebsjustiz: Hage 2001, 151 f.; zur Etablierung "neuer" zusätzlicher interessen-orientierter Verfahren und Stellen für die innerbetriebliche Bearbeitung inter-individueller Konflikte auf der Grundlage von § 87 Abs. 1 Zf. 1 BetrVG, auch zum Regelungsbereich des § 75 Abs. 1 BetrVG wie Mobbing, Sexuelle Belästigung am Arbeitsplatz und sonstige Diskriminierungen vgl. unten Kap. 5.

75 Fitting 2002, § 87 Rz. 76.

76 Fitting 2002, § 87 Rz. 93.

77 Ebenda.

78 Vgl. Klebe in DKK 2002, § 87 Rz. 56 wegen fehlender gesetzlicher Grundlage; Preis DB 1990, 685.

Grundlage von § 87 Abs. 1 Zf. 1 BetrVG grundsätzlich nach wie vor für rechtmäßig.[79] Allerdings sind “Betriebsgerichte” in neuerer Zeit in der betrieblichen Praxis kaum noch anzutreffen.[80]

3.1.2.3 Verfahren auf der Grundlage von Einzelarbeitsverträgen: Schlichtungsverfahren in kirchlichen Arbeitsverhältnissen

In Einzelarbeitsverträgen wird generell kaum von der Möglichkeit Gebrauch gemacht, vorgerichtliche Konfliktbearbeitungsverfahren zu vereinbaren.[81] Eine Ausnahme bilden die Arbeitsverträge der katholischen und der evangelischen Kirche sowie der Träger dieser beiden Kirchen. Für Streitigkeiten aus dem Arbeitsverhältnis zwischen Arbeitgeber und Arbeitnehmer sind häufig sog. Schlichtungsstellen vorgesehen, deren Einschaltung vor oder parallel zu einem Gerichtsverfahren einzelvertraglich auf der Grundlage der jeweiligen Mitarbeitervertretungsordnung oder der Arbeitsvertraglichen Vertragsrichtlinien vereinbart wird.[82]

3.1.3 Sonstige innerbetriebliche Stellen des Konfliktmanagements inter-individueller Konflikte auf gesetzlicher und auf freiwilliger Grundlage

Neben diesen genannten Stellen des innerbetrieblichen Konfliktmanagements befassen sich zahlreiche andere Personen und Institutionen mit betrieblichem Konfliktmanagement bei Konflikten zwischen Arbeitnehmern und zwischen Arbeitgeber und Arbeitnehmer.[83]

Auf Grundlage des gesetzlichen Auftrages aus § 1 ff. ASiG befassen sich Betriebsärzte und Fachkräfte für Arbeitssicherheit mit der Bearbeitung von

---

79 BAG 17.10.1989 AP Nr. 12 zu § 87 BetrVG 1972 Betriebsbuße.

80 Vgl. Hage 2001, 151 f. m.w.N.; vgl. auch ihre Untersuchung zu Funktion und Akzeptanz der Schiedsstellen für Arbeitssachen in den neuen Bundesländern; vgl. auch unten Kap. 4 .

81 Grundsätzlich ist die Vereinbarung von ”Güteverfahren” in Einzelverträgen möglich, sofern der Rechtsweg zur Arbeitsgerichtsbarkeit gem. §§ 2, 4 ArbGG nicht ausgeschlossen wird, dazu unten Kap. 5

82 dazu Schliemann 2000, 1313 m.w.N.; s.u. ausführlich Kap. 5, auch zur Rechtmäßigkeit und Verbindlichkeit solcher Regelungen.

83 Diese sollen und können hier nicht abschließend aufgeführt werden. Im folgenden finden nur die wichtigsten, im Rahmen der Implementierung neuer Verfahren und Stellen zu berücksichtigenden, Erwähnung.

Arbeitsplatzkonflikten, zumindest insofern, als dass damit psychische oder physische Folgeerkrankungen einhergehen. Der Arbeitsschutz umfasst alle rechtlichen, organisatorischen, technischen und medizinischen Maßnahmen zum Schutz der körperlichen und psychischen Unversehrtheit der Arbeitnehmer. Psychische Belastungen am Arbeitsplatz, auch durch ungelöste Konflikte u.a. bei Mobbing und Diskriminierungen nehmen mittlerweile einen großen Anteil der Gesundheitsgefahren am Arbeitsplatz ein.[84] Aufgabe von Betriebsärzten und von Fachkräften für Arbeitssicherheit ist es, Beschwerden von Arbeitnehmern auch über psychische Beeinträchtigungen durch Arbeitsplatzkonflikte, entgegenzunehmen und sich präventiv für Schutzmaßnahmen einzusetzen.

Für besonders von Diskriminierung bedrohte Arbeitnehmergruppen sind gesetzlich weitere Einrichtungen vorgeschrieben, die sich u.a. mit der Bearbeitung von Arbeitsplatzkonflikten befassen.[85] In einigen Betrieben werden auf der Grundlage von Betriebsvereinbarungen Gleichstellungsbeauftragte oder - meist als freiwillige Einrichtung des Arbeitgebers - sog. Diversity-Manager, in einigen Fällen auch sog. Ombudspersonen[86] tätig, die sich mit der Bearbeitung von Diskriminierungs- und Belästigungsfällen befassen und z.T. als zuständige Stelle i.S. des § 3 BeschSchG tätig werden.

Daneben gibt es in Betrieben für unterschiedliche Einzel-Konfliktthemen unterschiedliche weitere zuständige Stellen und Beauftragte.[87] Des weiteren verfügt jede Organisation informell über Einzelpersonen, die als "natürliche" Vermittler und Konfliktberater von anderen Arbeitnehmern in Konfliktsituationen angesprochen und aufgesucht werden.[88] Häufig ist es "Zufall", an welche der Stellen oder Personen sich ein Arbeitnehmer mit Konflikten wendet und eher willkürlich[89], welche Behandlung der Konflikt weiter erfährt.[90]

---

84 Vgl. Meschkutat & Stackelbeck & Langenhoff 2002 m.w.N.

85 So hat z.B. der Beauftragte für die Belange schwerbehinderter Menschen gem. § 98 SGB IX die Aufgabe, darauf zu achten, dass dem Arbeitgeber obliegende Verpflichtungen erfüllt werden. Gem. § 99 SGB IX hat der Beauftragte mit anderen Stellen des Betriebs mit dem Ziel der Teilhabe schwerbehinderter Menschen am Arbeitsleben zusammenzuarbeiten.

86 Zum Begriff der Ombusperson s.u. Kap. 4.

87 Vgl. als Überblick über die Vielzahl betrieblicher Beauftragter: Pulte 1992. Anzahl und Struktur dieser Stellen sind von Betrieb zu Betrieb unterschiedlich.

88 Zur Rolle dieser informellen Vermittler vgl. unten Kap. 4.

89 Je nach professionellem und Erfahrungshintergrund der ersten Ansprechperson.

90 Vgl. Breidenbach 1995, 46 f.

Bislang gibt es weder formal noch informell betriebliche Stellen oder Personen, die als generalisierte erste Ansprechstelle für Konfliktfälle zur Verfügung stehen und so das Bedürfnis einzelner Konfliktbeteiligter, nachdem ein erstes vertrauliches Gespräch und Beratung stattgefunden hat, nach einem adäquaten weiteren Vorgehen erfüllen können.[91]

Nicht zur Verfügung stehen traditionelle arbeitsrechtliche Verfahren und Stellen für intergruppale Konflikte zwischen Gruppen und zwischen Gruppen und einzelnen Arbeitnehmern.[92] Horizontale intergruppale Konflikte zwischen Abteilungen oder Arbeitsgruppen auf einer Hierarchieebene gehören zu den typischen Arbeitsplatzkonfliktfeldern.[93]

3.2 Innerbetriebliche Konfliktbearbeitungsverfahren und -stellen für kollektive Konflikte

Neben individualrechtlichen stehen innerbetrieblich auch kollektivrechtliche Verfahren und Institutionen für das Konfliktmanagement von Streitigkeiten zwischen Arbeitgeber und Betriebsrat zur Verfügung.

3.2.1 Innerbetriebliche Verfahren und Stellen auf gesetzlicher Grundlage

Die Kooperation zwischen Betriebsrat und Arbeitgeber ist in der deutschen Betriebsverfassung als "Konfliktpartnerschaft"[94] konstruiert. Konflikte werden als regelmäßige Erscheinungen vorausgesetzt. Das BetrVG stellt bei Konflikten zwischen Arbeitgeber und Betriebsrat für unterschiedliche Konflikteskalationsstufen unterschiedliche Verfahren und Interventionen[95] zur Verfügung.[96] Der Gesetz-

---

91 Danke an Dr. Joachim Steinbrück, der an dieser Stelle die Idee des Begriffs eines "Konfliktmanagement-System-Administrators" aufbrachte.

92 Diese gelten nach traditionellem Arbeitsrecht nicht als arbeitsrechtliche Streitigkeiten, hindern den betrieblichen Ablauf jedoch in gleichem Maße wie individualrechtliche Streitigkeiten.

93 Vgl. Budde 2001a, 12 f.

94 Müller-Jentsch 1999.

95 Also ein abgestuftes kollektives Konfliktmanagement, vgl. Aigner 2002, 374 f., die den Begriff des abgestuften Konfliktmanagements zunächst ausschließlich für individualrechtliche Interventionen und Sanktionen verwendet.

96 Von Lembke 2001, 236 wird es daher als "unbekanntes ADR-Handbuch" bezeichnet.

geber hat mit dem BetrVG für Konflikte zwischen Arbeitgeber und Betriebsrat ein abgestuftes Konfliktmanagement vorgeschrieben.[97]

3.2.1.1 Verhandeln gem. §§ 74 Abs. 1, 2 BetrVG

Leitbild oder "Magna Charta"[98] des BetrVG stellt das Gebot der vertrauensvollen Zusammenarbeit gem. § 2 Abs. 1 BetrVG dar. Arbeitgeber und Betriebsrat arbeiten unter Beachtung der geltenden Tarifverträge vertauensvoll und im Zusammenwirken mit den im Betrieb vertretenen Gewerkschaften und Arbeitgebervereinigungen zum Wohl der Arbeitnehmer und des Betriebs zusammen. Im Vordergrund des kollektiven betrieblichen Konfliktmanagements soll die Lösung konkreter Konflikte mit friedlichen Mitteln stehen.[99] Diese Generalklausel des Betriebsverfassungsgesetzes enthält unmittelbar geltendes Recht.[100] Die Verpflichtung zu vertrauensvoller Zusammenarbeit bezieht sich auch auf das Verhältnis zu den Gewerkschaften und Arbeitgeberverbänden und auf die Organe der Betriebsverfassung untereinander.[101]

Neben § 2 BetrVG regelt § 74 die grundlegenden Gesichtspunkte der Zusammenarbeit zwischen Arbeitgeber und Betriebsrat.[102] In der ersten Stufe des gemeinsamen Konfliktmanagements zwischen Arbeitgeber und Betriebsrat schreibt § 74 Abs. 1 BetrVG den Betriebsparteien präventiv vor, mindestens einmal im Monat zu einer Besprechung zusammenzutreten. Über strittige Fragen haben sie mit dem ernsten Willen zur Einigung zu verhandeln und Vorschläge für die Beilegung von Meinungsverschiedenheiten zu machen. Ziel der Vorschrift ist die Sicherung der in § 74 Abs. 2 normierten Friedenspflicht des Betriebsrats. Maßnahmen des Arbeitskampfes zwischen Arbeitgeber und Betriebsrat[103] sind danach unzulässig.[104]

---

97 Vgl. Aigner 2002, 374 f., die den Begriff des abgestuften Konfliktmanagements ausschließlich für Interventionen und Sanktionen in individualrechtlichen Streitigkeiten verwendet.

98 Abeln 2000, 62.

99 Fitting 2002, § 2 Rz. 34.

100 Fitting 2002, § 2 BetrVG Rz. 1.

101 Fitting 2002, § 2 Rz. 31.

102 Fitting 2002, § 74 Rz. 1.

103 Als Machtmittel des Betriebsrats, vgl. oben Kap. 2 zur Ebene der Macht als Mittel des Konfliktmanagements.

104 Dies unterscheidet das duale System der deutschen Betriebsverfassung grundsätzlich von der Situation in den USA; zu den Kosten und sonstigen Belastungen durch Streiks in US-amerikanischen Bergwerken vgl. Ury & Brett & Goldberg 1996.

Scheitern in dieser ersten Stufe die Verhandlungsbemühungen zwischen Arbeitgeber und Betriebsrat, ist als nächste Stufe des Konfliktmanagements das Einigungsstellenverfahren gem. § 76 BetrVG gesetzlich vorgeschrieben.

3.2.1.2 Einigungsstelle und Einigungsstellenverfahren gem. § 76 BetrVG

Gem. § 76 BetrVG ist zur Beilegung von Meinungsverschiedenheiten zwischen Arbeitgeber und Betriebsrat, Gesamtbetriebsrat oder Konzernbetriebsrat bei Bedarf eine Einigungsstelle zu bilden.[105] Bei der Einigungsstelle handelt es sich um eine privatrechtliche innerbetriebliche Schlichtungs- und Entscheidungsstelle, die ersatzweise Funktionen der Betriebspartner wahrnimmt.[106] Sie kann ad hoc oder ständig errichtet werden.[107] Die Einigungsstelle stellt "das letzte Glied der auf Zusammenarbeit der Betriebspartner angelegten Grundkonzeption des Gesetzes" dar.[108] Sie ist die logische Konsequenz der Friedenspflicht bzw. des Verbots von Arbeitskämpfen der Betriebspartner untereinander.[109] Neben kollektiven Streitigkeiten regelt die Einigungsstelle in den Fällen von § 85 Abs. 2 BetrVG und § 3 BeschSchG auch interindividuelle Streitigkeiten zwischen Arbeitgeber und Arbeitnehmer und zwischen Arbeitnehmern.[110] Die Einigungsstelle besteht gem. § 76 Abs. 2 BetrVG aus einer gleichen Anzahl von Beisitzern, die vom Arbeitgeber und Betriebsrat bestellt werden, und einem Vorsitzenden, auf dessen Person sich beide Seiten einigen müssen. Über die Person des Vorsitzenden wird in Abs. 2 S.1 nur geregelt, dass dieser "unparteiisch" zu sein hat. Die Einigungsstelle kann in mitbestimmungspflichtigen Angelegenheiten[111] gem. § 76 Abs. 5 BetrVG von einer Seite beantragt, d.h. gegen den Willen eines Betriebspartners vom Arbeitsgericht gem. § 98 ArbGG eingesetzt werden. Daneben kann auch gem. § 76 Abs. 6 S. 1 BetrVG für andere regelbare Angelegenheiten eine freiwillige Einigungsstelle eingesetzt werden.

---

105 Dies gilt selbstverständlich nur für Betriebe mit Betriebsrat.

106 BAG 22.1.1980 AP Nr. 7 zu § 111 BetrVG 1972; Prütting in Germelmann u.a. 2002, Einleitung Rz. 80; Fitting u.a. 2002, § 76 Rz. 2.

107 Allerdings kommt die Errichtung von ständigen Einigungsstellen in der Praxis äußerst selten vor, Fitting u.a. 2002, § 76 BetrVG Rz. 8.

108 Fitting 2002, § 76 Rz. 1.

109 Fitting 2002, § 76 Rz. 1.

110 S.o.

111 Auflistung bei Fitting 2002, § 76 Rz. 47.

Der Einigungsstellenvorsitzende hat hier ausschließlich vermittelnde Funktionen.[112]

Neben den wenigen zwingenden gesetzlichen Verfahrensregelungen des § 76 BetrVG bestimmt die Einigungsstelle das Verfahren nach pflichtgemäßem Ermessen selbst.[113] Die Einigungsstelle hat auch die Aufgabe, den für die Entscheidung erheblichen Sachverhalt von Amts wegen aufzuklären. Deshalb ist sie nach pflichtgemäßem Ermessen auch befugt, selbst Ermittlungen vorzunehmen und zu diesem Zweck z.B. Zeugen zu hören, Sachverständige hinzuzuziehen oder selbst Augenschein zu nehmen.[114] Die Sitzungen der Einigungsstelle sind nicht öffentlich.

---

112 Eine Ausnahme gilt, wenn sich die Betriebspartner schon von vornherein freiwillig dem Spruch der Einigungsstelle unterworfen haben. In der Praxis kommen freiwillige Einigungsstellenverfahren sehr selten vor; vgl. Fitting 2002, § 76 Rz. 79.

113 Fitting 2002, § 76 Rz. 28; Schönfeld 1988, 5 m.w.N.: "Als institutionalisierter Konfliktlösungsmechanismus ist das Einigungsstellenverfahren ergebnisorientiert und steht unter dem Gebot der gütlichen Einigung. Dies erfordert grundsätzlich eine weitgehend freie Gestaltbarkeit des Verfahrensverlaufs" Schönfeld 1988, 6; zu den elementaren rechtsstaatlichen Verfahrensgrundsätzen der Einigungsstelle gehören:
- Antragsprinzip: die Einigungsstelle wird nur auf Antrag tätig
- Zuständigkeit: die Einigungsstelle überprüft ihre eigenen Zuständigkeit
- Dispositionsmaxime: die Betriebspartner bestimmen die vor der Einigungsstelle zu verhandelnden Streitgegenstände selbst
- Rechtliches Gehör: beiden Betriebsparteien wird in ausreichender Weise Gelegnheit gegeben den jeweiligen Standpunkt sowie Lösungsvorschläge darzulegen
- Unmittelbarkeit: die Verhandlung und ggf. erforderliche Beweisaufnahme hat vor den beschlussfassenden Einigungsstellenmitgliedern zu erfolgen
- Mündlichkeit: i.d.R. erfolgt die Darlegung mündlich. Ob eine allein schriftliche Anhörung der Betriebsparteien ausreicht, ist umstritten (dagegen Schönfeld 1988, 9 m.w.N.)
- Offizialmaxime: kraft ihres Amtes übernimmt die Einigungsstelle die Sachaufklärung
- Öffentlichkeit: nur die beiden Betriebsparteien nehmen an den Sitzungen der Einigungsstelle teil
- Beschleunigungsmaxime: das Verfahren ist zügig durchzuführen.; Schönefeld 1988, 9.

114 Fitting 2002, § 76 Rz. 31; diese Ermittlungsfunktion der Einigungsstelle besteht von Beginn des Verfahrens an. Hier wird der Unterschied in Ziel und Grundkonzeption zum Mediationsverfahren deutlich: Mediation als interessen-orientiertes Verfahren geht aufgrund ihrer systemischen Perspektive nicht von der Annahme aus, dass in Konfliktfällen *eine* "Wahrheit" ermittelbar ist, vgl. s.o. Kap. 2. Mediatoren verfügen nicht über Ermittlungsfunktionen. Auch die Möglichkeit, ein Einigungsstellenverfahren ohne mündliches Gehör, d.h. als rein schriftliches Verfahren durchzuführen spricht gegen die Mediationsähnlichkeit des Verfahrens.

Welche Rechtsnatur der Spruch der Einigungsstelle hat, ist von seinem Inhalt abhängig. Wird über einen Regelungsstreit[115] entschieden, hat der Spruch dieselbe Rechtsnatur, die einer entsprechenden freiwilligen Einigung der Betriebspartner über den Streitgegenstand beizumessen wäre. In den erzwingbaren Verfahren hat der Spruch der Einigungsstelle den rechtlichen Charakter einer Betriebsvereinbarung. Entscheidet die Einigungsstelle[116] über eine allgemeine Maßnahme im Rahmen des Direktionsrechts, so entspricht das Ergebnis einer Regelungsabrede. Der Arbeitgeber ist dann verpflichtet, sein Direktionsrecht dem Beschluss der Einigungsstelle entsprechend auszuüben.[117]

Die Kosten der Einigungsstelle trägt gem. § 76a Abs. 1 BetrVG der Arbeitgeber. Die betriebsangehörigen Arbeitnehmer erhalten keine zusätzliche Vergütung, sondern werden für ihre Tätigkeit freigestellt. Gem. § 76a Abs. 3 BetrVG haben der Vorsitzende und die betriebsfremden Beisitzer der Einigungsstelle einen unmittelbaren Vergütungsanspruch gegenüber dem Arbeitgeber.[118]

Im erzwingbaren Einigungsstellenverfahren kommt dem Einigungsstellenvorsitzenden eine "Schlüsselrolle" zu.[119] Nachdem gem. § 76 Abs. 3 in der ersten Stufe des Verfahrens die Betriebspartner allein mit einfacher Stimmenmehrheit unter Stimmenthaltung des Einigungsstellenvorsitzenden Beschlüsse fassen, verfügt der Einigungsstellenvorsitzende in der sich anschließenden zweiten Stufe gem. § 76 Abs. 3 S. 3 nach einer weiteren Beratung über die entscheidende Stimme.[120]

In der Praxis werden meist Berufsrichter der Arbeitsgerichtsbarkeit zu Einigungsstellenvorsitzenden bestellt.[121] Neben der Unparteilichkeit werden

---

115 Zu den Begrifflichkeiten Rechts- und Regelungsstreitigkeit vgl. oben Kap. 2.

116 Z.B. bei einer Beschwerde, s.o.

117 Fitting 2002, § 76 Rz. 68.

118 Eine Vergütungsverordnung auf der Grundlage von § 76a Abs. 4 BetrVG ist bislang nicht erlassen worden. Die Vergütung ist im Einzelfall festzulegen. Das BAG hat eine Vergütung in Höhe von DM 300.- pro Stunde für eine Angelegenheit von mittlerer Schwere für nicht unangemessen gehalten: BAG 28.8.1996 AP Nr. 7 zu § 76a BetrVG 1972. Davon ist ein Betrag in Höhe von 70 % für die Vergütung der Beisitzer der Regelfall: BAG 14.2.1996, AP Nr. 6 zu § 76a BetrVG 1972.

119 Fitting 2002, § 76 Rz. 14.

120 Dieses zweistufige Vorgehen erinnert an die oben vorgestellten "med-arb"-Verfahren in den USA.

121 Hanau & Kania in ErfKomm 2001, § 76 Rz.7; Brill 1980, 1277 spricht von über 75 %; Fischer 2000, 218 schätzt in über 90 % der Verfahren; dabei muss gem. § 98 Abs.

als erforderliche Kompetenzen für den Einigungsstellenvorsitz v.a. seine Rechts- und Fachkenntnisse angeführt.[122] Dazu müsse die Fähigkeit kommen, die streitigen betrieblichen Probleme zu analysieren, die Gesprächs- und Verhandlungsbereitschaft der Betriebsparteien zu fördern sowie die Kompetenz, Verhandlungen zu leiten und zu einem angemessenen Ende zu führen.[123] Aus diesem Grund wird in neuerer Zeit häufiger gefordert, anstelle von Einigungsstellenverfahren Mediationen durchzuführen.[124]

3.2.2 *Innerbetriebliche Verfahren und Stellen auf vertraglicher Grundlage*

3.2.2.1 *Tarifliche Schlichtungsstelle gem. § 76 Abs. 8 BetrVG*

Gem. § 76 Abs. 8 BetrVG kann durch Tarifvertrag bestimmt werden, dass an die Stelle der in Abs. 1 bezeichneten Einigungsstelle eine[125] tarifliche Schlichtungsstelle tritt. Rechtsgrundlage bildet ein Tarifvertrag über eine tarifliche Schlichtungsstelle. Durch § 76 Abs. 8 BetrVG ist die Schlichtungsstelle an die für die Einigungsstelle geltenden Verfahrensvorschriften gebunden.[126] Die Schlichtungsstelle kann entweder an die Stelle der gesetzlichen Einigungsstelle treten und alle Zuständigkeiten, auch die der Regelung von Arbeitnehmerbeschwerden gem. § 85 BetrVG, wahrnehmen oder auf bestimmte Themen und Zuständigkeiten[127] beschränkt bleiben, was u.U. zu einem Nebeneinander von Einigungsstelle und betrieblicher Schlichtungsstelle führt.[128] Der weitere Verfahrensgang kann im Tarifvertrag weitgehend frei festgelegt werden. Im

---

1 S. 3 ArbGG gewährleistet bleiben, dass diese nicht anschließend in derselben Angelegenheit mit Auslegung, Überprüfung oder Anwendung des Spruches der eigenen Einigungsstelle befasst werden können; Fitting 2002, § 76 Rz. 14.

122 Fitting 2002, § 76 Rz. 14; dagegen hält noch Herschel, DB 1982, 1984 das Vorliegen von Rechtskenntnissen gerade nicht für eine wesentliche Qualifikation des Einigungsstellenvorsitzenden

123 Hanau & Kania in ErfKomm 2001 § 76 Rz.7; insbesondere Einsichtsfähigkeit, Unabhängigkeit und Verhandlungsgeschick seien für den Einigungsstellenvorsitz von wesentlicher Bedeutung.

124 So z.B. Redmann 2000, 76 ff.

125 Betriebliche oder überbetriebliche, hier für das innerbetriebliche Konfliktmanagement vertieft nur das betriebliche.

126 Auf das oben zum Einigungsstellenverfahren Ausgeführte kann verwiesen werden.

127 Z.B. einzelne Mitbestimmungsrechte: Lage der Arbeitszeit, Kurzarbeit, Akkord.

128 Rieble 1993, 148.

Gegensatz zur Einigungsstelle gem. § 76 Abs. 1 BetrVG ist allerdings eine mündliche Verhandlung vor der tariflichen Schlichtungsstelle unabdingbar.[129] Da die Schlichtungsstelle, ohne unmittelbar betrieblich verankert zu sein[130], über konkrete betriebliche Belange beraten soll, muss den Betriebspartnern Gelegenheit gegeben werden, diese vorzutragen.[131]

Neben den übrigen Formerfordernissen des § 76 BetrVG, die auch für die tarifliche Schlichtungsstelle gelten, unterliegt der Schlichtungsspruch einer tariflich nicht abdingbaren, unbefristeten Rechtskontrolle. Mit ihr können Verstöße des Spruchs gegen höherrangiges Recht, insbesondere Tarifverträge ebenso gerügt werden, wie die fehlende Zuständigkeit.[132]

3.2.2.2 Tarifliche Gütestelle

Durch Tarifvertrag kann für die tarifliche Schlichtungsstelle bestimmt werden, dass vor einer Entscheidung der Angelegenheit durch die tarifliche Schlichtungsstelle eine besondere Güteverhandlung vor einer tariflichen Gütestelle obligatorisch durchzuführen ist.[133] In einem tariflichen Güteverfahren wird über die Konfliktfälle nicht entschieden. Die Mitglieder der Gütestelle dürfen nicht gleichzeitig der Schlichtungsstelle angehören.[134] Die Güteverhandlung vor der tariflichen Gütestelle endet, falls die Betriebspartner sich nicht einigen konnten, mit einem von der Gütestelle formulierten Einigungsvorschlag. Tariflich geregelt werden kann darüber hinaus, dass der Einigungsvorschlag verbindlich wird, wenn nicht eine Seite binnen einer bestimmten Frist die Schlichtungsstelle anruft. Es kann auch geregelt werden, dass lediglich eine Güteverhandlung

---

129 Fitting 2002, § 76 Rz. 118.

130 Die Mitglieder der tariflichen Schlichtungsstelle sind nicht per se identisch mit den Betriebspartnern des BetrVG.

131 Rieble 1993, 150: Nur die mündliche Verhandlung, in der den Betriebspartnern die Gelegenheit gegeben werde, ihre Belange "vorzutragen" gewährleiste eine Entscheidungsfindung im "Dialogverfahren." Rieble 1993, 150; offen bleibt dabei was unter "Dialogverfahren" zu verstehen ist. Da die Betriebspartner ihre Belange dort "vortragen" ist wohl an eine auf die Schlichtungsstelle delegierte Konfliktbearbeitung durch Entscheidung der Stelle und weniger an einen selbstverantworteten interessenorientierten, mediationsähnlichen Dialog gedacht.

132 Fitting 2002, § 76 Rz. 120.

133 Vgl. Tarifvertrag über die Betriebsverfassung im rheinisch-westfälischen Steinkohlenbergbau vom 12.10.1976 in der ab 1.4.1990 gültigen Fassung, abgedruckt bei Rieble 1993,152.

134 Rieble 1993, 152.

ohne erzwingbaren Abschluss stattfindet oder nur eine freiwillige Betriebsvereinbarung möglich ist.[135]

3.2.2.3 Vermittlung durch den Präsidenten des Landesarbeitsamtes bei Interessenausgleichsverhandlungen gem. § 112 Abs. 2 BetrVG

Sind die Betriebspartner im Rahmen der bei Betriebsänderungen durchzuführenden Interessenausgleichsverhandlungen oder Sozialplanverhandlungen gem. § 112 BetrVG nicht in der Lage, selbst einen Interessenausgleich durchzuführen, können Unternehmer oder Betriebsrat gem. § 112 Abs. 2 BetrVG den Präsidenten des Landesarbeitsamtes um Vermittlung ersuchen. Dieser kann sich durch eine andere Person seiner Dienststelle vertreten lassen.[136] Die Vermittlung durch den betriebsexternen Dritten stellt ein zusätzliches, fakultatives und unterstützendes Angebot dar. Bleibt die Vermittlung erfolglos, hat der Unternehmer von sich aus die Einigungsstelle anzurufen, wenn er Ansprüche der Arbeitnehmer auf Nachteilsaugleich gem. § 113 BetrVG vermeiden will,[137] die Vermittlung durch den Präsidenten des Landesarbeitsamtes allein reicht nicht aus.[138] Nähere Vorgaben über die Vorgehensweise der Vermittlung macht das Gesetz nicht. Da für die Aufstellung von Sozialplan und Interessenausgleich arbeitsmarktrelevante Kenntnisse über die aktuelle Arbeitsmarktsituation und über Förderungsmöglichkeiten nach SGB III erforderlich sind, hat der Präsident des Landesarbeitsamtes[139] gleichzeitig Sachverständigenfunktion.[140] Erwartet wird daher ein Zuwachs an der vor Inkrafttreten des BetrVerRefG 2001 eher seltenen Inanspruchnahme der Vermittlung gem. § 112 Abs. 2 BetrVG.[141] Nach herrschender Auffassung in der Literatur kann neben der Einschaltung des Präsidenten des Landesarbeitsamts auch jede andere Person oder Stelle um Vermittlung in Angelegenheiten des § 112 Abs. 2 BetrVG ersucht werden.[142]

---

135 BAG 28.2.1984, AP Nr. 4 zu § 87 BetrVG 1972= NZA 1984, 230.

136 Hanau & Kania in ErfKomm 2001, § 112 Rz. 7.

137 Hanau & Kania in ErfKomm 2001 § 112 Rz.8. Nach Rechtsprechung des BAG soll ein hinreichender Versuch des Interessenausgleichs nur dann vorliegen, wenn in der Einigungsstelle das Scheitern der Verhandlungen festgestellt wird; vgl. Hanau & Kania in ErfKomm 2001, § 112 Rz. 8.

138 Däubler in DKK 2002, § 112, Rz. 4.

139 bzw. seine Vertreter.

140 Fitting 2002, §§ 112, 112a Rz. 31.

141 Däubler in DKK 2002, § 112, 112a, Rz. 4.

142 Fitting 2002, §§ 112, 112a Rz. 29; so auch Däubler in DKK 2002, Rz. 27 m.w.N.

Dies eröffnet nach bestehendem Recht schon jetzt beiden Betriebspartnern die Möglichkeit, vor Betriebsänderungen zum Zwecke des Interessenausgleichs einen externen Mediator als Vermittler vorzuschlagen.

An Vermittlungsversuchen hat sich die Gegenseite auf der Grundlage von § 2 BetrVG zu beteiligen.[143] Solange der Vermittlungsversuch dauert, kann keine Seite die Einigungsstelle anrufen. Der Vermittler verfügt in keinem Falle über Entscheidungskompetenz, die Betriebspartner können sich auch nicht vorab einer verbindlichen Entscheidung eines Vermittlers unterwerfen.[144]

3.3 Außerbetriebliche Verfahren und Institutionen für die Bearbeitung inter-individueller Konflikte

Kommt es innerbetrieblich nicht zu einer einvernehmlichen Regelung des Konflikts, haben die Konfliktparteien auch die Möglichkeit oder die Verpflichtung, vor einer Klageerhebung außerbetriebliche vor- oder außergerichtliche Verfahren in Anspruch zu nehmen. Da in Integrierten Konfliktmanagementsystemen[145] die stufenweise Verknüpfung von inner- und außerbetrieblichen Konfliktmanagement-Interventionen vorgenommen wird, soll im folgenden ein kurzer Überblick über die traditionellen außerbetrieblichen arbeitsrechtlichen Verfahren vorgenommen werden.[146]

3.3.1 Schlichtung in Ausbildungsangelegenheiten gem. § 111 Abs. 2 ArbGG

Zur Beilegung von Streitigkeiten zwischen Auszubildenden und Ausbildern aus einem bestehenden Ausbildungsverhältnis können gem. § 111 Abs. 2 ArbGG im Bereich des Handwerks die Handwerksinnungen, im übrigen die zuständigen Stellen i.S. des BBiG Ausschüsse bilden, die paritätisch mit Arbeitgebern und Arbeitnehmern besetzt sind. Ist eine solche Schlichtungsstelle eingerichtet, ist ihre Anrufung vor Klageerhebung gem. § 111 Abs. 2 S. 5 obligatorisch. Die Ausschüsse fällen auf Anrufung von Ausbildern oder Auszubildenden einen

143 Fitting 2002, § 112, 112a Rz. 31.

144 Fitting. 2002, §§ 112, 112a Rz. 31.

145 S.u. Kap. 4.

146 Schwerpunkt dieser Arbeit liegt auf den innerbetrieblich zur Verfügung stehenden und ggf. zu schaffenden Verfahren und Interventionen des Konfliktmanagements.

Schlichtungsspruch. Wird dieser nicht innerhalb einer Woche von beiden Parteien anerkannt, so kann gem. § 111 Abs. 2 S. 3 ArbGG binnen zwei Wochen nach ergangenem Spruch Klage beim zuständigen Arbeitsgericht erhoben werden.

Bei der Ausbildungsschlichtung handelt es sich um ein Schlichtungsverfahren im oben definierten Sinne.[147] Die Beisitzer des Ausschusses entscheiden über die Angelegenheit und fällen einen Spruch. Den Streitbeteiligten steht es frei, sich diesem Spruch zu unterwerfen oder ihn abzulehnen. Gem. § 111 Abs. 2 S. 8 ArbGG a.F. hat bis zum 30.4.2000 das Schlichtungsverfahren die Güteverhandlung vor dem Arbeitsgericht gem. § 54 ArbGG ersetzt. Abs. 8 wurde durch das Arbeitsgerichtsbeschleunigungsgesetz ersatzlos gestrichen.[148]

3.3.2 Schiedsverfahren nach § 28 Arbeitnehmererfindungsgesetz

Aufgrund von § 28 ANErfG können Arbeitnehmer und Arbeitgeber bei Streitigkeiten um Arbeitnehmererfindungen jederzeit eine beim Bundespatentamt eingerichtete Schiedsstelle anrufen, die sich um eine gütliche Einigung zu bemühen hat. Für die Anrufung des Zivilgerichts ist der vorherige Versuch, die Angelegenheit gütlich vor der Schiedsstelle zu regeln, obligatorisch. Begründet wird dies insbesondere mit der höheren Fach- und Feldkompetenz[149] dieser Stelle.[150]

---

147 S.o. Kap. 2

148 Zur wenig überzeugenden Begründung wird die Verfahrensbeschleunigung angeführt. Der Versuch des vorsitzenden Richters, in der Güteverhandlung das Verfahren schnell zu beenden, trage zur Beschleunigung bei. Vgl. Prütting in Germelmann u.a. 2002, § 111 Rz. 43; mit Prütting bleibt allerdings zu bezweifeln, ob die Hoffnung des Gesetzgeber realistisch ist: "Wenn das soeben abgeschlossene Schlichtungsverfahren keine Einigung erbracht hat, muss (dies, die Verf.) freilich eher zweifelhaft erscheinen." Prütting in Germelmann u.a. 2002, § 111 Rz. 43; hiermit spricht der Gesetzgeber den Mitgliedern der Schlichtungsstellen die Kompetenz einer effizienten Vermittlung ab, dann würde sich das Schlichtungsverfahren insgesamt erübrigen, oder die Mitglieder müssten einer entsprechenden Fortbildungsverpflichtung unterworfen werden. Eine Doppelung von Schlichtung und Güteverhandlung trägt nicht zur Beschleunigung, sondern zur Verzögerung des Verfahrens bei und erzeugt überflüssige Kosten für beide Beteiligten; vgl. zur Frage des Ersatzes der Güteverhandlung durch eine vorgeschaltete Mediation unten Kap. 7.

149 In technischen und anderen Erfindungsfragen.

150 Vgl. dazu ausführlich Schneider 2002, 9 f.

3.3.3 Tarifliche Schiedsgerichte

Auf der Grundlage von Tarifverträgen ist gem. § 101 Abs.2 ArbGG die Vereinbarung eines Schiedsgerichts für bürgerliche Rechtsstreitigkeiten aus einem Arbeitsverhältnis möglich, sofern der persönliche Geltungsbereich des Tarifvertrages überwiegend Bühnenkünstler, Filmschaffende, Artisten oder Kapitäne und Besatzungsmitglieder im Sinne der §§ 2, 3 Seemannsgesetz umfasst. Abweichend von den Vorschriften der ZPO wird das Schiedsverfahren gem. § 101 Abs. 3 ArbGG nach den §§ 102-110 ArbGG durchgeführt. Für alle anderen Berufsgruppen ist die Vereinbarung der Schiedsgerichtsbarkeit gem. § 4 ArbGG ausgeschlossen.[151] Gem. § 103 ArbGG entscheidet über die Streitigkeiten das paritätisch aus einer gleichen Zahl von Arbeitnehmern und Arbeitgebern zusammengesetzte Schiedsgericht.[152]

3.3.4 Güteverhandlung gem. § 54 ArbGG

Die mündliche Verhandlung in Arbeitsrechtsangelegenheiten beginnt gemäß § 54 Abs. 1 ArbGG mit der Güteverhandlung, einer Verhandlung vor dem Vorsitzenden zum Zwecke der gütlichen Einigung der Parteien. Der Vorsitzende hat zu diesem Zweck das gesamte Streitverhältnis mit den Parteien unter freier Würdigung aller Umstände zu erörtern. Er kann mit Ausnahme von eidlichen Vernehmungen zur Aufklärung des Sachverhalts alle Handlungen vornehmen, die sofort erfolgen können. Die Güteverhandlung kann, mit Zustimmung der Parteien, in einem zweiten Termin fortgesetzt werden. Während des gesamten Rechtsstreits soll gem. § 57 Abs. 2 ArbGG eine gütliche Erledigung des Rechtsstreits das Ziel sein.[153]

---

151 Zulässig sind jedoch außergerichtliche Vorverfahren, sofern sie die Beteiligten nicht binden. Schaub in ErfKomm 2001, § 4 ArbGG Rz. 3; zur Möglichkeit der Vorschaltung interessenorientierter Verfahren und von Mediation unten Kap. 6.

152 Zusätzlich können dem Schiedsgericht gem. § 103 Abs.1 2. Hs. auch Unparteiische angehören. Der Begriff des Unparteiischen ist im Gesetz nicht definiert, es darf weder ein Arbeitnehmer noch ein Arbeitgeber sein: Germelmann u.a. 2002 § 103 Rz. 5.

153 Seit dem 27.7.2001 wurde mit dem Gesetz zur Reform des Zivilprozesses für den allgemeinen Zivilprozess § 278 ZPO novelliert. Danach ist auch in allgemeinen zivilrechtlichen Angelegenheiten gem. § 278 Abs. 2 ZPO eine "Güteverhandlung" vorzuschalten. Gem. § 278 Abs.5 ZPO kann das Gericht die Parteien für die Güteverhandlung vor einen beauftragten oder ersuchten Richter verweisen. In geeigneten Fällen kann das Gericht den Parteien eine außergerichtliche Streitschlichtung vorschlagen. In der Gesetzesbegründung wird ausdrücklich "Mediation" als ein solches Verfahren erwähnt: BT-Drs. 14/4722 v. 24.11.2000, 84

Bei der Güteverhandlung gem. § 54 ArbGG handelt es sich um einen besonderen Verfahrensabschnitt des gerichtlichen Rechtsstreits. Sie ist kein "Schlichtungsverfahren besonderer Art".[154] Da die Parteien sich in der Güteverhandlung "aussprechen" können sollen, entfalten nur gerichtlich zu Protokoll erklärte Geständnisse rechtliche Wirksamkeit.[155] Zunächst ist durch den Vorsitzenden der Sachverhalt zu erarbeiten. Es schließt sich die Erörterung von Rechtsfragen an. Abweichende Meinungen in Schrifttum und Rechtsprechung sind darzustellen. Der Vorsitzende äußert seine Meinung zum möglichen Ausgang des Rechtsstreits und zur möglichen Verfahrensdauer und unterbreitet anschließend einen begründeten Vergleichsvorschlag.[156] Die Güteverhandlung ist Teil des Gerichtsverfahrens und folgt dessen Justizzentrierung und Rechte-Orientiertheit.[157]

3.4 Außerbetriebliche Verfahren und Stellen für die Bearbeitung kollektiver Konflikte

3.4.1 Schiedsgerichte für Arbeitssachen gem. § 101 Abs. 2 ArbGG

Durch Gesamtschiedsvereinbarung[158] kann in bürgerlichen Rechtstreitigkeiten zwischen Tarifvertragsparteien aus Tarifverträgen oder über das Bestehen oder Nichtbestehen von Tarifverträgen von den Parteien des Tarifvertrags die Arbeitsgerichtsbarkeit allgemein oder für den Einzelfall durch ausdrückliche Vereinbarung ausgeschlossen und bestimmt werden, dass die Entscheidung durch ein Schiedsgericht erfolgen soll. In Abgrenzung zur Tarifschlichtung ist hier ausschließlich die Zuständigkeit für Rechtsstreitigkeiten aus einem schon abgeschlossenen Tarifvertrag gegeben.[159] Das Schiedsverfahren ist nicht Teil des

---

154 Kirchner 1966, 4.

155 Schaub in ErfKomm 2001, § 54 ArbGG Rz. 4.

156 So Schaub in ErfKomm 2001, § 54 ArbGG Rz. 10; "Dabei sollte aber der Eindruck vermieden werden, es sollte Druck auf die Parteien ausgeübt werden"; ebenda.

157 Auch für die Mediation interessante Forschungs- und Beobachtungsergebnisse bei Güteverhandlungen. Vgl. aus rechtssoziologischer Sicht Schönholz 1984, Blankenburg & Schönholz 1979, aus sprachwissenschaftlicher Sicht Schröder 1995.

158 In Abgrenzung zu der individualrechtlichen Einzelschiedsvereinbarung gem. § 101 Abs. 2 ArbGG, s.u.

159 Zur Abgrenzung zwischen Rechts- und Regelungsstreitigkeit s.o. Kap. 2.

Arbeitsgerichtsverfahrens. Materiell handelt es sich dennoch um "Rechtsprechung": die Feststellungen in einem rechtskräftigen Schiedsspruch haben die gleiche Wirkung wie diejenigen in einem rechtskräftigen arbeitsgerichtlichen Urteil.[160] Der Schiedsspruch unterliegt der vollen arbeitsgerichtlichen Überprüfung und kann mit einer Aufhebungsklage gem. § 110 ArbGG vom Arbeitsgericht aufgehoben werden. Die Form der Schiedsvereinbarung ist gesetzlich nicht geregelt. Sie kann innerhalb eines Tarifvertrages oder in Form eines Tarifvertrages gem. § 1 Abs. 2 TVG schriftlich vereinbart werden. Es ist aber auch die formlose einzelfallbezogene Vereinbarung möglich.[161]

3.4.2 Freiwillige Schlichtung auf Grundlage eines Tarifvertrages

Tarifstreitigkeiten[162] zwischen Arbeitgeberverbänden und Gewerkschaften werden auf der Grundlage von Schlichtungsabkommen zwischen den Tarifpartnern durch die Tarifschlichtung bearbeitet. Die Spitzenorganisationen der Sozialpartner gaben den Schlichtungsregelungen autonomer Tarifvertragsparteien[163] 1949 den Vorrang vor staatlichen Schlichtungsgesetzen.[164] Grundlage für viele Tarifschlichtungsabkommen der Tarifpartner bildet die "Schlichtungsvereinbarung" des sog. Margarethenhof-Abkommens zwischen DGB und Bundesverband der Arbeitgebervereinigungen vom 17.9.1954. Gem. § 5 des Abkommens können die Vertragsparteien allgemein, vor Beginn oder während des Verfahrens vereinbaren, dass ein unparteiischer Vorsitzender berufen wird. Gem. § 5 Abs. 2 dieses Abkommens vereinbaren die Vertragsparteien in diesem

160 Prütting in Germelmann u.a. 2002, § 101 Rz. 2.

161 Prütting in Germelmann u.a. 2002, § 101 Rz. 12.

162 Insbesondere um den Abschluss neuer Tarifverträge.

163 In Ausprägung von Art. 9 Abs. 3 GG.

164 Daher die Bezeichnung "freiwillige" Schlichtung; anders als in den USA, wo die staatliche Schlichtungsbehörde "Federal Mediation and Conciliation Service" u.a. Mediation anbietet oder in Großbritannien, wo die sog. ACAS ,vgl. www.acas.org, als staatlich subventionierte Agentur für Schlichtungen zur Verfügung steht. In dieselbe Richtung gehen neuere Bestrebungen der Europäischen Kommission für Streitigkeiten zwischen den europäischen Sozialpartnern ggf. auch zwischen Euro-Betriebsräten eine Mediationsstelle auf EU-Ebene zu errichten; vgl. Mitteilung in Eiro Observer 2002, 2. Zur Kritik an der Situation in Deutschland Jakob 1993, 3 f., der eine bundeseinheitlich geltende, das veraltete Kontrollratsgesetz Nr. 35 von 1946 ersetzende rechtliche Grundlage verlangt. Das deutsche Schlichtungssystem sei deshalb durch Rechtsunsicherheit geprägt.

Falle, ob der unparteiische Vorsitzende stimmberechtigt ist, und ob im Falle seiner Stimmberechtigung über einen Einigungsvorschlag mit einfacher oder qualifizierter Mehrheit beschlossen werden muss.

Ein paritätisch besetztes Gremium aus Arbeitgeber- und Gewerkschaftsvertretern und einem neutralen Vorsitzenden vermittelt zunächst. In der zweiten Stufe wird mit Mehrheit ein unverbindlicher Einigungsvorschlag formuliert,[165] der zu seiner Rechtswirkung stets der Annahme durch die Tarifvertragsparteien bedarf. Wird ein mit Mehrheit beschlossener Einigungsvorschlag angenommen, entfaltet dieser dieselben rechtlichen Wirkungen wie ein Tarifvertrag. Wird er von einer Seite abgelehnt, ist das Verfahren beendet, keine Seite kann zu einem Tarifabschluss gezwungen werden.

Ein materielles Schlichtungsrecht gibt es nicht, "der Zweck des Schlichtungsverfahrens ist auf einen Ausgleich der widerstrebenden wirtschaftlichen und sozialen Interessen von Gewerkschaften und Arbeitgebern gerichtet. Es versteht sich, dass die Beilegung dieser ihrer Natur nach machtpolitischen Auseinandersetzungen einer positivrechtlichen Regelung unzugänglich sind. (...) Die rechtliche Zulässigkeit ist nur durch zwingende Vorschriften der allgemeinen Gesetze und des normativen Teils des Tarifvertrags festgelegt."[166] Der Rolle des externen Schlichters als unparteiischem Vorsitzenden wird eine besondere Bedeutung zugemessen. Seine Auswahl stelle häufig das Hauptproblem der Schlichtung dar.[167] Scheitert die Schlichtung kann die Tarifkommission dem Vorstand der Gewerkschaft die Durchführung einer Urabstimmung empfehlen, die dann ggf. zu einem Streik führt.

---

165 Auch hier ein zweistufiges Verfahren mit Vermittlung in der ersten Stufe, allerdings wird in der zweiten Stufe zwar über die Angelegenheit entschieden. Den Konfliktparteien bleibt es aber überlassen, ob sie diesen Vorschlag annehmen.

166 Königsbauer 1971, 52.

167 Knevels 1988, 412: besonders beliebt bei der Benennung von externen Tarifschlichtern sind pensionierte Politiker. Im Gegensatz zu Wissenschaftlern, Verwaltungsbeamten und Richtern wird diesen zugeschrieben, eine Ausgleichsfunktion unter Zurückhaltung der eigenen Meinung übernehmen zu können. Vgl. auch oben Kap. 2 zu Untersuchungen der Kompetenzen erfolgreicher Tarifschlichter in den 70er Jahren; zum Schlichtungswesen in der Druckindustrie Janke 2001.

3.4.3 *Obligatorische Schlichtung von Tarifstreitigkeiten: Schiedsgerichte*

Im Gegensatz zur freiwilligen Tarifschlichtung ist bei der obligatorischen Tarifschlichtung die Anrufung eines tariflichen Schiedsgerichts tariflich verbindlich vereinbart, die Tarifpartner sind an den Spruch der Stelle gebunden. In Anlehnung an das Margarethenhof-Abkommen von 1954 sehen die meisten tariflichen "Schlichtungs"-Vereinbarungen im Falle des Scheiterns von Einigungsversuchen in der zweiten Stufe das Fällen eines Schiedsspruches vor.[168] Entgegen der Wortwahl handelt es sich daher nicht um Schlichtung im oben definierten Sinne[169], sondern um ein Schiedsgerichtsverfahren.

3.4.4 *Angebot staatlicher Schlichtung durch Landesschlichter*

Eine staatliche Schlichtung von kollektiven Streitigkeiten zwischen Gewerkschaften und Arbeitgeberverbänden wurde mit dem Kontrollratsgesetz Nr. 35 vom 20.8.1946 eingeführt. Die Tarifvertragsparteien erhielten die Möglichkeit, freiwillig staatliche Schlichtungsstellen anzurufen, die unter Vorsitz eines Unparteiischen Beamten ohne Entscheidungsmacht bei den Arbeitsministerien der Bundesländer angesiedelt wurden. Während diese Stellen in den meisten Bundesländern abgeschafft wurden, bestehen sie in den Ländern Bayern, Baden-Württemberg und Nordrhein-Westfalen in Gestalt der sog. Landesschlichter bis heute fort.[170] Dabei ist umstritten, ob das Kontrollratsgesetz als Rechtsgrundlage partiell fortbesteht oder durch das ArbGG 1953 aufgehoben worden ist.[171] Im Rahmen des Rückzugs des Gesetzgebers aus dem Bereich der Tarifautonomie des Art. 9 GG wurde keine neue obligatorische staatliche Schlichtung eingeführt.

Die Landesschlichter haben die Aufgabe, die Tarifpartner in Fragen der Arbeitsbeziehungen zu beraten, in Tarifstreitigkeiten zu vermitteln und ggf. ein Schlichtungsverfahren vor den behördlichen Schlichtungsausschüssen vorzu-

---

168 Margarethenhof-Abkommen, § 6 Abs. 3 Musterschlichtungsvereinbarung 1954. In: Knevels 1988, 413.

169 Zur Abgrenzung zwischen Schlichtung und Schiedsgericht s.o. ; zur kirchlichen Schlichtung kollektiver Streitigkeiten vgl. Richardi 1992, 117 m.w.N.; Schliemann 2000, 1313.

170 Vgl. z.B. für NRW: www.tarifregister.nrw.de/landesschlichter.

171 Dagegen in a.M. Prütting in Germelmann u.a. 2002, Einleitung: Rz. 79, m.w.N.

bereiten.[172] In der Praxis ist die Schlichtung durch staatliche Behörden in Deutschland allerdings "seit langem praktisch gegenstandslos".[173] Bei der Schlichtung vor dem Landesschlichter ist im Gegensatz zu den oben dargestellten freiwilligen und obligatorischen Schlichtungen dieser selbst als Dritter tätig.[174] Der Landesschlichter kann im Vorfeld drohender Arbeitskämpfe angerufen werden und übernimmt dann die Führung festgefahrener Verhandlungen, "nutzt die Möglichkeit bilateraler Verhandlungen und unterstützt so die Erarbeitung eines Kompromisses, der für beide Seiten tragbar ist."[175] Seine Inanspruchnahme ist für die Konfliktparteien kostenlos. Er steht mit seinem Angebot "in freier Konkurrenz zu allen anderen Persönlichkeiten der Gesellschaft, die berufen werden könnten." [176], also auch zu betriebsexternen Mediatoren. Das Aufgabenprofil des Landesschlichters Nordrhein-Westfalen hat sich nach eigenen Angaben im Laufe der Jahrzehnte mehr zur "Schlichtungs- bzw. Moderationstätigkeit"[177] von betrieblichen Konflikten verlagert.[178]

---

172 Königsbauer 1971, 17. Auf der homepage des nordrhein-westfälischen Landesschlichters heißt es: "Der Landesschlichter wird als unparteiischer und neutraler Moderator und Schlichter dann aktiv, wenn die betroffenen Tarifparteien dies freiwillig und gemeinsam wünschen." www.tarifregister.nrw.de/landesschlichter

173 So Prütting in Germelmann u.a. 2002, , Einleitung Rz. 79 im Gegensatz zu den Verlautbarungen auf der homepage des nordrhein-westfälischen Landesschlichters.

174 Dies entspricht dem Vorgehen des Federal Mediation and Conciliation Service in den USA.

175 www.tarifregister.nrw.de/landesschlichter

176 www.tarifregister.nrw.de/landesschlichter

177 www.tarifregister.nrw.de/landesschlichter, wo es weiter heißt: "Die Moderation eines neutralen Außenstehenden spielt bei innerbetrieblichen Auseinandersetzungen eine immer größere Rolle. Mit dieser Methode gelingt es häufig, eine offene Konfrontation zwischen den Konfliktparteien zu vermeiden. Ob bei Umstrukturierungen, neuen Arbeitszeitreglungen, Vereinbarungen zu Weiterbildungsmöglichkeiten der Beschäftigten oder auch bei Maßnahmen zur Personalanpassung, kann der Landesschlichter als Moderator diese Veränderungen vermittelnd begleiten. Gerade Klein- und Mittelbetriebe können so Kosten und Imageschädigungen reduzieren, wenn nicht ganz ausschließen. Denn früh genug angefragt, können mit Hilfe der Wirtschaftsmoderation einvernehmliche Lösungen gefunden werden, von denen im besten Falle beide Seiten gleichermaßen profitieren."

178 Gemeint sind wohl Mediationstätigkeiten des Dritten; vgl. auch Lembke 2000, 223 f.

3.4.5 Schiedsgutachten

Neben der Schiedsgerichtsbarkeit wird vereinzelt auch im Bereich des Arbeitsrechts das sog. Schiedsgutachten[179] zur Konfliktregulierung eingesetzt. Durch das Schiedsgutachten wird im Gegensatz zur Schlichtung, Schiedsgerichtsbarkeit oder Gerichtsbarkeit nicht ein Rechtsstreit entschieden, sondern "einzelne Elemente eines Rechtsverhältnisses bestimmt."[180] Dadurch werden die Voraussetzungen für einen Anspruch festgelegt. Über die rechtlichen Folgen daraus entscheidet das Arbeitsgericht. Unterschieden wird in der Literatur zwischen rechtsbegründendem bzw. rechtsänderndem Schiedsgutachten, in denen das Gutachten den Inhalt eines zwischen den Parteien geschlossenen Vertrages ergänzen oder ändern soll, dem rechtsklärenden Schiedsgutachten, in dem der Vertragsinhalt klargestellt wird, und dem sog. tatbestandelementfeststellenden Schiedsgutachten, z.B. über den Kausalzusammenhang zwischen Unfall und Schadenseintritt.[181]

In der Praxis finden sich Vereinbarungen für Schiedsgutachten vereinzelt in Form sog. Arbeitsvertraglicher Bestimmungsklauseln, z.B. bei der Festlegung von Tätigkeitsmerkmalen und Lohngruppen aus Tarifverträgen. Die Beauftragung für ein Schiedsgutachten geht von den im Tarifvertrag dafür vorgesehenen Stellen[182] aus. Es wird von einer übereinstimmend zu bestimmenden oder tariflich festgesetzten Person oder Stelle erstattet.[183]

3.4.6 Arbeitsgerichtliches Beschlussverfahren

Gem. § 80 ArbGG findet in kollektiven Rechtsstreitigkeiten nach § 2a ArbGG das Beschlussverfahren statt. Nach § 80 Abs. 2 S.2 steht es im Ermessen des Vorsitzenden, ein Güteverfahren anzusetzen.[184] Auf dieses Güteverfahren gelten die für den Gütetermin im Urteilsverfahren maßgebenden Vorschriften entsprechend.[185]

---

179 Vgl. § 317 BGB.

180 Prütting in Germelmann u.a. 2002, § 4 Rz. 4 m.w.N. zur Frage der Zulässigkeit im Rahmen von § 4 ArbGG.

181 Dütz 1978, 295.

182 Meist dem Betriebsrat oder beiden Betriebspartnern gemeinsam.

183 Dütz 1978, 295.

184 Satz 2 wurde durch das Arbeitgerichtsbeschleunigungsgesetz vom 30.3.2000 neu in das Gesetz eingefügt, vgl. Matthes in Germelmann u.a. 2002, § 80 Rz. 2.

185 Daher wird auf die obigen Ausführungen zu § 54 ArbGG verwiesen.

3.5 Zusammenfassende Bewertung

Wie aufgezeigt, stellt das deutsche Arbeitsrecht traditionell für individuelle und für kollektive betriebliche Streitigkeiten unterschiedliche auch vorgerichtliche und betriebliche Verfahren und Stellen zur Verfügung. Dabei handelt sich um rechte-orientierte Verfahren, die zum Teil vermittelnde Vorstufen kennen. Daher wird von einem Teil der arbeitsrechtlichen Literatur die Ansicht vertreten, "Mediation im Arbeitsrecht" sei überflüssig[186], es hieße "Eulen nach Athen tragen", da insbesondere Arbeitsrichter[187] und Rechtsanwälte[188], aber auch Betriebsräte[189] schon immer als Mediatoren tätig seien.

Typisch für die traditionelle Verfahrensgestaltung im deutschen Arbeitsrecht ist deren Zweistufigkeit zwischen Vermittlung und schiedsähnlicher Entscheidung. Meist ist mit den vorgestellten Verfahren auch eine Ermittlungs- und Sachverhaltsklärungsfunktion des Dritten verbunden. Obgleich einige Verfahren und Verfahrenselemente als mediationsähnlich bezeichnet werden können, erfüllt keines der vorgestellten Verfahren die oben dargestellten Verfahrensgrundsätze der Mediation:

Zwar hat auch die freiwillige Einigungsstelle die Aufgabe, zwischen den Betriebspartnern zu vermitteln. Der Einigungsstellenvorsitzende ist nicht stimmberechtigt und damit nicht entscheidungsbefugt. Im Unterschied zum Mediator hat die Einigungsstelle jedoch auch die Aufgabe, den ihr vorgetragenen Sachverhalt aufzuklären und kann ggf. eigene Ermittlungen durchführen.[190] Der Einigungsstellenvorsitzende strukturiert den Ablauf intuitiv oder aus eigenem Erfahrungswissen, orientiert sich i.d.R.[191] aber nicht am oben vorgestellten Phasenablauf der Mediation.

---

186 So in weiten Teilen das Ergebnis der Dissertation "Mediation im Arbeitsrecht" von Albrecht 2001.

187 Fischer 2000, 217 f. insbesondere für die Tätigkeit des Einigungsstellenvorsitzes; Prütting 1999, 753

188 Grotmann-Höfling 1996, 488 f.

189 Vgl. Lembke 2001, 228 ff.

190 Anders wohl Lembke 2001, 208. In Abgrenzung zu Budde 2000, § 15 Rz. 33 ist für Lembke auf das Fehlen der Entscheidungsmacht des Einigungsstellenvorsitzenden das wesentliche Merkmal für die Charakterisierung des Verfahrens als Mediation; die Einigungsstelle definiert so, wer "Recht hat".

191 Außer es handelt sich um Vorsitzende mit entsprechenden Fortbildungskenntnissen und -erfahrungen: vgl. Fischer 2000, 221, der dies empfiehlt.

1. Bei der erzwingbaren Einigungsstelle handelt es sich nicht um Mediation i.e.S., da durch das Stimmrecht des Vorsitzenden eine Entscheidungsmacht bei diesem liegt. Es handelt sich um ein zweistufiges Verfahren im Sinne von "med-arb".[192] Die personellen Identität des Einigungsstellenvorsitzenden als Vermittler und (Schieds-)Richter in einer Person wird begründet mit der Verfahrensökonomie: der Dritte sei bereits mit dem Streitstoff bekannt und könne eben auf dieser Grundlage eine bessere Entscheidung fällen.[193] Demgegenüber hat die Zweistufigkeit des Verfahrens den Nachteil, dass die Konfliktparteien mit dem Wissen über die spätere Entscheidungsbefugnis des Dritten i.d.R. ihre Interessen nicht offen legen und ggf. taktieren.[194] Vorsitzende von Einigungsstellen formulieren i.d.R. ihre Lösungsvorschläge. Im Gegensatz dazu halten sich Mediatoren mit der Formulierung von eigenen Lösungsvorschlägen zurück, um den Konfliktpartnern mit aktiver Unterstützung eine eigenverantwortete Lösungsfindung zu ermöglichen.[195] Obgleich das Einigungsstellenverfahren seinen Ausgangspunkt nicht in der staatlichen Justizhoheit hat, sondern - wie die Mediation - in der Privatautonomie der Betriebspartner,[196] ist es von Anfang an ein eher rechte-orientiertes Verfahren.[197] Dadurch kann es zu einer frühen Reduktion der Lösungsideen auf das juristisch Übliche kommen, so dass es zur gemeinsamen kreativen Ideensuche für betriebliche Probleme und Konflikte erst gar nicht kommt.

2. Auch bei tariflichen Schlichtungs- oder Güteverfahren spricht die Informalität des Verfahrens, ihre Vertraulichkeit[198], die Unabhängigkeit der Beisitzer und des Vorsitzenden für die Mediationsähnlichkeit. Ziel der Gütestelle ist es je-

---

192 s.o. Kap. 2

193 so auch Dendorfer 2000.

194 Anstatt ernsthafte Einigungsversuche zu unternehmen und offen Vorschläge zu unterbreiten, wird häufig versucht, durch geschicktes Taktieren den Einigungsstellenvorsitzenden auf die jeweilige Seite zu ziehen und dadurch später eine positive Streitentscheidung zu erzielen.

195 S.o. Kap. 2.

196 Schönfeld 1988, 5.

197 Nicht zuletzt durch die starke Dominanz von Richtern der Arbeitsgerichtsbarkeit, die bislang i.d.R. nicht über Wissen und Kenntnisse in interessenorientiertem Verhandeln und Mediation verfügen: dies wird sich gem. § 5a Abs. 3 S. 1 DRiG perspektivisch durch die neue Juristenausbildung ändern. Ausdrücklich werden Mediation, Streitschlichtung, Verhandlungsmanagement und Gesprächsführung als Inhalte der Ausbildung festgelegt.

198 Auschluss der Öffentlichkeit.

doch, bei Nicht-Einigung einen gemeinsamen "Einigungsvorschlag" zu erarbeiten, dem sich die Parteien auch von vornherein unterwerfen können. Einen Ansatz für die sinnvolle Verfahrenstrennung zwischen Vermittlung und Entscheidung zeigen die voneinander auch personell strikt getrennten tariflichen Güte- und Schlichtungsstellen.

3. Die Güteverhandlung unterscheidet sich von einer Mediation in ähnlichen Punkten wie die Einigungsstelle: Güteverhandlung und die streitige Verhandlung stellen grundsätzlich eine Einheit dar. Das Verfahren ist von vornherein auf beide Stufen hin angelegt. Obgleich der Vorsitzende Richter in der Güteverhandlung vermittelnd und noch nicht richtend tätig wird, obliegt ihm die Vorbereitung des Richtens. Er hat den Sachverhalt aufzuklären und rechtliche Argumente vorzubereiten. Er stellt i.d.R. die Rechtslage dar und äußert seine Rechtsauffassung zum möglichen Ausgang des streitigen Verfahrens. Die Streitparteien wissen, dass bei Nicht-Einigung der Vorsitzende Richter als wichtiger Vorbereiter für eine etwaig anschließende Kammer-Entscheidung Einfluss auf die Entscheidung haben wird. Sie werden dadurch früh bestrebt sein, nicht ihre wirklichen Interessen zu äußern, sondern durch geschicktes rechtliches Argumentieren möglichst einen positiven Ausgang des Verfahrens zu erzielen. Die Verantwortung für Ablauf und für Inhalt des Verfahrens liegt beim Gericht. Häufig nehmen die Konfliktparteien nicht persönlich an der Güteverhandlung teil, sondern werden von Rechtsanwälten oder Verbandsvertretern vertreten. Zeitlich unterliegt das Güteverfahren im Gegensatz zur Mediation Beschränkungen. Das Güteverfahren kann sich erforderlichenfalls über höchstens zwei Termine erstrecken. Mediation kann konfliktnäher und schneller als das Güteverfahren in Gang gesetzt werden.[199] Weiterhin trägt das gerichtliche Ambiente, wie Raumgestaltung und die Sitzordnung im Gerichtssaal sowie die Kleiderordnung mit Robenzwang zur eher autoritativen Form der rechte-orientierten staatlich-hoheitlichen Streitentscheidung bei.[200]

4. Auch die freiwillige Tarifschlichtung unter Einbeziehung eines neutralen externen Schlichters verfügt über mediative Elemente. Da der Schlichter i.d.R.

---

199 Schon bis zur Anberaumung der Güteverhandlung vergehen in Großstädten einige Monate; vom Ende der Güteverhandlung bis zur Anberaumung eines streitigen Gerichtstermins sind mindestens sechs Monate anzusetzen.

200 Vgl. Budde 2000a, 513 f. m.w.N.; Schönholz 1984, 524 f.; Schröder 1995.

den Einigungsvorschlag selbst erarbeitet und formuliert, interveniert er stärker als Mediatoren. Hierdurch wird möglicherweise die Kreativität der Beteiligten nicht ausreichend unterstützt.[201]

5. In allen Schlichtungsordnungen ist nach Erfolglosigkeit vorheriger Verhandlungen die Abgabe eines Schiedsspruches durch den Schlichter vorgesehen. Auch hier handelt es sich um die für das deutsche Arbeitsrecht typische Zwei-Stufen-Systematik.[202]

Zusammenfassend ist festzustellen, dass im deutschen Arbeitsrecht traditionell mediationsähnliche Verfahren verankert sind,[203] die Mediation i.e.S. jedoch einen neuen Ansatz des Konfliktmanagements bedeutet.

---

201 Im übrigen gilt das zur freiwilligen Einigungsstelle Ausgeführte.

202 Zur Kritik daran: s.o.

203 Wobei sie insgesamt nicht häufig angewendet werden, sondern zumeist ein "Schattendasein" führen; s.o. zum Beschwerdeverfahren.

4 Implementierung von Mediation im Rahmen eines integrierten betrieblichen Konfliktmanagementsystems

Nachdem festgestellt wurde, dass Mediation als interessenorientiertes Verfahren des betrieblichen Konfliktmanagements für das deutsche Arbeitsrecht eine Neuerung darstellt, soll im folgenden gezeigt werden, wie eine Implementierung von Mediation im Rahmen eines betrieblichen Konfliktmanagementsystems aussehen könnte. Dazu werden im Anhang Implementierungs-Modelle aus den USA und erste Ansätze aus deutschen Betrieben vorgestellt.[1]

4.1 Begriffsklärung: "Integriertes Konfliktmanagementsystem"

Nachdem in Deutschland 1996[2] die ersten Diskussionen über Bedeutung und Einführung von Mediation ins Arbeitsrecht begannen, stellte sich in den darauffolgenden Jahren immer deutlicher die Frage nach dem Zugang zur Mediation von Arbeitsplatzkonflikten, da die Mediation durch betriebsexterne Mediatoren nur in Einzelfällen eingesetzt wurde. Aus diesen ersten Erfahrungen wuchs die Erkenntnis, dass über die ad-hoc-Anwendung im Einzelfall eine Verknüpfung mit schon vorhandenen traditionellen Verfahren und anderen informellen Interventionen im Rahmen eines Konfliktmanagements betrieblicher Konflikte entwickelt werden müsse.[3]

Diese Entwicklung wird in der Organisationssoziologie als typisch betrachtet.[4] Zu Beginn der Industrialisierung wurden Konflikte überwiegend durch Anordnungen des Unternehmers macht-orientiert ausgetragen.[5] Bei sehr eska-

---

1 Auch in Kanada, Neuseeland und Südafrika werden ähnliche Modelle in der Praxis entwickelt; vgl. Stitt 1998, Alexander 1999, Groß 2001.

2 1996 fand der erste Kongress "Mediation für Juristen – Konfliktbeilegung ohne gerichtliche Entscheidung" an der Universität Köln statt. Das Thema "Mediation im Arbeitsrecht" wurde in einem Workshop von Stevens-Bartol und der Verf. gemeinsam vorgestellt; vgl. auch Stevens-Bartol 1997, 141ff.

3 Dabei stand bei Mediatoren die Frage "Wie kommt der Fall in die Mediation?" im Mittelpunkt.

4 Vgl. Schreyögg 2002, 59 m.w.N.; Costatino & Merchant 1996, 49 ff.

5 Zunächst galt zu Beginn der Industrialisierung das Recht des Unternehmers; Arbeiter waren dieser Macht schutzlos ausgeliefert; vgl. Däubler 1998a, 63 f.

lierten Streitigkeiten kam es mit Arbeitsniederlegungen zur Gegenwehr.[6] In einem zweiten Entwicklungsschritt wurden Arbeitnehmerschutzrechte als "rechte-orientierte" inner- und außerbetriebliche Verfahren erstritten und erlassen.[7] Im dritten Schritt wurde neben rechte-orientierten Interventionen auch Mediation in Einzelfällen kurativ eingesetzt.[8] Im darauffolgenden vierten Entwicklungsschritt wurde ein systematisches Herangehen an den Umgang mit Arbeitsplatzkonflikten angestrebt. Neben dem kurativen Einsatz unterschiedlicher miteinander verbundener inner- und außerbetrieblicher rechte- und interessenorientierter Verfahren in einem "dispute resolution system" wurde ein präventives Konfliktmanagement eingeführt.[9]

In den USA begann die vierte Phase dieser Entwicklung parallel zur Entwicklung gerichtsverbundener Streitregulierungssysteme[10] schon Anfang der 90er Jahre. Nach ersten positiven Erfahrungen mit gerichtsverbundenen Streitregulierungssystemen wurde der Transfer auf andere Organisationen empfohlen: "Die Konzipierung von Streitbeilegungssystemen stellt die jüngste Ent-

---

6 Vgl. Beispiele bei Ury & Brett & Goldberg 1996.

7 Däubler 1998a, 63 ff.

8 Nachdem deutlich geworden ist, dass die rechte-orientierte Konfliktbehandlung langfristig häufig nicht zu einer dauerhaften und effizienten Kooperation am Arbeitsplatz führt; derzeit befinden wir uns in Deutschland in dieser dritten Phase: Mediation als einzelfallorientiertes Verfahren wird eingesetzt, stößt aber auch an Grenzen; so kann z.B. in einem Unternehmen, in dem es häufig zu Mobbing- oder sexuellen Belästigungsfällen kommt, Mediation helfen, den jeweiligen Einzelfall zu bearbeiten. Bei dieser einzelfallorientierten "Case-to-Case"-Betrachtung kann es zu neuen Fällen kommen, ohne dass an den Ursachen dafür etwas geändert wird.

9 Vgl. auch Draft Guidelines for the Design of integrated conflict management systems within organizations 2000 der American Bar Association: www.abanet.org; Costatino & Merchant 1996, 50 f.

10 Den sog. "Multi-Door-Courthouses", vgl. Sander 1997a. In Gerichten wurden Anlaufstellen geschaffen, die eine erste Konfliktanalyse vornehmen; erst nachdem ein solches Konflikt-Screening vorgenommen worden ist, kann ggf. Klage erhoben werden; erscheint eine Mediation oder ein Schiedsverfahren konfliktadäquater ist dies zunächst zu versuchen. Ähnliche, allerdings freiwillige Modelle entwickeln sich auch in Deutschland: in Stuttgart, Köln und Hannover haben die örtlichen Anwaltsvereine bei den Gerichten Mediationsstellen eingerichtet und bieten erste Mediationsgespräche kostenlos an. Der niedersächsische Justizminister führte 2001 ein Modellprojekt an einigen niedersächsischen Amts- und Landgerichten ein. Dort werden Richter zu Mediatoren ausgebildet; in geeigneten Fällen sollen andere Kammern ihre Angelegenheiten im Rahmen von § 278 Abs. 5 S. 1 an diese "Richter-Mediatoren" vermitteln.

wicklung bei der Streitbeilegungsplanung dar. Jede große Organisation könnte die Idee der systematischen Streitbeilegungssysteme umsetzen, um einen systematischen Rahmen für die Behandlung von innerhalb der Organisation sowie zwischen dieser und Außenstehenden entstandenen Streitigkeiten zu schaffen."[11]

Zunächst wurden sog. "adr-plans"[12] für die systematische Bearbeitung arbeitsrechtlicher Streitigkeiten in Unternehmen entwickelt.[13] Dabei wurden abgestuft zunächst unternehmensintern Konfliktbearbeitungsangebote zur Verfügung gestellt und[14] mit unternehmensexternen ADR-Angeboten verbunden. Die Initiative hierzu ging meist von Juristen aus Rechtsabteilungen in großen Unternehmen aus.[15] Wegweisend für die folgende Weiterentwicklung vom "adr-plan" zu einem betrieblichen Konfliktmanagementsystem unter Einbeziehung von Mediation bildet eine Untersuchung von Ury, Brett und Goldberg aus dem Jahre 1988.[16] Auf der Grundlage des von den Harvard Law School-Professoren Ury, Fisher und Patton[17] verfassten Verhandlungsleitfadens zum interessenorientierten integrierten Verhandeln "Getting to yes"[18] gelangten die Autoren infolge ihrer praktischen Erfahrungen zunächst als Schiedsrichter und tarifliche Schlichter, später als Mediatoren in der Kohle- und Stahlindustrie zu dem Ergebnis, eine adäquate Streitregulierung in Organisationen könne nur systematisch erfolgen. Sie prägten den Begriff des "Designs" von Streitregulierungssystemen.[19] Sie stellten fest, kostengünstige und langfristig für alle Streitbeteiligten zufriedenstellende Konfliktbearbeitungsergebnisse seien nur durch Integration von Mediation mit bereits in der jeweiligen Organisation bekannten und angewendeten rechte- und interessenorientierten Verfahren zu erzie-

---

11 Sander 1997a, 41.

12 Vgl. auch Lembke 2001, 84.

13 Zu den Unterschieden zwischen US-amerikanischem und dem deutschem Arbeitsrecht Lembke 2001 m.w.N.

14 Bei deren Versagen oder in zu eskalierten Konflikten.

15 Bekannte Beispiele stellen die Firmen Motorola, Polaroid und Brown & Roots dar; vgl. Dunlop-Report 1997; Budde 2000a, 500 f. m.w.N.

16 S.o. Kap. 2; Ury & Brett & Goldberg 1996 (für die deutsche Übersetzung).

17 Fisher & Ury & Patton 1990.

18 Vgl. oben Kap. 2, in deutscher Übersetzung mit dem Titel "Das Harvard-Konzept".

19 Ury & Brett & Goldberg 1996, 212: designer of dispute resolution systems.

len. Hierzu müsse ein für jede Organisation und deren typische Konfliktsituation spezifisches Streitregulierungssystem[20] geschaffen[21] werden.

Über diesen Ansatz eines "Streitregulierungssystems" hinausgehend geht der Begriff des Konfliktmanagementsystems[22] von einem weiteren Betrachtungswinkel aus. Auch präventive Maßnahmen und informelle Interventionen, die nicht zu den ADR-Verfahren im oben definierten Sinne zählen, werden in das "Design" integriert.[23]

Neben prozeduralen[24] und informellen Interventionen[25] werden in einem Konfliktmanagementsystem formell-rechtliche und strukturelle[26] Interventionen und Verfahren als unterschiedliche Elemente in ein Konfliktmanagementsystems begriffen. Unter einem "Integrierten Konfliktmanagementsystem"[27] wird daher im folgenden ein systematischer und systemischer[28] Ansatz

---

20 Sowohl Mediationspläne als auch Streitregulierungssysteme nehmen Konflikte erst ab einem mittleren Eskalationsniveau wahr, nämlich dann, wenn aus einem Konflikt ein "Streit" geworden und bereits ein gewisses Maß an Verrechtlichung eingetreten ist; mit der Festlegung von "Streitgegenständen" geht eine Reduktion von Konflikt-Komplexität, die Ausblendung und Unterdrückung emotionaler Faktoren und eine Konzentration auf die Genese der Streitigkeit in der Vergangenheit mit dem Ziel festzustellen, wer "Recht hat", einher; vgl. Gottwald 1981, 62.

21 "designt".

22 Vgl. Rahim 1992, Costatino & Merchant 1996; Budde 2000a, 519 f.; diese aufgreifend Dendorfer 2000, 12 ff. unter dem Titel "KonfliktMangementSystem", der mittlerweile von Ponschab & Dendorfer unter der Bezeichnung ConflictMangementDesign®" als eigene Marke eingetragen wurde; vgl. Ponschab & Dendorfer 2002, 1023 ff.

23 So wird auch von einem positiven Konfliktverständnis ausgegangen; vgl. oben Kap. 2.

24 Gemeint ist nach Rahim die Art und Weise der Kommunikation und das "Wie" des Umgangs mit einem Konflikt.

25 Vgl. zum Begriff der Intervention in Abgrenzung zum Begriff des Verfahrens oben Kap. 2; informelle Interventionen bilden Elemente von Organisations- und Personalentwicklungsmaßnahmen, vgl. Schein 2000.

26 Nach Rahim fallen hierunter Konflikt-Interventionen durch Machtentscheid eines Vorgesetzten oder durch Vermittlung interner oder externer Mediatoren; Rahim 1992, 96.

27 IKMS. Geprägt wurde der Begriff "integrated conflict management system" von Rowe 1997b, 84; der Begriff des "Integrierten Managements" ist auch in der Managementforschung der betriebswirtschaftlichen Literatur bekannt: betont wird die Notwendigkeit der Verknüpfung unterschiedlicher Aspekte des Managements; vgl. Jahns 1999, 42 ff.

28 Auf eine ausführliche Darstellung der Systemtheorie soll an dieser Stelle verzichtet werden; nach French & Bell 1990, 100 f. versteht man "unter einem System die Interdependenz oder Interaktion von Elementen oder Teilen und eine identifizierba-

für Konfliktprävention, Konfliktmanagement und Streitregulierung[29] verstanden. Informelle und formelle, macht-, rechte- und interessenorientierte Interventionen und Verfahren werden abgestuft[30] unternehmensintern oder als externes Angebot den Beschäftigten zugänglich gemacht.[31] Dabei wird zusätzlich Mediation als neues, interessenorientiertes Verfahren in das jeweils traditionell in einem Betrieb bestehende System des betrieblichen Konfliktmanagements integriert.

Erst seit jüngerer Zeit wird Konfliktmanagement als ein eigenes "System" mit unterschiedlichen Subsystemen verstanden.[32] Die Betrachtung von Verfahren und Interventionen des Konfliktmanagements als ein System steht dabei neben einer Vielzahl weiterer betrieblicher Systeme.

In jeder Organisation existiert - auch ungeplant oder ungewollt - bereits ein System des Konfliktmanagements.[33] Je nach Organisationskultur und bisher in Anspruch genommenen Konfliktinterventionen unterscheiden sich diese jeweiligen Konfliktmanagementsysteme voneinander. In einem IKMS erfolgt eine systematische Weiterentwicklung der bestehenden Systeme. Häufig wird ein IKMS nicht nur zur Bearbeitung von Arbeitsplatzkonflikten, sondern auch für die Bearbeitung von Kundenbeschwerden, Streitigkeiten zwischen Geschäftsführern, Konflikten mit Zulieferern etc. geschaffen, ausgehend von der Annahme, dass Kundenorientierung und -zufriedenheit nur mit zufriedenen Mitarbeitern zu erzielen sind.

---

re Einheit bzw. "Gestalt"; Organisationen werden als Systeme betrachtet, deren Interdependenz und Interaktion von Teilen, wie auch ihre Aspekte von Ganzheit wichtige Dimensionen der Organisationsentwicklung darstellen; vgl. French & Bell 1994, 100; zur Systemtheorie allgemein s.o.; Luhmann 1993, Maturana & Varela 1987; aus rechtswissenschaftlicher Sicht Teubner 1984, jeweils m.w.N.

29 Einschließlich der Anwendung traditioneller arbeitsrechtlicher Verfahren.

30 Je nach Konflikteskalationsstufe.

31 Rowe 1997b, 82, 84.

32 Vgl. Costatino & Merchant 1996, 22; French & Bell zählen das "Subsystem" Konfliktmanagement zum "Sozialen Subsystem mit formellen und informellen Elementen". French & Bell 1994, 105; da alle Subsysteme einer Organisation miteinander verbunden sind, haben Einflüsse auf das Subsystem Konfliktmanagement Veränderungen im Gesamtsystem der Organisation zur Folge; vgl. French & Bell 1994, 106, Mastenbroek 1993, 8 f. und Stitt 1998, 8: "The systems perspective allows us to see a workplace as composed of a work system, a training system, a reward system and many other systems. Each system has four elements: inputs, processes, outputs and feedback for improvement".

33 Auch in Unternehmen, in dem Vorgesetzte ausschließlich ad-hoc per Machtentscheid intervenieren, handelt es sich um ein "System" des Konfliktmanagements.

Die Entwicklung von integrierten Konfliktmanagementsystemen wird von US-amerikanischen Autoren bereits als "eine der wichtigsten rechtlichen Entwicklungen der letzten Jahre" bezeichnet.[34]

4.2 Ziele für die Einführung eines IKMS

Ziel der Implementierung eines Konfliktmanagementsystems ist die Steuerung des Konfliktpotenzials einer Organisation durch unterschiedliche Interventionen.[35] Insbesondere soll ein schneller, konfliktnaher Zugang zur adäquaten Intervention oder zum adäquaten Verfahren geschaffen werden. Qualitatives Fernziel ist die Schaffung einer neuen "Unternehmensstreitkultur"[36]. Daneben steht v.a. die Erwartung einer erheblichen Kostensenkung als quantitatives Ziel im Mittelpunkt.[37]

4.3 "Designelemente" eines IKMS

In einem IKMS stehen demnach für spezifische Konfliktsituationen verschiedene Interventionen und Verfahren als jeweils adäquates Mittel des betrieblichen Konfliktmanagements zur Verfügung.[38] Ein IKMS schafft "viele Zugangstüren.[39] Dabei kann es sich um "Stellen"[40] oder um einzelne Personen als Ansprechpartner handeln.

---

34 Cavenagh 2000, 185; Übersetzung der Verf.

35 Rahim 1992, 38.

36 Unter Organisationskultur werden kollektiv gebildete Sinnsysteme mit Mythen, Riten, Ritualen, eigener Sprache, Kleidung, Firmengeschichten verstanden; vgl. Schein 1998 und Schreyögg 2002, 56 m.w.N.

37 Vgl. oben Kap. 2 ; vgl. auch Stitt 1998, 11 f.; Budde u.a. 2001a, Ponschab & Dendorfer 2002, S. 1038

38 Das oben beschriebene Kontinuum des Betrieblichen Konfliktmanagements kann so auch als ein "Werkzeugkoffer" verstanden werden, in dem sich unterschiedliche macht-, interessen- und rechte-orientierte Werkzeuge befinden. In Anlehnung an das Bild des Verhaltenswissenschaftlers und Systemtheoretikers Paul Watzlawick: "Wer als Werkzeug nur den Hammer kennt, für den sind alle Probleme Nägel (...)"; übertragen auf die rein arbeitsrechtliche Form des Konfliktmanagements: "Für den, der als Werkzeug nur Sanktionen und arbeitsrechtliche Maßnahmen kennt, sind alle Konflikte Rechtsprobleme (...)".

39 So die Formulierung für das o.g. Konzept des "multi-door-courthouse"; vgl. Sander 1997b

40 Ohne dass es sich dabei, wie von Hage 2001 befürchtet, um eine einzige "omnikompetente Stelle" handeln muss.

4.3.1 *Veränderung der Unternehmens-Konfliktkultur durch Training und "Open Door Policy"*

Als wesentliche Rahmenbedingung für die Funktionsfähigkeit eines IKMS wird eine "offene Konfliktkultur" im Unternehmen betont.[41] Haupt-Voraussetzung dafür sei es, dass die Mitglieder der Organisation in der Lage seien, einander "wirklich zuzuhören"[42]. Daneben wird die Fähigkeit, angemessen mit Emotionen, v.a. mit Wut, Trauer, Verunsicherung und Kränkung, umzugehen und diese zu respektieren, hervorgehoben.[43]

Diese Kompetenzen seien durch Training erlernbar.[44] Möglichst viele Mitarbeiter sollten Zugang zu Trainingsmodulen haben, in denen ihnen Grundfähigkeiten von Teamwork, Konfliktmanagement und Kommunikation vermittelt werden. Trainingsangebote sind daher ein wichtiges Element eines IKMS.[45] Für US-amerikanische Unternehmen wird daneben die sog. Open-Door-Policy als weiteres wichtiges Element eines IKMS angegeben. Mitarbeiter werden unterstützt und angehalten, Arbeitsplatzkonflikte unmittelbar anzusprechen und sich hierarchieübergreifend auch bei höheren Vorgesetzten oder der Unterneh-

---

41 Bendersky 1998, 307 f.

42 Vgl. Rowe 1997a. Häufig haben Konfliktbeteiligte nur das Bedürfnis, über eine Angelegenheit mit Vorgesetzten, Betriebsrat, Vertrauensperson oder Abteilungsleiter zu sprechen und von dieser Person ernst genommen zu werden. Diese Person soll dem Sprechenden helfen, das Problem zu sortieren und die wahrgenommene Spannung zu reduzieren: "In many cases, ‚being listened to' is what a person with a problem wants and needs. Listening and being gently questioned may help put a problem into perspective. It may help a person to deal with rage or grief or uncertainty or fear. It may help people deal with stress so they can take the time that they need to figure out what is happening to them or what the problem actually is. This option is probably the most cost-effective element of a conflict management system, both for people with concerns and for employers, although ironically it is the option most often overlooked."; Rowe 1997a, 89.

43 Rowe 1987, 130.

44 Zur Bedeutung von Inhouse-Training bei der Implementierung von IKMS vgl. Costatino & Merchant 1996, 73ff., 134 ff.; Ponschab & Dendorfer differenzieren hier zwischen "Training der Konfliktprävention" und "Training der Konfliktbewältigung durch kooperative Methoden"; Ponschab & Dendorfer 2002, 1047; anders das Trainingskonzept QUAK, in dem betriebliche Konfliktlotsen integriert präventive und kurative Interventionen und Maßnahmen des Konfliktmanagements kennenlernen; vgl. Budde 2001a.

45 Stitt 1998, 155; Rowe 1987, 130f. Dabei sollte neben den Trainingsangeboten auch Beratung und fallspezifisches Kleingruppen-Coaching stehen; vgl. zum integrierten Konfliktlotsenkonzept QUAK Budde 2001a.

mensleitung zu beschweren, ohne dafür Sanktionen oder Benachteiligungen befürchten zu müssen: die Tür der Vorgesetzten "steht offen"[46].

4.3.2 Installierung von Koordinierungsstellen und Zugangstüren

Als Hauptnachteil der traditionellen betrieblichen Konfliktbearbeitungsverfahren und -institutionen in US-amerikanischen Unternehmen wird angegeben, es gebe *"no one to listen"*[47], der unter Wahrung der Vertraulichkeit "einfach nur zuhört", ohne zu bewerten, zu verteidigen oder Vorschläge zu unterbreiten.[48] Daher stelle der vertrauliche, schnelle und leicht erreichbare Zugang das wichtigste Element für ein IKMS dar. In einem IKMS ist daher eine Koordinierungsstelle in Form einer oder mehrer Personen, die als erste Ansprechpartner, zunächst vertraulich "nur zuhören" und den Konfliktbeteiligten die Hoheit über das weitere Vorgehen überlassen, von zentraler Bedeutung.[49] Neben dem "Zuhören" ist es Aufgabe dieser Person eine erste Konfliktanalyse durchzuführen[50] und über mögliche Interventionen zu informieren.[51]

Die Institutionalisierung einer solchen Person oder Stelle kann durch hauptamtliche "Konfliktmanager" oder durch nebenamtliche betriebliche "Konfliktlotsen" erfolgen.

---

46 In Deutschland gibt das individuelle Beschwerdeverfahren gem. § 84 BetrVG zwar dem einzelnen Arbeitnehmer auch das Recht, sich beim unmittelbar Vorgesetzten zu beschweren. Dieser kann allerdings nicht umgangen werden; ist der unmittelbare Vorgesetzte die andere beteiligte Konfliktpartei, hat der Arbeitnehmer formell nur dann das Recht, sich bei anderen Stellen zu beschweren, wenn solche vorher vom Arbeitgeber bestimmt wurden oder wenn er nachweisen kann, dass die Beschwerde beim unmittelbar Vorgesetzten keine Wirkung zeigte; vgl. oben Kap. 3.

47 Rowe 1987, 130.

48 Dies gilt auch für die oben vorgestellten Verfahren im deutschen Arbeitsrecht: in den Beschwerdeverfahren gem. §§ 84 f. BetrVG wird die Beschwerde sofort betriebsöffentlich; die Beschwerdeführer verlieren die Kontrolle und Hoheit über ihre Angelegenheit.

49 Mit einem Bild aus dem IT-Bereich könnte man diese Personen als "Konfliktmanagement-System-Administratoren" bezeichnen; für diese Analogie-Idee dankt die Verf. Dr. Joachim Steinbrück.

50 Vgl. oben Kap. 2.

51 Im Unterschied zu Vorgesetzten, Personalabteilung und Betriebsrat ist ein interner Konfliktmanager nicht verpflichtet, zu ermitteln, zu entscheiden und auf Grundlage der erhaltenen Informationen tätig zu werden. die Gespräche werden nicht protokolliert und es erfolgen keine Einträge in die Personalakte.

4.3.2.1 Konfliktmanager

In den US-amerikanischen IKMS-Modellen übernimmt die Funktion des ersten Ansprechpartners/Koordinators häufig eine hauptamtlich eigens für diesen Zweck ein- oder abgestellte[52] sog. organizational ombudsperson[53] bzw. "corporate" ombudsperson.[54]

Der Begriff der Ombudsperson stammt ursprünglich aus dem Schwedischen. Anfang des 19. Jahrhunderts installierte das schwedische Parlament Ombudsmänner, um Bürgern ein Beschwerdemittel gegen die Verwaltung und deren Behörden zur Verfügung zu stellen.[55] Seit Ende der 60er Jahre werden in den USA Ombudspersonen für die Bearbeitung von "externen" Konflikten mit Kunden und Publikum eingesetzt. Ähnlich finden sich in Deutschland "Ombudsmänner" z.B. bei Banken und Versicherungen.[56]

Interne Ombudspersonen, die Ansprechpartner für Arbeitsplatzkonflikte sind, können als "neutral or impartial manager within a corporation, who may provide confidential and informal assistance to managers and employees in resolving work-related concerns, who may serve as a counsellor, go-between, mediator, fact-finder or upward-feedback mechanism, and whose office is located outside ordinary line management structures"[57] definiert werden.

Nach einer neueren Definition wird unter einer Ombudsperson ein "dispute resolution practitioner" verstanden, who (1) receives complaints, concerns, and questions from individuals (2) works to resolve these issues, making recommendations on individual matters where appropriate and (3) brings to an entity´s attention chronic or systemic problems and makes recommendations for improvement." Die American Bar Association definiert in einem Entwurf für Verhaltens- und Verfahrens-Standards für Ombudspersonen[58] diejenigen als Ombudspersonen, die innerhalb einer Organisation oder Einheit Beschwerden und Fragen von einzelnen Personen erhalten, sich für die Lösung dieser Anliegen einsetzen und ggf. Verbesserungsvorschläge für organisatorische Än-

---

52 Und dafür professionell ausgebildete.

53 Gadlin 2000, 39.

54 Rowe 1987, 127.

55 Gadlin 2000, 38. Sie haben damit ähnliche Aufgaben wie der Petitionsausschuss des Deutschen Bundestages.

56 Vgl. Hoeren 1998, 5.2.2, 1-14.

57 Rowe 1987, 127.

58 American Bar Association 2000, 3.

derungen der Organisation unterbreiten. Sie seien damit "Anwälte des Wandels der Organisation"[59].

Die Ombudsperson setzt unterschiedliche Interventionsmethoden und Verfahren ein und fungiert als (Konflikt-)Berater, Mediator und "fact-finder".[60] Der Mediator kann nicht-verbindliche Empfehlungen aussprechen und dem Management des Unternehmens Feedback über chronische oder systemimmanente Konfliktfelder geben sowie Verbesserungsvorschläge formulieren. Die Ombudsperson ist nicht in das Hierarchiegefüge der Organisation eingefügt, sondern dem oberen Management direkt zugeordnet.[61]

Ombudspersonen sind Ansprechpersonen für alle Arten von Konflikten am Arbeitsplatz. Sie bieten informelle Alternativen zu formell-juristischen Konfliktregulierungen an. Sie sind dabei gleichermaßen für die Unterstützung einzelner Konfliktbeteiligter wie für das Gesamtsystem der Konfliktbearbeitung in einer Organisation zuständig. Das Management erhält dadurch einen Überblick über systemische Probleme der Organisation. Organisationsübergreifende Probleme und Themen können gezielt bearbeitet und Veränderungen durchgeführt werden. Aus den anonymisierten Erkenntnissen der Ombudspersonen können künftige Strategien für die Prävention und die Entwicklung eines effizienten Konfliktmanagementsystems gewonnen werden. Das Ombuds-Büro soll hierbei einen Teil der "human capital management strategy to create a fair, equitable, and non-discriminatory workplace"[62] darstellen.

Neben dem Einsatz in der Privatwirtschaft werden interne Ombudspersonen in den USA v.a. in den Bundesbehörden installiert. Rechtsgrundlage bildet der 1990 erlassene und 1996 ergänzte "Administrative Dispute Resolution Act"[63]. Im ADRA werden Bundesbehörden und staatliche Agenturen verpflichtet, für interne Streitigkeiten Alternative Streitregulierungsverfahren[64] anzuwenden und

59 American Bar Association 2000, 3. Nach deutschem Arbeitsrecht obliegen einige dieser Aufgaben den Betriebsräten, vgl. unten Kap. 6.

60 I.S. von Aufklärer und Ermittler

61 Vergleichbar den Gleichstellungs- oder Diversity-Beauftragten in deutschen Unternehmen und Behörden.

62 GAO Report 2001, 1.

63 ADRA.

64 Vgl. Sec.3, Sec. 2, Abs. 5,7 ADRA: www.usdoj.gov/adr/pdf/adra/pdf. In Sec.3 des ADRA heißt es "*Each agency shall adopt a policy that addresses the use of alternative means of dispute resolution and case management*"; die bekannten ADR-Verfahren "*conciliation, facilitation, mediation, fact finding, minitrials, arbitration, use of ombuds or any combination thereof*" sollen verbunden werden mit rechte-orientierten gerichtlichen Verfahren.

diese zu implementieren. Der Einsatz von internen Ombudspersonen wird empfohlen.

Um die dargestellten Funktionen wahrnehmen zu können, müssen interne Ombudspersonen v.a. unabhängig, neutral bzw. allparteilich und vertraulich arbeiten können. Die Einhaltung dieser Verfahrensgrundsätze ist in den USA nicht gesetzlich geregelt. Sie soll durch Verhaltensstandards von Berufsverbänden, insbesondere von The Ombudsman Association (TOA)[65] sichergestellt werden. Die Ombudspersonen als Mitglieder des Verbands unterwerfen sich dessen Verhaltensstandards.[66]

In Deutschland ist der Begriff der Ombudsperson für innerbetriebliche Konflikte nahezu unbekannt.[67] Stattdessen wird in den letzten Jahren vorgeschlagen, neben dem gewählten Betriebsrat sog. Konflikt- oder Betriebsklima-Beauftragte zu installieren.[68] Im weiteren sollen hauptamtliche professionelle Ansprechpersonen für betriebliche Konfliktsituationen als "Konfliktmanager" bezeichnet

---

65 The Ombudsman Association www.ombudsman-toa.org. TOA kann zu den Vertretern der traditionellen Ombudsperson gezählt werden. Außerdem: The Ombudsman Committee of the American Bar Association, www.abanet.org/adminlaw/ombuds.

66 Die Code of Ethics der Ombudsman Association (TOA) lauten: "The ombudsman, as a designated neutral, has the responsibility of maintaining strict confidentiality concerning matters that are brought to his/her attention unless given permission to do otherwise. The only exceptions, at the sole discretion of the ombudsman, are where there appears to be imminent threat of serious harm. The ombudsman must take all reasonable steps to protect any record and files pertaining to confidential discussions from inspection by all other persons, including management. The ombudsman should not testify in any formal judicial or administrative hearing about concerns brought to his/her attention. When making recommendations, the ombudsman has the responsibility to suggest actions or policies that will be equitable to all parties."; vgl. www.ombudsman-toa.org. Daneben befasst sich auch die American Bar Association mit der rechtlichen Absicherung der Grundprinzipien für den Einsatz von internen Ombudspersonen. Eine von ihr vorgeschlagene einheitliche gesetzliche Regelung liegt bisher nicht vor; vgl. American Bar Association 2000; www.abanet.org.

67 Obgleich z.B. Wolmerath 2001 in seinem Anhang Vorschläge zur Implementierung von Ombudspersonen zur Mobbing-Prävention formuliert, näher zu seinem Modell s.u. Der Begriff der Ombudsperson wird dabei allerdings nicht näher definiert und von der Funktion von Betriebsräten abgegrenzt. Lediglich Breisig 1993 setzt sich mit dem US-amerikanischen Ombuds-Modell auseinander und erwägt Vor- und Nachteile einer Übertragung auf die Situation in deutschen Betrieben; vgl. unten Kap. 6.

werden.[69] Neben der Funktion als vertraulicher erster Ansprechpartner haben Konfliktmanager die Aufgabe, das IKMS zu koordinieren.[70] Dazu gehört die interne Information über Angebote des IKMS, die Koordinierung von Trainingsangeboten oder und die Vernetzung mit inner- und außerbetrieblichen Stellen des Konfliktmanagements. Daneben bieten Konfliktmanager eine oder mehrere Konflikt-Interventionen selbst an. In den wenigen bislang vorhandenen deutschen Praxisbeispielen ebenso wie in US-amerikanischen Unternehmen und Behörden nimmt Mediation dabei in den letzen Jahren einen immer größeren Stellenwert ein.[71]

4.3.2.2 Betriebliche Konfliktlotsen

Daneben finden sich in den USA häufig sog. peers[72], d.h. nebenamtlich und in kürzeren Trainings dazu qualifizierte Kolleginnen und Kollegen aus den unterschiedlichen Bereichen der Organisation.[73] In einem ersten deutschen Modellprojekt QUAK[74] werden nebenamtliche, teilweise von der Arbeit freigestellte, interne Dritte u.a. in Grundlagen der Mediation, der Konfliktanalyse und der Kommunikation im Konflikt zu "betrieblichen Konfliktlotsen"[75] qualifiziert.[76]

---

68 Vgl. Wolmerath 2001; Esser & Wolmerath 1998.

69 Ebenso Ponschab & Dendorfer 2002, 1041. Bei der Verwendung der Bezeichnung "Ombudsperson" kann es zu Verwechslungen mit den Aufgaben und der Rolle des Betriebsrats kommen. Der Begriff des Konflikt- oder Betriebsklima-Beauftragten ist ungeeignet, da er nahelegt, es handele sich um eine staatliche Beauftragung wie im traditionellen betrieblichen Beauftragtenwesen; vgl. Pulte 1992.

70 Ponschab & Dendorfer scheinen hierfür noch eine andere Stelle vorzusehen, einen Prozessbegleiter, der "das Programm verantwortlich steuert"; Ponschab & Dendorfer 2002, 1046. Bei der von der Verf. besichtigten US-amerikanischen Firma Haliburton nehmen die Ombudspersonen selbst auch solche Steuerungsaufgaben wahr; vgl. Anhang. Dies erscheint aus hiesiger Sicht ökonomischer und übersichtlicher als die Installierung weiterer Personen und Stellen.

71 Vgl. Budde 2001a.

72 Z.B. als "adviser, so z.B. bei der Firma Haliburton.

73 Diese bilden in den USA in einigen Unternehmen auch sog. peer review boards, interne Schiedsgerichte, die in Streitigkeiten zwischen Mitarbeitern verbindliche Entscheidungen fällen; vgl. Hughes & Grote 1993, 57f.; zu den mit diesem Modell vergleichbaren Schiedsstellen in den neuen Bundesländern ausführlich Hage 2001; s.u.

74 Qualifizierung von betrieblichen Konfliktlotsen, einem vom Land Nordrhein-Westfalen und dem Europäischen Sozialfonds (ADAPT) zwischen 1998 und 2000 gefördert; vgl. Budde 2001a; vgl. auch Hümmerich & Spisolke 2003, 56-69.

75 Der Begriff "Konfliktlotse" stammt aus dem schulischen Bereich, wo in den Grundlagen der Mediation ausgebildete Schülerinnen und Schüler in Konflikten zwischen Jüngeren vermitteln; vgl. Hagedorn 1995.

76 Vgl. Budde 2001a; Budde 2002.

4.4 Erfahrungen mit dem Einsatz von Ombudspersonen innerhalb von IKMS in den USA

In den letzten Jahren ist die Inanspruchnahme von IKMS und internen Ombudspersonen in den USA sowohl für die Privatwirtschaft als auch für den Öffentlichen Dienst erheblich angestiegen. Dies wird v.a. mit dem Kostenanstieg aufgrund der Zunahme an "Employment Disputes"[77] begründet.[78] Die Höhe der Kosteneinsparung durch den Einsatz von Ombudspersonen wurde in einer Studie des Massachusetts Institute of Technology (MIT) von 1991 auf USD 125.000 geschätzt.[79] *"Many managers think ombudspeople are good to have around because productivity increases and morale is better"* berichtet Mary Rowe in einem Interview mit dem Management Review von 1992.[80] Eine Untersuchung der Corporate Ombudsman Association[81] ergab eine langfristige Kosteneinsparung zwischen dem doppelten und dem sechsfachen der Kosten für die Einführung des IKMS und des Ombudsbüros.[82]

Mit der Effizienz des Einsatzes von Ombudspersonen in einem IKMS befasste sich eine Untersuchung des General Accounting Office der USA von 2001.[83] Diese kam zu dem Ergebnis, dass zwischen 60 und 70% der an die Ombudspersonen herangetragenen Fälle auch durch diese abschließend gelöst wurden.[84] Von wesentlicher Bedeutung für den Erfolg ihrer Arbeit erachteten die befragten Ombudspersonen die Unterstützung durch die oberste Verwaltungsspitze[85] v.a. für die behördeninterne Werbung um Glaubwürdigkeit und Akzeptanz. Betont wird weiter die Wichtigkeit der Kooperation mit allen wichtigen Akteuren beim Design eines IKMS sowie in der täglichen Ar-

---

77 D.h. Streitigkeiten in Zusammenhang mit Antidiskriminierungsgesetzgebung, z.B. im Bezug auf sexuelle, rassistische oder behindertenfeindliche Belästigung am Arbeitsplatz.

78 Zinsser 1996, 151. Zu einer möglicherweise ähnlichen Entwicklung in Deutschland auf Grundlage der EU-Richtlinien 2000/78/ EG v. 27.11.2000 und 2000/43/EG vom 29.6.2000: Thüsing 2001, 1064.

79 Zetlin 1992.

80 Zetlin 1992, 50.

81 Rowe & Perneski 1990 zit. nach Rowe 1991, 359.

82 Rowe 1991, 359.

83 GAO-Report 2001.

84 GAO-Report 2001, 4.

85 Das obere Management.

beit des Ombudsbüros.[86] Für den Erfolg eines IKMS sei behördeninterne Öffentlichkeitsarbeit wesentlich.[87] Der wichtigste und entscheidende Erfolgsfaktor liege allerdings in der Persönlichkeit der Ombudsperson: dies müssten für Arbeitnehmer und Management gleichermaßen respektierte und glaubwürdige Persönlichkeiten sein.[88] Bei der Besetzung von mehreren Stellen oder dem Einsatz von nebenamtlichen "advisers" solle auf eine möglichst "diverse"[89] Besetzung der Positionen geachtet werden. Kritisiert wird die fehlende kontinuierliche Evaluierung der Arbeit.[90] Dies sei ebenfalls ein Schlüsselfaktor eines erfolgreichen IKMS.[91]

Hingewiesen wird außerdem auf die mangelhafte juristische Absicherung der Verfahrensgrundsätze der Mediation und der Grundprinzipien für den Einsatz von internen Ombudspersonen. Durch nicht eindeutig geklärte professionelle Qualitätsstandards für Ombudsleute werde die Akzeptanz einzelner Ombudsbüros geschmälert. Zu warnen sei vor einem missbräuchlichen Einsatz von sog. Ombudspersonen, die nicht vom Arbeitgeber unabhängig und damit nicht neutral seien.[92]

Für Deutschland liegen aufgrund der fehlenden Praxiserfahrungen keine entsprechenden Untersuchungen vor. Hinzuweisen ist nochmals auf strukturell unterschiedliche rechtliche und tatsächliche Rahmenbedingungen, insbesondere auf eine in Deutschland hoch entwickelte Arbeitsschutzgesetzgebung und auf die Betriebsverfassung.[93]

---

86 GAO-Report 2001, 23.

87 Ebenda, 24.

88 Ebenda, 24.

89 Z.B. bezogen auf Rasse, Geschlecht, Religion, Behinderung, sexuelle Orientierung, da die "Schwellenangst" bei Angehörigen einer dem Ratsuchenden ähnlichen Bevölkerungsgruppe niedriger liege.

90 GAO-Report 2001, 12.

91 GAO-Report 2001, 21.

92 Ebenda, 28.

93 Ausführlich zu den Unterschieden im deutschen und amerikanischen Arbeitsrecht Lembke 2001. Geyr 2000, der darauf hinweist, dass die "Massengesellschaft USA zuerst erschließen muss, bevor europäische Länder vergleichbare Konflikte zu lösen haben"; Geyr 2000, 32. Zum Verhältnis interner Konfliktmanager mit Mitgliedern des Betriebsrats s.u. Kap. 6: vorliegende Arbeit greift insbesondere in Kap. 6 die formulierten Warnungen vor der Einführung von internen Konfliktmanagern und von Mediation ohne rechtliche Absicherung der Grundprinzipien und Verfahrensgrundsätze auf und macht in Kap. 7 Vorschläge für die Umsetzung.

4.5 Die Institutionalisierung von IKMS im Rahmen der Organisationsentwicklung

Für die Institutionalisierung eines auf die Konfliktsituationen eines spezifischen Betriebs maßgeschneiderten IKMS ist zunächst eine sorgfältige Ist-Analyse der typischen Konfliktfelder, der dort entstehenden konfliktbedingten Kosten und der traditionell angewendeten Interventionen und Verfahren erforderlich. Dabei sollten die Ansätze und Erfahrungen der Organisationsentwicklung Berücksichtigung finden.[94]

Unter Organisationsentwicklung wird in den Sozialwissenschaften "eine langfristige Bemühung, die Problemlösungs- und Erneuerungsprozesse in einer Organisation zu verbessern, v.a. durch eine wirksamere und auf Zusammenarbeit gegründete Steuerung der Organisationskultur - unter besonderer Berücksichtigung der Kultur formaler Arbeitsteams - durch die Hilfe eines OE-Beraters oder Katalysators und durch Anwendung der Theorie und Technologie der angewandten Sozialwissenschaften unter Einbeziehung von Aktionsforschung" verstanden.[95] Es handelt sich um ein langfristiges Programm von geplanten Veränderungen für den Aufbau einer effektiven, "gesunden" Organisation.[96]

In den ersten Phasen eines Organisationsentwicklungsprozesses ist die Hilfe eines neutralen Dritten erforderlich, der nicht der jeweiligen Organisationskultur angehört. Organisationsentwickler machen keine Vorschläge im traditionellen Sinne, sondern greifen in die laufenden Vorgänge der Organisation ein. Sie liefern i.d.R. keine direkten Lösungen für Probleme, sondern helfen der Organisation bei der Entwicklung ihrer Probleme.[97] Entscheidend für eine "maßgeschneiderte" Entwicklung der Organisation ist die Einbeziehung aller betrieblich relevanten Akteure in den Beratungsprozess.[98] Dies gilt bei der Institutionalisierung von IKMS in besonderem Maße. Zu diesem Zweck wird eine

---

94 Costatino & Merchant 1996, 47 f.; Budde 2001a, 54ff.; Ponschab & Dendorfer 2002, 1031.

95 French & Bell, 1994, 31.

96 Schein 1998.

97 French & Bell 1994, 34.

98 French & Bell 1994, 34. Dazu gehört insbesondere die ernsthafte und sichtbare Unterstützung durch das obere Management, Betriebsrat und Gewerkschaft; mindestens eine sehr ranghohe Person sollte die Vision "Schaffen einer konfliktkompetenten Kultur" durch die Entwicklung und Weiterverbesserung des IKMS haben. Ein IKMS kann sich nur dann etablieren, wenn es zum strategischen Fokus der Organisation wird.

Projektbegleit- oder Steuerungsgruppe, in der die unterschiedlichen Akteure vertreten sind, gebildet.[99] Diese sammelt Daten für eine Konfliktfeld- und Konfliktpotenzialanalyse[100] und entwirft auf dieser Grundlage die rechte- und interessenorientierten Elemente des künftigen IKMS. Dabei kommt der Bestimmung des Koordinierungs- und Zugangspunkts[101] eine besondere Rolle zu.[102] In Frage kommt insbesondere für größere Unternehmen auch die Errichtung einer Telefon-Hotline,[103] über die Beschäftigte, ggf. auch anonym, ihre Konflikte zunächst telefonisch ansprechen können.

Festgelegt werden auch die konkreten Begleitmaßnahmen,[104] wie z.B. eine regelmäßige anonymisierte Berichtspflicht an das obere Management und Fortbildungsverpflichtungen. Geklärt werden muss neben Fragen der Finanzierung auch die Frage der rechtlichen Absicherung des IKMS, insbesondere der Unabhängigkeit und Allparteilichkeit der eingesetzten Dritten.

Nach dem "Design" der einzelnen Maßnahmen folgt eine erste Umsetzung.[105] Diese wird evaluiert, es wird nachgesteuert und neu implementiert. Die Einführung eines IKMS folgt so insgesamt dem typischen Organisationsentwicklungskreislauf.[106]

---

99 Budde 2001a. Die Notwendigkeit des Konfliktmanagements zieht sich außerdem durch alle Veränderungsprozesse hindurch und wird somit zu einer wichtigen Querschnittsaufgabe für die Organisationsentwicklung, denn mit Organisationsentwicklungsprogrammen sind immer auch betriebliche Konflikte verknüpft; vgl. Costatino & Merchant 1996, 27.

100 Einschließlich der Evaluierung direkter und indirekter Konfliktkosten des Unternehmens.

101 Zu beachten ist dabei auch die örtliche Anbindung einer Anlaufstelle: Büroräume sollten an einem geschützten, aber allgemein zugänglichen Ort, z.B. in der Nähe der Cafeteria oder der Bibliothek liegen. Um die Anonymität zu wahren, wird ein guter Sichtschutz empfohlen. Das Büro muss aufgrund der erforderlichen Konfliktnähe und schnellen Interventionsmöglichkeit des Konfliktmanagers persönlich oder telefonisch gut erreichbar sein.

102 Soll eine qualifizierte Personen als Konfliktmanager neu eingestellt werden?; sollen eine bestehende Stelle oder bereits benannte Personen nach einer Zusatzqualifikation bestimmt werden?; siehe dazu auch unten Kap. 6.

103 Vgl. das im Anhang vorgestellte Beispiel der Firma Haliburton in Texas, USA.

104 Vgl. Ponschab & Dendorfer 2002, 1044 f.

105 Manchmal in Form eines zeitlich befristeten oder auf einen Bereich begrenzten Pilotprojekts.

106 Vgl. auch Budde 2001a, 56; Weisbord 1987, 188 ff.

4.6 Ansätze für die Forderung nach Implementierung eines IKMS in der deutschen rechtssoziologischen und arbeitsrechtlichen Literatur

Die Frage der Einführung zusätzlicher niedrigschwelliger konfliktnaher zusätzlicher innerbetrieblicher Stellen des Konfliktmanagements ist in der deutschen rechtssoziologischen und arbeitsrechtlichen Literatur in der Vergangenheit, unabhängig von der Diskussion über Institutionalisierung von Mediation im Betrieb, bereits häufig angesprochen worden.

4.6.1 Kein Bedarf für zusätzliche Angebote des betrieblichen Konfliktmanagements

4.6.1.1 Blankenburg & Stock 1999

Blankenburg & Stock kommen im Rahmen ihres Endberichts "Sekundäranalyse der Literatur zur außergerichtlichen Streitbeilegung"[107] im Auftrag des Bundesministeriums der Justiz zu dem Ergebnis, es bestehe ein geringer Bedarf an weiteren Angeboten zur Außergerichtlichen Streitbeilegung im Arbeitsrecht. Für kollektive Streitigkeiten reichten die Einigungsstellen nach dem BetrVG aus. Die Erfahrung mit den Schiedsstellen für Arbeitsrecht in den neuen Bundesländern habe gezeigt, dass zusätzliche Schlichtungsangebote auf betrieblicher Ebene "offensichtlich nicht in das bestehende Gefüge passen"[108]. Ein Handlungsbedarf des Gesetzgebers bestehe nicht.

4.6.1.2 Albrecht 2001[109]

Albrecht hält in ihrer Dissertation dagegen das Angebot von betrieblicher Mediation i.W. für überflüssig. Das geltende Arbeitsrecht biete ausreichend Gelegenheit zur außergerichtlichen Konfliktbeilegung. Sie unterbreitet daher keine Implementierungsvorschläge.

---

107 Blankenburg & Stock 1999.

108 Blankenburg & Stock 1999, 37. Obschon diese Stellen wegen der guten Qualität der Beschlüsse und der hohen Akzeptanz der Beteiligten, aber auch wegen der erheblichen Entlastungswirkung für die im Aufbau befindlichen Arbeitsgerichte insgesamt positiv bewertet worden seien; Blankenburg & Stock 1999, 38.

109 Albrecht 2001.

4.6.2 *Erfordernis zusätzlicher vorgerichtlicher betriebsnaher Konfliktbearbeitungsmechanismen*

4.6.2.1 Schönholz 1984: Implementierung zusätzlicher innerbetriebliche Verfahren

Ohne weitere konkrete Umsetzungskonzepte kommt Schönholz 1984[110] in seiner Untersuchung arbeitsgerichtlicher Güteverfahren in Kündigungsschutzangelegenheiten zu dem Ergebnis, Alternativen zur gerichtlichen Austragung könnten nur dann wirksam angeboten werden, wenn sie durch vorgelagerte Regelungen, Abstimmungen und Verfahren in den Betrieben selbst verankert würden.[111]

Nur so könne das "eigentliche" Ziel eines Kündigungsschutzkonflikts, den Arbeitsplatz zu erhalten, erreicht werden.[112] Wie dies im einzelnen aussehen soll, formuliert er nicht aus.

4.6.2.2 Hommerich u.a. 1993: Omnikompetente Schiedsstelle als Vorschaltinstitution für individualrechtliche Streitigkeiten

Auch der Forschungsbericht Schiedsstellen für Arbeitsrecht in den neuen Bundesländern[113] schlägt im Ergebnis die Etablierung einer "Vorschaltinstitution auf betrieblicher Ebene"[114] vor.[115] Ziel dieser Vorschaltinstitution soll es sein, als erste Anlaufstelle "Gelegenheit zur geregelten Aussprache zwischen den Konfliktparteien", zur Bereinigung von Missverständnissen und zu einem "in-

---

110 Schönholz 1984.

111 Schönholz 1984, 559. Eine Ausnahme hiervon macht Schönholz für Kleinstbetriebe: hier sei eine externe betriebsnähere Konfliktbearbeitung als die Arbeitsgerichte, z.B. durch nach Branchen gegliederte Schlichtungsverfahren, vorstellbar. Diese müssten allerdings neu gestaltet werden, da sich die traditionellen Stellen und Verfahren "durch Ineffizienz" auszeichneten; Schönholz 1984, 560. Zur Auseinandersetzung mit den Ergebnissen von Schönholz für das Verhältnis zwischen Mediation und Arbeitsrecht vgl. Budde 2000a, 513 f. Schönholz´ Untersuchung endet hiermit. Er formuliert keine weitergehenden Vorschläge für Art und Weise der Implementierung.

112 Er weist nach, dass im Jahre 1984 nur in 4% aller Kündigungsschutzklageverfahren das Arbeitsverhältnis, auch nach Obsiegen des Arbeitnehmers, faktisch fortgesetzt wurde. Bezogen auf alle anhängigen arbeitsrechtlichen Streitigkeiten lag die Quote bei 6%; vgl. Schönholz 1984, 524.

113 Hommerich u.a. 1993a, die im Auftrag des Bundesministeriums für Arbeit und Sozialordnung eine Untersuchung über Funktionsweise und Erfolge der übergangsweise in den neuen Bundesländern 1989 eingerichteten sog. Schiedsstellen für Arbeitsrecht durchführten.

114 Ebenda.

115 Zur Funktion und Wirkungsweise der Schiedsstellen Hage 2001, 104 ff. m.w.N.

dividuellen Interessenausgleich" zu bieten. Die Stelle sei als "flexibles Verfahrensangebot zur Sondierung von Einigungsmöglichkeiten sowie als quasi letzte Chance vor dem Weg zum Gericht" vorstellbar.[116]

Ohne es so zu benennen, gehen die Autoren ebenfalls von dem oben vorgestellten Konzept eines Kontinuums des betrieblichen Konfliktmanagements mit je adäquaten unterschiedlichen Verfahrens- und Interventionsangeboten aus. Diese seien grundsätzlich gleichwertig. Deshalb solle gerade an den Schnittstellen zwischen betrieblicher und gerichtlicher Konfliktbearbeitung das wechselseitige interprofessionelle Verständnis wachsen. "Solches Verständnis beginnt damit, dass nicht ex ante die Überlegenheit einer spezifischen Form der Konfliktlösung unterstellt, sondern geprüft wird, welches Verfahren unter welchen Prämissen in unterschiedlichen Stadien eines Konflikts ein von den streitenden Parteien wechselseitig akzeptiertes Ergebnis sichert."[117]

Die zu schaffende Vorschaltinstitution müsse sich einerseits von der üblichen auf die Vertretung von Arbeitnehmerinteressen gerichteten Betriebsratsarbeit und andererseits vom arbeitsgerichtlichen Güteverfahren abgrenzen. Die Implementierung der Stelle müsse sich im Rahmen der zu wahrenden Tarifautonomie und auf der Grundlage des BetrVG bewegen. Insbesondere seien Überschneidungen mit anderen Einrichtungen zu berücksichtigen.

Vorgeschlagen wird daher u.a. eine geringfügige Änderung des BetrVG, um das Betriebliche Beschwerdeverfahren durch die Möglichkeit zur Bildung einer der Schiedsstelle ähnlichen Einrichtung zu ersetzen.[118] Diese solle ein "geregeltes Verfahren", auf das die Betroffenen einen Anspruch haben und das von neutralen, nicht direkt in den Konflikt involvierten Personen geführt wird, anbieten.[119] Die neue Einrichtung dürfe nicht "justizförmig" sein, d.h. keine Rechtsprechung betreiben und keine Urteile fällen. Sie solle in Abgrenzung zur Praxis der Güteverfahren "schwerpunktmäßig die Möglichkeit zur Würdigung auch rechtlich unerheblicher, aber sachlich oder persönlich wichtiger Aspekte"[120] haben. Das Verfahren solle sich an zwar rechtsstaatlichen Verfahren orientieren u.a. mit dem Recht, sich vertreten zu lassen. Es solle aber v.a. "einfach und

116 Hommerich u.a. 1993a, 14.

117 Hommerich u.a. 1993a, 79. Hier wird auch der Bezug zu unterschiedlichen Stufen der Konfliktentwicklung hergestellt, ohne dies näher zu erläutern; vgl. oben Kap. 2, vgl. Glasl 1997.

118 Hommerich u.a. 1993a,15.

119 Hommerich u.a. 1993a, 14.

120 Hommerich 1993a, 14.

flexibel gestaltet sein, um seine Funktion auf der betrieblichen bzw. vorgerichtlichen Ebene angemessen erfüllen zu können."[121] Der Zugang zum staatlichen Rechtsweg müsse offen stehen.[122] Für die personelle Besetzung der Stelle wird die Berücksichtigung von drei Kriterien vorgeschlagen:

- Grundkenntnisse des einschlägigen Rechts[123]
- genaue Kenntnis der betrieblichen Verhältnisse
- neben dem Vorsitzenden eine paritätische Besetzung mit Arbeitgeber- und Arbeitnehmervertretern.[124]

Die Mitglieder der Stelle sollten Betriebsangehörige sein, die - wie z.B. erfahrene Betriebsratsmitglieder - über rechtliche Grundkenntnisse verfügen und zusätzlich systematisch für ihre Tätigkeit geschult werden: "Als Themen sollten dabei nicht nur Fragen des materiellen und des Verfahrensrechts, sondern vor allem die Vermittlung sozialwissenschaftlicher Techniken der Verhandlungsführung, des Interessenausgleichs und der Konfliktregelung vorgesehen werden."[125] Als Vorsitzender solle ein ggf. außerbetrieblicher Jurist ausgewählt werden. Dieser solle über "Erfahrungen in der Schlichtung von Konflikten" verfügen.[126]

Die Stelle könne zum einen grundsätzlich "omnikompetent" und "für alle möglichen Konfliktfälle" im individualrechtlichen Bereich[127] zuständig sein. Auch ein Nebeneinander verschiedener individueller und kollektiver Regelungsinstrumente sei denkbar, das allerdings zu vielfältigen Abgrenzungsproblemen, insbesondere zwischen kollektiven und individuellen Belangen führen könne.[128] Die Stelle müsse "einfach zu praktizieren" sein und von allen Betroffenen, insbesondere von den Tarifparteien, grundsätzlich akzeptiert und unterstützt werden.[129]

---

121 Hommerich u.a. 1993a, 17.

122 "Ausschlussfristen sollten durch die Anrufung der Einrichtung gewahrt bleiben."; Hommerich u.a. 1993a, 17.

123 Weil Ziel die Vereinbarung eine einvernehmliche Regelung sei, der sich die Parteien unterwürfen und damit auf weitere rechtliche Schritte verzichteten; Hommerich u.a. 1993a, 17.

124 "(...) da es in der Regel um Konflikte zwischen Arbeitgeber- und Arbeitnehmerseite gehen wird."; Hommerich u.a. 1993a, 16.

125 Hommerich u.a. 1993a, 17.

126 Hommerich u.a. 1993a, 16.

127 Kündigungen ebenso wie Konflikte im bestehenden Arbeitsverhältnis: z.B. um das Direktionsrecht des Arbeitgebers, Eingruppierung; vgl. Hommerich u.a. 1993a, 17.

128 Hommerich u.a. 1993a, 88.

129 Ebenda.

Es wird die Einrichtung auf der Grundlage einer je nach Betriebsgröße für kleinere Betriebe freiwilligen für größere erzwingbaren Betriebsvereinbarung vorgeschlagen. Für die erzwingbare betriebliche Schlichtungsstelle könne deren Kompetenz auf bestimmte Gegenstände begrenzt werden. Im Gegenzug zur Einrichtung einer solchen Stelle könnten etwa Schlichtungsausschüsse für Ausbildungsstreitigkeiten, betriebliche Beschwerdestellen u.ä. entfallen. Davon auszunehmen sei lediglich aufgrund ihrer speziellen Kompetenz die Schiedsstelle nach dem Arbeitnehmererfindungsgesetz.[130] Auch die arbeitsgerichtliche Güteverhandlung könne nach der innerbetrieblichen Konfliktbearbeitung wegfallen.

Trotz der eingeforderten Flexibilität des Verfahrens und der Betonung der Gleichwertigkeit unterschiedlicher Interventionen und Verfahren ist die neue Einrichtung sehr justizlastig ausgerichtet. Dies zeigt sich u.a. daran, dass es für erforderlich gehalten wird, Juristen den Vorsitz einer solchen Stelle zu übertragen. Diese Konzeption erinnert an das Konzept der "Betriebsjustiz"[131]. Eine an dieser Stelle sicher hilfreiche Verknüpfung der 1993 gerade beginnenden Diskussion um Mediation als außergerichtliches interessenorientiertes Verfahren neben den von den Autoren betrachteten rechte-orientierten Verfahren hat an dieser Stelle noch nicht stattgefunden.[132]

4.6.2.3 Breisig 1993: Paritätisch besetzte Kommission mit Entscheidungsmacht

In seiner rechtsvergleichenden Untersuchung über Beschwerdeverfahren in Deutschland und den USA gelangt auch Breisig[133] zu der Forderung nach der Installierung von betrieblichen Konfliktbearbeitungs-Stellen. Eine Konzeption

---

130 Hommerich u.a. 1993a, 89.

131 Vgl. oben Kap. 3; weitergehend Hage 2001, 153 ff. m.w.N.

132 Im Literaturverzeichnis finden sich einige bis zur Veröffentlichung des Forschungsberichts 1993 erschienene Standardwerke zur Familienmediation; im Anhang wird dann auch die Frage aufgeworfen, wie sog. "Laien-Prinzip-Verfahren", Verfahren, die nicht im Sinne der Rechtswissenschaft professionell sind, sondern auf sozialwissenschaftlichen Kompetenzen (Konfliktpsychologie, Konfliktsoziologie, moderne Führungslehre etc.) gründen und von daher ebenfalls Anspruch auf "Professionalität" erheben von den traditionell bekannten juristisch-professionalisierten Verfahren abgegrenzt werden können; vgl. Hommerich u.a. 1993a, 78 (die Frage bleibt im Forschungsbericht jedoch unbeantwortet); vgl. auch Hommerich u.a. 1993b.

133 Breisig 1993.

als reine Beschwerde-Stelle[134] greife zu kurz.[135] Es müsse sich um eine Stelle des betrieblichen Konfliktmanagements handeln. “Schlüsselbegriff ist der des Konflikts. Erstaunlicherweise ist dieser aber bislang stark vernachlässigt worden, obwohl sich eine Integration der überwiegend in den 70er Jahren entstandenen Ansätze sozialwissenschaftlicher Konflikttheorien anbietet, ja geradezu aufdrängen würde.”[136] Beim traditionellen individuellen Beschwerdeverfahren gem. §§ 85 BetrVG komme es tendenziell zu einer “Entmündigung” einzelner Arbeitnehmer durch den Betriebsrat. Die Rolle von betroffenen Arbeitnehmern werde auf die von “Impulsgebern” reduziert.[137] Die Beschwerdeträger verlören die Kontrolle über ihren Fall. Im Zuge des “Übernahmeprozesses durch den Betriebsrat kommt es zu einem erheblichen Re-Definitions-Risiko.”[138]

Breisig favorisiert in der Sache die Installierung von “personenzentrierten Verfahren” und Stellen.[139] Darunter versteht er Verfahren, bei denen einzelne oder eine Gruppe von Beschwerdevertretern im Mittelpunkt stehen, z.B. durch Installierung von Ombudspersonen.[140] Deren Einsatz hält er aufgrund des “Quasi-Verhandlungsmonopols des Betriebsrats im deutschen System der Arbeitsbeziehungen” allerdings für rechtlich problematisch.[141] Insbesondere sei das

---

134 I. S. des § 86 BetrVG; vgl. s.o. Kap. 3.

135 ”Die im deutschen System bevorzugte Konflikt- und Problemlösungsprozedur ist somit im weiteren Verlauf von den einzelnen Belegschaftsmitgliedern weitgehend abgekoppelt. Dadurch wird quasi in der Funktion des Betriebsrats zusammengefasst und vorsortiert, es werden Partikularinteressen gegeneinander abgewogen ggf. verhandlungsfähige Kompromissformeln entwickelt.”; Breisig 1993, 358.

136 Breisig 1993, 342.

137 ”Es wird nicht durch sie, sondern für sie gehandelt.”; Breisig 1993, 359.

138 Breisig 1993, 359.

139 Dazu führt er aus: ”Sachverhalte lassen sich heute nicht mehr allein in zentralen Verhandlungen auf betrieblicher Ebene regeln. Die Mitbestimmung stößt in diesem Aspekt mit zunehmender Tendenz nicht nur an Kapazitäts- sondern auch an Legitimationsgrenzen und muss sich ”nach unten” hin öffnen. (...) Vorliegenden Erhebungsresultaten zufolge würde die Stärkung des Beschwerdewesens auch gut zu den Erwartungen der Beschäftigten hinsichtlich der Art und Reichweite ihrer Involvierung in technisch-organisatorische Veränderungen passen.”; Breisig 1993, 360.

140 ”Die Bereitstellung von ”counselors” als Ansprechpartner für Beschwerdewillige hat eine Tradition, die mindestens bis in die 20er Jahre zurückreicht. Heute werden diese Vertreter zumeist in Anlehnung an eine Figur des skandinavischen Rechtssystems ”Ombudsmann” genannt.”; Breisig 1993, 343.

141 Breisig 1993, 352. Zur rechtlichen Zulässigkeit der Installierung interner Konfliktmanager und Konfliktlotsen vgl. unten Kap. 5.

"Entstehen eines Konkurrenzverhältnisses zum Betriebsrat evident"[142]. Breisig favorisiert daher eine paritätische Kommission aus Arbeitgeber- und Arbeitnehmervertretern. Die neu zu installierende Konfliktbearbeitungs-Stelle solle abgestuft von frühzeitig anzubietenden niedrigschwelligen Interventionen bis zu "letztinstanzlichen" Entscheidungen unterschiedliche Verfahrensangebote machen. Die Errichtung einer solchen Stelle müsse "eingebettet sein in eine "positive Beschwerdekultur", in der der Konflikt als funktional und erwünscht anerkannt ist und dies durch gezielte und regelmäßige Maßnahmen der Akteure gefördert und gepflegt wird."[143]

Der von Breisig vorgestellte Ansatz bestätigt die in Kapitel zwei vorgestellte Betrachtungsweise, arbeitsrechtliche Verfahren als Teil eines komplexen integrierten und abgestuften betrieblichen Konfliktmanagementsystems zu verstehen.

Gegen die von Breisig vorgeschlagene paritätisch besetzte Stelle mit Entscheidungskompetenzen spricht v.a. deren i.d.R. nicht vorhandene professionelle Kompetenz in Grundlagen des Konfliktmanagements und der Mediation. Dies könnte allerdings durch eine strenge Auswahl der Beisitzer und der Verpflichtung zu entsprechenden Fortbildungen ausgeglichen werden.

Trotz der Absicht, personenzentrierte und betriebsverfassungsrechtliche Instrumente des Konfliktmanagements zu integrieren, zeichnet sich das von Breisig letztlich vorgestellte Konzept durch eine starke Rechte-Orientierung aus. Wird bei einer Person oder Stelle die Funktion des Vermittelns mit Ermittlungs- und Entscheidungsfunktionen gekoppelt, überschattet das Wissen der Konfliktbeteiligten um die letztliche Entscheidungsgewalt des Dritten deren ernsthafte Versuche, Interessen offenzulegen und interessen-orientiert zu verhandeln.[144] Hat ein Mediator in einer Mediation[145] vertrauliche Informationen einer oder mehrerer Beteiligter erfahren, kann seine Neutralität als Schiedsrichter dadurch eingeschränkt sein. Bei der personellen Kopplung der Verfahren steht dem Vorteil

142 Breisig 1993, 351.

143 Breisig 1993, 361.

144 Vgl. oben Kap. 2. Die Frage der Verknüpfung von Schlichtungs- und streitigen Verfahren wird mit denselben Argumenten auch international geführt; vgl. Groß 2002, 174 m.w.N. für die Diskussion in Südafrika. Die Verknüpfung werde v.a. unter dem Gesichtspunkt der Rechtsstaatlichkeit und der Effektivität des Verfahrens kritisiert. "Die Vorbehalte rühren von der Befürchtung her, dass ein Schlichter, der bei Scheitern einer Einigung die bindende Entscheidung fällt, durch das Schlichtungsverfahren beeinflusst ist. Als Reaktion könnten die Parteien während des Schlichtungsverfahrens gehemmt sein, ihre Konfliktpunkte und Interessen dem Schlichter offenzulegen."; Groß 2002, 174.

der Verfahrensökonomie - nach einer Mediationstätigkeit müssen sich die Dritten nicht neu in den Streitgegenstand einarbeiten - außerdem der Nachteil der Dominanz einer ausschließlich rechte-orientierten Betrachtungsweise entgegen.

Aus diesen Gründen wird z.B. in Großbritannien beim Advisory Conciliation and Arbitration Service (ACAS),[146] einer staatlich subventionierten Agentur, die Mediation, Schlichtung und Schiedsverfahren in individuellen und kollektiven Arbeitsplatzstreitigkeiten auch im Bereich von Tarifkonflikten anbietet, Mediation personell und verfahrensmäßig strikt von schiedsgerichtlichen Entscheidungen getrennt.[147]

Wesentlich für die Entscheidung für oder gegen die Kopplung von Mediation und (Schieds-)gerichtsverfahren ist daher die Zielbestimmung. Je nach Eskalationsgrad[148] kann ein eher rechte-orientiertes oder ein eher interessen-orientiertes Vorgehen adäquat sein. Soll bei eskalierteren Streitigkeiten v.a. dem Recht zu einem schnelleren Erfolg verholfen werden,[149] kann die personelle Identität[150] von Vermittler und Richter sinnvoll sein. Anders als in der Mediation spielt für die rechte-orientierte Streitentscheidung die Sammlung der eigentlichen Konfliktthemen und der jeweils dahinterliegenden Interessen der Parteien keine Rolle.

Ist bei weniger eskalierten Konflikten das Ziel dagegen die dauerhafte Regelung mit einem von den Beteiligten selbst gemeinsam ausgehandelten möglichst alle Seiten zufriedenstellenden Ergebnis,[151] werden die Parteien durch die personelle Identität zwischen Vermittlern, Ermittlern und Entscheidern und einem “automatischen” Übergang in die zweite streitentscheidende Stufe des Verfahrens zu sehr in ihrer Offenheit und Kreativität eingeschränkt und unter Druck gesetzt.[152]

---

145 V.a. beim Einsatz von getrennten Einzelgesprächen, vgl. oben Kap. 2.

146 Mit einem der Federal Mediation and Conciliation Services in den USA (vgl. oben Kap. 2) vergleichbaren Angebot.

147 Vgl. Groß 2002, 175.

148 Und der Analyse der oben beschriebenen Elemente in der Konfliktanalyse; vgl. Kap.2.

149 Wie z.B. bei der deutschen Güteverhandlung.

150 Bzw. teilweise Identität; in der streitigen Verhandlung sind die nebenamtlichen Richter als Beisitzer beteiligt, s.o. Kap. 3.

151 Im Idealfall ”win-win”; vgl. oben Kap. 2.

152 Vgl. aus Sicht des Rechtsvergleichs der deutschen Güteverhandlung mit den südafrikanischen Commissions for Conciliation, Mediation and Arbitration; vgl. Groß 2002, 174 f.

4.6.2.4 Grotmann-Höfling 1995: Obligatorische Errichtung von betrieblichen Einigungsstellen (BEST)

Im Ergebnis kommt Grotmann-Höfling in seiner Untersuchung zur Effizienz der deutschen Arbeitsgerichtsbarkeit[153] neben anderen[154] Vorschlägen zu dem Ergebnis, eine Entlastung der Arbeitsgerichte könne insbesondere durch die Förderung vor- bzw. außergerichtlicher Einigung erreicht werden. Allerdings sei die Schaffung neuer oder der Ausbau vorhandener Institutionen[155] mit erheblichem Aufwand verbunden. Dieser sei nur zu vertreten, wenn er nachweislich zu einer Justizentlastung und einer Verfahrensbeschleunigung führe. Dies sei nur gewährleistet, wenn eine neue Stelle verbindlich über Streitigkeiten entscheiden könne. Mit dieser Begründung schlägt er vor, sog. BEST, betriebliche ständige Einigungsstellen, in allen Betrieben einzurichten. Diese wären für alle streitgegenständlichen Materien, auch über den Bereich der Einigungsstelle nach § 76 BetrVG hinaus, zuständig.[156] Die BEST soll ebenfalls paritätisch mit Arbeitgeber- und Arbeitnehmervertretern besetzt werden.

Anders als im Modell von Hommerich u.a. soll es keinen externen Vorsitzenden geben. Die gleiche Anzahl an Beisitzern "zwingt zu einer höheren Einigungsquote und gibt den Parteien mehr Zufriedenheit, wenn sie selbst am Ergebnis beteiligt waren, als wenn ein Dritter ihnen seine Lösung auferlegt."[157] Dass dabei in der BEST "juristischer Sachverstand in aller Regel nicht verfügbar ist, sei nur ein vermeintlicher Nachteil. Gerade in diesem Stadium des Verfahrens, durchgeführt von Praktikern, könnte es sich als weniger vorteilhaft erweisen, wenn Rechtsfragen mit im Vordergrund der Verhandlung stehen."[158] Die Mitglieder der BEST sollen nach Vorstellung Grotmann-Höflings systematisch geschult werden, "und zwar nicht nur in Fragen des materiellen und Verfahrensrechts, sondern auch in der Technik der Verhandlungsführung, der Konfliktregelung und sonstigen sozialwissenschaftlichen Fragen."[159]

---

153 Aus der Perspektive der Justizentlastung anstelle der von Breisig gewählten Perspektive der qualitativen Verfahrensverbesserung für betroffene Arbeitnehmer.

154 Deregulierungs-.

155 Hier nennt Grotmann-Höfling Schiedsstellen für Arbeitsrecht in den neuen Bundesländern, Schiedsstellen für Arbeitsrecht, Schlichtungsverfahren nach § 111 Abs. 2 ArbG; Grotmann-Höfling 1995, 157 ff.

156 Grotmann-Höfling 1995, 170.

157 Grotmann-Höfling 1995, 171.

158 Grotmann-Höfling 1995, 171.

159 Grotmann-Höfling 1995, 171.

Einigen sich die Parteien vor der BEST, "hat die Einigung den rechtlichen Charakter eines vollstreckbaren Vergleichs. Bei Nichteinigung steht der Rechtsweg offen. Bei einer Mehrheitsentscheidung zugunsten des Arbeitnehmers muss der Arbeitgeber Klage erheben, bei Mehrheitsentscheidung zugunsten des Arbeitgebers muss der Arbeitnehmer Klage erheben (für die beiden Mehrheitsentscheidungen gilt eine Vermutung der Richtigkeit der Entscheidung der BEST). Bei einstimmiger Entscheidung zugunsten des Arbeitnehmers muss der Arbeitgeber den geltend gemachten Anspruch erfüllen bzw. den Mitarbeiter wieder einstellen; bei einstimmiger Entscheidung zugunsten des Arbeitgebers wird der Arbeitnehmer abgewiesen, muss leisten bzw. den Arbeitsplatz verlassen. Gegen die einstimmige Entscheidung gibt es den Rechtsweg nur bei Ermessensmissbrauch der BEST analog § 76 Abs. V BetrVG (Billigkeitskontrolle) oder § 76 Abs. VII BetrVG (Rechtsverletzung)."[160] Dann könne die Güteverhandlung entfallen.[161]

Neben den grundsätzlichen Bedenken gegen eine Kommission mit Entscheidungskompetenz ist am Modell der BEST v.a. der weitgehende Ausschluss des Rechtswegs zur Arbeitsgerichtsbarkeit zu bemängeln. Es handelt sich bei der BEST um ein Betriebsgericht, in dem zwar einige rechtsstaatliche Grundsätze zu berücksichtigen sind.[162] Im Gegensatz zur Auffassung Grotmann-Höflings sind an dieser Stelle neben praktischen Bedenken[163] große Zweifel über die verfassungsrechtliche Zulässigkeit[164] einer solchen Regelung angebracht.

---

160 Grotmann-Höfling 1995, 189.

161 Grotmann-Höfling 1995, 172.

162 So das Recht auf Gehör, Vertretung durch Verfahrensbevollmächtigte, Regelungen über Fristen, "insbesondere Ausschlussfristen für die Anrufung des Arbeitsgerichts"; Grotmann-Höfling 1995, 176.

163 Grotmann-Höfling merkt weiter an: "Kein Argument gegen die BEST wäre der Einwand, dass ein Arbeitnehmer sich bei Durchführung des Einigungsversuchs im Betrieb des Arbeitgebers unter Druck gesetzt fühlen könnte. Mangels objektiver Anhaltspunkte kann eine solche Lage nicht herbeigeredet werden, wenn das Verfahren unter rechtsstaatlichen Gesichtspunkten stattfindet. Willkür oder sachfremde Motive sind nicht von vornherein zu unterstellen... Es dürfte einem Arbeitnehmer nicht schwerer fallen, seine Rechte im Betrieb statt außerhalb wahrzunehmen. Im Zweifel müsste er dem Arbeitgeber oder seinem Vertreter auch im Gerichtssaal gegenübertreten, wenn das persönliche Erscheinen der Parteien gemäß § 51 ArbGG angeordnet wurde."; Grotmann-Höfling 1995, 174.

164 Verstoß gegen die Rechtsweggarantie.

4.6.2.5 Wolmerath 2001: Einsatz von Ombudspersonen und Errichtung einer Konfliktlösungskommission mit Entscheidungskompetenz bei Konflikten zwischen Arbeitnehmern

Wolmerath schlägt im Rahmen seiner Dissertation zum Thema "Mobbing" im Anhang seiner Untersuchung unterschiedliche Modelle für die Institutionalisierung betrieblicher Konfliktbearbeitung zur Mobbing-Prävention und -sanktion vor.[165] Sein Modell bezieht sich ausschließlich auf Streitigkeiten zwischen Arbeitnehmern.[166]

In seinem Gesetzentwurf zum "Zweiten Beschäftigtenschutzgesetzes zur Vermeidung von psychischen Belästigungen am Arbeitsplatz und zur Verbesserung der Situation der von psychischen Belästigungen betroffenen Beschäftigten" schlägt Wolmerath vor, in Betrieben und Dienststellen mit in der Regel mehr als 20 Beschäftigten eine "Ombudsfrau bzw. einen Ombudsmann" zu bestellen, "die/der nicht Arbeitgeber- bzw. Dienstvorgesetztenfunktionen ausüben oder dem Betriebs- bzw. Personalrat angehören darf,"[167] um "Interessenskonflikte wegen einer doppelten Funktion"[168] zu vermeiden.[169] Als Ombudsperson komme eine "betriebsinterne oder -externe Person" in Frage.[170] Neben der "Bestellung" eines Mitarbeiters in das "Amt" der Ombudsperson komme auch die Neueinstellung eines Konfliktexperten in Betracht.[171]

Arbeitgeber und Betriebs- oder Personalrat verfügten häufig nicht über die erforderlichen Fähigkeiten, "zwischenmenschliche Probleme und Konflikte endgültig zu lösen".[172] Daher müsse "Die Ombudsfrau oder der Ombudsmann (...) über die erforderlichen Fähigkeiten verfügen, betriebliche Belästigungen sowie zwischenmenschliche Probleme und Konflikte mit den betroffenen Personen aufarbeiten zu können".[173]

---

165 Diese Vorschläge von Wolmerath befinden sich im Anhang seiner Untersuchung und werden daher nicht näher erläutert.

166 Unter Einbeziehung von Vorgesetzten.

167 Wolmerath 2001, 305: § 6 Entwurf eines Gesetzes zur Vermeidung von psychischen Belästigungen am Arbeitsplatz und zur Verbesserung der Situation der von psychischen Belästigungen betroffenen Beschäftigten.

168 Z.B. Arbeitgeber und Ombudsmann.

169 Wolmerath 2001, 305: Erläuterung zu § 6 Abs. 1 2. BeschSchG-E.

170 Wolmerath 2001, 305: Erläuterung zu § 6 Abs. 1 2. BeschSchG-E.

171 Dieser könne sowohl festangestellt als auch als Externer im Status der freien Mitarbeit tätig werden; Wolmerath 2001, 306: Erläuterung zu § 7 2.BeschSchG-E.

172 Wolmerath 2001,305: Erläuterung zu § 6 des Gesetzentwurfs.

173 Wie diese erforderlichen Fähigkeiten genau aussehen, bleibt an dieser Stelle offen.

Klargestellt wird, dass die Ombudsperson "um überhaupt seine Aufgabe wahrnehmen zu können, (...) ein Mindestmaß an sachlicher Ausstattung sowie Fortbildung" benötigt.[174] Dem Betriebs- oder Personalrat wird ein Widerspruchs- und Abberufungsrecht gegenüber der Bestellung der Ombudsperson[175] eingeräumt, "wenn die betreffende Person die persönliche oder fachliche Eignung nicht besitzt oder ihre nach diesem Gesetz übertragenen Aufgaben vernachlässigt."[176] § 6 Abs. 4 und 5 regeln die Ausstattung und Finanzierung sowie Fortbildungsrechte der Ombudsperson und orientieren sich an §§ 37, 40 BetrVG 1972.[177] § 7 des Gesetzentwurfs legt die Rechte und Pflichten der Ombudspersonen, insbesondere auch die Einhaltung von Grundprinzipien[178] fest. Erwähnt werden Verschwiegenheit und Freiwilligkeit: § 7 Abs. 2 des Entwurfs verpflichtet die Ombudsperson "auch nach Ausscheiden aus dem Amt", über alle Umstände, die mit dem Ombudsamt verbunden sind bzw. sich daraus ergeben, Stillschweigen zu bewahren.[179] Die Ombudsperson ergreift nicht selbst die Initiative, Konfliktparteien bei der Lösung ihrer Konflikte zu helfen, die Unterstützung muss zumindest von einem der Beteiligten gewünscht werden. Es könne "niemand gezwungen werden (...), sich der Hilfe der Ombudsperson zu bedienen".[180]

Die Ombudsperson hat nach den Vorschlägen Wolmeraths im wesentlichen vier Funktionen.[181] Sie erarbeitet schriftlich ein informelles Konfliktlösungsverfahren. Bei Scheitern von Vermittlungsbemühungen aufgrund dieses Verfahrens ruft sie die "Konfliktlösungskommission" an.[182] Im Falle der Nichteinigung unterbreitet die Kommission dem Arbeitgeber oder Dienstvorgesetzten das Ergebnis sowie einen Vorschlag für dessen Reaktion. Die Kommission hat

174 Wolmerath 2001, 305 Erläuterung zu § 6.

175 § 6 Abs. 3 des Gesetzentwurfes; Wolmerath 2001, 305.

176 Eine nähere Umschreibung der "Nicht-Eignung" erfolgt nicht.

177 Allerdings müssen die Fortbildungsangebote für Ombudspersonen nach der Vorstellung Wolmeraths im Unterschied zu den Fortbildungen für Betriebsräte lediglich "geeignet", nicht "erforderlich" sein.

178 Ähnlich dem Code of Ethics der TOA.

179 Ausnahme bilden Informationen an Arbeitgeber sowie Betriebs- oder Personalrat, soweit dies der Erfüllung der nach dem Gesetz übertragenen Aufgaben dient.

180 Wolmerath 2001, 306. Offen bleibt jedoch, wie die Freiwilligkeit für die andere(n) Konfliktbeteiligte(n) gewährleistet werden kann.

181 Vgl. § 7 Abs. 1; Wolmerath 2001, 306.

182 Diese ist mit der Ombudsperson als Vorsitzendem, dem Arbeitgeber oder Dienstvorgesetztem sowie dem Betriebsrat besetzt.

weiter die Aufgabe, Beschwerden anzunehmen und ist damit gleichzeitig "Beschwerdestelle". Das Verfahren ersetzt allerdings nicht das Beschwerdeverfahren gem. §§ 84, 85 BetrVG. Sie berät den Arbeitgeber und unterstützt ihn bei der Umsetzung seiner Maßnahmen, auf Wunsch des Betriebs- oder Personalrates berät sie auch diesen. Sie ist den Konfliktparteien "bei der Lösung ihrer Konflikte behilflich, sofern ein solches Handeln zumindest von einem der Beteiligten gewünscht wird."[183]

Für die Arbeit der "Konfliktkommission entwirft Wolmerath ein zweistufiges Verfahren.[184] Zunächst soll auf der ersten Stufe eine einvernehmliche Konfliktlösung unter Vermittlung der Ombudsperson versucht werden.[185] Ziel ist die "einvernehmliche, offene, faire und konstruktive Konfliktlösung.[186]

Gelingt eine einvernehmliche Einigung in der ersten Stufe unter Einbeziehung der Ombudsperson nicht, wird in der zweiten Stufe die sog. Konfliktlösungskommission angerufen. Diese ist nach Vorbild der Konfliktkommissionen in der ehemaligen DDR konstruiert.[187] Sie soll mit der Ombudsperson als Vorsitzendem, Arbeitgeber oder Dienstvorgesetztem sowie Betriebsrat besetzt sein.[188] Im Falle der Nichteinigung der Kontrahenten unterbreitet die Kommission dem Arbeitgeber oder Dienstvorgesetzten dieses Ergebnis sowie einen Vorschlag für dessen Reaktion.[189]

---

183 Wolmerath 2001, 306.

184 § 8, Wolmerath 2001, 307; ähnlich Vogelsang 1997.

185 Dabei ist für die Erarbeitung von Verfahrensregeln in Form einer schriftlichen Verfahrensordnung allein die Ombudsperson zuständig.

186 "Konflikte sind zukunftsgerichtet zu lösen ohne neues "Unrecht" zu schaffen."; Wolmerath 2001, 307

187 Vgl. Hage 2001 m.w.N.

188 § 4 des Entwurfs.

189 Unklar bleibt, inwiefern der Arbeitgeber an die Umsetzung der Vorschläge der Konfliktlösungs-kommision gebunden ist. In § 8 Abs. 5 heißt es: "Im Falle einer nicht einvernehmlichen Konfliktlösung hat die Kommission dem Arbeitgeber oder Dienstvorgesetzten das Ergebnis sowie einen Vorschlag für dessen Reaktion zu unterbreiten, den dieser umzusetzen hat." Laut Erläuterung soll grundsätzlich von der Verhängung von Sanktionen durch den Arbeitgeber abgesehen werden, um "kein neues Unrecht" zu schaffen. "Da nur der Arbeitgeber Sanktionen verhängen bzw. arbeitsrechtliche Schritte einleiten kann, muss diesem ein diesbezügliches Letztentscheidungsrecht eingeräumt werden. Sofern der Arbeitgeber dem Votum der anderen Kommissionsmitglieder nicht folgt, können ihm von den anderen Kommissionsmitgliedern nur rechtlich unverbindliche Vorschläge unterbreitet werden."

In einer Muster-Betriebsvereinbarung schlägt Wolmerath anstelle des Einsatzes einer Ombudsperson die Einrichtung der Stelle eines betrieblichen "Konfliktbeauftragten" vor. Dieser scheint[190] von Arbeitgeber und Betriebsrat gemeinsam auszuwählen zu sein. Auch dieser ist für die Einberufung und Leitung der Konfliktlösungskommission zuständig.[191]

Insgesamt geht Wolmerath - im Gegensatz zu Breisig[192] - von der rechtlichen Zulässigkeit der Installierung interner Konfliktmanager[193] neben dem Betriebsrat aus.[194] Offen bleibt, welche Kompetenzen Ombudspersonen mitbringen müssen bzw. wie diese ggf. zu erwerben sind.[195] Unklar bleibt weiter, wie eine organisationale Verankerung vorzunehmen ist. Dazu zählt die Frage, wo die Stelle der Ombudsperson in der betrieblichen Hierarchie anzusiedeln ist und die Frage der Vernetzung mit und Abgrenzung von traditionell im jeweiligen Betrieb existierenden Stellen und Personen.[196]

Überdenkenswert sind die von Wolmerath verwendeten Begrifflichkeiten: der Begriff der "Ombudsperson" ist in Deutschland sehr unterschiedlich eingeführt. Nicht alle Ombudspersonen sind neutral und unabhängig, häufig sind sie ihren

---

190 Ohne dass dies näher erläutert wird.

191 "Wenn eine einvernehmliche Lösung des Konfliktes nicht möglich oder eine solche nicht zu erwarten ist, ist die Konfliktlösungskommission von dem Konfliktbeauftragten einzuberufen. Der Konfliktbeauftragte sitzt dieser Kommission vor, die aus dem Mobbingbetroffenen, dem Mobber wie je einem Vertreter des Arbeitgebers sowie des Betriebsrates besteht. Die Konfliktlösungskommission findet sich zu maximal drei Gesprächsrunden ein, die in einem zeitlichen Abstand von drei Wochen durchgeführt werden. Ziel der Kommission ist die Lösung des Konflikts (...) Können auch in der dritten Gesprächsrunde einvernehmliche Lösungen nicht erzielt werden, so beschließt die Kommission geeignete Maßnahmen mit der Mehrheit der anwesenden Kommissionsmitglieder." (Muster-BV, § 27).

192 Breisig 1993, s.o.

193 Als "Ombudspersonen" oder "Konfliktbeauftragte".

194 In Bezug auf die erwartbaren Konkurrenzen zwischen Betriebs- oder Personalräten und Personalabteilungen oder einzelnen Führungskräften mit den Ombudspersonen stellt Wolmerath klar, es handele sich um ein zusätzliches Amt, das die Kompetenzen der bestehenden Stellen nicht schmälern soll; zur rechtlichen Zulässigkeit Kap. 5.

195 Z.B., welche Schulungs- und Bildungsveranstaltungen Kenntnisse vermitteln, die für die Tätigkeit qualifizieren.

196 Hier wäre weiterführend eine Untersuchung des jeweiligen organisationalen Kontextes i.R. eines Organisationsentwicklungsprozesses erforderlich (s.o.); keinesfalls dürfte die Schaffung von weiteren Stellen zu einer Zunahme von unkoordiniert nebeneinanderher agierenden Personen führen und so eher zur Desorientierung betroffener Arbeitnehmer beitragen.

Auftraggebern gegenüber weisungspflichtig. In der internationalen Diskussion kann die Bezeichnung "Ombudsperson" zu Missverständnissen führen. In der englischsprachigen Literatur werden die Betriebsräte nach dem BetrVG als "ombudsmen" bezeichnet.[197] Auch die Bezeichnung als "Konfliktbeauftragter" erscheint nicht optimal, da er irreführend eine gesetzliche Beauftragung nahelegt.[198] Auch die Formulierung "Konfliktlösungskommission" wirkt zu starr und verleitet zu der Annahme, die Kommission führe eigene Ermittlungen durch und habe in allen Fällen Letztentscheidungsrecht.

Sehr umständlich erscheint das in dem Betriebsvereinbarungs-Entwurf vorgeschlagene Vorgehen, nach Scheitern des ersten Schlichtungsgesprächs in der Konfliktlösungskommission, verpflichtend drei weitere klärende Gespräche anzusetzen.[199] Zu bezweifeln ist, dass eine paritätische mehrköpfige Kommission über mehr "Schlichtungskompetenz" verfügt als ein hierzu ausgebildeter Konfliktmanager. Es besteht die Gefahr, dass Konflikte "zerredet" anstatt adäquat bearbeitet zu werden.[200]

Da nach dem Modell Wolmeraths der Konfliktbeauftragte auch aus der Mitte des Betriebsrates benannt werden kann, ist zu fragen, ob die Konfliktlösungskommission dann noch paritätisch besetzt ist,[201] d.h., ob sich der konfliktbeauftragte Betriebsrat von seiner Stellung als Betriebsrat lösen kann und in der Lage ist, allparteilich die Konfliktlösungskommission zu leiten.[202]

---

197 Clarke 1997, 157 f.

198 Die Bezeichnung "Beauftragter" ruft angesichts der Vielzahl gesetzlich vorgeschriebener Beauftragtenstellen schnell Widerstand hervor.

199 Vgl. auch Vogelsang 1993, 184. Vogelsang hält einen mehrwöchigen Abstand zwischen den Sitzungen für Mobbingfälle sinnvoll, bei "weniger subtilen Konflikten aber nicht wünschenswert, sofern überhaupt mehr als eine Sitzung erforderlich ist."; Vogelsang 1997, 184.

200 Vgl. Stiebel 2002.

201 Ebenso Vogelsang 1997, 184. Vogelsang 1997, 184 schlägt stattdessen die Besetzung des Vorsitzes mit einer anderen, externen Person vor; hier bleibt allerdings zu fragen, welchen Vorteil eine solche mit einem externen Vorsitzenden ausgestattete Konfliktlösungskommission gegenüber der bereits im BetrVG vorgesehenen betrieblichen Beschwerdestelle als Einigungsstelle oder gegenüber der im Rahmen von § 85 Abs. 2 BetrVG einzuberufenden Einigungsstelle besitzt.

202 Zur Kritik an der Kopplung von Vermittlungs-/Schlichtungsaufgaben und Ermittlungs-/ Entscheidungskompetenzen der Konfliktlösungskommission s.o. zur Kritik an Schiedsstellen mit Entscheidungsmacht.

4.6.3 *Abgestuftes Konfliktmanagement unter Einsatz von Mediation*

4.6.3.1 *Vogelsang 1997: Stufenweiser Einsatz interner Konfliktbeauftragter und Schlichtungsstelle bei Streitigkeiten zwischen Arbeitnehmern*

Vogelsang stellt, basierend auf einer von ihm in Betrieben der Metall- und Elektrobranche[203] in Berlin durchgeführten Betriebsrätebefragung,[204] ein abgestuftes Modell informeller und formeller Konfliktbehandlung vor. Er differenziert, je nach rechtlicher Gestaltung, zwischen einer "kleinen", einer "mittleren" und einer "umfassenden" Lösung. Bei der informellen "kleinen Lösung" steht die Konfliktprävention im Mittelpunkt. Durch bessere Arbeitsorganisation und frühzeitiges Vermitteln / "Konfliktschlichtung"[205] könne die weitere Eskalation von Konflikten verhindert werden. Zusätzlich könnten "informelle, milde Sanktionen" eingesetzt werden. Durch die Unterstützung von innerbetrieblichen Dritten könne erreicht werden, dass sich die Kontrahenten künftig mieden oder wieder vertrügen.[206]

Bei der "mittleren Lösung" soll auf der Grundlage einer Betriebsvereinbarung ein innerbetrieblicher Konfliktbeauftragter und/oder eine Schlichtungsstelle installiert werden. Diese sei zuständig für alle Konflikte, die später in verwandelter Form vor Gericht landen könnten. Die Stelle soll paritätisch besetzt und der Vorsitz möglichst durch einen externen Nicht-Juristen besetzt werden.[207] Empfohlen wird hier explizit der Einsatz externer Mediatoren. Um eine Konkurrenz zwischen der neu errichteten "Schlichtungsstelle" und dem Be-

---

203 Mit mehr als 300 Beschäftigten.

204 Frage 18: "Für die Behandlung und Vermeidung tätlicher Auseinandersetzungen könnte eine paritätische Schlichtungsstelle im Betrieb einberufen werden (ähnlich wie die Konfliktkommissionen oder die Schiedsstellen in ehemaligen DDR Betrieben). Dies wäre auch durch eine freiwillige Betriebsvereinbarung möglich. Solch eine Schlichtungsstelle könnte ebenso für andere Konflikte im Betrieb dienen. Halten Sie eine derartige Einrichtung für wünschenswert?"; von elf Befragten sprachen sich fünf für eine derartige Einrichtung aus; vier Befragte (=36.4%) hielten laut zusätzlichem eigenen Text eine betriebliche Schlichtungsstelle nicht für die beste Form; mit "nein" wurde die Frage aber von niemandem beantwortet; vgl. Vogelsang 1997, Anhang.

205 Diesen Begriff verwendet Vogelsang i.S. von Mediation i.e.S.

206 Vogelsang 1997, 249. Allerdings fehlt ein näherer Hinweis darauf, wie dies geschehen könnte.

207 "Wegen der hauptsächlichen Schlichtungsfunktion und aus Gründen der Praktibilität sollte unseres Erachtens die Bestellung eines Juristen jedoch nicht vorgeschrieben werden. Gleiches gilt für externe Vorsitzende, die leichter Neutralität für die

triebsrat zu vermeiden, solle die Schlichtungsstelle in Beschwerdefällen nur dann angerufen werden können, wenn auch das kollektive betriebliche Beschwerdeverfahren gem. § 85 BetrVG ausgeschöpft sei. Durch die neu errichtete Stelle werde die Einigungsstelle in kollektiven Beschwerdeverfahren ersetzt. Die Güteverhandlung gem. § 54 ArbGG könne nach dem Versuch einer gütlichen Einigung vor der Schlichtungsstelle entfallen.[208] Das Ergebnis einer betrieblichen Konfliktschlichtung solle in etwaig sich anschließenden arbeitsgerichtlichen Verfahren "berücksichtigt"[209] werden.

Einer gesetzlichen Neuregelung bedürfe die Frage der Aussetzung von tariflichen und gesetzlicher Fristen durch Anrufen der Schlichtungsstelle. Die "umfassende" Lösung bietet auf der Grundlage von Tarifverträgen die Installierung branchenspezifischer Schlichtungsstellen und Konfliktbeauftragter ggf. zunächst auch in der Form von Modellprojekten.

Vogelsangs Modell bezieht sich zunächst ausschließlich auf die Behandlung von Streitigkeiten zwischen Arbeitnehmern.[210] Er unternimmt den Versuch, die Zuständigkeit der Betrieblichen Beschwerdestelle gem. § 86 BetrVG zu erweitern. Im Gegensatz zu den oben vorgestellten Modellen verfügt die neue Schlichtungsstelle ebenso wenig wie der Konfliktbeauftragte über Entscheidungskompetenz.[211] Die Differenzierung zwischen präventiven und kurativen Maßnahmen des Konfliktmanagements in der kleinen und der mittleren Lösung entspricht dem oben vorgestellten Modell eines Integrierten Konfliktmanagements.

4.6.3.2 Prütting 1999, Prütting 2002: Einsatz externer Mediatoren in individual-rechtlichen Streitigkeiten zwischen Arbeitgeber und Arbeitnehmer

Prütting[212] befasst sich mit der Frage, ob und ggf. wie Mediation für die Bearbeitung arbeitsrechtlicher Streitigkeiten sinnvoll eingesetzt werden sollte. Er differenziert dabei zwischen außergerichtlicher Konfliktbearbeitung im kollek-

---

Streitbeilegung mitbringen, sie mit der Zeit aber auch verlieren können. Ebenso können sie dem Verfahren einen höheren Stellenwert als bei einer rein betriebsinternen Zusammensetzung verleihen, dies kann aber auch die Klärung der betrieblichen Geschehnisse erschweren.. Die Bestellung von Anwälten, Richtern oder anderen externen Vorsitzenden sollte sich jeweils nach dem konkreten Bedarf und den Möglichkeiten (z.B. Kontakten) des Betriebs richten."; Vogelsang 1997, 252.

208 Vogelsang 1997, 260; Regelung wie § 111 Abs. 2 S. 8 a.F. ArbGG; s.o.

209 Vogelsang 1997, 251.

210 Die im schlimmsten Falle zu "Tätlichkeiten im Betrieb" eskalieren können.

211 Daher ist die Anwendung von Mediation i.e.S. möglich.

212 Prütting 1999a.

tivem und im individuellen Bereich. Für das kollektive Arbeitsrecht stellt er die traditionell große Bedeutung von Schlichtungsverfahren "mit Mediationscharakter" heraus. Da diese zum Zwecke der Streikvermeidung kollektive Streitfragen lösen sollten, sei für Mediation im Bereich des kollektiven Arbeitsrechts kein Raum.[213] Da es traditionell im individuellen Arbeitsrecht nur "außerordentlich wenige" und nur in "absoluten Randbereichen"[214] des Arbeitsrechts außergerichtliche Streitschlichtungsmöglichkeiten gebe, sei nur hier grundsätzlich Raum für Mediation.[215] Das deutsche Arbeitsrecht sei traditionell richterfixiert,[216] "die Schwierigkeiten und die Besonderheiten des modernen deutschen Arbeitsrechts lassen in jedem Fall den Arbeitsrichter als den in erster Linie geeigneten Streitschlichter erscheinen."[217]

Dennoch hält Prütting Mediation im Bereich des individuellen Arbeitsrechts für förderungswürdig.[218] Dabei weist er auf das Erfordernis der situativen Konfliktanalyse hin. Es könne keine generelle Mediationstauglichkeit geben. Dabei bezieht er sich auf das Modell des abgestuften Konfliktmanagements von Aigner.[219] Zu beachten sei, "welche Entwicklung ein arbeitsrechtlicher Konflikt im Einzelfall genommen"[220] habe. In Einzelfällen nach einer sorgfältigen Prüfung der Falleignung sei der Einsatz externer Mediatoren[221] zu befürworten. Denkbar sei eine stufenweise Konfliktbearbeitung, bei der nach ersten direkten Verhandlungen zwischen Arbeitgeber und Arbeitnehmer interne Stellen und Personen hinzugezogen und schließlich der Schritt nach außen zu einem

---

213 Prütting 2002, 958.

214 Prütting 2002, 953.

215 Prütting 1999a, 752.

216 Prütting 1999a, 753. "Der obligatorische Gütetermin in der Arbeitsgerichtsbarkeit ist ein seit langer Zeit bewährter und erfolgreicher verfahrensrechtlicher Aspekt, der den Ruf nach außergerichtlicher Streitbeilegung lange Zeit weitgehend verdrängt hat."; Prütting 2002, 959.

217 Prütting 1999a, 753.

218 Prütting 2002, 959.

219 Prütting 2002, 959; vgl. oben Kap. 2; Aigner 2002.

220 "Erst diese zusätzliche Betrachtung lässt Aussagen über die Mediationsgeeignetheit eines Konfliktes zu."; Prütting 2002, 959.

221 Z.B. im Bereich der Schadensersatzklagen wegen Geschlechtsdiskriminierung, Abmahnung , Mobbing, sexueller Belästigung, bei der Prüfung der Sozialauswahl in Kündigungsschutzverfahren, bei Druckkündigungen, der Erteilung von Arbeitszeugnissen und der Herausgabe von Arbeitspapieren sowie dem Aushandeln von Aufhebungsvergleichen; Prütting 2002, 962 ff.

externen Mediator getan würde.[222] Konkrete Implementierungsvorschläge für die betriebsinterne Institutionalisierung der Mediation unterbreitet Prütting nicht. Darüber hinaus sei mit Budde anzustreben, "künftig Mediation als ein Angebot eines umfassenden alternativen betrieblichen Konfliktbearbeitungsdesigns anzubieten."[223]

4.6.3.3 Hage 2001: Maßgeschneiderte Konfliktbearbeitung für qualitativ besseres Konfliktmanagement

Hage untersucht anhand einer Aufarbeitung der Erfahrungen mit den Konfliktkommissionen in der DDR und dem Übergangsmodell der Schiedsstellen für Arbeitsrecht in den neuen Bundesländern von 1990 - 1992 die rechtlichen Möglichkeiten innerbetrieblicher Konflikthandhabung von individualrechtlichen Konflikten. Empirische Grundlage bildet daneben eine Fragebogen-Erhebung bei betrieblichen Interessenvertretern und Geschäftsleitungen der 76 größten Firmen Niedersachsens.[224]

Ebenso wie die bereits vorgestellten Autoren kommt Hage zu dem Ergebnis, die traditionellen Modelle zur Handhabung individueller Arbeitskonflikte seien unzureichend. Allerdings begründet sie dies[225] überwiegend qualitativ: die für die Qualität der Konflikthandhabung wesentlichen Kriterien der Verfahrensgerechtigkeit und der Konfliktnähe würden durch die wenigen traditionell arbeitsrechtlich zur Verfügung stehenden und kaum genutzten Verfahren nicht

222 Prütting 2002, 959.

223 Prütting 2002, 966 unter Berufung auf Budde 2000a, 519 m.w.N.

224 Neben Fragen zum Bereich Betriebsjustiz wurden auch Meinungen über nichtbetriebsjustizielle Konflikthandhabungsmöglichkeiten und Perspektiven für eine zukünftige betriebliche Konflikthandhabung erfragt. 70% der Betriebs- und Personalräte und Geschäftsleitungen gaben an, in ihren Betrieben existiere keine Vermittlungs- und/oder Schlichtungsstellen für Konflikte; Hage 2001, 335. In ca. 25% der Betriebe scheint es solche Möglichkeiten zu geben. 69% der Betriebs- und Personalräte und 50% der Geschäftsleitungen antworteten auf die Frage nach möglichen Verfahren der "Konfliktvermeidung", die Vermittlung zwischen Betriebsangehörigen sei eine Möglichkeit. Für die Installierung von betrieblichen Konfliktbeauftragten sprachen sich allerdings lediglich 19% der Betriebs- und Personalräte und 10% der Geschäftsleitungen aus; Hage 2001, 337. Paritätisch besetzte Schiedsstellen halten nur 50% der Betriebs- und Personalräte sowie 23% der Geschäftsleitungen für wünschenswert. Begründet wird dies überwiegend mit dem Argument, das Beschwerderecht gem. § 85 BetrVG reiche aus. Nur einer der Befragten (=7%) hielt die Aussage "Konflikte lassen sich besser vor Gericht lösen" für zutreffend.

225 V.a. in Unterschied zu Grotmann-Höfling 1997.

erfüllt. Es bestehe daher Bedarf für die Modifikation bestehender, oder die Entwicklung neuer Modelle der betrieblichen Konflikthandhabung. Dabei erwähnt sie Mediation als neues Verfahren, das den zu stellenden qualitativen Erfordernissen entspräche.[226] Zwar stelle die informelle "Konfliktarbeit" der betrieblichen Interessenvertretung eine gute Chance für eine beziehungserhaltende bzw. -fördernde und zukunftsgerichtete Bearbeitung von Streitigkeiten dar. Da die zur Verfügung stehenden Verfahren jedoch eine eigenverantwortete Konfliktbearbeitung zugunsten "konfliktenteignender" kollektiver Verfahren[227] nicht gestatteten, werde eine Chance für mehr Eigenverantwortung und Partizipation von Arbeitnehmern vertan.[228] Hage verzichtet darauf, ein eigenes Modell einer neuen betrieblichen "Güte- oder Schiedsstelle" zu entwerfen. Es solle den einzelnen Betrieben überlassen bleiben, auf die Erfordernisse des jeweiligen Betriebs bezogene Verfahren und Institutionen zu entwickeln.[229] Sie fordert abschließend einen gesetzlichen Zwang zur Vorschaltung neuer innerbetrieblicher Konfliktregelungsmöglichkeiten.[230]

Die Ergebnisse der Studie Hages bieten eine wichtige Grundlage für das hier als IKMS vorgestellte Modell des Integrierten Konfliktmanagements. Zuzustimmen ist Hage, dass ein einheitliches rechtlich vorgegebenes Modell[231] des betrieblichen Konfliktmanagements - z.B. durch eine in jedem Betrieb gleichermaßen zu implementierende Mediationsstelle - nicht den Anforderungen an komplexe und diverse Unternehmenswirklichkeit entspricht.[232]

4.6.3.4 Aigner 2002: Abgestuftes Konfliktmanagement für Streitigkeiten zwischen Arbeitgeber und Arbeitnehmer

Rechtsvergleichend zwischen österreichischem und deutschem Arbeitsrecht untersucht Aigner den Umgang mit Arbeitnehmerfehlverhalten in beiden Rechtssystemen.[233] Sie erarbeitet für beide Rechtssysteme aus verhaltenswissenschaftlicher Sicht ein sich ergänzendes abgestuftes System der Prävention und Reaktion auf Fehlverhalten von einzelnen Arbeitnehmern. Je nach Eskalations-

226 Hage 2001, 379.
227 S.o. auch Breisig 1993.
228 Hage 2001, 401.
229 Hage 2001, 389.
230 Hage 2001, 399, 401.
231 "Von der Stange".
232 Zur Frage der rechtlichen Absicherung s.u. Kap. 6 und 7.
233 Aigner 2002.

Abbildung 2: Aigners Modell des abgestuften Konfliktmanagements[235]

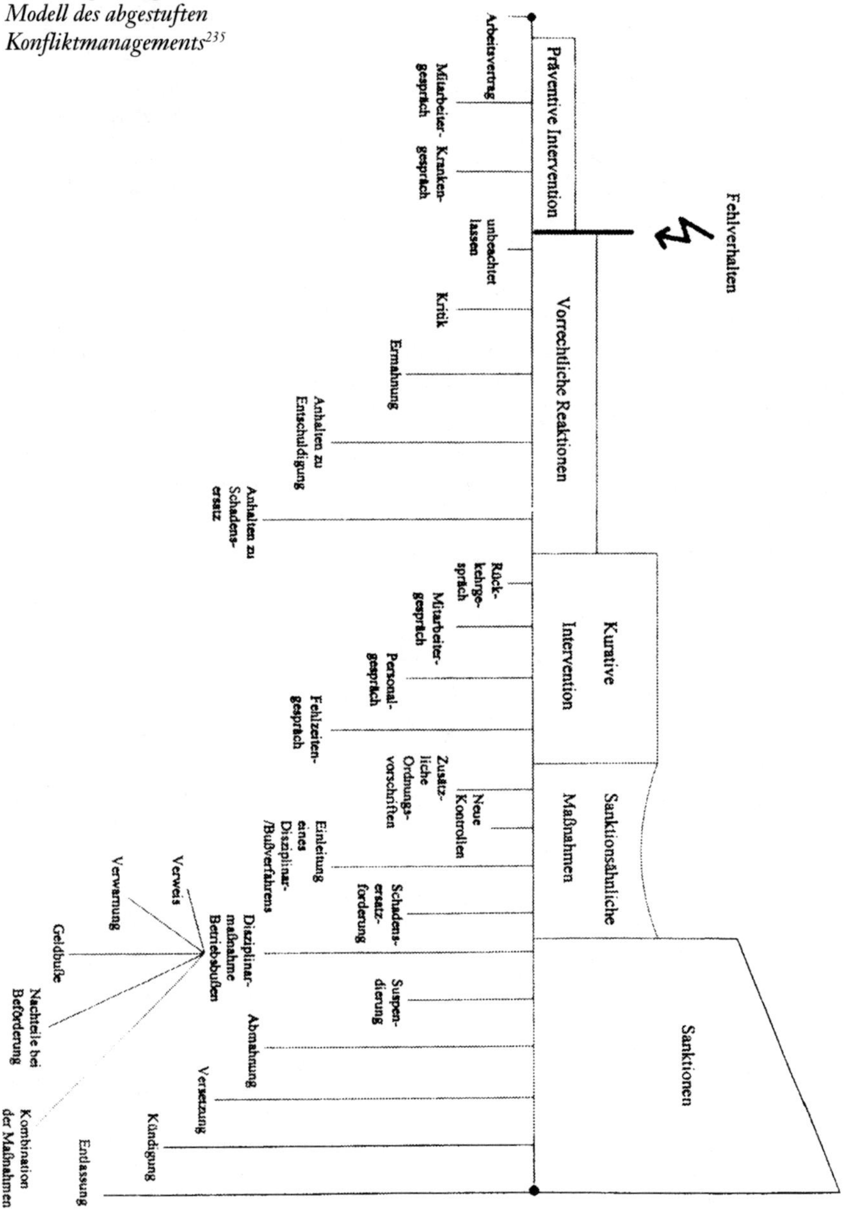

stufe des Konflikts stehen dem Arbeitgeber unterschiedliche Präventionen, vorrechtliche Reaktionen, kurative Interventionen, sanktionsähnliche Maßnahmen und schließlich Sanktionen zur Verfügung.[234] (Sh. Abbildung 2: Aigners Modell des abgestuften Konfliktmanagements[235])

Sie schlägt vor, bei Kündigungen aufgrund von Fehlverhalten von Arbeitnehmern eine Kündigung aus wichtigem Grund als ultima ratio erst dann als zulässig zu erachten, "wenn Reaktionen, Interventionen und das gesamte Spektrum der milderen Sanktionen ohne positives Ergebnis zum Einsatz gekommen sind. (...) Im Rahmen der Prüfung auch dieses Merkmals ist aber jedenfalls gedanklich zu prüfen, ob mildere Vorgehensweisen in betracht kommen. Ein wesentliches Merkmal des abgestuften Konfliktmanagements ist nämlich, dass bis zum Ende der Eskalationsleiter immer wieder auch ein Schritt zurück entweder innerhalb der einzelnen Stufe oder auch auf eine niedriger Stufe möglich ist."[236] Ergänzt werde dieses innerbetriebliche, abgestufte Konfliktmanagement von außerbetrieblichen Elementen in der deutschen Rechtsprechung, "Elemente der Mediation in Gerichtsverfahren einzubeziehen oder den Parteien eine außergerichtliche Einigung vor dem Hintergrund der rechtlichen Einschätzung ihres Falles durch das Gericht anheimzustellen."[237]

4.6.3.5 Dendorfer 2000; Ponschab & Dendorfer 2001; Ponschab & Dendorfer 2002: Unternehmensjuristen als zuständige Stelle für die Einführung von Konfliktmanagementsystemen

Dendorfer[238] stellt die Anwendung unternehmensinterner Mediation im Rahmen eines Konfliktmanagementsystems[239] dar. Sie plädiert aus ökonomischen Erwägungen für den Einsatz von "betrieblichen Konfliktbeauftragten" in Anbindung an eine unabhängige Schlichtungsstelle mit freigestellten Mitarbeitern als Mediatoren oder Konfliktbeauftragten.[240] Nähere Angaben über die Ausge-

234 "Fehlverhalten".

235 aus Aigner 2002, S. 375

236 Aigner 2002, 374.

237 Aigner 2002, 375.

238 Dendorfer 2000, 12 ff. unter Bezugnahme auf Budde 2000a und das von ihr geleitete Modellprojekt zur Implementierung Betrieblicher Mediation; Dendorfer 2000, 15.

239 Ponschab & Dendorfer 2001 bezeichnen dies später als "KonfliktManagementDesign", dann als eingetragene Marke "CMD ConflictManagementDesign®", Ponschab & Dendorfer 2002.

240 Dendorfer 2000, 16.

staltung einer solchen Stelle oder zur Verfahrensgestaltung im Bereich individualrechtlicher Konflikte macht sie zunächst nicht. Ponschab & Dendorfer[241] betrachten die Einführung von betrieblicher Mediation aus dem Blickwinkel des Managements.[242] Zuständige Stelle für die Einführung und Koordinierung von Konfliktmanagementsystemen seien die Rechtsabteilungen der Unternehmen.[243] Die Einführung von Mediation erfordere einen Wandel in Selbstverständnis, Aufgabenstellung und im persönlichen Anforderungsprofil von Unternehmensjuristen. Daher sollten Rechtsabteilungen künftig als "Konfliktmanagementabteilung" oder "Dispute Resolution Department" bezeichnet werden.[244] Unabdingbar sei v.a. eine unternehmenspolitische Grundsatzentscheidung des Managements zur "alternativen Konfliktbewältigung"[245].

Problematisiert wird die Frage der Unabhängigkeit von internen Konfliktmanagern und externen Mediatoren. Es müsse sichergestellt werden, dass keine unmittelbare Abhängigkeit vom Auftraggeber bestehe.[246] Dies könne durch Einsatz eines konzernangehörigen aber betriebsfremden Konfliktmanagers erreicht werden. Außerdem sei zu erwägen, dem betriebsinternen Mediator "eine arbeitsvertraglich abgesicherte und dem Betriebsrat vergleichbare, unabhängige Position (einzuräumen; d.Verf.), die es ihm ermöglicht, gegebenenfalls auch Lösungen zu fördern, die nicht unbedingt nur den vom Management vorgegebenen Unternehmensinteressen entsprechen."[247] Im Anhang stellen die Autoren

241 Ponschab & Dendorfer 2001.

242 Ponschab & Dendorfer 2002, 1039 stellen in einer Grafik streitwertabhängig die Kosten für Mediation ohne Anwälte, mit Anwälten, Schiedsgerichtsverfahren und ordentliches Gerichtsverfahren mit erster und zweiter Instanz gegenüber. Die Mediationskosten liegen dabei deutlich unter den Verfahren für ein gerichtliches Verfahren. Nicht berücksichtigt bleibt in dem Modell jedoch, dass in der ganz überwiegenden Anzahl arbeitsrechtlicher Streitigkeiten das Verfahren nach der Güteverhandlung endet. Die Grundlagen für die Berechnung der Kosten werden aus der Grafik leider nicht deutlich.

243 Ponschab & Dendorfer 2001, 8.

244 Ponschab & Dendorfer 2002, 1048: "In einer solchen Abteilung könnte das Unternehmen seinen gesamten Sachverstand für kompetente Konfliktlösungen bündeln."; ebenda.

245 Ponschab & Dendorfer 2000, 7.

246 Dies könne durch den Einsatz eines konzernangehörigen, aber betriebsfremden internen Mediators gewährleistet werden. Hierzu ist kritisch anzumerken, dass auch ein konzernangehöriger Mitarbeiter mit Arbeitgeberfunktionen u.U. nicht unabhängig und allparteilich wirken kann.

247 Ponschab & Dendorfer 2002, 1041.

"Vertragsklauseln zur Vereinbarung der Mediation" vor. In Arbeitsverträgen soll vereinbart werden, dass nach bilateralen Verhandlungsversuchen innerhalb von 60 Tagen nach Beginn der Verhandlungen eine Mediation nach der Verfahrensordnung der Gesellschaft für Wirtschaftsmediation und Konfliktmanagement e.V. in München durchgeführt wird. Der Mediator wird von dieser Gesellschaft[248] gestellt. Gerichtliche Eilverfahren, insbesondere Arrest- und einstweiliges Verfügungsverfahren können "trotz der Vereinbarung" durchgeführt werden. In Teil II der Klausel wird in Ziffer 3 jede Seite berechtigt, wenn es nicht innerhalb von 60 Tagen nach Bestellung eines Mediators zu einer einvernehmlichen Lösung gekommen ist, "nach Ablauf dieser Frist ein Schiedsverfahren einzuleiten."[249]

Zu diesem Modell ist kritisch seine einseitige Arbeitgeber-Perspektive anzumerken. Hauptmotivation für die Einführung eines CMD®[250] sind betriebswirtschaftliche Gründe. Die Ansiedlung bei den Rechtsabteilungen und Unternehmensjuristen, d.h. ausschließlich beim Arbeitgeber, ist problematisch. Rolle und Rechte des Betriebsrats im Zuge der Einführung eines CMD® werden nicht erwähnt und bleiben unberücksichtigt. Zu der für die Implementierung zentralen Frage des Schutzes der Unabhängigkeit interner Konfliktmanager und externer Mediatoren fehlen rechtliche Umsetzungsvorschläge. Die "Vertragsklauseln zur Vereinbarung der Mediation" schließen unzulässig den Rechtsweg zur Arbeitsgerichtsbarkeit aus.[251] Nicht problematisiert wird auch der etwaige Verstoß gegen Grundregeln des Verbraucherschutzes bei der allgemeinen Verwendung dieser Vertragsklauseln in allen Arbeitsverträgen des Unternehmens.[252]

---

248 Einem 1998, zwei Jahre nach dem Bundesverband für Mediation in Wirtschaft und Arbeitsleben e.V., gegründetem Verband von Wirtschaftsjuristen großer Anwaltsfirmen.

249 Ponschab & Dendorfer 2002, 1053.

250 Auch die Bezeichnung selbst und ihr Markenschutz tragen aus Sicht der Verf. nicht zu einer höheren Akzeptanz dieses Modells bei betroffenen Arbeitnehmern, Betriebsräten und Gewerkschaften bei.

251 Da nur in Eilfällen eine Einleitung von gerichtlichen Schritten zulässig sein soll, könnte z.B. eine Verschleppung der Verhandlungen über den Ausspruch einer Kündigung zum Verstreichen der Frist nach § 4 KSchG führen. Nicht thematisiert wird weiter die Frage nach dem Umgang mit tariflichen Ausschlussfristen.

252 Dazu unten Kap. 5. Daneben entwerfen Ponschab & Dendorfer als zweite Stufe der innerbetrieblichen (!) Streitbeilegungsklauseln solche zu Mediation und Schiedsverfahren (Ziffer II. der "Vorschläge"): "3. Die Parteien werden aus den von der gwmk auf Antrag einer oder sämtlicher Parteien vorgeschlagenen Personen einen Mediator bestimmen. Sollte eine Einigung nicht zustande kommen, so wird die gwmk innerhalb von 30 Tagen ab Antragstellung einen Mediator ernennen. Sollte eine

4.6.3.6 *Lembke 2001: Betriebsrat als interner Mediator; Errichtung einer ständigen betrieblichen Gütestelle auf der Grundlage von § 86 Abs. 2 BetrVG*

Lembke[253] kommt in seiner rechtsvergleichenden Untersuchung zur "Mediation im Arbeitsrecht" zu dem Ergebnis, für die praktische Anwendung von Mediation im Rahmen von "Mediationsprogrammen" oder eines "Konfliktmanagementsystems" gebe es keine rechtlichen Hinderungsgründe. Als innerbetriebliche Stelle für das Angebot von Mediation stehe der Betriebsrat an erster Stelle. Dies ergebe sich aus § 2 Abs. 1 BetrVG, der dem Betriebsrat eine unabhängige und neutrale Position zuweise. Weitere Hinweise für die genuine Funktion des Betriebsrats als Mediator leitet Lembke aus der mehrfach vom Gesetzgeber verwendeten Formulierung "Betriebsrat als Vermittler" in den §§ 82 Abs. 2 S. 2, 83 Abs.1 S. 2 und 84 Abs.1 S. 2 BetrVG ab.

Daneben schlägt er vor, für individualrechtliche Streitigkeiten eine "betriebliche Gütestelle", die sich in die bestehenden gesetzlichen und betriebsverfassungsrechtlichen Konfliktmechanismen einfügen sollte, zu errichten.[254] Innerbetriebliche Mediation würde nach diesem Modell stufenweise in das vorhandene betriebliche Beschwerdeverfahren integriert. Zur Einleitung des Verfahrens richtet der Arbeitnehmer wie bislang eine Beschwerde gem. § 84 BetrVG an Vorgesetzte oder eine zuständige Stelle. Als zuständige Stelle gem. § 84 Abs. 1 S. 2 BetrVG käme danach auch ein "Beschwerdebeauftragter" oder ein "Vermittler in Arbeitsplatzkonflikten" in Betracht.[255] Dieser solle vom Arbeitgeber bestimmt werden.

Ernennung nicht innerhalb dieser Frist erfolgen oder gelangen die Parteien nicht innerhalb von 60 Tagen nach Bestellung eines Mediators zu einer einvernehmlichen Lösung, so ist jede Partei berechtigt, nach Ablauf dieser Frist ein Schiedsverfahren einzuleiten. 4. Falls ein Schiedsverfahren stattfindet, finden die Verfahrensvorschriften der Deutschen Institution für Schiedsgerichtsbarkeit e.V. (DIS) Anwendung."; Ponschab & Dendorfer 2002, 1053. Diese Klausel verstößt gegen §§ 4, 101 Abs. 2 ArbGG; vgl. Kap. 3, Kap. 5. Aus § 101 Abs. 2 ArbGG ergibt sich, dass nur die Tarifpartner und nur im Bereich der Bühnenkünstler, Filmschaffenden, Artisten oder Kapitäne und Besatzungsmitglieder nach §§ 2 und 3 des Seemannsgesetzes durch Schiedsgerichte den Rechtsweg zur Arbeitsgerichtsbarkeit ausschließen können. Gem. § 101 Abs. 3 ArbGG finden die Vorschriften der ZPO über das schiedsrichterliche Verfahren in Arbeitssachen keine Anwendung, da die Tarifparteien die Verfahrenshoheit besitzen. Daher ist auch die Bindung an Verfahrensvorschriften der DIS rechtswidrig.

253 Lembke 2001.

254 Lembke 2001, 175.

255 Lembke 2001, 235.

Als zweite Stufe bestehe - wie bisher schon - im Rahmen des § 84 Abs. 1 S. 2 BetrVG die Möglichkeit, ein Betriebsratsmitglied als "Vermittler" hinzuzuziehen.[256] In der dritten Stufe gelange die Beschwerde gem. § 85 Abs. 1 BetrVG zum Betriebsrat. Dieser prüfe die Berechtigung der Beschwerde und führe, sofern die Prüfung eine Berechtigung der Beschwerde ergeben hat, zunächst direkte Verhandlungen mit dem Arbeitgeber über Abhilfe des Beschwerdeanlasses. Auf der vierten und letzten innerbetrieblichen Stufe solle dann eine auf Grundlage von § 86 S. 2 BetrVG errichtete ständige betriebliche Beschwerdestelle "in Rechtsstreitigkeiten ein Mediationsverfahren und in Regelungsstreitigkeiten ein Med-Arb-Verfahren" durchführen.[257] An den Gesetzgeber richtet sich die Forderung, für die Errichtung einer betrieblichen Beschwerdestelle gem. § 86 S. 1 BetrVG ein Initiativrecht des Betriebsrats gem. § 87 BetrVG zu normieren.[258]

4.6.3.7 Stückemann 2000; Redmann 2000: Institutionalisierung von Mediation in kollektiven Streitigkeiten

Stückemann[259] fordert allgemein "für den Bereich des BetrVG" die Einführung obligatorischer Mediation.[260] Nähere Angaben zur Ausgestaltung einer solchen Stelle und dem Verfahrensablauf liegen nicht vor.

Redmann[261] schlägt vor, anstelle von Einigungsstellen Wirtschaftsmediation anzuwenden. Sie erläutert die Vorteile von Mediation im Vergleich zum traditionellen Einigungsstellenverfahren. Vorschläge zur konkreten Ausgestaltung der betrieblichen Implementierung unterbleiben.[262]

---

256 S. dazu und zum folgenden oben Kap. 3.

257 Lembke 2001 Rz. 462.

258 Lembke 2001 Rz. 464.

259 Stückemann 2000, 5ff.

260 Stückemann 2000, 8. Er vergleicht dies mit § 15a EG-ZPO für die obligatorische Schlichtung in Zivilsachen.

261 Redmann 2000.

262 Zu ggf. auftretenden rechtlichen Kollisionen s. unten Kap. 5.

4.7 Zusammenfassende Bewertung

Um einen effizienten konfliktnahen Zugang zu gesteuertem Konfliktmanagement zu schaffen, müssen Personen oder Stellen bestimmt werden, die als erste Ansprechpartner und Koordinatoren zur Verfügung stehen. Wo diese Stelle angesiedelt ist und ob die Funktion durch schon bestehende Stellen übernommen oder neu geschaffen wird, sind Fragen der Entwicklung der jeweiligen Organisation. Zu berücksichtigen sind die bisher vorhandenen traditionellen betrieblichen Stellen und Verfahren. Dabei kann entweder eine neue Stelle geschaffen, an bestehende Stellen angeknüpft werden, oder es werden informell bereits agierende Personen zu internen Konfliktmanagern weiterqualifiziert.

Im Gegensatz zu vielen oben vorgestellten Modellen hat die erste Ansprechperson in einem IKMS keine weitergehenden Ermittlungs- oder Entscheidungskompetenzen.[263] Es werden innerbetriebliche mit ausserbetrieblichen Angeboten verbunden.

Im Folgenden sollen die rechtlichen Rahmenbedingungen für den Einsatz von Konfliktmanagern und Mediatoren in einem IKMS untersucht werden. Zunächst soll geklärt werden, inwiefern der Einsatz von Mediation ggf. mit anderen traditionellen Verfahrensangeboten kollidiert und dadurch unter Umständen unzulässig ist.[264]

---

263 Was nicht ausschließt, dass sie über das erste Konfliktscreening hinaus selbst Interventions-Methoden wie z.B. Mediation anbietet.

264 Vgl. Kap. 5.

5 Zulässigkeit der Implementierung von Mediation im Betrieb und Ansätze für ihre Institutionalisierung im Arbeitsrecht

In einem Integrierten Konfliktmanagementsystem steht Mediation als interessenorientiertes Verfahren neben den oben vorgestellten traditionellen betrieblichen und außerbetrieblichen arbeitsrechtlichen Verfahren und Institutionen zur Verfügung. Im folgenden sollen zunächst die rechtlichen Rahmenbedingungen für die Einleitung einer betrieblichen Mediation untersucht werden. Im nächsten Schritt wird geprüft, inwieweit der Einsatz interner oder externer Mediation und die Installierung von Konfliktmanagern und Konfliktlotsen neben den traditionellen arbeitsrechtlichen Verfahren und Institutionen zulässig ist.

Schließlich sollen die "Schnittstellen" zwischen traditionellen arbeitsrechtlichen Verfahren und Mediation betrachtet und sinnvolle Verknüpfungen für die Integration traditioneller rechte-orientierter und Mediation als interessen-orientiertem Verfahren untersucht werden. Dabei wird auch die Frage einer etwaigen Verpflichtung des Arbeitgebers und des Betriebsrats zur Implementierung von präventiven Konfliktmanagementsystemen angesprochen.

5.1 Zulässigkeit von Mediationsabreden für die Einleitung einer betrieblichen Mediation in individualrechtlichen Streitigkeiten

5.1.1 Ad-hoc Einzelabrede einer externen Mediation

Bei Streitigkeiten zwischen Arbeitgeber und Arbeitnehmer und bei Streitigkeiten zwischen Arbeitnehmern oder Arbeitnehmergruppen erfolgt der Einsatz eines externen Mediators meist auf der Grundlage einer mündlichen Abrede zwischen Arbeitgeber und beteiligtem Arbeitnehmer oder Arbeitnehmern für den konkreten Einzelfall.[1]

---

1 Daneben werden die näheren vertraglichen Bestimmungen zwischen den Medianten und zwischen Mediator und Medianten in Phase 1 der Mediation im Mediationsvertrag vereinbart; dabei variiert die Bezeichnung. Von einigen Autoren werden diese Abmachungen als "Mediationsvereinbarung" bezeichnet, so, Kap.2. Eidenmüller 2001, 8 differenziert zwischen Mediationsvereinbarung zwischen den Konfliktparteien und "Mediatorvertrag" zwischen Mediator und Konfliktparteien. In der Mediationspraxis

Arbeitsrechtliche Abreden können wirksam mündlich, schriftlich, ausdrücklich oder durch schlüssiges Verhalten getroffen werden.[2]

Die Einleitung einer einzelnen Mediation durch einen außerbetrieblichen Mediator auf der Grundlage einer Einzelabrede zwischen Arbeitgeber und Arbeitgeber ist grundsätzlich zulässig. Fraglich ist, ob dies gegen den Verfahrensgrundsatz der Freiwilligkeit verstößt. Der Arbeitgeber verfügt alternativ im Rahmen seines Weisungsrechts[3] über die Möglichkeit, die Streitigkeit durch eine einseitige[4] Entscheidung zu lösen. Das Angebot der Mediation durch einen externen Mediator stellt von Seiten des Arbeitgebers somit zunächst einen Verzicht auf Sanktionen und einseitige Entscheidungen dar und bildet ein zusätzliches freiwilliges Angebot. Für den oder die betroffenen Arbeitnehmer wird eine zusätzliche Möglichkeit der eigenverantwortlichen Beteiligung an einer künftigen Konfliktlösung geschaffen. Voraussetzung dafür ist die Einhaltung der oben beschriebenen Verfahrensgrundsätze und Grundprinzipien der Mediation, v.a. der tatsächlichen Unabhängigkeit des Mediators vom Arbeitgeber.[5]

5.1.2 Einseitige Mediationszusagen des Arbeitgebers

In der Literatur vorgeschlagen wird zur Implementierung eines IKMS ein "Self-Commitment des Unternehmens", in dem sich dieses verpflichtet, in Konfliktfällen die Methoden der außergerichtlichen Konfliktbeilegung anzuwenden.[6] Hier stellt sich die Frage nach der rechtlichen Verbindlichkeit einer solchen Grundsatzerklärung.

Das BAG hat mit Urteil vom 16.9.1999[7] festgestellt, die einseitige Zusage eines kirchlichen Arbeitgebers[8] entwickle Bindungswirkung. Da § 5 Abs. 1 der

---

werden beide Verträge häufig in einem Dokument zusammengefasst und als "Mediationsvertrag" bezeichnet; vgl. auch Budde 2000b, 695ff.

2 Preis in ErfKomm § 230 BGB Rz. 1.

3 Auf der "Macht-Ebene", s.o. Kap. 2.

4 Ggf. arbeitsgerichtlich überprüfbare.

5 Zur Frage der rechtlichen Absicherung der Verfahrensgrundsätze der betrieblichen Mediation s.u. Kap. 6. Nach Auffassung von Albrecht 2001 sei bei Arbeitgebern kein grundsätzliches Interesse an Mediation gegeben, da Machtentscheidungen schneller und kostengünstiger zu treffen seien. Dabei verkennt sie die ökonomischen und persönlichen Folgekosten solcher kurzfristigen Entscheidungen.

6 Ponschab & Dendorfer bezeichnen dies als "Self-Commitment des Unternehmens"; Ponschab & Dendorfer 2002, 1045.

7 NZA 2000, 208.

8 Hier der katholischen Kirche.

Grundordnung der katholischen Kirche die Zusage enthalte, eine Kündigung könne nur "nach einem vorherigen klärenden Gespräch" ausgesprochen werden, sei eine ohne ein solches vorheriges klärendes Gespräch ausgesprochene Kündigung regelmäßig unverhältnismäßig und deshalb sozialwidrig.[9]

Legt das Unternehmen bzw. der Arbeitgeber in seinen Unternehmensgrundsätzen einseitig mündlich oder schriftlich fest, vor dem Ergreifen personeller Maßnahmen wie dem Ausspruch einer Kündigung oder einer Abmahnung einen Mediationsversuch zu unternehmen, ist er daran gehalten. Es hat zumindest ein Mediationsversuch stattzufinden, um diese vertragliche Vereinbarung zu erfüllen. Gleiches muss bei der Verpflichtung, "in Konfliktfällen die Methoden der außergerichtlichen Konfliktlösung anzuwenden"[10] gelten.

5.1.3 Mediationsklauseln in Arbeitsverträgen

Neben der Einzel-Abrede und der einseitigen Grundsatzzusage Alternativer Konfliktbeilegung und Mediation wird in der Literatur die präventive Vereinbarung von Mediationsklauseln in Arbeitsverträgen vorgeschlagen.[11] Während einerseits die präventive Funktion solcher Klauseln auch für das innerbetriebliche Bekanntwerden von Alternativen zum Rechtsstreit betont wird[12], wird von anderer Seite kritisiert, anders als bei wirtschaftsrechtlichen Schiedsabreden, fehlten wirkungsvolle Vollstreckungsmechanismen. Die Gefahr des Missbrauchs von Mediation als Verschleppungstaktik sei zu groß; ohne eine Minimum an

---

9 "Legt ein Arbeitgeber in einer Dienstanweisung im einzelnen fest, wie er auf bestimmte Pflichtverstöße des Arbeitnehmers zu reagieren beabsichtigt, so bindet er sich damit selbst und muss sich im konkreten Fall an das in der Dienstanweisung festgelegte Verfahren halten: eine Kündigung, bei der der Arbeitgeber die von ihm selbst aufgestellten Verfahrensregeln nicht beachtet, verstößt regelmäßig gegen den Verhältnismäßigkeitsgrundsatz und ist deshalb nach § 1 Abs. 2 KSchG als sozialwidrig anzusehen."; NZA 2000, 208.

10 Ponschab & Dendorfer 2002, 1045.

11 Vgl. oben Kap. 4; Ponschab & Dendorfer 2002, 1045, 1052. "Da die Abgabe einseitiger Verpflichtungserklärungen gegenwärtig noch auf Widerstand stößt, empfiehlt es sich, in alle Verträge eine standardisierte Mediationsklausel aufzunehmen, die die Durchführung eines Mediationsverfahrens im Konfliktfall als notwendige Voraussetzung zur Einleitung eines Gerichtsverfahrens festlegt. Die Aufnahme von Schiedsklauseln ist ja schon seit langem gängige Praxis bei komplexen Vertragswerken."; Ponschab & Dendorfer 2002, 1045; zur Frage der Zulässigkeit von Mediationsklauseln in AGB für Verbraucherstreitigkeiten und in Wirtschaftsstreitigkeiten zwischen Unternehmen: Wagner 2000, 30.

12 Bühring-Uhle 1995, 59 f.

Kooperationsbereitschaft der Parteien sei Mediation ohnehin zum Scheitern verurteilt.[13]

Geprüft werden soll im Folgenden, ob die Verwendung von Mediationsklauseln in Arbeitsverträgen zulässig ist.

Arbeitsverträge werden grundsätzlich privatautonom zwischen Arbeitgeber und Arbeitnehmer ausgehandelt. Das Vertragsrecht des BGB geht modellhaft von in freier Selbstbestimmung handelnden Vertragspartnern aus.[14] Entscheidende Bedingung dafür, dass der Vertrag sein Ziel - die richtige Leistungsrelation im Kontakt zwischen selbstbestimmten Rechtssubjekten - erreicht, ist die "Chancengleichheit der Vertragspartner bei der Interessenverfolgung. Synonym spricht man von Gleichgewichtigkeit, Machtäquivalenz oder Machtsymmetrie."[15] Diese Machtsymmetrie muss auch bei der Aushandlung von Arbeitsvertragsklauseln grundsätzlich gewahrt bleiben.

5.1.3.1 Mediationsklauseln als Verstoß gegen § 310 Abs. 4 BGB?

Die Vereinbarung von Mediation in Arbeitsverträgen könnte unwirksam sein, wenn es sich bei diesen Klauseln um unangemessen benachteiligende Vertragsbedingungen im Sinne der Grundsätze des Verbraucherschutzes handeln würde.

Gem. § 310 Abs. 4 BGB finden die Bestimmungen über die Allgemeinen Geschäftsbedingungen keine Anwendung bei Tarifverträgen, Betriebs- und Dienstvereinbarungen; bei der Anwendung auf Arbeitsverträge sind die im Arbeitsrecht geltendem Besonderheiten "angemessen" zu berücksichtigen. Trotz umfangreicher Diskussionen über die Auslegung des Begriffs "angemessen" in der arbeitsrechtlichen Literatur kann für die Beurteilung der Zulässigkeit von Mediationsklauseln an die auch schon vor Inkrafttreten des Schuldrechtsänderungsgesetzes [16] an den Prinzipien des AGB-Gesetzes orientierte Praxis angeknüpft werden.[17]

---

13 Nelle 1992, 287.

14 Die Vertragsfreiheit, d.h. die Freiheit des einzelnen, seine Lebensverhältnisse durch Vertrag eigenverantwortlich zu gestalten, ist die Haupterscheinungsform der Privatautonomie; Palandt / Heinrichs, Einführung vor § 145 BGB Rz. 7.

15 Bauer in: Küttner 2001, Arbeitsvertrag Rz. 2.

16 Das am 1.1. 2002 in Kraft getreten ist.

17 Preis in ErfKomm 2001 § 611 BGB Rz. 272; Däubler 2001a, 1329-1400; ders. 2001b, 3729-3734. Der durch die Schuldrechtsnovellierung auch in das Arbeitsrecht eingeführte Verbraucherbegriff wird von Kritikern als "Einfallstor eines neuen Arbeitsvertragsrechts" bezeichnet. So Hümmerich & Holthausen 2002, 173.

Zu unterscheiden ist weiterhin zwischen ausgehandelter Individualabrede und vorformulierter Vereinbarung. Verwendet ein Arbeitgeber einseitig von ihm diktierte und für eine Vielzahl gleicher Fälle konzipierte vorformulierte Vereinbarungen, ist angesichts der fehlenden gemeinsamen Verantwortung für den Vertragsinhalt der Inhalt der Klausel einer gerichtlichen Kontrolle zugänglich.

Der Inhaltskontrolle unterliegen insbesondere Klauseln, die einseitig Kündigungserschwerungen beinhalten. So könnte eine Klausel, die einseitig nur dem Arbeitnehmer eine Eigenkündigung des Arbeitsverhältnisses erst nach Durchführung einer Mediation erlaubte, unwirksam sein.

In der Literatur wird vorgeschlagen[18] Mediationsklauseln zu vereinbaren, die festlegen, dass im Falle von Streitigkeiten zwischen Arbeitgeber und Arbeitnehmer vor Klageerhebung ein Mediationsversuch unternommen wird. Sofern klargestellt wird, dass eine Klageerhebung zur Fristwahrung[19] zulässig bleibt, begegnen solche zweiseitigen Mediationsklauseln keinen rechtlichen Bedenken und sind grundsätzlich zulässig.

5.1.3.2 Durchführung einer vereinbarten Mediation als Klage-Zulässigkeitsvoraussetzung?

Fraglich bleibt, ob bei einer in einer Mediationsklausel vereinbarten Mediation die Teilnahme an der Mediation Zulässigkeitsvoraussetzung für die Klageerhebung vor dem Arbeitsgericht darstellt.

In der Vergangenheit hatte sich das BAG mehrfach mit der Frage der verpflichtenden Durchführung von Schlichtungsversuchen in kirchlichen Arbeitsverhältnissen zu befassen. In seiner Entscheidung vom 18.5.1999[20] kam das BAG zu dem Ergebnis, die beklagte Arbeitgeberin könne sich nicht auf eine prozessual beachtliche Einrede stützen, weil der Kläger trotz einer Arbeitsvertragsklausel, die die Verpflichtung enthielt, "bei Meinungsverschiedenheiten, die sich aus dem Vertrag ergeben, zunächst die (...) Schlichtungsstelle anzurufen", die Kündigungsschutzklage vor dem Arbeitsgericht parallel zur vereinbarten Anrufung der Schlichtungsstelle erhoben hatte.

---

18 Die Praxis ist dem, soweit ersichtlich, noch nicht in nennenswertem Umfang gefolgt; Beispiele für die Formulierung von Mediationsklauseln in Arbeitsverträgen bei Lembke 2001, 169; Ponschab & Dendorfer 2002, 1052.

19 Und anschließendem Ruhen des Verfahrens gem. § 251 ZPO z.B. für die Wahrung der unabdingbaren gesetzlichen Kündigungsschutzklagefrist gem. § 4 KSchG oder der Klageerhebungsfrist bei Entfristungsklagen gem. §§ 17, 21 TzBfG.

20 BAG AP Nr. 1 zu § 4 ArbGG 1979.

Der Wortlaut der Vertragsklausel[21] biete keinen Anhalt für die Annahme, die staatliche Gerichtsbarkeit sei vorläufig ausgeschlossen. Der Inhalt von § 12 S. 1 Chefarztvertrag beschränke sich auf die rechtsgeschäftliche Verpflichtung der Parteien, bei Meinungsverschiedenheiten aus dem Dienstvertrag die Schlichtungsstelle anzurufen. Die Formulierung, diese Anrufung müsse "zunächst" erfolgen, lege allerdings eine zeitliche Reihenfolge zwischen der Schlichtung und dem staatlichen Rechtsschutz fest. Die Rechtsverfolgung vor den Gerichten für Arbeitssachen solle danach nachrangig sein. Hieraus allein lasse sich aber nicht ablesen, die gleichwohl unmittelbar erfolgte Anrufung des staatlichen Gerichts und die weitere Durchführung dieses Verfahrens begründe für die Beklagte eine prozessual beachtliche Einrede. Das Verfahren vor der Schlichtungsstelle müsse dem Wortlaut der Klausel nach nicht abgeschlossen sein, ehe Klage vor den Gerichten für Arbeitssachen erhoben wird. Es sei möglich, parallel beide Verfahren zu führen. Die Klausel diene daher nicht nur der Klarstellung, die Schiedsstelle sei kein nach § 4 ArbGG unzulässiges Schiedsgericht. Vielmehr spreche ihr Inhalt gegen einen, wenn auch nur vorübergehenden, Ausschluss der Zuständigkeit der staatlichen Gerichte, zumal es an weiteren vertraglichen Bestimmungen zum prozessualen Verhalten der Parteien bei gleichzeitig betriebenen Verfahren fehle. Hätten die Parteien eine derart weitgehende Beschränkung des Klagerechts vereinbaren wollen, hätte dies ausdrücklich bestimmt werden müssen.[22]

Bei der Vereinbarung von Mediation kann die Erhebung einer Klage vor dem Arbeitsgericht von einem vorherigen Mediationsversuch abhängig gemacht werden. Es handelt sich dabei nicht um die unzulässige Vereinbarung einer Schiedsklausel.

5.1.3.3 Kollision von Mediationsklauseln mit gesetzlichen Fristregelungen

Zu prüfen ist jedoch, ob in Arbeitsverträgen Mediationsklauseln zulässig sind, die einen Klageverzicht bis zum Abschluss der Mediation festlegen und damit mittelbar einen materiellen Rechtsverzicht indizieren.[23]

---

21 Die Klausel lautete: "Krankenhaus und Arzt sind verpflichtet, bei Meinungsverschiedenheiten, die sich aus dem Vertrag ergeben, zunächst die beim Diakonischen Werk der Ev. Kirche von Westfalen - Landesverband Innere Mission - e.V. in Münster gebildete Schlichtungsstelle anzurufen. Die Behandlung eines Falles vor der Schlichtungsstelle schließt die Anrufung des Arbeitsgerichts nicht aus". Diese einzelvertraglich vereinbarte Klausel orientierte sich vollinhaltlich an § 8 einer gleichlautenden Muster-Arbeitsvertragsvereinbarung der Evangelischen Kirche von Westfalen. Deshalb unterlag sie der vollen Inhaltskontrolle des BAG.

22 BAG 18.5.1999 AP Nr. 1 zu § 4 ArbGG 1979.

23 Vgl. auch Eidenmüller 2001, 15.

Da eine Mediation häufig nicht in einem einzigen Termin beendet werden kann und auch nicht immer sofort ein Mediationstermin vereinbart werden kann, kommt eine Kollision mit den kurzen formal-rechtlichen Fristregelungen in Betracht. Der Verzicht auf eine Klageerhebung kann gem. § 4 ArbGG nicht wirksam ausgeschlossen werden. Wird die Klageerhebung durch Verstreichen einer unabdingbaren Frist unzulässig, ist auf diese Weise der Rechtsweg entgegen § 4 ArbGG nicht gegeben und mittelbar ein unfreiwilliger materieller Rechtsverzicht eingetreten.

Die Klagefrist des § 4 KSchG kann durch die Anrufung einer Schlichtungsstelle kirchlicher oder sonstiger Art anstelle der Klageerhebung vor dem Arbeitsgericht nicht gewahrt werden.[24] Gleiches gilt de lege lata für die Einleitung einer Mediation oder die Teilnahme an einem Mediationsverfahren. Mediationsklauseln, die Klagen zur Fristwahrung nicht zulassen, sind aus diesem Grunde nichtig. In Mediationsklauseln muss wegen des Grundsatzes der Transparenz in Verbraucherschutzangelegenheiten auf die Möglichkeit der Klageerhebung zur Fristwahrung mit Bitte um Anordnung des Ruhens des Verfahrens gem. § 251 ZPO hingewiesen werden.

5.1.3.4 Kollision von Mediationsklauseln mit tariflichen Ausschlussfristen

Neben der Kollision mit formellen gesetzlichen Fristregelungen kann es durch die Vereinbarung einer Mediationsklausel auch zur Kollision mit tariflichen Ausschlussfristen kommen.

Tarifliche Ausschlussfristen sind Fristen, nach deren Ablauf das materielle Recht erlischt, wenn es zuvor nicht geltend gemacht worden ist.[25] Tarifliche Ausschlussfristen sollen kurzfristig Klarheit über möglicherweise noch bestehende gegenseitige Ansprüche aus dem Arbeitsverhältnis geben und damit Rechtsklarheit schaffen. Eine tarifliche Ausschlussklausel kann die formlose, schriftliche oder gerichtliche Geltendmachung vorsehen. Bei den in der tariflichen Praxis gebräuchlichen sog. Doppelklauseln müssen Ansprüche aus dem Arbeitsverhältnis in einer ersten Stufe zunächst formlos oder schriftlich geltend gemacht und wenn dies erfolglos war, in der zweiten Stufe gerichtlich eingeklagt werden.[26]

---

24 LAG Hamm v. 25.1.1994 LAGE Nr. 24 zu § 4 KSchG.

25 Schaub ErfKomm 2001 § 4 TVG Rz.94.

26 Eisemann in: Küttner 2001, § 83 Rz. 25.

Nehmen Arbeitnehmer und Arbeitgeber[27] gemeinsam an einer Mediation teil, kann der Arbeitnehmer während der Mediation tarifliche Ansprüche formlos mündlich geltend machen. Ist die schriftliche oder gerichtliche Geltendmachung tariflich vorgeschrieben, reicht das Vorbringen von Ansprüchen in der Mediation nicht aus. Es muss ebenfalls zur Fristwahrung Klage vor dem Arbeitsgericht erhoben werden. Beruft sich eine Seite auf die Einrede der prozessual beachtlichen Einrede der Mediationsklausel, ist dies unzulässig.

In arbeitsvertraglichen Mediationsklauseln muss auch auf die Möglichkeit der Klageerhebung zur Fristwahrung tariflicher Ansprüche hingewiesen werden.[28]

Eine Mediationsklausel, die eine gerichtliche Geltendmachung von tariflichen Ausschlussklauseln untersagt oder die Klageerhebung von der Beendigung der Mediation abhängig macht, ist unwirksam.

Im Gegensatz zu Wirtschaftsmediationsverfahren bei Streitigkeiten zwischen Unternehmen ist im Bereich der Mediation zwischen Arbeitgeber und Arbeitnehmer daher grundsätzlich nicht davon auszugehen, dass die Beteiligten mittels des Mediationsvertrages oder der Mediationsklausel einen vollständigen sog. dilatorischen Klageverzicht[29] bis zur Beendigung des Mediationsversuches[30] vereinbaren wollen. Vielmehr sind Klagen zur Fristwahrung grundsätzlich zulässig. Das Ruhen des Verfahrens bis zur Beendigung der Mediation gem. § 251 ZPO kann vereinbart werden.

5.1.3.5 Vereinbarung von Mediation zwischen Arbeitnehmern oder zwischen Arbeitnehmergruppen

Vereinbaren Arbeitnehmer oder Gruppen von Arbeitnehmern, zur Bearbeitung von Konflikten untereinander eine Mediation durch einen externen Mediator in Anspruch zu nehmen, ist dies ohne rechtliche Bedenken möglich. Ein Zustimmungserfordernis des Arbeitgebers liegt hierfür nicht vor. Die zwischen den Arbeitnehmern getroffene Mediationsvereinbarung hat dann allerdings keine Wirkung auf die weitere Durchführung des Arbeitsverhältnisses. Es handelt sich um eine privatautonome bürgerlich-rechtliche Vereinbarung zwischen Einzel-

27 Bzw. dessen Vertreter.

28 Fordert ein Arbeitgeber Arbeitnehmer auf, an einer Mediation teilzunehmen und beruft sich anschließend auf tarifliche Ausschlussfristen ist dies darüber hinaus als treuwidrig anzusehen. Durch die Aufforderung zur Teilnahme an einer Mediation hält er Arbeitnehmer als Vertragspartner durch aktives Handeln von der Einhaltung der Ausschlussfrist ab. Vgl. Schaub ErfKomm 2001 § 4 TVG Rz. 108.

29 Eidenmüller 2001, 12.

nen ohne Verpflichtung des Arbeitgebers. Kommt es zu Streitigkeiten aus einer solchen Mediationsvereinbarung oder einem Mediationsvertrag, ist allerdings gem. § 2 Abs. 1 Zf. 9 ArbGG der Rechtsweg zur Arbeitsgerichtsbarkeit gegeben.

5.2 Implementierung von Mediation im Verhältnis zu traditionell arbeitsrechtlichen innerbetrieblichen Verfahren

5.2.1 Mediation und individuelles Beschwerdeverfahren gem. § 84 BetrVG

Gegenstand einer Beschwerde sind individuelle Benachteiligungen, ungerechte Behandlungen oder sonstige Beeinträchtigungen von Einzelnen.[31]

Gerade vom einzelnen Arbeitnehmer als "ungerecht" empfundene Behandlungen sind Hinweis auf das Vorliegen einer Konfliktsituation. Im individuellen Beschwerdeverfahren haben Arbeitnehmer als Konfliktbeteiligte das Recht, sich über solche individuell als ungerecht empfundene Behandlungen zu beschweren. Im Gegensatz zu Mediationsverfahren steht im Beschwerdeverfahren die Frage der Beurteilung, ob eine Beschwerde berechtigt ist oder nicht, im Mittelpunkt. Ist die Beschwerde berechtigt, hat der Arbeitgeber die Pflicht, für Abhilfe zu sorgen. Ausgegangen wird bei dieser rechte-orientierten Betrachtungsweise davon, dass der sich beschwerende Beschäftigte als schwächeres "Opfer" schutzbedürftig gegenüber einem oder mehreren "Tätern" ist. Im Gegensatz dazu geht Mediation aufgrund der ihr eigenen systemischen Sichtweise davon aus, dass in Konfliktsituationen alle Konfliktbeteiligten subjektiv verzerrt wahrnehmen und sich selbst mit steigender Konflikteskalation[32] jeweils immer stärker als Opfer und den anderen als Täter definieren und empfinden.[33]

Da es sich bei § 84 BetrVG um ein gesetzlich normiertes Arbeitnehmerschutzrecht handelt, ist aufgrund des Vorrang des Gesetzes die vereinbarte Sub-

---

30 §§ 133, 157 BGB.

31 S.o. Kap. 3, Buschmann in DKK 2002 § 84 Rz. 7.

32 Vgl. Kap. 2 Modell der Konflikteskalation nach Friedrich Glasl.

33 Ermittlungen zur Erforschung der "Wahrheit" und "wer Recht hatte", sind aus dem Blickwinkel der Mediation nicht die Voraussetzung für eine konstruktive Konfliktbearbeitung.

stitution des individuellen Beschwerdeverfahrens durch Mediation unzulässig.[34] Fraglich ist, ob der Arbeitgeber[35] einen externen Mediator oder einen internen Konfliktmanager oder Konfliktlotsen als zuständige Stelle des Betriebes i.S. des § 84 Abs. 1 S. 1 bestimmen könnte. Gem. § 84 Abs. 2 BetrVG hat die zuständige Stelle die Aufgabe, über die Berechtigung von Beschwerden zu entscheiden und dem Arbeitnehmer über die Behandlung der Beschwerde einen Bescheid zu erteilen. Diese Ermittlungs- und Entscheidungsfunktion über die Berechtigung der Beschwerde widerspricht der Funktion des Mediators als allparteilichem Vermittler ohne Ermittlungs- und Entscheidungskompetenzen.[36] Ein externer Mediator, interner Konfliktmanager oder Konfliktlotse kommt als zuständige Stelle i.S. des § 84 Abs. 1 BetrVG in dieser Angelegenheit daher nicht in Frage.

Fraglich ist weiter, ob der Betriebsrat als "genuiner Mediator" gem. § 84 Abs. 1 S. 2 BetrVG tätig wird,[37] neben dem kein anderer Mediator tätig werden kann. Lembke versteht unter dem Wortlaut "Vermittlung" des Betriebsrats gem. § 84 Abs. 1 S. 2 BetrVG die Mediation zwischen einzelnem Arbeitnehmer und Arbeitgeber.[38] Wie oben ausgeführt,[39] ist hiermit vom Gesetzgeber nicht die Durchführung einer Mediation i.e.S. gemeint. Es kommt daher nicht zu einer Kollision zwischen individuellem Beschwerdeverfahren und Mediationsverfahren.

Mediation kann neben dem individuellen Beschwerdeverfahren als zusätzliche Stufe in einem IKMS mit dem individuellen Beschwerdeverfahren verbunden werden. Um Verfahrenskollisionen zu vermeiden, wäre es mit Einverständnis des betroffenen Arbeitnehmers zulässig, das individuelle Beschwerdeverfahren

---

34 Buschmann in DKK 2002 § 84 Rz. 1. Allerdings könne i.R. einer Betriebsvereinbarung oder einem Tarifvertrag nach § 86 BetrVG ausgeschlossen werden, dass individuelles und kollektives Beschwerdeverfahren parallel zueinander eingeleitet werden.

35 Oder Arbeitgeber und Betriebsrat gemeinsam.

36 Wenn sich z.B. ein Arbeitnehmer über einen Vorgesetzten beschwert, weil dieser seiner Meinung nach unfaire Beurteilungen über ihn abgibt, hätte die zuständige Stelle die Aufgabe, diesen Vorwurf aufzuklären, meist ohne direktes Gespräch der am Konflikt Beteiligten. Der "Mediator" hätte nach der Beschwerde mit dem Beschwerdegegner Kontakt aufzunehmen, ihm die Sicht des anderen zu schildern und zu ermitteln, ob der Vorwurf berechtigt war. Diese Entscheidungsfunktion, die gem. § 84 Abs. 2 BetrVG zur Folge hat, dass über die Berechtigung der Beschwerde ein Bescheid an den Beschwerdeführer ergehen muss, widerspricht der Funktion eines Mediators.

37 So Lembke 2001, 228.

38 Lembke 2001, 228f.

39 Vgl. oben Kap. 3.

bis zum Abschluss einer Mediation ruhen zu lassen[40] und dieses bei Scheitern oder Abbruch der Mediation weiter zu führen.

5.2.2 *Mediation und kollektives Beschwerdeverfahren gem. § 85 Abs. 1 BetrVG*

Wie das individuelle kann auch das kollektive Beschwerdeverfahrens gem. § 85 Abs. 1 BetrVG aufgrund des Vorrangs der gesetzlichen Regelung nicht durch die Vereinbarung einer Mediation ersetzt werden.

Vom Gesetzgeber selbst vorgesehen ist die Substitution des kollektiven Beschwerdeverfahrens ausschließlich durch ein Verfahren vor einer betrieblichen Beschwerdestelle oder einer tariflichen Schlichtungsstelle gem. § 86 BetrVG.[41]

Fraglich ist, ob die Einleitung eines kollektiven Beschwerdeverfahrens gem. § 85 Abs. 1 BetrVG die Teilnahme des beschwerdeführenden Arbeitnehmers an einer Mediation ausschließt, und umgekehrt, ob die Teilnahme an einer Mediation die Erhebung einer kollektiven Beschwerde bis zum Ende der Mediation aussetzen kann.[42]

Für beides lassen sich keine rechtlichen Anhaltspunkte erkennen. Die Inanspruchnahme von Mediation ist vor oder parallel oder auch nach Abschluss eines kollektiven Beschwerdeverfahrens zulässig. Die Anregung dazu könnte auch vom Betriebsrat selbst ausgehen. Allerdings kann der Betriebsrat die Annahme einer kollektiven Beschwerde nicht mit der Begründung ablehnen, statt der Beschwerde solle der Arbeitnehmer an einer Mediation teilnehmen.

Ebenfalls aufgrund des Vorrangs des Gesetzes kann auf die Einleitung des kollektiven Beschwerdeverfahrens nicht auf der Grundlage eines "pactum de non petendo" analog zum Klageverzicht in zivilrechtlichen Mediationen wirksam verzichtet werden.[43]

Unzweifelhaft zulässig ist eine Mediation nach Abschluss des kollektiven Beschwerdeverfahrens, z.B. nachdem Betriebsrat und Arbeitgeber oder nur der Betriebsrat bei der Prüfung der Beschwerde zu dem Ergebnis gekommen ist, dass ein Konflikt zwischen mehreren Personen vorliegt, der durch eine Mediation zu bearbeiten wäre.

---

40 Nachgebildet § 251 ZPO.

41 Vgl. oben Kap. 3.

42 I.S. eines pactum de non petendo; vgl. Eidenmüller 2001, 13; Hacke 2001, 116 ff.

43 S.o.

5.3 Zulässigkeit des Einsatzes von Konfliktmanagern und Konfliktlotsen

Vereinzelt wird in der Rechtsprechung und in der Literatur vertreten, zusätzliche Stellen oder Personen wie Konfliktmanager und Konfliktlotsen könnten neben den dazu gesetzlich vorgesehenen Stellen nicht implementiert werden.[44] Im folgenden soll daher untersucht werden, in welchem Verhältnis Mediation zu den traditionell vorhandenen arbeitsrechtlichen Verfahren steht und wo es ggf. Kollisionen geben könnte.

5.3.1 Konkurrenz zu Einigungsstelle gem. §§ 85 Abs. 2, 76 BetrVG ?

In Frage kommt eine Kollision mit den Aufgaben der Einigungsstelle in kollektiven Beschwerdeverfahren gem. §§ 85 Abs. 2, 76 BetrVG.

Die Einigungsstelle nach § 85 Abs. 2 BetrVG ist zuständig für typische auch in Mediationen zu bearbeitende Konfliktsituationen.[45]

Der Betriebsrat hat gem. § 85 Abs. 2 BetrVG - wenn zwischen ihm und dem Arbeitgeber Meinungsverschiedenheiten über die Berechtigung einer Beschwerde bestehen - das Recht, die Einigungsstelle anzurufen. Der Spruch der Einigungsstelle ersetzt die Einigung zwischen Arbeitgeber und Betriebsrat. Dieses Recht besteht unabhängig davon, ob der Arbeitnehmer dem Einigungsstellenverfahren zustimmt.[46] Die Verfahrenshoheit liegt nach Erheben der kollektiven Beschwerde allein beim Betriebsrat.

Der Betriebsrat ist nicht gezwungen, unmittelbar nach Nichteinigung mit dem Arbeitgeber ein Einigungsstellenverfahren durchzuführen. § 85 BetrVG legt für den Betriebsrat keine Frist für den Zeitpunkt der Anrufung der Einigungsstelle fest. Der Betriebsrat kann daher bis zum Abschluss der Mediation warten, bis er die Einigungsstelle anruft.

---

44 So LAG Hamburg 15.7.1998, NZA 1998, 1245; ; Lembke 2001, 233; kritisch dazu Budde 1999d.

45 Als Beispiele werden in der arbeitsrechtlichen Literatur aufgezählt: "Beschwerden über ständige Eingriffe von Vorgesetzten und Kollegen in den Aufgabenbereich des Arbeitnehmers, mangelnde oder unzureichende Information und Zielsetzung, unsachgemäße Kritik oder Kontrolle, ständiger Einsatz als "Springer" unter Verschonung anderer Arbeitnehmer."; vgl. Fitting 2002, § 85 BetrVG Rz. 6 f.

46 Fitting 2002 § 85 Rz. 4.

Eine parallele Einleitung von Mediation zwischen Konfliktparteien und die Einleitung des kollektiven Beschwerdeverfahrens durch einen der Medianten ist in tatsächlicher Hinsicht nicht sinnvoll.[47] Hinzu kommt, dass der Arbeitnehmer beim kollektiven Einigungsstellenverfahren als Beschwerdeführer nicht persönlich als Partei am Verfahren beteiligt ist. Bei der parallelen Durchführung der Mediation könnte es zu sachwidrigen, ggf. den in der Mediation bearbeiteten Konflikt eskalierenden, Entscheidungen der Einigungsstelle kommen. Geregelt werden sollte daher zwischen Betriebsrat und Arbeitnehmern für das kollektive Beschwerdeverfahren, dass dessen Einleitung erst nach Abschluss oder Abbrechen der Mediation stattfinden kann.[48]

Nicht zu Kollisionen zwischen Mediation und Einigungsstellenverfahren kommt es, wenn die Einigungsstelle mit einem externen Mediator[49] als Einigungsstellen-Vorsitzendem besetzt wird[50] und das Einigungsstellenverfahren in der ersten Stufe mit mediativen Elementen durchgeführt wird.[51]

5.3.2 Konkurrenz zur Betrieblichen Beschwerdestelle gem. § 86 BetrVG ?

Weiterhin ist zu prüfen, ob der Einsatz von Konfliktmanagern und Konfliktlotsen mit einer ggf. neu zu schaffenden Stelle mit der Vorschrift des § 86 BetrVG kollidiert.

Gem. § 86 S. 1 BetrVG können durch Tarifvertrag oder Betriebsvereinbarung die Einzelheiten des Beschwerdeverfahrens geregelt werden. Dazu gehört auch die Bestimmung von Formen und Fristen für die Behandlung von Beschwerden sowie die Einrichtung eines "betrieblichen Instanzenzugs"[52]. Be-

---

47 Aus demselben Grunde, aus dem auch die parallele Durchführung von Gerichtsverfahren und Mediation nicht sinnvoll ist und das "pactum de non petendum" als Stillhalteabkommen bis zum Ende der außergerichtlichen Verhandlungen in wirtschaftsrechtlichen Streitigkeiten vereinbart wird.

48 Dies könnte in Form einer Betriebsvereinbarung oder eines Tarifvertrages geregelt werden: s.u. Kap. 6.

49 Ggf. auch interne Konfliktmanager.

50 Dadurch wird aber weder aus dem Einigungs- noch aus dem Beschwerdestellenverfahren ein Mediationsstelle oder eine Clearingstelle für das innerbetriebliche Konfliktmanagement bei individuellen Streitigkeiten zwischen Arbeitnehmern; anders wohl Lembke 2001, Rz. 462.

51 Vgl. Fischer 2000, 220.

52 Hanau & Kania ErfKomm 2001, § 86 Rz. 1.

stimmt werden kann z.B., dass das individuelle und das kollektive Beschwerdeverfahren nicht gleichzeitig durchzuführen sind.[53]

Gem. § 86 S. 2 BetrVG kann durch Tarifvertrag oder Betriebsvereinbarung bestimmt werden, dass in den Fällen des § 85 Abs. 2 an die Stelle der Einigungsstelle eine betriebliche Beschwerdestelle tritt. Für die Beschwerdestelle kann eine Beschwerdeordnung erlassen werden.[54] Die Zuständigkeitsregelung des § 85 Abs. 2 BetrVG kann weder durch Betriebsvereinbarung noch durch Tarifvertrag geändert werden.[55] Beschwerdegegenstand für eine betriebliche Beschwerdestelle kann demnach nur die Behandlung von Meinungsverschiedenheiten zwischen Betriebsrat und Arbeitgeber über die Berechtigung der Beschwerde eines Arbeitnehmers sein.

Nicht zuständig ist die Beschwerdestelle gem. § 86 S.2 BetrVG für die Behandlung von Beschwerden an den Arbeitgeber gem. § 84 BetrVG. Auch eine Erweiterung der Kompetenzen der Stelle über eine kollektive Schlichtung zwischen Arbeitgeber und Betriebsrat wegen der Prüfung der Berechtigung individueller Beschwerden hinaus ist durch den Wortlaut von § 86 S. 2 BetrVG ausgeschlossen. Es ist daher de lege lata i.R. einer Beschwerdestelle gem. § 86 BetrVG unzulässig, eine Mediation mit den unmittelbar von Konflikten Betroffenen[56] durchzuführen. Die Möglichkeit der Bestimmung einer betrieblichen Beschwerdestelle bezieht sich ausschließlich auf die Fälle des § 85 Abs. 2 BetrVG und - im Gegensatz zu der Regelung in § 86 S. 1 BetrVG - nicht auf § 84 BetrVG. In der Literatur wird daher kritisch hinterfragt, ob in der Ersetzung der Einigungsstelle gem. § 76 BetrVG durch eine betriebliche Beschwerdestelle gem. § 86 S. 2 überhaupt etwas gewonnen ist.[57]

Deutlich wird jedenfalls, dass der Gesetzgeber den Betriebspartnern Gestaltungsspielräume überlässt, ein eigenes innerbetriebliches Beschwerdesystem zu implementieren.[58] Grundsätzlich kann es neben Betriebsrat, Arbeitgeber und Einigungsstelle andere Stellen geben, die sich mit der Bearbeitung von Beschwerden und Konflikten befassen.

53 S.o.

54 Fitting 2002, § 86 Rz. 3.

55 Fitting 2002, § 86 Rz. 3.

56 D.h. zwischen Arbeitnehmern oder zwischen Arbeitgeberund Arbeitnehmer.

57 Vgl. Hennige 1996, 62 f. m.w.N.

58 Anders LAG Hamburg vom 15.7.1998, s.o.

Deshalb wird neuerdings von anderer Seite[59] vorgeschlagen, die Norm des § 86 BetrVG zur Grundlage für die Installierung eines IKMS und der Implementierung von Mediation im Betrieb zu nehmen.

Dabei ist zu berücksichtigen, dass die betriebliche Beschwerdestelle, ebenso wie die Einigungsstelle, den Auftrag hat, zu prüfen, ob die Beschwerde des Beschwerdeführers berechtigt ist. Hierüber entscheidet sie selbst, bei Stimmengleichheit durch die Stimme des Vorsitzenden. Dies kollidiert mit den Verfahrensgrundsätzen der freiwilligen vertraulichen Vermittlung durch den Mediator ohne Entscheidungskompetenz.[60] Das Ziel, über § 86 BetrVG eine innerbetriebliche Stelle für Konfliktmanagement und Mediation für die Bearbeitung interindividueller Konflikte zwischen Arbeitgeber und Arbeitnehmer oder zwischen Arbeitnehmern zu implementieren, kann ohne wesentliche gesetzliche Änderungen daher nicht erreicht werden. § 86 S. 2 bringt damit lediglich Verbesserungen für den formellen Rahmen des kollektiven Beschwerdeverfahrens gem. § 85 Abs. 2 BetrVG.[61]

Allerdings ist durch § 86 BetrVG eine zusätzliche Implementierung von anderen Stellen, wie z.B. Stellen für Konfliktmanager und Konfliktlotsen, nicht ausgeschlossen. So könnte Mediation durch einen Tarifvertrag oder eine Betriebsvereinbarung gem. § 86 S. 1 BetrVG als obligatorisches Vorverfahren zu Beschwerdeverfahren nach § 85 Abs. 1 BetrVG verbindlich vorgeschrieben werden.[62]

5.3.3 Konkurrenz zum Betriebsrat?

Die Einführung von Konfliktmanagern und die Errichtung einer Stelle für Konfliktmanagement und Mediation könnte weiter mit den gesetzlichen Aufgaben des Betriebsrats kollidieren.

---

59 Lembke 2001, 233..

60 S.o. Kap. 3.

61 Deshalb wurden solche Stellen bisher nur sehr vereinzelt eingesetzt; vgl. Hage 2001, 194, die drei Betriebsvereinbarungen von 1972, 1973 und 1989 als Beispiele anführt. In den letzten Jahren ist das Interesse an Verfahren gem. § 86 BetrVG im Rahmen von Betriebsvereinbarungen zur partnerschaftlichen Zusammenarbeit am Arbeitsplatz gestiegen; vgl. Vorschläge bei Wolmerath 2001, 263 f., die nun vereinzelt auch umgesetzt werden, so z.B. bei den Ford Werke AG Köln.

62 Allerdings sollte - s.o. Kap. 4 - von schematischen Regelungen Abstand genommen, und jeweils fallspezifisch entschieden werden können.

In der Rechtsprechung wurde vertreten, der Aufgabenkatalog des Betriebsrats umfasse abschließend alle Aufgaben des betrieblichen Konfliktmanagements. Dies schließe den Einsatz von Konfliktbeauftragen grundsätzlich aus.[63]

In der Entscheidung des LAG Hamburg vom 15.7.1998[64] stellte ein Betriebsrat den Antrag, eine Einigungsstelle zum Thema "sozialer Umgang von Arbeitnehmern untereinander" mit dem Ziel des Abschlusses einer Betriebsvereinbarung zur Mobbing-Prävention gem. § 98 ArbGG einzusetzen. In dem vom Antragsteller vorgelegten Entwurf der Betriebsvereinbarung war u.a. die Berufung eines Konfliktbeauftragten vorgesehen. In seiner Entscheidung ließ das LAG Hamburg[65] offen, ob dem Betriebsrat gem. § 87 Abs. 1 Zf. 1 BetrVG ein eigenes Initiativrecht zusteht. Es sei nicht von der Hand zu weisen, dass der Betriebsrat ein Interesse daran haben könnte, Störungen des Kollegenkreises durch das Verhalten einzelner Arbeitnehmer durch Schaffung einer entsprechenden betrieblichen Ordnung entgegenzuwirken. Grenzen diese Initiativrechtes könnten sich nur aus dem Mitbestimmungstatbestand selbst sowie aus der Systematik und dem Sinnzusammenhang des BetrVG ergeben.

Davon abgesehen sei die Einigungsstelle allerdings offensichtlich unzuständig, weil der Gesetzesvorbehalt des § 87 Abs. 1 BetrVG der Regelung entgegenstehe. Gem. § 75 BetrVG gehörten die dort aufgezeigten "Problemfälle" zu den gem. § 75 BetrVG unveräußerlich allein dem Betriebsrat übertragenen Aufgaben. Das Procedere der angestrebten Konfliktlösung habe seine Regelung in den §§ 82 ff. BetrVG, v.a. in §§ 84, 85 BetrVG gefunden. Deshalb sei es dem Betriebsrat nicht gestattet, diese ihm gesetzlich zugedachte Aufgaben auf eine andere Institution zu übertragen. Konfliktbeauftragter sei in jedem Falle der Betriebsrat selbst. Es sei ihm auch nicht gestattet, die Lösung der Konfliktprobleme einem anderen Procedere zu unterstellen, als es die Vorschriften der §§ 82 ff. BetrVG vorsähen.

Der Betriebsrat ist die gesetzliche Interessenvertretung[66] der Arbeitnehmer[67] des Betriebes innerhalb der Betriebsverfassung. Er vertritt die Arbeitnehmer im Sinne des Gesetzes gegenüber dem Arbeitgeber.[68] Der Betriebsrat ist jedoch

---

63 LAG Hamburg Beschluss vom 15.7. 1998, in: kon:sens 1999, mit Anm. Budde; AiB 1999 mit Anm. Wolmerath; NZA 1998, 1245.

64 Ebenda.

65 Im Gegensatz zum erstinstanzlichen Beschluss des Arbeitsgerichts Hamburg.

66 Repräsentant.

67 Nicht die Leitenden Angestellten.

68 Fitting 2002, § 1 Rz. 158, Rz. 163.

nicht Vertreter einzelner Arbeitnehmer. Er kann kraft Amtes keine rechtsgeschäftlichen Erklärungen für einzelne Arbeitnehmer abgeben oder entgegennehmen.[69] Allerdings kann ein Betriebsratsmitglied kraft besonderen Auftrags eines Arbeitnehmers diesen außergerichtlich vertreten.[70]

Aus § 2 BetrVG i.V. mit § 74 BetrVG wird als Ziel der Zusammenarbeit zwischen Arbeitgeber und Betriebsrat die Vermeidung bzw. Lösung konkreter Konflikte mit friedlichen Mitteln genannt.[71] Hierbei stehen die Konflikte zwischen Arbeitgeber und Betriebsrat im Mittelpunkt. Beide haben gem. § 2 Abs. 1 BetrVG vertrauensvoll zum Wohl der Arbeitnehmer und des Betriebs zusammenzuarbeiten. Hierdurch sollen aber Interessengegensätze nicht ausgeschlossen oder verdeckt werden.[72]

Ebenso wie das LAG Hamburg leitet Lembke[73] daraus ab, der Betriebsrat sei der gesetzlich allein zuständige betriebsinterne Mediator in Streitigkeiten zwischen Arbeitgeber und einzelnem Arbeitnehmer sowie in Streitigkeiten zwischen Arbeitnehmern. Dies ergebe sich auch aus §§ 82 Abs. 2 S.2, 83 Abs.1 S. 2 und 84 Abs. 1 S. 2. sowie aus §§ 80 Abs. 1 Zf. 3 und 87 Abs. 1 Zf. 5 BetrVG. In diesen Normen werde der Betriebsrat vom Gesetzgeber als "Vermittler", also als Mediator zwischen Arbeitgeber und einzelnen Arbeitnehmern bestimmt.[74]

Diese Auffassung vermag nicht zu überzeugen. Zwar bestimmt § 84 Abs.1 S. 3 BetrVG im Wortlaut, dass der Beschwerdeführer ein Betriebsratsmitglied zur Unterstützung oder "Vermittlung" hinzuziehen kann. In den von Lembke außerdem genannten §§ 82 Abs. 2 S.2 und 83 Abs. 1 S. 2 ist jedoch nicht von Vermittlung und Unterstützung, sondern lediglich von "Hinzuziehen des Betriebsrats" bei der Erläuterung der Berechnung und Zusammensetzung des Arbeitsentgelts[75] bzw. bei der Einsichtnahme in Personalakten[76] die Rede. Ob auch in §§ 82 Abs. 2 S. 2 und in § 83 Abs. 1 S. 2 "Hinzuziehen" als Oberbegriff für Vermittlung und Unterstützung gemeint ist, ist bislang weder in der Literatur noch in der Rechtsprechung ausgelegt worden. Aus Sinn und Zweck der Vorschriften ergibt sich für den Betriebsrat eine den Arbeitnehmer unterstüt-

69 Fitting 2002, § 1 Rz.165a.
70 Fitting 2002, § 80 Rz. 13.
71 Fitting 2002, § 2 Rz. 34.
72 Fitting 2002, § 2 BetrVG, Rz. 9.
73 Lembke 2001, 229.
74 Dazu ausführlich oben Kap. 3.
75 § 82 Abs. 2.
76 § 83 Abs.1.

zende Funktion. Diese findet ihre Grenze im "Wohl des Betriebs" i.S. des § 2 BetrVG. Der Betriebsrat soll nicht zum kritiklosen Vertreter und Anwalt einzelner betroffener Arbeitnehmer werden und hat gleichzeitig auf das Wohl aller Arbeitnehmer zu achten. Dies bedeutet jedoch nicht, dass er damit die Funktion eines Konfliktmanagers oder sogar eines Mediators innehat.[77]

Im Gegenteil spricht gegen die Rolle des Betriebsrats als Mediator gerade seine Gebundenheit an das Wohl des Betriebes einerseits und seine Rolle als gewählter Repräsentant der Belegschaft andererseits. Der Betriebsrat ist also qua Amt nicht unabhängig. Er unterliegt Verpflichtungen, sowohl den Arbeitnehmern als auch dem Arbeitgeber gegenüber. Er wird von außen sowohl vom Arbeitgeber als auch von den Beschäftigten als "Anwalt der Arbeitnehmer" wahrgenommen.[78]

Dieser Einschätzung widerspricht auch nicht, dass das Betriebsratsmitglied während seiner Hinzuziehung gem. § 82 Abs. 2 S. 2 Fragen stellen und Vorschläge unterbreiten kann.[79] Im Gegenteil spricht die Möglichkeit, eigene Vorschläge zu unterbreiten eher gegen die Annahme, das Betriebsratsmitglied handele hier als Mediator. Mediatoren im oben definierten Sinne halten sich mit der Formulierung eigener Vorschläge zurück.

---

77 Abgesehen davon, dass auch einzelne Betriebsratsmitglieder ohne entsprechende Ausbildung nicht als Mediatoren i.e.S. tätig werden können, s.o. Kap. 2.

78 Und wird sich, wenn er sich der künftigen Unterstützung und Wiederwahl durch die Belegschaft sicher sein will, auch so verhalten. Vergleichbar ist die Rolle des Betriebsrates im Beschwerdeverfahren gem. § 84 Abs. 1 BetrVG am ehesten mit der des Rechtsanwalts, der gem. § 1 BRAO als unabhängiges Organ der Rechtspflege auch nicht unbegrenzt zugunsten seines Mandanten tätig sein kann, sondern die Rechtsordnung zu beachten hat. Gem. § 1 Abs. 3 BORA hat der Rechtsanwalt seine Mandanten konfliktvermeidend und streitschlichtend zu begleiten, vergleichbar dem Grundsatz der vertrauensvollen Zusammenarbeit in § 2 Abs. 1 BetrVG. Mediationstätigkeit ist gem. § 18 BORA anwaltliche Tätigkeit. Dennoch dürfen Rechtsanwälte als Mediatoren nicht in Angelegenheiten, in denen sie die Interessen einer Partei vorher oder nachher in derselben Angelegenheit parteilich vertreten, tätig werden. Dies gilt auch z.B. für Syndikusanwälte und für Beratungsanwälte, für Arbeitgeber oder Betriebsrat. Dasselbe muss bezogen auf den Betriebsrat auch gelten: in derselben Angelegenheit darf ein Betriebsratsmitglied, das z.B. in einer Einigungsstelle mit der Entscheidung über die Berechtigung einer Beschwerde befasst war oder einen Arbeitnehmer im individuellen Beschwerdeverfahren begleitet hat, nicht als Mediator auftreten.

79 Fitting § 82 Rz. 11; so aber als Begründung für die Mediatorenähnlichkeit der Betriebsratsaufgabe Lembke 2001, 228 f.

Auch § 80 Abs. 1 Zf. 3 BetrVG, nach dem der Betriebsrat Anregungen von Arbeitnehmern und der Jugend- und Auszubildendenvertretung entgegenzunehmen und - falls sie berechtigt erscheinen - durch Verhandlungen mit dem Arbeitgeber auf eine Erledigung hinzuwirken hat, weist nicht auf eine genuine Funktion des Betriebsrats als Mediator hin. Der Betriebsrat ist die "Ansprechstelle des Betriebs".[80] "Anregung" wird als Oberbegriff für "Vorschläge und Beschwerden"[81] verstanden. Der Betriebsrat muss sich mit einer an ihn herangetragenen Anregung sachlich befassen. Im Gegensatz zu einem Mediator hat er die Anregung zu untersuchen und zu prüfen, ob sie berechtigt erscheint.[82] Er hat die Situation zu beurteilen und über sie zu entscheiden. Erst wenn er die Anregung für berechtigt hält, hat er mit dem Arbeitgeber über die Möglichkeit einer sachgerechten Erledigung zu verhandeln. "Kann die Streitfrage durch Verhandlungen zwischen Betriebsrat und Arbeitgeber nicht beigelegt werden, so hat der Betriebsrat den Arbeitnehmer ggf. auch auf die Möglichkeit der Inanspruchnahme der Arbeitsgerichtsbarkeit oder der Erhebung einer förmlichen Beschwerde nach § 84 BetrVG hinzuweisen."[83]

Auch diese Hinweis- und Beratungspflicht weist auf die Parteigebundenheit der Rolle des Betriebsrats hin. Ein Mediator würde bei solchen Hinweisen seine Allparteilichkeit gefährden und damit gegen die "Regeln der mediatorischen Kunst" verstoßen.

Der Betriebsrat oder einzelne Betriebsratsmitglieder könnten jedoch als Mediator für Konflikte zwischen Arbeitnehmern einer Hierarchiestufe in Betracht kommen. Als Beispiel dafür führt Lembke[84] die Funktion des Betriebsrats in Fragen der Urlaubsfestlegung für einzelne Arbeitnehmer gem. § 87 Abs. 1 Zf. 5 BetrVG an.

Bei der Festlegung des Urlaubs für einzelne Arbeitnehmer kommt dem Betriebsrat ein Mitbeurteilungsrecht zu. Betriebliche Interessen müssen gegen die Interessen des oder der Arbeitnehmer abgewogen werden. Die Urlaubswünsche des betroffenen Arbeitnehmers sowie die aus sozialen Gründen berechtigten konkurrierenden Urlaubswünsche anderer Arbeitnehmer und dringende betriebliche Erfordernisse sind nach billigem Ermessen gegeneinander abzuwägen.[85]

80 Fitting 2002, § 80 Rz. 27.
81 Fitting 2002, § 80 Rz. 27.
82 Fitting 2002, § 80 Rz. 28.
83 Fitting 2002, § 80 Rz. 28.
84 Lembke 2001, 228.
85 Fitting 2002, § 87 Rz. 200.

Auch hier hat der Betriebsrat nicht die Funktion eines allparteilichen Mediators zwischen den einzelnen Arbeitnehmern, die zur gleichen Zeit Urlaub beanspruchen. Er wird vielmehr zum "Mitbeurteiler" und Mitentscheider. Aus seinem Recht aus § 87 Abs. 1 Zf. 5 BetrVG ergibt sich, dass er gegenüber dem Arbeitgeber als "Urlaubsgewährer" selbst Konfliktpartei und damit nicht allparteilich ist.

Durch § 104 BetrVG verfügt der Betriebsrat darüber hinaus - ähnlich wie der Arbeitgeber - über ein eigenes Macht- bzw. Sanktionsmittel. Er kann die Entlassung oder Versetzung von Arbeitnehmern, die durch gesetzwidriges Verhalten oder durch grobe Verletzung die in § 75 Abs. 1 enthaltenen Grundsätze verletzen, vom Arbeitgeber verlangen,[86] den Arbeitnehmer zu versetzen oder zu entlassen.

Der Betriebsrat übernimmt somit aufgrund seiner überwachenden und ordnenden Funktionen auch für Konflikte zwischen Arbeitnehmern einer Hierarchieebene keine Mediatorenfunktion.

Nicht zu Kollisionen kommt es bei individuellen Beschwerdeverfahren gem. § 84 BetrVG, wenn das vom Arbeitnehmer "zur Vermittlung" bestimmte Betriebsratsmitglied über eine Mediationsausbildung verfügt und nur für die Mediation zwischen Arbeitgeber und Arbeitnehmer zur Verfügung steht.[87] Wird ein Mediator-Betriebsratsmitglied vom sich beschwerenden Arbeitnehmer ausgewählt, ist auszuschließen, dass der Mediator als Betriebsratsmitglied außerdem eine Funktion im kollektiven Beschwerdeverfahren oder in einer Einigungs- oder Beschwerdestelle übernimmt.[88] Zu klären ist dabei, inwiefern der Mediator seine Verschwiegenheitsverpflichtung auch gegenüber den übrigen Betriebsratsmitgliedern einhalten kann. Ohne eine diesbezügliche Absicherung kann Mediation auch von dafür qualifizierten und ausgebildeten Betriebsräten auch im Rahmen des individuellen Beschwerdeverfahren gem. § 84 BetrVG von Betriebsräten nicht ausgeübt werden.[89]

---

86 Oder beim Arbeitsgericht den Antrag stellen, dem Arbeitgeber aufzugeben.

87 Da die Auswahl, welches Mitglied des Betriebsrats die Aufgabe übernehmen soll, allein beim Arbeitnehmer liegt, vgl. Buschmann in Däubler u.a. 2002, § 84 Rz.14, und der Betriebsrat nicht von sich aus durch Beschluss festlegen kann, welches seiner Mitglieder diese Aufgabe erfüllen soll, wird eine solche Konstellation eher selten auftreten.

88 Verbot der Vor- bzw. Nachbefassung, wie für Rechtsanwälte.

89 Anders Lembke 2001, 228ff., der v.a. auf den bestehenden rechtlichen Schutzes der Grundprinzipien der Mediation im BetrVG für die Arbeit von Betriebsräten hinweist und die Mediation daher beim Betriebsrat ansiedeln will. Zutreffend ist, dass für die betriebliche Mediation und den Einsatz von Konfliktmanagern und Konfliktlotsen ähnliche Schutznormen erforderlich sind wie für Betriebsräte. Dennoch unterschei-

Im kollektiven Beschwerdeverfahren nach § 85 Abs. 2 BetrVG ist der Betriebsrat einseitiger Interessenvertreter für den sich beschwerenden Arbeitnehmer. Er vertritt in den Verhandlungen mit dem Arbeitgeber und einem sich etwaig anschließenden Einigungsstellenverfahren die Position des betroffenen Arbeitnehmers und ist schon deshalb nicht allparteilich. Hinzu kommen die Ermittlungs- und Entscheidungsaufgaben über die Berechtigung der Beschwerde. Über die Frage der Berechtigung der Beschwerde muss der Betriebsrat einen Beschluss fassen.[90] Auch im kollektiven Beschwerdeverfahren kann der Betriebsrat nicht als Mediator i.e.S. tätig werden. Der Betriebsrat ist nicht "genuiner" Konfliktmanager und Mediator des Betriebes.

Durch die oben zitierte Entscheidung des LAG Hamburg wird der Betriebsrat vor sich selbst gegen seinen Willen geschützt. Mit der Bestellung eines Konfliktbeauftragten oder der Errichtung einer Stelle für Konfliktmanagement und Mediation gemeinsam mit dem Arbeitgeber, entledigt sich ein Betriebsrat gerade nicht seiner Aufgaben aus § 75 BetrVG. Im Gegenteil handelt ein Betriebsrat gerade verantwortungsvoll, wenn er zusätzlich zu den zufällig im Gremium Betriebsrat vorhandenen Konfliktbearbeitungskompetenzen eine dafür speziell qualifizierte Person benennen lassen will oder einzustellen vorschlägt.[91]

Ebenso wie neben dem Betriebsrat selbst gem. § 28 a BetrVG auch Arbeitsgruppen Aufgaben des Betriebsrats teilweise übernehmen können, können auch Konfliktmanager oder Konfliktlotsen im Bereich von Streitigkeiten, die auch Angelegenheiten von § 75 BetrVG berühren, tätig werden.

---

den sich die Aufgaben und Anforderungen zwischen Betriebsrat und Konfliktmanagern und Mediatoren so erheblich, dass sich die generelle Mediatorenfunktion für Betriebsräte - außer wie dargelegt - in Einzelfällen ausschließt.

90 Fitting 2002, § 85 Rz.3; Hält er die Beschwerde für nicht berechtigt, lehnt der Betriebsrat die Beschwerde ab und unterrichtet den Arbeitnehmer mit einer Begründung, Fitting u.a. 2002, § 85 Rz. 3.

91 Im übrigen würden betriebsratslose Betriebe in Bezug auf qualifiziertes Konfliktmanagement besser gestellt als Betriebe mit Betriebsrat.

5.4 Zulässigkeit von Mediationsverfahren in kollektiven Streitigkeiten

Untersucht werden soll im Folgenden, ob die Anwendung von externer Mediation oder interner Vermittlung durch Konfliktmanager auch für die Bearbeitung kollektiver Streitigkeiten zwischen Arbeitgeber und Betriebsrat zulässig ist.

Zu einer Kollision könnte es aufgrund von § 4 ArbGG kommen. § 4 ArbGG lässt Ausnahmen von der Zuständigkeit der Arbeitsgerichtsbarkeit für schiedsgerichtliche Verfahren nur für das individualrechtliche Urteilsverfahren zu. Damit soll verhindert werden, "dass außerhalb der Regelungen, die das BetrVG vorsieht, zwischen den Betriebsparteien oder den Tarifvertragsparteien zusätzliche einigungsstellenähnliche Schiedsgerichte treten, die über die Befugnisse der Betriebsparteien und ihre Rechte und Pflichten verbindliche Entscheidungen treffen könnten."[92]

Wie oben ausgeführt, handelt es sich bei Mediation nicht um ein Schiedsverfahren, so dass die Durchführung einer Mediation zwischen Arbeitgeber und Betriebsrat grundsätzlich zulässig ist.

5.4.1 Kollision mit Einigungsstellenverfahren

Der Einsatz von Mediation könnte mit den gesetzlich vorgeschriebenen Einigungsstellenverfahren gem. § 76 BetrVG kollidieren. Wurden Konflikte nicht auf dem vorrangigen Weg der unmittelbaren Verhandlungen[93] zufriedenstellend bearbeitet, kann die Einigungsstelle als privatrechtliche innerbetriebliche Schlichtungs- und Entscheidungsstelle tätig werden.[94]

5.4.1.1 Kollision mit freiwilligen Einigungsstellenverfahren

Bei freiwilligen Einigungsstellenverfahren handelt es sich um "mediationsähnliche Verfahren".[95] Die freiwillige Einigungsstelle unterstützt die Verhandlung und Willensbildung der Betriebspartner. Die Rechtslage ist nicht anders, als wenn sich Arbeitgeber und Betriebsrat ohne Unterstützung geeinigt hät-

92 Germelmann in Germelmann u.a. 2002 § 4 Rz. 2.

93 § 74 Abs. 1 BetrVG.

94 Fitting 2002, § 76 Rz. 3.

95 S.o. Kap. 3.

ten.[96] Nur wenn die Betriebspartner sich dem Spruch der Einigungsstelle vorab unterwerfen, hat diese in der zweiten Stufe[97] Entscheidungsfunktionen.

Die Substitution des freiwilligen Einigungsstellenverfahrens in nicht mitbestimmungspflichtigen Angelegenheiten ist zulässig. Es steht den Betriebspartnern frei, zu wählen, welches Verfahren und wen sie zur Unterstützung ihrer Verhandlungen hinzuziehen.[98]

5.4.1.2 Kollision mit erzwingbaren Einigungsstellenverfahren

Bei erzwingbaren Einigungsstellenverfahren ist der Rechtsweg in die Einigungsstelle jeweils in der die Mitbestimmung des Betriebsrats regelnden Norm vorgeschrieben.[99] Falls eine Einigung in mitbestimmungspflichtigen Angelegenheiten zwischen den Betriebspartnern nicht zustande kommt, vermittelt und entscheidet die Einigungsstelle.

Das Recht auf Anrufung der Einigungsstelle in mitbestimmungspflichtigen Angelegenheiten kann nicht vorab zwischen Betriebsrat und Arbeitgeber ausgeschlossen und durch Mediation ersetzt werden. Beide Betriebspartner haben einen Rechtsanspruch auf Entscheidung der Einigungsstelle. Die Einschaltung eines Mediators vor Anrufen der erzwingbaren Einigungsstelle in Streitigkeiten zwischen den Betriebspartnern könnte sinnvoll sein.[100]

Ebenso wie die freiwillige Einigungsstelle könnte Mediation die Verhandlungen zwischen Arbeitgeber und Betriebsrat i.S. des § 74 Abs. 1 BetrVG unterstützen.[101] Sofern das Einigungsstellenverfahren dadurch nicht ausgeschlossen wird, ist die obligatorische Vorschaltung eines Einigungsstellenverfahrens zulässig.

---

96 Fitting 2002, § 76 Rz. 112; "Die Einigungsstelle ist eine privatrechtliche innerbetriebliche Schlichtungsstelle, die ersatzweise Funktionen der Betriebspartner wahrnimmt."; BAG 22.1.1980, AP Nr. 7 zu § 111 BetrVG 1972.

97 Zur Einteilung in zwei Stufen s.o. Kap. 3.

98 In der Praxis kommt es auch zu Kommunikationsberatungen, Moderationen, gemeinsamem Coaching; nach Scheitern einer Mediation in nicht mitbestimmungspflichtigen Angelegenheiten könnte die anschließende Bildung einer Einigungsstelle, unter deren Spruch sich die Mitglieder vorab unterwerfen, sinnvoll sein. Dabei muss wegen des Verschwiegenheitsgrundsatzes der Mediation ausgeschlossen werden, dass Mediatoren Mitglieder oder Vorgesetzte der Einigungsstelle werden.

99 Z.B. §§ 87 Abs. 2 , 85 Abs. 2, 91 Abs.2 ; vgl. Übersicht bei Fitting 2002, § 76 Rz. 68.

100 Redmann 2000, 76ff.

101 Und durch die professionelle Leitung potenziell qualitativ bessere "win-win"-Lösungen auf der Interessenebene hervorbringen.

Dieser Vorschlag wird in der Literatur kritisiert. Es sei verfahrens-unökonomisch,[102] im Anschluss an eine Mediation in einem Einigungsstellenverfahren in der Einigungsstelle, andere Personen sich neu in den Streitgegenstand einarbeiten zu lassen.[103] Daher schlägt Dendorfer[104] vor, in Mediationen zwischen Betriebsrat und Arbeitgeber grundsätzlich zwei Mediatoren zu beauftragen: einen von Arbeitgeber- und einen von Arbeitnehmerseite bestimmt. Sollte das Mediationsverfahren scheitern, könnten beide Mediatoren in der zweiten Stufe neben anderen als Beisitzer an der Einigungsstelle teilnehmen und so wichtige Informationen aus der Mediation zur Verfügung stellen.

Dieses Modell ist nicht überzeugend: der Einsatz zweier Mediatoren wird kaum kostengünstiger sein als der eines Mediators und eines Einigungsstellenvorsitzenden. V.a. aber widerspricht dieser Vorschlag den oben dargelegten Verfahrensgrundsätzen der Mediation. Insbesondere der Grundsatz der Vertraulichkeit und derjenige der Allparteilichkeit würde durch eine solche Verfahrensgestaltung konterkariert.[105]

Eine innerbetriebliche Mediation kommt in kollektiven Streitigkeiten zwischen Arbeitgeber und Betriebsrat nur dann in Betracht, wenn die gebotene Unabhängigkeit und Allparteilichkeit gewahrt werden kann. Hierzu muss der Konfliktmanager mit Schweigerechten und umfassendem Benachteiligungsschutz ausgestattet sein. Häufig ist eher die Herbeiziehung von externen Mediatoren zu empfehlen.

---

102 Und damit kostenintensiv.

103 Eine ähnliche Argumentation wie die Begründung für die personelle Identität zwischen Vorsitzendem in der Güteverhandlung und in der mündlichen streitigen Verhandlung vor dem Arbeitsgericht.

104 Dendorfer 2000, 17.

105 Erwägenswert wäre die Trennung der beiden Stufen des Einigungsstellenverfahrens: nach einer ggf. erfolglosen Mediation hätte die Einigungsstelle nicht mehr die vorrangige Aufgabe einen eigenen Lösungsvorschlag zu erarbeiten, sondern würde zu einem Schiedsgericht, in dem der Vorsitzende mit seiner Stimme den Ausschlag gibt; vgl. unten Kap. 6.

5.5 Kollision mit von Mediation mit außerbetrieblichen Verfahren

5.5.1 Kollision mit der ausschließlichen Zuständigkeit der Arbeitsgerichtsbarkeit im Urteilsverfahren gem. §§ 2, 4 ArbGG

Gem. § 2 Abs. 1 Zf. 3 ArbGG sind die Gerichte für Arbeitssachen ausschließlich zuständig für bürgerliche Rechtsstreitigkeiten zwischen Arbeitnehmern und Arbeitgebern und gem. § 2 Abs. 1 Zf. 9 ArbGG allein zuständig für Rechtsstreitigkeiten zwischen Arbeitnehmern aus gemeinsamer Arbeit und aus unerlaubten Handlungen, soweit diese mit dem Arbeitsverhältnis in Zusammenhang stehen. Mit § 2 Abs. 1 Zf. 3 wurde eine umfassende Zuständigkeit der Arbeitsgerichte für alle individualrechtlichen Streitigkeiten aus dem Arbeitsverhältnis begründet.[106] § 2 Abs. 1 Zf. 9 ArbGG begründet auch die ausschließliche Zuständigkeit der Arbeitsgerichte für Rechtsstreitigkeiten zwischen Arbeitnehmern, sofern es sich um Streitigkeiten aus gemeinsamer Arbeit handelt.

Einzige Ausnahme von dieser ausschließlichen Zuständigkeit bilden für das Urteilsverfahren die in § 4 geregelten Möglichkeiten, durch Schiedsverträge gem. §§ 101 ff. den Rechtsweg zur Arbeitsgerichtsbarkeit auszuschließen. Hieraus ergibt sich, dass Mediationsklauseln in Arbeitsverträgen, die die Durchführung einer Mediation substitutiv anstelle eines Arbeitsgerichtsverfahrens festlegen, unwirksam sind.

Davon nicht berührt ist die kumulative Vereinbarung von Mediation. Außergerichtliche Vorverfahren werden von der Regelung des § 4 ArbGG nicht erfasst,[107] da sie keine Bindungswirkung für das Gericht entfalten.[108] Die Vereinbarung zwischen den Medianten unterliegt der vollen arbeitsgerichtlichen Überprüfung.

Zu prüfen ist allerdings, ob die Vereinbarung von Mediation als Vorverfahren mit anderen gesetzlich festgelegten Vorverfahren[109] kollidiert.

---

106 Matthes in Germelmann u.a. 2002, § 2 Rz. 49.

107 Germelmann in Germelmann u.a. 2002, § 4 ArbGG, Rz. 7.

108 Germelmann § 4 ArbGG Rz. 7, der feststellt, dass aus diesem Grund auch keine Bedenken gegen die früheren Schiedsstellen für Arbeitsrecht in den neuen Bundesländern bestanden.

109 Auch wenn es sich bei diesen lediglich um solche in "absoluten Randbereichen des Arbeitsrechts" Prütting 2002, 953, handelt.

5.5.2 *Kollision mit der Schlichtung von Ausbildungsstreitigkeiten gem. § 111 Abs. 2 S. 5 ArbGG*

Die Verhandlung vor dem paritätisch aus Arbeitgebern und Arbeitnehmern[110] besetzten Schlichtungsausschuss der zuständigen Kammer oder Innung stellt nach geltendem Recht eine unverzichtbare Prozessvoraussetzung für die Klageerhebung vor dem Arbeitsgericht dar.[111] Eine Substitution von Mediation anstelle des Schlichtungsverfahrens gem. § 111 Abs. 2 ArbGG ist bei Bestehen eines Schlichtungsausschusses de lege lata ausgeschlossen.[112]

Gerade im Bereich der Streitigkeiten zwischen jugendlichen Auszubildenden und Ausbildern aus dem Ausbildungsverhältnis[113] könnte jedoch das frühzeitige und informelle Angebot von inner- oder auch außerbetrieblicher Mediation durch eine allparteiliche Person dazu beitragen, die Fortsetzung von Ausbildungsverhältnissen zu unterstützen. Ist der Schlichtungsausschuss neben der gesetzlich vorgeschriebenen paritätischen Besetzung zusätzlich mit einem neutralen Dritten als Vorsitzendem besetzt,[114] könnte de lege lata für den Vorsitz ein ausgebildeter Mediator oder eine Person mit Mediationskenntnissen ausgewählt werden, so dass eine Mediation i.e.S. durchgeführt werden kann.[115]

---

110 Dazu zählen auch Gewerkschaftssekretäre, vgl. Prütting in Germelmann u.a. 2002, Rz. 14.

111 BAG v 13.4.89, AP Nr. 21 zu § 4 KSchG "Bei Streitigkeiten zwischen Ausbildendem und Auszubildendem aus einem bestehenden Ausbildungsverhältnis, zu denen auch Streitigkeiten über die Wirksamkeit der außerordentlichen Kündigung eines Ausbildungsverhältnisses gehören, ist gem. § 111 Abs. 2 S. 5 ArbGG vor der Klage zunächst das Verfahren vor einem zur Beilegung dieser Streitigkeiten gebildeten Ausschuss durchzuführen, sofern bei der zuständigen Handwerksinnung oder einer anderen Stelle im Sinne des BBiG (...) ein solcher Ausschuss besteht. Gem. § 111 Abs. 2 S. 5 ArbGG handelt es sich bei dieser vorgeschalteten Verhandlung vor dem Ausschuss um eine Prozessvoraussetzung für die Klage. Entgegen der Ansicht des Berufungsgerichts kann auf diese Prozessvoraussetzung nicht gem. § 295 Abs. 1 ZPO oder in entspr. Anwendung dieser Vorschrift von den Prozessparteien verzichtet werden. Nach § 111 Abs. 2 S. 5 ArbGG muss der Klage in allen Fällen die Verhandlung vor dem Ausschuss vorausgegangen sein."; a.A. noch BAG 17.9.87, AP Nr. 7 zu § 15 BBiG; zur grundsätzlichen Kritik an dem Verfahren nach § 111 Abs. 2 ArbGG Prütting in Germelmann u.a. § 111 Rz. 11 m.w.N., der die Abschaffung der Regelung fordert.

112 Nicht ausgeschlossen ist die Anwendung mediativer Techniken durch die Mitglieder der Schlichtungsausschüsse. Durch die paritätische Besetzung mit Arbeitgeber und Arbeitnehmervertretern ist die Durchführung von Mediation i.e.S. aufgrund fehlender Allparteilichkeit jedoch ausgeschlossen.

113 Gem. §§ 3ff. BBiG.

114 Was in einigen Fällen so praktiziert wird; Prütting in Germelmann u.a. § 111 Rz. 14.

115 De lege ferenda könnte in § 111 Abs. 2 festgelegt werden, dass der Vorsitz der Schlichtungsausschüsse durch einen Mediator ausgeübt werden muss.

Weder Wortlaut noch Sinn und Zweck der Vorschrift schließen außerdem zusätzliche Vermittlungsversuche neben den obligatorischen Schlichtungsverhandlungen aus. Bei einer anzunehmenden Erfolgsrate der Mediation von ca. 80 %[116] könnte sich in vielen Fällen das Schlichtungsverfahren und ein anschließendes arbeitsgerichtliches Güteverfahren erübrigen.

Zu Recht wird an dieser Stelle eine mögliche Verfahrensverzögerung bei Scheitern der Mediation kritisiert.[117] Nach der Streichung von § 111 Abs. 5 S. 8 ArbGG, der nach erfolgter Schlichtungsverhandlung den Wegfall der Güteverhandlung gem. § 54 ArbGG vorsah,[118] würde die Vorschaltung von Mediation das Verfahren umständlicher und zeitaufwändiger machen. Der unnötigen Verfahrensverzögerung könnte, entgegen Prütting,[119] gerade die Wieder-Einfügung von § 111 Abs. 2 S. 8 entgegenwirken. Auf die Durchführung der Güteverhandlung nach § 54 ArbGG könnte nach einer Mediation i.e.S.[120] verzichtet werden, da die Versuche für eine gütliche Einigungsfindung bereits ausgeschöpft wurden. Da gem. § 57 Abs. 2 ArbGG eine gütliche Erledigung des Rechtsstreits während des ganzen Verfahrens vom Gericht bzw. dem Vorsitzenden angestrebt werden soll, ist ein Vergleichsschluss auch bei Scheitern der Mediation und des Schlichtungsverfahrens noch in der streitigen mündlichen Gerichtsverhandlung möglich.[121]

Für die Wahrung der Zweiwochenfrist nach Spruchentscheidung der Schlichtungsstelle für die Klageerhebung gem. § 111 Abs. 2 S. 3 ArbGG und für die Wahrung der allgemeinen Dreiwochen-Kündigungsschutzklagefrist gem. § 4 KSchG nach Zugang einer Kündigung könnte von den Medianten vor dem Arbeitsgericht trotz des laufenden Mediationsverfahrens jeweils Klage zur Frist-

---

116 Vgl. oben Kap. 2.

117 So Lembke 2001, 166.

118 Durch das Arbeitsgerichtsbeschleunigungsgesetz vom 20.3.2000, das den Ersatz der Güteverhandlung vor dem Arbeitsgericht gem. § 54 ArbGG durch das erfolgreich durchgeführte Schlichtungsverfahren vorsah.

119 In Germelmann u.a. 2002 § 111 Rz. 11.

120 Lembke 2001, 166 bezeichnet das Verfahren vor den Schlichtungsausschüssen als "sachnäheres obligatorisches Mediationsverfahren" und hält ein "weiteres vorgeschaltetes vereinbartes Mediationsverfahren" unter Berufung auf Eidenmüller 2001,21 und Prütting 1999, 745 als Doppelung für nicht sinnvoll und unzulässig.

121 Dies ist sogar Pflicht des Gerichts bzw. des Vorsitzenden. Die Regelung des § 57 Abs. 2 ArbGG nimmt die Grundgedanken des § 54 ArbGG und des § 278 Abs. 1 ZPO auf: Germelmann in Germelmann u.a. 2002, § 57 Rz. 27.

wahrung erhoben und das eingeleitete Verfahren gem. § 251 ZPO[122] zum Ruhen gebracht werden.

5.5.3 Kollision von Mediation mit Schlichtungsverfahren gem. §§ 28 f. ANErfG

Auch beim "Schiedsverfahren"[123] gem. § 28 ANErfG handelt es sich um ein gesetzliches obligatorisches Vorverfahren. Dieses stellt eine von Amts wegen zu beachtende Prozessvoraussetzung für die Erhebung einer Klage dar.[124]

Gem. § 37 Abs. 2 Zf. 4 ANErfG ist das Verfahren vor dem Patentgericht im Einzelfall abdingbar. Die Parteien können nach Eintritt der Streitigkeit schriftlich vereinbaren, von der Anrufung der Schiedsstelle abzusehen, z.B. um stattdessen eine Mediation zu versuchen.[125]

Die Substitution des Schlichtungsverfahrens durch eine Mediation kann zwar nicht vorab durch eine generelle Mediationsklausel im Arbeitsvertrag, aber nach Eintritt des konkreten Konfliktfalls übereinstimmend von den Konfliktparteien vereinbart werden.[126]

---

122 Gem. § 251 ZPO hat das Gericht das Ruhen des Verfahrens anzuordnen, wenn beide Parteien dies beantragen und anzunehmen ist, dass wegen Schwebens von Vergleichsverhandlungen oder aus sonstigen wichtigen Gründen diese Anordnung zweckmäßig ist.

123 Eigentlich handelt es sich um ein Schlichtungsverfahren, s.o. Kap.2.

124 Dabei ist der Klageweg zu den Arbeitsgerichten nur für auf Leistung der Vergütung gerichtete Klagen zuständig, § 39 Abs. 1 ANErfG, § 2 ArbGG, ansonsten ist gem. § 39 ANErfG der Rechtsweg zu den für Patentstreitigkeiten eingerichteten Kammern der Landgerichte gegeben.

125 Diese Vereinbarung kann allerdings nach h.M. nicht vorab durch eine Mediationsklausel im Arbeitsvertrag getroffen werden; vgl. Eidenmüller 2001, 15 in Bezug auf die Möglichkeit, auf den Kündigungsschutz nicht im vorab, sondern erst in der konkreten Kündigungssituation zu verzichten. In dieser Situation einer aktuellen Betroffenheit wisse man, worauf man sich "einlasse", vorher jedoch nicht; zur Zulässigkeit von Mediationsklauseln in Arbeitsverträgen s.u.

126 Anders Lembke, der Mediationsverfahren bei Arbeitnehmererfindungsstreitigkeiten ausschließt: Lembke 2001, 94; zur Sinnhaftigkeit und rechtlichen Möglichkeiten der Mediation in Fragen des gewerblichen Rechtsschutzes Schneider 2002, 9, 227 f.

5.5.4 *Kollision mit Schiedsgerichtsverfahren gem. § 101 Abs. 2 ArbGG*

§ 4 ArbGG lässt eine Errichtung von Schiedsgerichten für bestimmte Berufsgruppen gem. § 101 Abs.2 ArbGG zu.[127] Der substitutive Einsatz von Mediation anstelle eines Schiedsgerichts ist gem. § 4 ArbGG, der eine Öffnung nur für die abschließend dort aufgezählten Fallgruppen zulässt, ausgeschlossen. Die Vereinbarung von Mediation, z.B. als Vorstufe zu Schiedsgerichtsverfahren ist aber zulässig. Im Anschluss an eine ggf. gescheiterte Mediation ist dann zunächst der Rechtsweg zum Schiedsgericht gegeben.

5.6 Anknüpfungspunkte für die Einführung von Mediation und für Stellen für Konfliktmanagement und Mediation im geltenden Arbeitsrecht

5.6.1 *Verpflichtung zur Errichtung einer beim Arbeitgeber angesiedelten Stelle für Konfliktmanagement aus § 84 BetrVG?*

Hallmen[128] leitet aus § 84 BetrVG eine rechtliche Verpflichtung des Arbeitgebers für die Errichtung einer für die Bearbeitung von Beschwerden zuständigen Stelle ab. Dies ergebe sich aus dem Anspruch des Arbeitnehmers auf vertrauliche Behandlung seiner Beschwerde. Die Festlegung einer zuständigen Stelle sichere diese Vertraulichkeit und biete die erforderliche Rechtssicherheit für betroffenen Arbeitnehmer. Der Arbeitnehmer könne sich sonst nie sicher sein, ob er wirklich mit dem dafür zuständigen und entscheidungskompetenten Vertreter des Arbeitgebers gesprochen habe und damit auch, ob eine ggf. von einem Mitarbeiter ausgesprochene Anerkennung der Beschwerde auch ordnungsgemäß und nicht gegen den Willen des Arbeitgebers erfolgte.[129] Nur durch Errichtung einer zuständigen Stelle könne der Arbeitgeber sicherstellen, dass die Beschwerde nicht durch Unzuständige behandelt werde. Die Verpflichtung ergebe sich v.a. aus praktischen Gründen: In größeren Betrieben sei die Ein-

127 S.o. Kap. 3.

128 Hallmen 1997.

129 Hallmen 1997, 68 f.

richtung einer zentralen zuständigen Stelle für Beschwerden der einzige organisatorische Weg, um eine ordnungsgemäße Durchführung des Verfahrens zu gewährleisten. Daneben ergebe sich die Verpflichtung des Arbeitgebers zur Errichtung einer Stelle auch als Nebenpflicht aus dem Gebot vertrauensvoller Zusammenarbeit aus § 2 BetrVG i.V. mit § 84 BetrVG.[130] Dabei könne eine Analogie zur BAG-Rechtsprechung zum Allgemeinen Unterlassungsanspruch des Betriebsrats gezogen werden: § 2 BetrVG normiere für die Betriebsparteien die Pflicht, alles zu unterlassen, was die Wahrnehmung von Rechten hindert.[131]

5.6.2 Verpflichtung zu präventivem Konfliktmanagement aus § 75 Abs. 2 BetrVG ?

Eine rechtliche Verpflichtung für das Angebot von konfliktbearbeitenden niedrigschwelligen und leicht zugänglichen innerbetrieblichen Verfahren des Konfliktmanagements und zur Errichtung einer betriebsintern bekannten und leicht zugänglichen Stelle für Konfliktmanagement und Mediation könnte sich für die Betriebspartner aus § 75 Abs. 2 BetrVG ergeben.

Danach haben Arbeitgeber und Betriebsrat die freie Entfaltung der Persönlichkeit der im Betrieb beschäftigten Arbeitnehmer zu schützen und zu fördern.

§ 75 Abs. 2 BetrVG konkretisiert das allgemeine Zusammenarbeitsgebot des § 2 Abs. 1 BetrVG. Bei der Zusammenarbeit zum Wohle der Arbeitnehmer ist stets auch die freie Entfaltung der Persönlichkeit des einzelnen Arbeitnehmers mit zu beachten. Die Betriebspartner sind verpflichtet, die Gestaltung der betrieblichen Ordnung nicht allein nach kollektiven Aspekten vorzunehmen, sondern, soweit dies mit einem ordnungsgemäßen Arbeitsablauf und einer geregelten Zusammenarbeit der Arbeitnehmer vereinbar ist, eine Regelung anzustreben, die der Persönlichkeitsentfaltung des einzelnen Arbeitnehmers gebührend Rechnung trägt.[132]

---

130 Hallmen 1997, 68.

131 BAG v. 3.5.94, NZA 1995, 40 (42); "Wenn der Gesetzgeber dem Arbeitnehmer ein institutionell geregeltes Beschwerderecht eingeräumt hat, dann kann dem Arbeitgeber als Nebenpflicht zur Durchführung des Beschwerdeverfahrens aus dem Gebot der vertrauensvoller Zusammenarbeit auch die Pflicht auferlegt werden, für die organisatorischen Voraussetzungen zur Ausübung des Beschwerderechts zu sorgen und eine Beschwerdestelle einzurichten."; Hallmen 1997, 69. Diese Verpflichtung solle aber nur in "größeren" Betrieben mit mehr als 300 Arbeitnehmern gelten, wohl in Anlehnung an § 38 BetrVG a.F.

132 Fitting 2002, § 75 Rz. 77; Hanau & Kania in ErfKomm, § 75 Rz. 10.

Verdeutlicht wird dies durch den mit BetrVerfRefG angefügten § 75 Abs. 2 S. 2 BetrVG. Demnach haben die Betriebspartner die Selbstständigkeit und Eigeninitiative der Arbeitnehmer und Arbeitsgruppen zu fördern. In der Gesetzesentwurfsbegründung zu § 75 Abs. 2 S. 2 heißt es, damit solle ein "Beitrag zu mehr Demokratie im Betrieb" geleistet werden.[133] Dem diene vor allem eine entsprechende Gestaltung der Betriebsorganisation und der Arbeit, die Freiräume für Entscheidungen, Eigenverantwortung und Kreativität der Arbeitnehmer und der Arbeitsgruppen schaffe.

Durch die Einführung von Mediation und der Entwicklung eines Integrierten Konfliktmanagements wird die Betriebsorganisation so gestaltet, dass in Konfliktsituationen für die einzelnen Arbeitnehmer mehr Freiräume für eigenverantwortete Entscheidungen und kreative Problemlösungen zur Verfügung stehen als bei einer einseitigen Anordnung und Entscheidung des Arbeitgebers im Rahmen des Direktionsrechts. Im Gegensatz zu Einigungsstellen- oder Beschwerdeverfahren auf der Grundlage von § 85 Abs. 2 BetrVG sind die Arbeitnehmer selbst aktive Betreiber des Verfahrens und nicht nur mittelbar über den Betriebsrat beteiligt. Auch diese Möglichkeit bietet einen Beitrag zu mehr Partizipation und innerbetrieblicher Demokratie im Sinne des § 75 Abs. 2 BetrVG.

Aus § 75 Abs. 2 BetrVG ergeben sich allerdings keine neuen Mitwirkungs- und Mitbestimmungsrechte des Betriebsrats.[134] Auch der einzelne Arbeitnehmer kann sich nicht unmittelbar auf § 75 Abs. 2 BetrVG berufen oder den Betriebsrat zwingen, sich in einer bestimmten Weise zu verhalten.[135]

Eine mittelbare Verpflichtung des Arbeitgebers zur Einführung von präventivem Konfliktmanagement könnte sich aufgrund seiner aus § 75 Abs. 2 BetrVG abgeleiteten Haftung aus Organisationsverschulden ergeben. So geht das LAG Thüringen in seiner vielbeachteten Entscheidung vom 10.4.2001[136] zum Thema Mobbing davon aus, über die grundsätzliche Verpflichtung des Arbeitgebers, das allgemeine Persönlichkeitsrecht der bei ihm beschäftigten Arbeitnehmer nicht selbst zu verletzen, diese vor Belästigungen auch durch Mitarbeiter oder außenstehende Dritte zu schützen, einen menschengerechten Arbeitplatz zur Verfügung zu stellen und die Arbeitnehmerpersönlichkeit zu fördern, könne der Arbeitgeber auch in Anspruch genommen werden, wenn er es unterlasse,

---

133 BT-Drs. 14/574, 57.

134 Fitting u.a. 2002, § 75 Rz. 79.

135 Fitting u.a. § 75 Rz. 82.

136 5 Sa 403/00; www.landesarbeitsgericht.thueringen.de/presse/urteile/2001/04/U5.

"Maßnahmen zu ergreifen oder seinen Betrieb so zu organisieren, dass eine Verletzung des Persönlichkeitsrechts ausgeschlossen wird."

Wolmerath[137] und Kerst-Würkner[138] folgern hieraus, den Arbeitgeber treffe ein Organisationsverschulden, wenn er seinen Betrieb nicht in dem erforderlichen Maße organisiere. Er hafte dann gegenüber Mobbingbetroffenen nach § 823 Abs. 1 BGB. Der Betroffene habe dann lediglich zu beweisen, dass ein Organisationsdefizit bei seinem Arbeitgeber existiere und ihm durch erlittenes Mobbing ein Schaden entstanden sei.[139] Nach Auffassung von Kerst-Würkner muss der Arbeitgeber auch Rahmenbedingungen schaffen, "die eine erfolgreiche Konfliktbewältigung begünstigen und ihr nicht entgegenstehen oder gar erst zu Konflikten führen."[140] Schaffe der Arbeitgeber solche Rahmenbedingungen nicht, liege ein Organisationsdefizit vor. Kerst-Würkner hält eine fahrlässige Verletzung der Organisationspflichten des Arbeitgebers für gegeben, wenn er trotz der durch die Medien bekannter Gefährdung von Arbeitnehmern durch Mobbing keine Maßnahmen zur Verhütung von Mobbing ergreife.[141] Anzuwenden seien die Prinzipien des BAG zur Arbeitnehmerhaftung. Das BAG hat in der Entscheidung des Großen Senats vom 12.6.1992[142] ausgeführt, nur der Arbeitgeber könne maßgeblich auf die Modalitäten der Arbeitsleistung[143] Einfluss nehmen. Kraft seiner Organisationsgewalt könne der Arbeitgeber Bedingungen für Schadensrisiken schaffen, beibehalten oder verändern. Dies müsse auch für die Haftung des Arbeitgebers gegenüber potenziell von Mobbing betroffenen Arbeitnehmern gelten. Ein Arbeitnehmer könne sich grundsätzlich nicht aussuchen, mit wem er zusammenarbeiten muss und wie die Modalitäten einer Zusammenarbeit geregelt sind. Dies müsse der Arbeitgeber klar regeln.

Eine Möglichkeit, eine klare Regelung für den Umgang mit Konflikten zu schaffen und damit mobbingpräventiv zu handeln, stellen die in dieser Arbeit vorgestellten Verfahren und Stellen der innerbetrieblichen Konfliktbearbeitung dar. Der Arbeitgeber kommt mit Einführung eines solchen Konflikt-

---

137 Wolmerath 2002, 536.

138 Kerst-Würkner 2001, 258 f.

139 Wolmerath 2002, 536; dies gilt nach Inkrafttreten des Schadensersatzrechts-Änderungsgesetzes ab dem 1.8.2002 in noch weiterem Umfang gelten, da Schmerzensgeldansprüche nicht mehr ausschließlich verschuldensabhängig sind.

140 Kerst-Würkner 2001, 258

141 Kerst-Würkner 2001, 259.

142 BAG AP Nr. 13 zu § 45 ArbGG 1979.

143 Z.B. durch organisatorische oder technische Maßnahmen.

managementsystems seiner Verpflichtung aus § 75 BetrVG nach und verhindert so eine potenzielle Haftung aus Organisationsverschulden bei etwaigem Auftreten von Mobbing und Diskriminierungen.

5.7 Anknüpfungspunkte für die Institutionalisierung von Mediation im geltenden Arbeitsrecht

Untersucht werden soll im folgenden, an welchen Stellen normative Hinweise auf ein Gebot zu Integriertem Konfliktmanagement[144] unter Anwendung von Mediation und anderen interessenorientierten Interventionen vorliegen.

5.7.1 Mediation als milderes Mittel im Vorfeld von verhaltensbedingten Kündigungen?

Konflikte am Arbeitsplatz - sowohl zwischen Arbeitgeber und Arbeitnehmer, als auch zwischen Arbeitnehmern führen unbearbeitet häufig bis zur verhaltensbedingten ordentlichen Kündigung gem. § 1 Abs. 1 KSchG oder zur außerordentlichen Kündigung gem. § 626 BGB.[145]

Gem. § 1 Abs. 1 KSchG ist eine Kündigung rechtsunwirksam, wenn sie sozial ungerechtfertigt ist. Nach § 1 Abs. 2 KSchG ist die Kündigung sozial ungerechtfertigt, wenn sie nicht durch Gründe, die in dem Verhalten des Arbeitnehmers liegen, bedingt ist. Eine verhaltensbedingte Kündigung ist wirksam, wenn das Verhalten des Arbeitnehmers gegen arbeitsvertragliche Pflichten verstoßen hat.[146] Dies kann sich auf die Hauptpflicht - die Verweigerung der Arbeitslei-

---

144 Vgl. Ruberg 2002, 204. Unter Bezugnahme auf Aigners Konzept des abgestuften Konfliktmanagements.

145 Zumindest nach den dogmatischen Vorstellungen des BAG. In der Praxis werden Personalplanungsentscheidungen "meist auf anderer als arbeitsrechtlicher Grundlage getroffen, und dann ist es häufig die Aufgabe der Personalbteilung bzw. der sie beratenden Rechtsabteilung oder Rechtsanwälte, diese in eine rechtlich zulässige Fassung zu bringen. Die Ausgangsüberlegungen vor Kündigungen sind fast immer außerhalb des Schemas "betriebsbedingt, verhaltensbedingt, personenbedingt". Erst recht sind die wenigsten ausgesprochenen Kündigungen betriebsbedingt, verhaltensbedingt oder personenbedingt nach den Maßgaben des 2. oder 8. Senats des Bundesarbeitsgerichts."; so Wrede 2002, 467 anlässlich eines Vortrages auf dem 19. Kolloquium der Bundesvereinigung der Deutschen Arbeitgeberverbände "Kündigungsschutz und Unternehmerfreiheit".

146 BAG 17.1.1991, AP Nr. 25 zu § 1 KSchG 1969.

stung - oder auf eine Nebenpflicht beziehen.[147] Die Vertragsverletzung muss ausreichend schwer sein. Eine Kündigung kann dies nur dann rechtfertigen, wenn auch in Zukunft mit vergleichbaren Störungen des Arbeitsverhältnisses zu rechnen ist. Eine Kündigung soll erst als letztes Mittel, als ultima ratio, ausgesprochen werden. Es dürfen keine milderen Mittel zur Verfügung stehen.[148] Vom BAG wurde zunächst aus der arbeitgeberseitigen Fürsorgepflicht abgeleitet, vor einer fristlosen Kündigung habe der Arbeitgeber die Verpflichtung, den Arbeitnehmer zu unterstützen und ihm zu erläutern, "mit welchen Mitteln er den Mangel abstellen" könne.[149]

Eine ordentliche verhaltensbedingte Kündigung ist regelmäßig nur dann wirksam, wenn der Arbeitnehmer trotz einer vorangegangenen Abmahnung durch den Arbeitgeber das in Frage stehende Verhalten fortsetzt.[150]

Das Erfordernis der Abmahnung ist nicht gesetzlich geregelt. Ihre Erforderlichkeit wurde i.R. der richterlichen Rechtsfortbildung aus dem Rechtsgedanken des § 326 BGB[151] und dem Verhältnismäßigkeitsgrundsatz entwikkelt.[152] Unter einer Abmahnung versteht das BAG, eine für den Arbeitnehmer hinreichend deutlich erkennbare Beanstandung, mit der der Arbeitgeber deutlich - wenn auch nicht expressis verbis - den Hinweis verbindet, im Wiederholungsfall seien der Inhalt und der Bestand des Arbeitsverhältnisses gefährdet.[153]

Ziel der Abmahnung ist einerseits die Rüge des vertragswidrigen Verhaltens sowie die Warnung vor weiteren Vertragsverstößen, d.h. die Kündigungsandrohung. Gleichzeitig stellt die Abmahnung die Grundlage für die Zukunftsprognose dar.[154] Sie bietet gleichzeitig für ein etwaig folgendes Kündigungsschutzverfahren vor dem Arbeitsgericht eine Dokumentationsgrundlage.

---

147 Kittner in Kittner & Däubler & Zwanziger 2001 (=KSchR), § 1 KSchG Rz. 154.

148 BAG 22.7.1982 AP Nr. 5 zu § 1 KSchG 1969 Verhaltensbedingte Kündigung.

149 BAG v. 8.3.1956 AP Nr. 7 zu § 626 BGB.

150 Däubler in KSchR 2001, § 1 KSchG Rz. 160.

151 In der bis zum 31.12.2001 geltenden Fassung.

152 Kittner in KSchR 2001, Einl. Rz. 72.

153 BAG 31.1.1996, AP Nr. 13 zu § 626 BGB Druckkündigung. Damit stellt die Abmahnung eine "Urform des (...) abgestuften Konfliktmanagements" dar; Ruberg 2002, 206. "Denn mit Hinweis auf die fehlende Abmahnung geschieht nichts anderes als den - hier defizitären - Kommunikationsvorlauf des Rechtsakts zum Kassationskriterium der Rechtskontrolle zu machen."; Ruberg 2002, 206.

154 Stellt der Arbeitnehmer das ihm vorgeworfene Verhalten künftig ab ?

Für den Ausspruch einer Abmahnung ist weder eine persönliche Anhörung des Arbeitnehmers noch eine Beteiligung des Betriebsrats erforderlich.[155] Eine Abmahnung kann demnach auch ohne mündliche Vorwarnung und Konfliktbearbeitung schriftlich ausgesprochen werden.[156]

Der Ausspruch einer Abmahnung hat in der Praxis häufig nicht mehr zum Ziel, die Beziehung zwischen den Konfliktbeteiligten zu verbessern und einen zugrundeliegenden Konflikt zu bearbeiten.[157] Der Ausspruch der Abmahnung bildet eine Arbeitgeber-Entscheidung auf der Machtebene und bereitet den Ausschluss des Arbeitnehmers aus dem Betrieb vor. Die Abmahnung bewirkt aufgrund ihres faktisch drohenden Charakters häufig keine Verbesserung der Arbeitsbeziehungen und verfehlt damit oft ihr präventives Ziel, das Arbeitsverhältnis künftig störungsfrei fortzuführen.[158]

Die Abmahnung ist daraufhin zu überprüfen, ob nicht ein milderes Mittel zur Verfügung steht. "Belastet der Arbeitgeber ohne triftigen Grund das Arbeitsverhältnis durch förmliche Abmahnung, ohne dass auch nur der Versuch zu vorherigen kooperationsbedachteren Umgangsformen erkennbar wäre (notfalls nach Nachfrage, § 139 Abs. 1 ZPO), so ist sie nicht erforderlich und überzogen."[159]

Der Arbeitnehmer kann die Rechtmäßigkeit einer Abmahnung durch Klage auf Entfernung einer Abmahnung aus der Personalakte vor dem Arbeitsgericht

---

155 Nach der Rechtsprechung des BAG ist eine persönliche Anhörung des Arbeitnehmers lediglich für die Rechtmäßigkeit einer Verdachtskündigung aus wichtigem Grund gem. § 626 BGB Voraussetzung; vgl. BAG v. 13.9.1995 AP Nr. 25 zu § 626 BGB Verdacht strafbarer Handlung. Allerdings legen "innovative Arbeitgeber (...) in jedem Fall großen Wert auf das Gespräch mit Arbeitnehmern. Dieser kommunikative Umgang kann sich bis hin zu einer konstruktiven Streitkultur entwickeln."; Richter & Brüggemann 2002, 300. Dieses "moderne Konfliktmanagement" werde "heute z.B. über innerbetriebliche Mediation verwirklicht"; ebenda, 300. Zur Sinnhaftigkeit eines klärenden Gesprächs und der Mediation bei Druckkündigungen s.u.

156 BAG v. 24.4.1996, AP Nr. 48 zu § 611 BGB Direktionsrecht. Allerdings hat das BAG für den Bereich der personenbedingten Kündigung das Führen von Krankengesprächen zur Voraussetzung erhoben. BAG v. 8.11.1994 AP Nr. 24 zu § 87 BetrVG 1972 Ordnung des Betriebes. Den Arbeitgeber treffe eine Mitwirkungspflicht bei der Ausräumung von Vertragsstörungen: BAG v. 7.12.2000, EzA Nr. 15 zu § 1 KSchG Personenbedingte Kündigung. Ruberg 2002, 204 f. leitet hieraus eine Kommunikationspflicht des Arbeitgebers ab.

157 Henkel 2000, 929 f.

158 Vgl. auch Ruland 2002, 206.

159 Ruberg 2002, 207.

überprüfen lassen. Das abgemahnte Verhalten darf nicht unverhältnismäßig im Vergleich zum Fehlverhalten des Arbeitnehmers sein. Das BAG hat unter Berufung auf das ultima-ratio-Prinzip festgestellt, es könne anstelle einer Abmahnung ein milderes Mittel darstellen, den Arbeitnehmer auf einen anderen Arbeitsplatz zu versetzen, wo sich gleichartige Pflichtverletzungen nicht wiederholen können. Maßstab für die Verhältnismäßigkeit einer Abmahnung ist der "ruhig und verständig urteilender Arbeitgeber"[160] Fraglich ist, ob vom "ruhig und verständig urteilenden Arbeitgeber" das Angebot der Durchführung einer Mediation als ein milderes Mittel[161] vor Ausspruch einer Abmahnung gefordert werden könnte.

Für den Bereich der sog. Druckkündigung hat das BAG in einer frühen Entscheidung die "Schlichtung" von Konflikten zwischen Arbeitnehmern als milderes Mittel vor Ausspruch einer verhaltensbedingten Kündigung zur Voraussetzung gemacht. Unter einer Druckkündigung ist die Kündigung eines bestimmten Arbeitnehmers auf Verlangen Dritter, z.B. der Belegschaft mehrerer Arbeitnehmer oder von Auftraggebern zu verstehen, wenn diese dem Arbeitgeber bei Nichtbefolgen Nachteile, wie z.B. Streik oder Abbruch der Geschäftsbeziehungen androhen.

Hier hielt das BAG in einer Entscheidung von 1964 den Arbeitgeber "bei einem Streit zwischen zwei Arbeitnehmern, der den Frieden im Betrieb gefährdet, (...) im eigenen Interesse berechtigt und u.U. im Interesse der Arbeitnehmer verpflichtet, sich vermittelnd einzuschalten."[162] Wann genau diese Verpflichtung eintritt, hat das BAG offen gelassen. Die Entscheidung wurde heftig kritisiert: Konsequenz für den betroffenen Arbeitnehmer könne sein, "sich einer "Zwangsschlichtung" seiner Streitigkeiten mit anderen Arbeitnehmern des Betriebs durch den Arbeitgeber unterwerfen zu müssen, wenn er nicht seinen Arbeitsplatz verlieren will, wobei die Kündigung mit einem Verstoß gegen den Betriebsfrieden begründet wird."[163] Preis begrüßt zwar grundsätzlich "diese

---

160 BAG 13.3. 1987 AP Nr. 18 zu § 1 KSchG 1969 Verhaltensbedingte Kündigung; Däubler KSchR 2001, § 1 KSchG Rz. 162; Eisemann in Küttner 2001 Abmahnung Rz. 28. Dieser "ruhig und verständig urteilende Arbeitgeber" ist eine von der Rechtsprechung entwickelte "Kunstfigur", so Däubler KSchR 2001, Rz. 162. Wie im Einzelfall "ruhig und verständig" geurteilt worden wäre, entspricht der subjektiven Auffassung des jeweils entscheidenden Richters.

161 Und als Form des Gesprächs, das im intakten Arbeitsverhältnis an der Tagesordnung ist; vgl. Ruland 2002, 210.

162 BAG v. 14.5.1964, 2 AZR 244/63, AuR 65, 153-155.

163 Heither, Anm. zu BAG v. 14.5.64; In: AuR 65, 155-157 m.w.N.

höchstrichterlich verordnete Schlichtungsaufgabe des Arbeitgebers", kritisiert jedoch die dogmatische Ableitung aus der "Störung der betrieblichen Verbundenheit aller Mitarbeiter"[164]. Dies führe zu dem Widerspruch, dass der Arbeitgeber versuchen müsse, zwischen den Streitenden zu schlichten, wenn das Kündigungsbegehren von der Arbeitnehmerseite komme. Handele es sich aber um eine Streitigkeit zwischen Arbeitgeber[165] und Arbeitnehmer selbst, könne er bei vergleichbarer Sachlage durch Kündigung "richten". Das BAG müsse sich fragen lassen, ob es mit dieser Rechtsprechung nicht unbeabsichtigt ein "überkommenes patriarchalisches Arbeitgeberbild" zeichne. Nach neuerer Rechtsprechung hält das BAG[166] auch bei der Druckkündigung die Anhörung des Arbeitnehmers, dessen Kündigung verlangt wird, für nicht erforderlich. Einigungsbemühungen ohne die Beteiligung des Betroffenen müssen jedoch unvollständig bleiben.[167]

Schon nach bisheriger Rechtsprechung wird im Rahmen der Interessenabwägung des Beendigungsinteresses des Arbeitgebers bei verhaltensbedingten Kündigungen berücksichtigt, welche kündigungsverhütenden Maßnahmen dieser im Vorfeld ergriffen hat, sowohl hinsichtlich des konkret betroffenen Arbeitnehmers als auch der Belegschaft insgesamt. Je mehr präventive Maßnahmen ein Arbeitgeber ergriffen hat, um so höher wiegt sein Beendigungsinteresse.[168]

In einer neueren Entscheidung berücksichtigte das LAG Baden-Württemberg[169] bei der Festsetzung der Höhe der Abfindung nach Auflösungsantrag des

---

164 Preis 1987,230.

165 Bzw. Vorgesetzten.

166 BAG v. 4.10.1990 AP Nr. 12 zu § 626 BGB Druckkündigung.

167 So auch Däubler in KSchR 2001, § 626 BGB Rz. 171, der daher die Teilnahme an einer Mediation im Einzelfall für ein "nützliches Vorgehen" im Bereich von Druckkündigungen hält. Eine Druckkündigung kann auch aufgrund des autoritären Führungsstils und der mangelnden Fähigkeit zur Menschenführung einer Vorgesetzten, die alle Untergebenen (Kindergärtnerinnen) beeinträchtigt, zulässig sein; vgl. BAG AP Nr. 12 zu § 626 BGB Druckkündigung. Auch bei solchen Fallkonstellationen ist zu fragen, ob nicht vor Abmahnung und Kündigung betriebliche Foren zur aktiven Konfliktbearbeitung, z.B. durch Mediation, geschaffen werden müssen. Zu denken ist hier an eine Analogie zur kollektiven Verhandlungspflicht zwischen den Betriebsparteien aus §§ 2, 74. Auch Richter & Brüggemann 2002, 302 halten bei Druckkündigungen ein "gemeinsames Gespräch, z.B. unter Einschaltung eines neutralen Vermittlers wie bei einer Mediation, in der der Versuch einer Konfliktlösung ohne Kündigung unternommen wird", für sinnvoll.

168 Kittner in Däubler & Kittner & Zwanziger § 1 KSchG Rz. 53.

169 Urteil vom 23.3.2001, 18 Sa 65/00.

Arbeitgebers gem. § 9 Abs. 1 S. 2 KSchG zu Gunsten der Arbeitnehmerin, dass der Arbeitgeber, nachdem er "von den Arbeitsplatzkonflikten erfuhr, wenig initiativ reagierte. Nach Ansicht der Kammer hätte sich die Eskalation möglicherweise bei entsprechenden personalpolitischen Maßnahmen des Konfliktmanagements (z.B. Mediation, Sozialtraining) vermeiden lassen."[170] Die Entscheidung beinhaltet eine Verpflichtung zu präventiven kündigungsverhütenden Maßnahmen des Arbeitgebers, z.B. durch Mediation.[171]

Gegen eine Verpflichtung des Angebots einer Mediation vor Abmahnung wird die Verzögerung der Kündigungsmöglichkeiten des Arbeitgebers angeführt.[172] Der Arbeitgeber "schneide sich das Recht auf Kündigung im Wiederholungsfall ab"[173], wenn er vor Ausspruch einer Abmahnung mit dem Arbeitnehmer in einer Mediation verhandle. Er müsse dann erst noch einmal ein Fehlverhalten abwarten.

Der Nachweis eines Mediationsversuches durch einen unabhängigen Dritten[174] kann ebenso wie die Abmahnung dokumentieren, dass ein aktiver Konfliktbearbeitungsversuch stattgefunden hat. Nachweis bildet die schriftliche Mediationsvereinbarung. Weist der Arbeitgeber nach, dass sich einer oder mehrere Arbeitnehmer entgegen der von ihnen selbst getroffenen Vereinbarung verhalten, bietet dies den Anhaltspunkt für eine negative Zukunftsprognose. Eine Abmahnung könnte sich dann auf den Bruch der Mediationsvereinbarung stützen.[175] Dabei kann sich für den Arbeitgeber[176] eine Verpflichtung zur Teilnahme an der Mediation aus der arbeitgeberseitigen Fürsorgepflicht ergeben.[177] Für die von einer Druckkündigung bedrohten Arbeitnehmer wird eine Verpflichtung angenommen, durch entsprechendes Verhalten unzumutbare Nachteile für den Arbeitgeber zu vermeiden.[178] Diese Verpflichtung könnte auch in der

---

170 Ebenda.

171 Ruberg 2002, 205 f. weist auf neuere Entwicklungen der Rechtsprechung hin, die einen "konstruktiven Umgang miteinander", so BAG v. 21.2.2001 EzA Nr. 2 zu § 242 BGB Kündigung und die Verpflichtung zu Kommunikation hin, andeuten.

172 So Albrecht 2001, 79.

173 Ebenda.

174 I.d.R. betriebsexternen, in Ausnahmen auch einem betriebsinternen Mediator.

175 Zur Frage, ob ggf. eine zusätzliche Abmahnung verzichtbar sein könnte s.u.

176 Bzw. seine Vertreter, insbesondere von am Konflikt selbst beteiligten Vorgesetzten.

177 Im Rahmen der Fürsorgepflicht sollen nach Auffassung des BAG "vermeidbare Nachteile" vom Arbeitnehmer ferngehalten werden; BAG v. 17.3.1970, AP Nr. 78 zu § 611 BGB Fürsorgepflicht.

178 BAG 11.2.1960, AP Nr. 3 zu § 626 BGB Druckkündigung; Däubler KSchR 2001 § 626 BGB Rz. 171.

Teilnahme an einer Mediation zu Klärung der Vorwürfe von Kollegen bestehen.

Für viele Konfliktsituationen, insbesondere zwischen gleichrangigen Arbeitnehmern oder zwischen Vorgesetzten und Mitarbeitern, könnte das Angebot von Mediation[179] als Intervention in die weitere Konflikteskalation so eine neue Möglichkeit darstellen, das Arbeitsverhältnis ggf. weiterzuführen.[180]

In Einzelfällen könnte Mediation auch nach erfolgter Abmahnung eingesetzt werden. Den vorherigen Ausspruch der Abmahnung zur Voraussetzung zu machen, ist allerdings nicht sinnvoll.[181] Durch den Ausspruch der Abmahnung selbst eskaliert der Konflikt meist weiter. Das Ziel der Erhaltung des Arbeitsplatzes kann i.d.R. durch eine konfliktnahe Bearbeitung vor Ausspruch von Abmahnungen besser erreicht werden.

Fraglich ist, ob für bestimmte Fallkonstellationen der Nachweis des Vertragsbruchs von Bestimmungen aus einer Mediationsvereinbarung ohne Ausspruch einer (weiteren) Abmahnung für den Ausspruch einer verhaltensbedingten Kündigung ausreicht.[182] Dies könnte dann der Fall sein, wenn der Arbeitgeber vor Einleitung der Mediation nachweisbar darauf hingewiesen hat, dass die Mediation

---

179 Ggf. auch von anderen Angeboten i.R. eines IKMS, z.B. der einseitigen Konfliktberatung eines Arbeitnehmers.

180 So auch Vogelsang 1997 für den Umgang mit Tätlichkeiten im Betrieb. Durch Mediation ließen sich weitere Beeinträchtigungen des Vertragsverhältnisses vermeiden. "Die Frage, ob eine gütliche Einigung bereits vor der Güteverhandlung versucht wurde, sollte in der Rechtsprechung ein größeres Gewicht erhalten."; Vogelsang 1997, 78. Mediation bilde die "einzige Chance, Kündigungen nicht erst dann zu verhandeln, wenn sie de facto nicht mehr rückgängig gemacht werden können, weil das Verhältnis zwischen Arbeitgeber und Gekündigtem zerstört ist und es nur noch um die Verteilung finanzieller Schäden geht."; Vogelsang 1997, 115. Mediation bildet hier eine reguläre Stufe in einem integrierten und abgestuften Konfliktmanagementsystem. Hierdurch könnte einerseits eine Stärkung innerbetrieblicher Konfliktbearbeitung und Konfliktkultur (als "übergreifende normative Orientierungsmarken des persönlichen Umgangs im Arbeitsleben i.S. einer Vertrauens- , Gesprächs- und Informationskultur", so Ruberg 2002, 205 m.w.N.) mit der Folge der Justizentlastung (vgl. Grotmann-Höfling 1995) erreicht und andererseits der Bestandsschutz des einzelnen Arbeitsverhältnisses erhöht werden.

181 So aber Albrecht 2001, 80.

182 Kommt es z.B. zu verbalen Angriffen zwischen Arbeitnehmern, könnten in der gemeinsamen Mediationsvereinbarung der Arbeitnehmer Spielregeln für den künftigen Umgang miteinander geregelt werden. Kommt es unter Missachtung der vereinbarten "Spielregeln" doch wieder zu Ausfälligkeiten, könnte für den Arbeitnehmer, der sich nachweisbar der Vereinbarung zuwider verhalten hat, eine verhaltensbedingte Kündigung gerechtfertigt sein, ohne dass noch eine Abmahnung auszusprechen ist.

anstelle einer ansonsten auszusprechenden Abmahnung als letzte Chance angeboten wird und er schriftlich auf die drohende Kündigungskonsequenz bei Nichtbeachtung der eigenverantwortlich getroffenen Vereinbarung hinweist. Eine solche schriftliche Mitteilung könnte den Ausspruch einer (weiteren) Abmahnung ersetzen, sofern vom Arbeitgeber der Vertragsbruch des Arbeitnehmers gegen Bestimmungen der Mediationsvereinbarung nachgewiesen werden kann.[183]

5.7.2 Impulse durch neues Antidiskriminierungsrecht der EU

Eine Verpflichtung zur Gestaltung präventiver Konfliktmanagementsysteme könnte sich aus den Richtlinien 2000/78/ EG vom 27.11. 2000 und 2000/43/ EG vom 29.6.2000 ergeben. Richtlinie 2000/78/EG vom 27.11.2000 soll gem. ihrem Art. 1 einen allgemeinen Rahmen zur Bekämpfung der Diskriminierung wegen der Religion oder der Weltanschauung, einer Behinderung, des Alters oder der sexuellen Ausrichtung in Beschäftigung und Beruf im Hinblick auf die Verwirklichung des Grundsatzes der Gleichbehandlung in den Mitgliedsstaaten bezwecken. Richtlinie 2000/43 EG vom 29.6.2000 verbietet die Diskriminierung wegen der Rasse oder der ethnischen Herkunft. Beide Richtlinien verlangen von den nationalen Gesetzgebern, bis 2003 nationale Vorschriften an den Inhalt der Richtlinien anzupassen. Verlangt wird das Verbot und die Sanktionierung von mittelbarer und unmittelbarer Diskriminierung der angesprochenen Personengruppen.[184]

---

183 Der Umgang mit Mediationsvereinbarungen als arbeitsrechtlich relevantes Beweismittel muss durch eine Betriebsvereinbarung transparent gemacht und abgesichert werden. Mediation als ergebnisoffenes Verfahren darf nicht missbraucht werden, um "zwangsmediierte" Vereinbarungen, die ggf. den gerichtlichen Kündigungsschutz unterlaufen - vgl. zur Wichtigkeit des gerichtlichen Kündigungsschutzes auch Däubler NJW 2002, 2292 f. -, durchzusetzen; vgl. unten Kap. 7.

184 Art. 1 Richtl. 2000/43/EG und Art. 1 Richtl. 2000/78 EG. Am 23.9.2002 wurde zudem die Änderungs-Richtlinie 2002/73/EG, ABl. EG Nr.L269 v.5.10.2002 zur Gleichbehandlungsrichtlinie 76/207/EWG verabschiedet, vgl. Dötsch 2002, 505-508. Ende 2002 wurde ein Entwurf für ein Zivilrechtliches Antidiskriminierungsgesetz, mit dem die Vorgaben durch die EU-Richtlinien in das nationale Recht umgesetzt werden sollen, vorgelegt. Vgl. BT-Dr. 13/9706, 13/10081. Dieses Antidiskriminierungsgesetz soll alle in den Richtlinien adressierten diskriminierten Personengruppen schützen, insbesondere vor Benachteiligungen im Arbeitsverhältnis. Bislang wurde nur ein Teil des Entwurfs als Behindertengleichstellungsgesetz umgesetzt.

Diskriminierung wird zunächst als "strukturelle und interaktive Alltagserfahrung moderner Gesellschaften" begriffen.[185] Neben gezielten und vorsätzlich der Personengruppe gegenüber feindlichen Handlungen[186] sind es häufiger noch die vermeintlich "normalen" Verhaltensweisen, die ausgrenzend und benachteiligend wirken"[187]. Dies für sich genommen ist jedoch noch keine Diskriminierung i.e.S. Auch jede "unsachliche Differenzierung" bedeutet noch nicht Diskriminierung. Um über eine unsachliche Differenzierung hinaus eine Diskriminierung im hier verstandenen Sinne anzunehmen, kommt zu dem "Anders-Sein"[188] und der daraus resultierenden u.U. unsachlichen ungleichen Behandlung dazu, dass wegen dieser unsachlichen ungleichen Behandlung ein Nachteil[189] zugefügt und erlitten wird, es also zu einer Benachteiligung kommt.[190] Hier liegt auch die Schnittstelle zwischen "normaler" Konfliktgenese[191] und einer Diskriminierung und/oder Belästigung. Auch die Diskriminierung beginnt als Konflikt zwischen Aktoren.[192]

Beide Richtlinien legen fest, dass auch Belästigungen, d.h. unerwünschte Verhaltensweisen, die im Zusammenhang mit der Zugehörigkeit der Person zu einer bestimmten Personengruppe stehen und die Würde der betreffenden Person verletzen und ein von Einschüchterungen, Anfeindungen, Erniedrigungen,

---

185 Baer 2001, 501.

186 Wie rassistische, behinderten- oder schwulen- und lesbenfeindliche Angriffe von Neonazis.

187 Baer 2001, 501. Zunächst einmal neigt jedes Individuum dazu, seine eigene Erfahrung der Lebenswelt für "normal" zu halten, d.h. die eigene Herkunft, Hautfarbe, Glaubensrichtung oder sexuelle Orientierung, das eigene Geschlecht oder Einkommen als selbstverständlich und vorherrschend zu setzen. Kommen Akteure mit Personen mit unterschiedlichen Erfahrungen und Hintergründen zusammen, kommt es unausweichlich zu Konflikten.

188 Hier: aufgrund der Zugehörigkeit zu einer bestimmten Personengruppe.

189 Vorsätzlich oder "unbeabsichtigt".

190 Baer 2001, 501.

191 S.o. das Konflikteskalationsmodell von Glasl.

192 In den ersten Stufen der Konfliktentwicklung ist auch ein Bezug zu einem Konfliktthema festzustellen. Aufgrund der Zuordnung zu einer Gruppe der gegenüber Vorurteile bestehen, wird der Gegner jedoch schneller als Person als bedrohlich empfunden und ist ein rascherer Anstieg der Konflikteskalation festzustellen. Schneller als in anderen Konflikten kommt es zum Wunsch, den Gegner zu erniedrigen und schließlich zu vernichten. In den ersten Stufen der Entwicklung sind auch Diskriminierungsfälle damit zunächst Konflikte.

Entwürdigungen oder Beleidigungen gekennzeichnetes Umfeld geschaffen wird, als Diskriminierung im oben definierten Sinne gelten.[193]

Zu fragen ist aber, ob nicht - ähnlich wie in den USA[194] - künftig der Arbeitgeber für ein "hostile work environment"[195], auch wenn dessen Verursacher nicht er selbst ist und nicht ausfindig gemacht werden kann, haften muss. Ebenso wie bei der oben dargestellten Haftung aus Organisationsverschulden trägt die präventive Bereitstellung von Beschwerde- und Konfliktmanagement-Verfahren und -stellen im Rahmen eines IKMS dazu bei, ein "hostile work environment" zu verhindern. Der Nachweis des Arbeitgebers, hier präventiv tätig geworden zu sein,[196] kann ihn von dieser Haftung entlasten.[197] Beide Richtlinien schreiben vor, dass Sanktionen gegen Diskriminierung auch Schadensersatzleistungen an die Opfer umfassen können und dass diese wirksam, verhältnismäßig und abschreckend sein müssen.[198]

Für die Verwirklichung des Grundsatzes der Gleichbehandlung aller Personen ohne Diskriminierung aufgrund der Rasse oder der ethnischen Herkunft hat gem. Art. 13 der Richtlinie 2000/43/EG zudem jeder Mitgliedsstaat eine

---

193 Art. 2 Abs. 3 Richtl. 2000/43/EG und Art. 2 Abs. 3 Richtl. 2000/78/EG.

194 Die Vorschriften des Title VII waren Vorbild für die beiden Richtlinien; Thüsing 2001, 1061.

195 Feindliches Arbeitsumfeld.

196 Wobei spezifische Schutz- und Sanktionsmaßnahmen für die betroffenen Personengruppen i.R. z.B. eines Beschwerdeverfahrens vor einer innerbetrieblichen Beschwerdestelle hinzukommen müssten.

197 Vom Erfordernis präventiver Maßnahmen über den reinen Kündigungsschutz hinaus geht auch der deutsche Gesetzgeber aus: in § 84 SGB IX lautet die Überschrift "Prävention". Abs. 1 lautet: "Der Arbeitgeber schaltet bei Eintreten von personen-, verhaltens- oder betriebsbedingten Schwierigkeiten im Arbeits- oder sonstigen Beschäftigungsverhältnis, die zur Gefährdung dieses Verhältnisses führen könnten, möglichst frühzeitig die Schwerbehindertenvertretung und die in § 93 genannten Vertretungen sowie das Integrationsamt ein, um mit ihnen alle Möglichkeiten und alle zur Verfügung stehenden Hilfen zur Beratung und mögliche finanzielle Leistungen zu erörtern, mit denen die Schwierigkeiten beseitigt werden können und das Arbeits- oder sonstige Beschäftigungsverhältnis möglichst dauerhaft fortgesetzt werden kann." Das Integrationsamt hat hier die Rolle eines Vermittlers zwischen behindertem Arbeitnehmer und Arbeitgeber. Es hat gem. § 83 SGB IX die Aufgabe, mit den Vertretungen und Beauftragten der Behinderten eine sog. Integrationsvereinbarung auszuhandeln. Hier wird eine neue Tendenz des Gesetzgebers hin zur Möglichkeit des eigenverantwortlichen Aushandelns konkreter Regeln deutlich; hierzu vgl. unten Kap. 7.

198 Zur neuen Schmerzensgeldregelung gem. § 253 Abs. 2 BGB s.u.

oder mehrere Stellen zu bezeichnen, deren Aufgabe darin besteht, die Verwirklichung des Grundsatzes der Gleichbehandlung aller Personen ohne Diskriminierung aufgrund der Rasse oder der ethnischen Herkunft zu fördern. Diese Stellen können Teil einer Einrichtung sein, die auf nationaler Ebene für den Schutz der Menschenrechte oder der Rechte des einzelnen zuständig ist. Sie sollen gem. Art. 13 Abs. 2 Opfer unterstützen, unabhängige Untersuchungen durchführen und unabhängige Berichte veröffentlichen. Damit sind unabhängige, i.d.R. nichtregierungs- oder staatliche oder durch die Tarifparteien zu schaffende, national agierende Stellen gemeint.[199] Die Richtlinien verlangen damit nicht unmittelbar die Implementierung zusätzlicher innerbetrieblicher Stellen oder die Bereitstellung von neuen Verfahren.

In den USA war die Zunahme an Klageverfahren von Arbeitnehmern wegen Diskriminierung mit sehr hohen Schadensersatz- und Schmerzensgeldansprüchen[200] ein wesentlicher Anlass für die Implementierung betrieblicher IKMS. Unter der Annahme, dass die Verabschiedung der Richtlinien gegen Diskriminierung einen Schritt in die weitere "Amerikanisierung"[201] des Europäischen und damit auch des deutschen Arbeitsrechts darstellt, ist damit zu rechnen, dass auch in Deutschland künftig in Unternehmen zunehmend nach innerbetrieblichen niedrigschwelligen Angeboten des Konfliktmanagements gesucht werden wird.[202]

---

199 Vgl. Nickel 2001, 2671.

200 Die gem. § 253 Abs. 2 BGB mit Inkrafttreten des Zweiten Gesetzes zur Änderung schadensersatzrechtlicher Vorschriften vom 19.7.2002, BGBl. I, S. 2674, seit dem 1.8. 2002 auch in Deutschland wegen eines nicht vermögensrechtlichen Schadens eine billige Entschädigung in Geld gefordert werden kann.

201 Thüsing 2001, 1064.

202 Auf die Neuerungen des geplanten zivilrechtlichen Antidiskriminierungsgesetzes kann an dieser Stelle nicht eingegangen werden.

6 Rechtliche Absicherung von Mediation und von Stellen für Konfliktmanagement und Mediation im Betrieb

6.1 Einführung und Überblick: Regelungsbedarfe

Im Folgenden soll untersucht werden, wie die in Kapitel 2 dargelegten Grundprinzipien und Verfahrensgrundsätze der Mediation und die in Kapitel 5 vorgestellten Grundsätze für den Einsatz betriebsinterner Konfliktmanager und Konfliktlotsen rechtlich abgesichert werden können, ohne arbeitsrechtliche Schutznormen zu unterlaufen.

Die rechtlichen Rahmenbedingungen für den Einsatz innerbetrieblicher Konfliktmanager und Konfliktlotsen unterscheiden sich wesentlich von denen für externe Mediatoren für andere Einsatzbereiche.[1] Aus den bislang vorliegenden Untersuchungen[2] kann daher nicht auf die spezifische Situation innerbetrieblicher Mediatoren geschlossen werden.[3] Zu berücksichtigen sind insbesondere die organisationalen Rahmenbedingungen, in denen das Mediationsverfahren stattfindet, v.a. die hierarchische Struktur der Arbeitgeber-Arbeitnehmer-Beziehung sowie deren arbeitsrechtliche Regulierung.[4]

Betriebliche Mediation findet - unabhängig von der jeweiligen Konfliktkonstellation zwischen Vorgesetztem und Arbeitnehmer, zwischen Arbeitnehmern oder Arbeitnehmergruppen - im Rahmen bestehender Arbeitsverhältnisse statt. Daher müssen auch die möglichen Auswirkungen von Mediationsverfahren auf das Arbeitsverhältnis des an einer Mediation beteiligten Arbeitnehmers un-

---

1 Oder Rechtsgebiete.

2 Z.B. Hacke 2001.

3 Anders Hacke 2001, 29, der in seiner Untersuchung vermeintlich die gesetzlichen und vertraglichen Grundlagen des "ADR-Vertrags" allgemein untersucht und dies auf alle zivilrechtlichen Bereiche, einschließlich des Arbeitsrechts bezieht.

4 Arbeitsrecht als Ausbalancierung einer strukturellen Ungleichheit zwischen Arbeitgeber und Arbeitnehmer. Aus diesem Grunde wird von einigen Autoren die Anwendbarkeit des Mediationsverfahrens in Arbeitgeber-Arbeitnehmer-Beziehungen ausgeschlossen: s.o. Kap. 2 m.w.N. um Umgang mit Machtgefällen in der Mediation Budde 1999c.

tersucht werden.[5] Zu den Rechtsbeziehungen zwischen den Konfliktpartnern[6] und zwischen Mediator und Konfliktpartnern kommt[7] die regelungsbedürftige Rechtsbeziehung zwischen Mediator und Arbeitgeber[8] hinzu. Untersucht werden muss darüber hinaus die Beziehung zwischen Mediator und Betriebs- bzw. Personalrat.[9] Ziel ist die Gewährleistung von "Fairness" bzw. Verfahrensgerechtigkeit insbesondere für die beteiligten Arbeitnehmer als wirtschaftlich schwächere "Verbraucher".[10]

Im Folgenden soll zunächst geprüft werden, welche Absicherungen für Arbeitnehmer als Medianten bereits gesetzlich geregelt sind und welche Regelungen durch Mediationsvertrag, Arbeitsvertrag, Betriebsvereinbarung oder Tarifvertrag getroffen werden müssen. Im zweiten Schritt werden die Anforderungen an Konfliktmanager, Konfliktlotsen und Mediatoren und deren rechtliche Absicherung untersucht. Dann werden die Anforderungen an den Arbeitgeber bei der Einführung von IKMS und dem Einsatz innerbetrieblicher Mediation vorgestellt. Schließlich wird geprüft, über welche Rechte und Pflichten der Betriebsrat bei der Einführung von IKMS und Mediation im Betrieb verfügt.

---

5 Und ggf. negative Auswirkungen durch Inanspruchnahme von Mediation rechtlich ausgeschlossen werden können.

6 "Medianten".

7 Auch wenn bei Streitigkeiten zwischen Arbeitnehmern nicht unmittelbar Konfliktpartner, so zumindest als für den gesamten Betrieb verantwortlicher "mittelbar Konfliktbeteiligter".

8 Bei externen Mediatoren als "Auftraggeber".

9 Kann beispielsweise ein Betriebsrat verlangen, an der Mediation teilzunehmen ?

10 Vgl. Grünbuch ADR 2002, 32.

6.2 Verfahrensgarantien für Arbeitnehmer als Medianten

Für die Mediation von individualrechtlichen Konflikten ist zu prüfen, ob und ggf. wie für Arbeitnehmer als Beteiligte in einem Mediationsverfahren die Verfahrensgrundsätze der Mediation[11] abgesichert werden können.

6.2.1 Eigenverantwortlichkeit

Hauptvorteil und -unterschied zu rechte-orientierten Verfahren sowie wichtigstes Prinzip der Mediation stellt die Eigenverantwortlichkeit der Konfliktpartner dar.[12] Angesichts der strukturellen und wirtschaftlichen Ungleichheit zwischen einzelnem Arbeitnehmer und Arbeitgeber muss gewährleistet sein, dass der einzelne Arbeitnehmer tatsächlich in freier Selbstbestimmung verhandeln und entscheiden kann,[13] ohne Angst vor etwaigen Sanktionen.[14] "Hat einer der Vertragsteile ein so starkes Übergewicht, dass er vertragliche Regelungen faktisch einseitig setzen kann, bewirkt dies für den anderen Vertragsteil Fremdbestimmung. Wo es an einem annähernden Kräfteausgleichsgewicht der Beteiligten fehlt, ist mit den Mitteln des Vertragsrechts allein kein sachgerechter Ausgleich der Interessen zu gewährleisten. Wenn bei einer solchen Sachlage über grundrechtlich verbürgte Positionen verfügt wird, müssen staatliche Regelungen ausgleichend eingreifen, um den Grundrechtsschutz zu sichern."[15]

Bei Streitigkeiten zwischen ranggleichen Arbeitnehmern auf einer Hierarchiestufe ist dieses annähernde Kräfteausgleichgewicht der Beteiligten gegeben. Für Mediationen zwischen Arbeitgeber und Arbeitnehmer ist das Vorliegen eines solchen Gleichgewichts nicht anzunehmen. Deshalb wurde zu Beginn der Diskussion über Mediation in Deutschland von einigen Autoren die Regel "keine Mediation im Bereich sozialer Schutzrechte" gefordert.[16]

---

11 S.o. Kap. 2.

12 S.o. Kap.2.

13 So BVerfG v. 7.2.1990, BVerfGE 81, 254 f. Nur wenn "die Bedingungen freier Selbstbestimmung tatsächlich gegeben" seien, könne von einer privatautonomen Vereinbarung ausgegangen werden.

14 BVerfGE 81, 254 f.

15 Ebenda.

16 Breidenbach 1995, 252. Zur Kritik der Mediation wegen der potenziellen Ausnutzung Schwächerer vgl. oben Kap. 2 m.w.N.

Einen Schutz des Grundprinzips der Eigenverantwortung in der betrieblichen Mediation und einen Ausgleich für das Kräfteungleichgewicht zwischen Arbeitgeber[17] und einzelnem Arbeitnehmer, bildet der Zugang zu traditionellen arbeitsrechtlichen und arbeitsgerichtlichen Verfahren. Der drohende "Schatten des Arbeitsrechts"[18] kann das Machtgefälle zwischen Arbeitnehmer und Arbeitgeber teilweise ausbalancieren. Darüber hinaus bieten die im folgenden dargestellten Verfahrensgrundsätze einen weitgehenden Schutz des einzelnen Arbeitnehmers vor Einschränkung seiner Eigenverantwortlichkeit.[19] Dazu gehören neben der Sicherung der Unabhängigkeit des Mediators oder Konfliktmanagers v.a. das Recht, sich begleiten und beraten zu lassen, das Verbot, vertrauliche Informationen aus der Mediation oder anderen Interventionen in einem Arbeitsgerichtsverfahren zu verwenden sowie der Verzicht des Arbeitgebers auf Benachteiligungen wegen der Teilnahme des Arbeitnehmers an der Mediation.[20]

6.2.2 Freiwilligkeit

Unterschieden werden kann zwischen einer "absoluten" Freiwilligkeit, die sich auch auf die Freiwilligkeit der Teilnahme an Mediationsgesprächen überhaupt bezieht und einer "relativen" Freiwilligkeit, die gewährleistet, dass die Mediationsvereinbarung freiwillig getroffen wird, d.h. jederzeit ein sanktionsloser Abbruch der Mediation auch ohne Ergebnis möglich ist.[21]

Während von einer absoluten Freiwilligkeit im Arbeitsverhältnis nicht realistisch ausgegangen werden kann,[22] stellt die relative Freiwilligkeit der Teilnahme von Arbeitnehmern ein unbedingtes Erfordernis für die Durchführung einer Mediation dar.[23] Dem an einer Mediation mit dem Arbeitgeber oder einem Kolle-

---

17 Häufig in Gestalt des Vorgesetzten oder eines Mitarbeiters der Personalabteilung.

18 Vgl. oben Kap. 2 m.w.N.

19 Zu berücksichtigen ist auch, dass nicht in allen Arbeitsverhältnissen von einem strukturellen Ungleichgewicht ausgegangen werden kann. Insbesondere für hochspezialisierte Mangelberufe sind beide Vertragsteile gleichermaßen voneinander abhängig, so dass zumindest für diese Gruppe nicht von einer Einschränkung der Handlungsfreiheit auszugehen ist.

20 S.u.

21 Vgl. oben Kap. 2.

22 Von einer absoluten Freiwilligkeit kann im organisationalen Kontext aufgrund der hierarchischen Struktur nicht ausgegangen werden. Schon ein Vorschlag eines Vorgesetzten oder der Personalabteilung bringt zumindest "heimliche" Zwänge mit sich, die die faktische Freiwilligkeit stark einschränken können.

23 Und muss rechtlich abgesichert werden, s.u.

gen teilnehmenden Arbeitnehmer muss daher das Recht zustehen, den Mediationsvertrag mit dem Konfliktmanager oder Mediator einseitig zu kündigen. Zu prüfen ist, ob für dieses Recht eine zusätzliche Regelung im Mediationsvertrag, einer Mediationsordnung, einer Betriebsvereinbarung oder einem Tarifvertrag erforderlich ist oder ob bereits eine gesetzliche Absicherung besteht.

Beim Mediationsvertrag zwischen Mediant und Mediator wie auch bei dem zwischen den Medianten[24] handelt es sich um einen Geschäftsbesorgungsvertrag mit Dienstvertragscharakter nach §§ 675 Abs. 1, 662 ff. und 611 ff. BGB.[25] Bei der Ausübung von Mediation handelt es sich um einen Dienst höherer Art, der aus besonderem Vertrauen übertragen wird.[26] Daher ergibt sich ein Kündigungsrecht aus § 627 Abs. 1 BGB. Danach ist die Kündigung zulässig, wenn der zur Dienstleistung Verpflichtete, ohne in einem dauernden Dienstverhältnis mit festen Bezügen zu stehen, Dienste höherer Art zu leisten hat, die auf Grund besonderen Vertrauens zu übertragen gepflegt werden. Die Kündigung darf gem. § 627 Abs. 2 BGB lediglich nicht zur Unzeit erfolgen. Der Abbruch der Mediation durch den Medianten ist daher ohne Angabe von Gründen und ohne Einhaltung einer Frist rechtmäßig.

6.2.3 Vertraulichkeit

Die an einer Mediation teilnehmenden Arbeitnehmer müssen die Gewähr haben, dass sich ihre faktische und ihre tatsächliche Situation im Betrieb nicht aufgrund der Mediation verschlechtert. Dabei ist der Grundsatz der Vertraulichkeit in der Mediation von zentraler Bedeutung. Unter Vertraulichkeit wird hier sowohl die Geheimhaltung von Gesprächsinhalten als auch die Verschwiegenheit über Informationsquellen verstanden.[27] Diese Vertraulichkeit muss bei

24 Einschließlich dem Arbeitgeber selbst und den gem. § 278 BGB für ihn handelnde Vorgesetzten oder anderen Mitarbeitern als Medianten.

25 Dazu ausführlich Hacke 2001, 87. Für den "Anwaltmediator" kommt Koch 2000, 251 m.w.N. zu demselben Ergebnis.

26 Vgl. Hacke 2001, 88, Müller-Glöge ErfKomm 2001, § 627 BGB Rz. 8.

27 Ohne ausdrückliche Genehmigung der an der Mediation teilnehmenden Arbeitnehmer dürfen Namen von Kollegen oder Vorgesetzten als Informationsquellen nicht preisgegeben werden.; vgl. auch die Regelungen für US-amerikanische Ombudspersonen. Für ihren Einsatz regelt der Verband The Ombudsman Association: "Confidential describes communications, or a source of communications, which are intended to be held in secret. In an ombudsman's work confidentiality is often accomplished by providing anonymity to the source of communications. When the

einer innerbetrieblichen Mediation in vierfacher Hinsicht abgesichert werden: die des Mediators oder Konfliktmanagers als Dritten,[28] die der Konfliktparteien untereinander, diejenige anderer Teilnehmer als Berater, Begleiter oder Sachverständiger sowie die des Arbeitgebers.[29]

Neben dem Schutz vor Verbreitung von persönlichen Informationen durch Kollegen ist der Vertraulichkeitsschutz gegenüber dem Arbeitgeber als Beteiligtem im Mediationsverfahren[30] von besonderer Bedeutung. Das Vertraulichkeitsgebot sollte sich nicht nur auf den Inhalt der Mediationsgespräche, sondern auch auf den Inhalt der Mediationsvereinbarung beziehen.[31] Eine Offenlegung, insbesondere dem Arbeitgeber gegenüber, sollte nur mit Zustimmung aller Medianten möglich sein.

Hierzu liegt keine gesetzliche Verpflichtung vor. Es ist eine Regelung durch Mediationsvertrag, Betriebsvereinbarung oder Tarifvertrag erforderlich.[32]

Über die Verschwiegenheitsverpflichtung hinaus muss im betrieblichen Bereich gewährleistet sein, dass Mediatoren oder Konfliktmanager nach etwaigem Scheitern der Gespräche von keinem der Medianten als Zeugen in einem arbeits- oder zivilgerichtlichen Verfahren benannt werden können.[33]

6.2.4 Zugang zu (Rechts-)Informationen

Als Nutzer von Angeboten eines IKMS haben Arbeitnehmer einen Anspruch auf Information über die zur Verfügung stehenden traditionellen inner- und außerbetrieblichen rechte-orientierten Verfahren. Zu diesem Zwecke wird in

source of a communication is kept secret or private, this is known as an anonymous communication." TOA Standards of Practice 1995, Fn. 1 zu Zf. 2.; TOA 1995.

28 S. weiter unten

29 S. weiter unten

30 Nur wenn in der Mediation eigene Anliegen offen geäußert werden können, ohne befürchten zu müssen, dass diese anschließend gegen die eigenen Belange eingesetzt werden, ist es für Arbeitnehmer empfehlenswert, im Rahmen der Interessensklärung offen über eigene Wünsche und Zukunftspläne zu kommunizieren. Zu befürchten wäre auch der Missbrauch eines Mediationsverfahrens, das ggf. nur zu dem Zweck eingesetzt werden könnte, um Informationen aus dem Verfahren zu nutzen. Vor dieser Gefahr warnen auch Mähler & Mähler 2001b, 4-10.

31 Sofern der Arbeitgeber nicht selbst Konfliktpartei ist.

32 Vgl. unten Kap. 7.

33 Etwas anderes kann für strafgerichtliche Verfahren gelten. S. weiter unten.

einigen US-amerikanischen Betrieben neben der Mediation auch die Rechtsberatung durch den Arbeitgeber finanziert.[34]

Für deutsche Arbeitnehmer besteht die Möglichkeit, sich beim Betriebsrat über arbeitsrechtliche Fragen zu informieren.

6.2.5 Unterstützung und Beratung

Arbeitnehmer sollten zum Ausgleich von Informations- und Machtungleichgewichten bei Teilnahme an einer Mediation das Recht auf Hinzuziehen eines Betriebsratsmitglieds oder eines anderen Beraters zu ihrer Unterstützung haben.[35] Ein gesetzlicher Anspruch auf Begleitung durch ein Betriebsratsmitglied könnte sich aus § 84 Abs. 1 S. 2 ergeben. Danach kann jeder Arbeitnehmer ein Mitglied des Betriebsrats zur Unterstützung oder Vermittlung bei seiner Beschwerde bei den zuständigen Stellen des Betriebs hinzuziehen. Beschwerdegegenstand einer Beschwerde gem. § 84 BetrVG ist die ungerechte Behandlung oder sonstige Beeinträchtigung des einzelnen Arbeitnehmers. Entscheidend ist dabei allein der subjektive Standpunkt des jeweiligen Arbeitnehmers.[36]

Im Rahmen von Mediationsverfahren kommt es in Phase zwei[37] regelmäßig zum Vortragen von Beschwerden. Allerdings ist hier nicht unmittelbar die Erhebung einer Beschwerde gem. § 84 Abs. 1 BetrVG subsumierbar.

Ein Recht auf Begleitung durch ein Betriebsratsmitglied könnte sich aber aus § 82 Abs. 2 BetrVG ergeben. Danach kann der Arbeitnehmer in Gesprächen, in denen u.a. seine Leistungen beurteilt werden und seine berufliche Entwicklung erörtert wird, ein Mitglied des Betriebsrats hinzuziehen. Dieses Recht gilt auch für "Beratungs- und Fördergespräche", die auf Initiative des Arbeitgebers an-

---

34 So auch bei der Firma Haliburton im Rahmen eines "Legal Defense Plans", s.u. Anhang.

35 So schreibt z.B. die Empfehlung der Europäischen Kommission über die Grundsätze für an der einvernehmlichen Beilegung von Verbraucherrechtsstreitigkeiten beteiligte außergerichtliche Einrichtungen vom 4.4.2001 in Abschnitt D. Fairness unter Ziffer 2.c. vor, dass der Verbraucher das Recht hat, sich von einem unabhängigen Dritten beraten zu lassen, bevor er der angeregten Lösung zustimmt oder sie ablehnt. Nach Ziffer 2 Buchstabe c. hat er auch das Recht, sich mit seiner Beschwerde an eine andere Stelle zu wenden oder in seinem eigenen Land den Rechtsweg zu beschreiten. Zur Frage der Anwendbarkeit des Verbraucherrechts auf das Arbeitsrecht vgl. Kap. 6.

36 Fitting. 2002 § 84 Rz. 4.

37 Der subjektiven Darstellung des Konfliktgeschehens, s.o. Kap. 2.

gesetzt werden.[38] In einem vom Arbeitgeber initiierten Mediationsverfahren, das sich i.d.R. auch mit beruflichen Entwicklungsmöglichkeiten befasst, haben die teilnehmenden Arbeitnehmer daher gem. § 82 Abs. 2 BetrVG das Recht, ein Betriebsratsmitglied hinzuzuziehen.[39] Das Recht auf Unterstützung besteht gegenüber allen Mitgliedern des Betriebsrats. Der Arbeitnehmer bestimmt, von welchem Mitglied des Betriebsrats er begleitet werden will.[40] Gleichzeitig richtet sich das Recht gegen den Arbeitgeber, der die Anwesenheit eines Betriebsratsmitglieds[41] tolerieren muss.

Unabhängig davon könnte sich ein Beratungs- und Begleitungsanspruch auch aus dem allgemeinen Persönlichkeitsrecht gem. Art. 2 Abs. 1 i.V. m. Art. 1 Abs. 1 GG ergeben.[42] Der Anspruch auf Beratung und Begleitung von Arbeitnehmern in der Mediation ist damit gesetzlich ausreichend gesichert und bedarf keiner gesonderten Regelung durch Mediationsvertrag, Betriebsvereinbarung oder Tarifvertrag.[43]

6.2.6 *Schutz der beteiligten Arbeitnehmer vor Benachteiligungen durch die Mediation*

Für die an der Mediation teilnehmenden Arbeitnehmer muss gesichert sein, dass sie nicht wegen in der Mediation geäußerter Ansichten oder offengelegten Informationen sanktioniert werden. Zu prüfen ist, ob die gesetzlichen Benachteiligungsverbote gem. §§ 84 Abs. 3 BetrVG, 612a BGB für die Teilnahme an Mediationen anwendbar sind.

Gem. § 84 Abs. 3 BetrVG dürfen dem Arbeitnehmer wegen der Erhebung einer Beschwerde keine Nachteile entstehen. Fraglich ist, ob es sich bei der Teilnahme an einer Mediation um eine Beschwerde i.S. des § 84 BetrVG han-

---

38 Buschmann in DKK 2002, § 82 Rz. 14. In Zusammenhang mit Beurteilungsgesprächen, z.B. für die Erstellung und Kontrolle von Zielvereinbarungen, werden häufig Konfliktgespräche vor eigens zu diesem Zweck errichteten innerbetrieblichen Clearingstellen - vgl. Bauer & Diller 2002, 883 - geführt.

39 Dieses unterliegt § 82 Abs. 2 S.3 und hat daher über die Gesprächsinhalte Stillschweigen zu bewahren.

40 Fitting u.a. 2002 § 84 Rz. 14.

41 Ggf. auch gegen seinen Willen.

42 So Buschmann in DKK 2002, § 82 Rz. 14.

43 Sinnvoll ist dennoch ein klärender Hinweis in Mediationsvertrag, Betriebsvereinbarung oder sonstiger die Einführung von Mediation begleitender betrieblicher Öffentlichkeitsarbeit.

delt. Gegenstand einer Beschwerde ist die individuelle Benachteiligung, ungerechte Behandlung oder sonstige Beeinträchtigung des einzelnen Arbeitnehmers durch den Arbeitgeber oder andere Arbeitnehmer. Es genügt die Behauptung, benachteiligt worden zu sein.[44] Gem. § 84 Abs. 1 hat jeder Arbeitnehmer das Recht, sich bei den zuständigen Stellen des Betriebs zu beschweren. Bei Mediatoren und Konfliktmanagern könnte es sich um zuständige Beschwerdestellen i.S. des § 84 Abs. 1 BetrVG handeln. Dies ist allerdings nur dann anzunehmen, wenn sie als Teil eines betrieblichen Beschwerdesystems tätig werden.[45]

In Phase zwei der Mediation werden meist subjektive Benachteiligungserfahrungen geschildert. Diese sind gleichzeitig oft auch Beschwerden. Wurden Konfliktmanager oder Mediator als zuständige Beschwerdestelle festgelegt, ergibt sich ein Benachteiligungsverbot für die beteiligten Arbeitnehmer aus § 84 Abs. 3 BetrVG. Das Benachteiligungsverbot gem. § 84 Abs. 3 BetrVG stellt ein Schutzgesetz i.S. des § 823 Abs. 2 BGB dar. Nachteilige rechtsgeschäftliche Handlungen, auch Kündigungen seitens des Arbeitgebers aufgrund der Teilnahme an einer Mediation, sind daher unwirksam. Nicht ausgeschlossen sind dagegen sonstige Maßnahmen des Arbeitgebers, die nachweislich nicht aufgrund der Teilnahme an der Mediation ergriffen wurden.[46] Spezialgesetzlich geregelt sind Benachteiligungsverbote bei Beschwerden zusätzlich in § 4 Abs. 3 BeschSchG für Beschwerden wegen sexueller Belästigung am Arbeitsplatz und in § 17 Abs. 2 ArbSchG für Beschwerden wegen mangelnder Arbeitssicherheit.

Außerdem kommt - auch für Mediationen, die nicht im Zusammenhang mit Beschwerdeverfahren stehen - als Schutz der Arbeitnehmer das allgemeines Maßregelungs- und Benachteiligungsverbot in § 612a BGB als Schutznorm in Betracht. Gem. § 612a BGB darf der Arbeitgeber einen Arbeitnehmer bei einer Vereinbarung oder einer Maßnahme nicht benachteiligen, weil der Arbeitnehmer in zulässiger Weise seine Rechte ausübt. § 612a BGB ist unabdingbar und gewährleistet einen umfassenden Schutz, der sich auf jede Form der Rechtsausübung erstreckt. Er gilt für alle denkbaren Fälle, in denen der Arbeitnehmer zulässigerweise seine Rechte ausübt. Das geltend gemachte "Recht" muss nicht die Qualität der Anspruchsgrundlage erreichen: es reicht, wenn es verständlich und vernünftig ist und dessen Verweigerung durch den Arbeitgeber sich als treu-

44 Fitting 2002, § 84 Rz. 4.

45 Zu den Grenzen des Einsatzes von Mediation im Rahmen betrieblicher Beschwerdeverfahren s.o. Kap.3

46 Dies mag im Einzelfall schwer zu beweisen sein.

widrig darstellt.[47] Dabei stellt der auf der Grundlage der EU-Gleichbehandlungsrichtlinie ins BGB eingefügte § 612a eine Konkretisierung von § 84 Abs. 3 BetrVG dar: dessen Rechtslage soll durch die Vorschrift verdeutlicht und allgemein geregelt werden.[48] Er geht dabei über den Regelungsbereich des § 84 BetrVG hinaus.[49] Es handelt sich bei § 612a um ein "allgemeines Diskriminierungsverbot"[50]. Dieses soll ausschließen, dass Arbeitnehmerrechte aus Angst vor Benachteiligung nicht wahrgenommen werden. Geschützt ist damit die Willensfreiheit des Arbeitnehmers bei der Entscheidung darüber, ob er ein Recht ausüben will oder nicht.[51]

Das Maßregelungsverbot gilt für alle denkbaren Fälle, in denen der Arbeitnehmer zulässigerweise seine Rechte ausübt. Allerdings greift der Schutz des § 612a BGB seinem klaren Wortlaut nach nur dann ein, wenn das geltend gemachte Recht tatsächlich besteht und in zulässiger Weise ausgeübt wird. Dabei ist unerheblich ob die Ausübung des Rechts schriftlich, mündlich oder durch tatsächliche Handlungen, ob gerichtlich oder außergerichtlich, individuell oder kollektiv über Interessenvertretungen[52] geschieht.

Bei einer Benachteiligung von Arbeitnehmern aufgrund der Teilnahme an einer Mediation[53] könnte somit eine Rechtsverletzung i.S. des § 612a BGB vorliegen. Spricht ein Arbeitnehmer in einer Mediation offene Kritik am Verhalten von Kollegen, Vorgesetzten oder dem Arbeitgeber aus, stellt dies die Ausübung des Rechts auf freie Meinungsäußerung gem. Art. 5 GG dar. Nach Art 5 Abs. 1 S. 1 GG hat jeder das Recht, seine Meinung in Wort, Schrift und Bild frei zu äußern und zu verbreiten. Dies gilt auch für Arbeitnehmer im Betrieb. Arbeitnehmer haben das Recht, Kritik an allen Angelegenheiten zu äußern, die den Betrieb berühren. Diese darf sich auch auf die Geschäftsleitung erstrecken, sofern sie nicht ehrverletzend ist oder konkret den Betriebsfrieden stört.[54] Die

---

47 Preis, ErfKomm § 612a BGB Rz. 2.

48 BT-Drs. 8/3317, 10.

49 Preis, ErfKomm § 612a BGB Rz. 2.

50 Preis, ErfKomm § 612a Rz. 2.

51 BAG v. 16.2.89, AP Nr. 20 zu § 1 KSchG 1969 Krankheit.

52 Preis, ErfKomm § 612 a BGB Rz. 7.

53 Z.B., weil trotz des Vertraulichkeitsgebots Informationen an den Arbeitgeber gelangt sind, über die dieser vorher nicht verfügte oder weil Arbeitnehmer offen Kritik am Führungsstil eines Vorgesetzten oder der Unternehmenspolitik geübt haben.

54 BAG 15.1.1986, AP Nr. 10 zu § 611 BGB Persönlichkeitsrecht; vgl. auch Däubler 1998b, 287ff.

Freiheit der Meinungsäußerung ist nach Art. 5 Abs. 2 GG u.a. durch die allgemeinen Gesetze und das Recht auf persönliche Ehre begrenzt. Zu den grundrechtsbegrenzenden Rechtsgrundsätzen des Arbeitsrechts gehören Rücksichts- und Loyalitätspflichten dem Arbeitgeber gegenüber.[55] In Mediationsgesprächen kann es bei der Bearbeitung konkreter Konfliktsituationen auch zu emotionalen "Ausbrüchen" kommen. Das Ansprechen von Gefühlen - auch von Wut - gehört zu den typischen Wesensmerkmalen einer Mediation.[56] In Mediationsgesprächen kann es also im Einzelfall, sogar mit Unterstützung des Mediators, auch zu ggf. zunächst ehrverletzend erscheinender Kritik an Kollegen oder Vorgesetzten kommen.

Im Rahmen einer Abwägung zwischen Ehrverletzung und Recht auf freie Meinungsäußerung muss hier dann die besondere Situation einer Mediation berücksichtigt werden, deren Ziel es gerade ist, einen offenen Umgang mit Kritik zu ermöglichen. Äußerungen, die im Verlauf der Mediation fallen, können sich kurzzeitig als Ehrverletzungen darstellen. Im Verlaufe einer erfolgreichen Mediation gelingt es jedoch, die inhaltlichen Streitpunkte von persönlichen Vorwürfen zu trennen, so dass es häufig zu impliziten oder expliziten Entschuldigungen für das zu Beginn einer Mediation Vorgebrachte kommt.[57] Grenze für das Recht der freien Meinungsäußerung im Mediationsgespräch sind andauernde Ehrverletzungen, die auch im Verlaufe der Konfliktbearbeitung nicht zurückgenommen werden. Diese müssen weder vom Arbeitgeber noch von den anderen Konfliktbeteiligten toleriert werden.

Ansonsten findet im Rahmen der Mediation auch bei Kritik des Arbeitgebers oder Vorgesetzten eine freie Meinungsäußerung gem. Art. 5 Abs. 1 S. 1 GG statt. Bei der Teilnahme an einer Mediation sind Arbeitnehmer gegen anschließende Benachteiligungen durch den Arbeitgeber daher aufgrund von § 612a BGB geschützt.

---

55 Eisemann in Küttner u.a. 2001, 303 Rz. 3 m.w.N.

56 S.o. Kap. 2.

57 Vgl. Moore 1996, 180f. sowie die eigenen Erfahrungen d. Verf.

6.3 Verhaltensstandards für Mediatoren, Konfliktmanager und Konfliktlotsen im Betrieb

Für den Erfolg betrieblichen Konfliktmanagements ist die Haltung von Mediatoren, Konfliktmanagern und Konfliktlotsen wesentlich. Die Verfahrensgrundsätze der Mediation sind daher eng verknüpft mit Verhaltensanforderungen an Mediatoren. Diese Anforderungen gelten für Mediatoren, Konfliktmanager und Konfliktlotsen in individual- wie in kollektivrechtlichen Streitigkeiten. In allen Anwendungsfeldern der Mediation wurden daher Verhaltensstandards für Mediatoren eingeführt.[58] Für die Aufstellung von Verhaltensstandards für die innerbetriebliche Mediation in Deutschland können wichtige Anregungen von entsprechenden Erfahrungen mit Standards in den USA gewonnen werden.

In den USA orientieren sich die Standards der Berufsorganisationen an den ursprünglich von der Berufsorganisation Society of Professionals in Dispute Resolution (SPIDR) in Kooperation mit der American Bar Association (ABA) und der American Arbitration Association (AAA) erarbeiteten Mediationsstandards.[59] Diese gelten für alle Bereiche der Mediation. Sie verfolgen das Ziel, sowohl Mediatoren-Leitlinien für die Durchführung von Mediationen zu geben als auch die Mediationsparteien zu informieren und das öffentliche Vertrauen in Mediation als Streitbeilegungsverfahren zu fördern. Sie sollen die Qualität der Mediation sichern und Medianten als "Verbraucher" von Mediation schützen.

Gefordert wird die Unparteilichkeit des Mediators,[60] der selbstverantwortliche Umgang mit den Grenzen der eigenen Kompetenzen und Qualifikation, die Vertraulichkeit, Transparenz und Ehrlichkeit in Werbung und Marketing sowie in der Gebührengestaltung.[61]

Im Februar 2002 trat der bundesgesetzliche "Uniform Mediation Act"[62] in Kraft. Ziel der Regelung ist die Herstellung von einheitlichen rechtlichen Re-

---

58 Allerdings mit unterschiedlicher Rechtsverbindlichkeit.

59 Abgedruckt in: Dispute Resolution Journal, 1995, Vol. 50, 1 f. Im Internet abrufbar unter www.abanet.org/dispute.

60 Insbesondere der Ausschluss von (möglichen) Interessenskollisionen.

61 Bezugspunkt für diese Mindest-Verhaltensstandards für Mediatoren ist der Erwartungshorizont des Mediationsverbrauchers. Auch die in den USA in zahlreichen Bundesstaaten erlassenen gesetzlichen Regelungen ebenso wie der seit Februar 2002 bundesweit geltende "Uniform Mediation Act" (vgl. www.abanet.org/dispute) orientieren sich an diesen Mindeststandards.

62 Abgedruckt bei www.abanet.org/dispute.

gelungen beim Einsatz von Mediation. Im Uniform Mediation Act wird insbesondere die Vertraulichkeit des Mediationsverfahrens geschützt. Mediatoren wird[63] ein weitgehendes Zeugnisverweigerungsrecht zuerkannt. In Sec. 7 ist festgelegt, dass Mediatoren keine Bewertungen, Empfehlungen oder Berichte aus Mediationsverfahren einem Gericht oder einer anderen Autorität, die anschließend über den Streit entscheidet, überlassen darf.[64] Sec. 9 verlangt weiter von Mediatoren, dass sie selbst genau prüfen, ob sie ihre Unparteilichkeit im jeweiligen Fall einhalten können.[65] Sec. 9 Buchstabe f stellt ausdrücklich klar, dass nicht die Zugehörigkeit zu einem bestimmten Herkunftsberuf verlangt wird.[66] In Sec. 10 wird festgelegt, dass die Konfliktpartner einen Rechtsanwalt oder jeweils eine andere von ihnen ausgewählte Person zur Begleitung in die Mediation mitbringen können. Eine anderweitige Vereinbarung ist nichtig.

Für betriebliche Mediatoren im Status einer Ombudsperson sind die "Codes of Ethics" der Ombudsman Association maßgeblich, sofern sie der TOA[67] angehören. Die Verhaltensstandards der TOA-Mitglieder[68] beziehen sich auf die

---

63 Unabhängig von ihrem Herkunftsberuf.

64 Sie dürfen lediglich berichten, ob die Mediation stattgefunden hat oder abgebrochen wurde, ob eine Einigung erreicht wurde und über die Teilnahme. Dies gilt auch Arbeitgebern gegenüber.

65 Sie sind verpflichtet, solche Tatsachen den Mediationsparteien vor der Übernahme eines Mediationsverfahrens zu eröffnen. Auf Verlangen einer Mediationspartei hat der Mediator auch seine Qualifikationen, eine Mediation durchzuführen, offenzulegen.

66 Dies ist der ausführlichen kontroversen Diskussion der Mediatoren-Berufsverbände zum Thema "mediation and the unauthorized practice of law" (vgl. www.abanet.org/dispute) geschuldet. Eine vergleichbare Diskussion findet derzeit auch in Deutschland statt; für ein Monopol anwaltlicher Mediatoren vgl. Henssler 2002; OLG Rostock v. 20.6.2001, ZKM 2001, 192f. Dazu kritisch: Grünbuch ADR, S. 15, Fn. 54, wo es heißt: "In Deutschland dürfen juristische Dienstleistungen nach dem Rechtsberatungsgesetz nur von Rechtsanwälten erbracht werden. Wie ein Gericht festgestellt hat, gehören ADR-Verfahren zu den juristischen Dienstleistungen und unterliegen damit dem Anwaltsmonopol. Diese Rechtsprechung könnte den Gesetzgeber veranlassen, tätig zu werden und die alternative Streitbeilegung als Dienstleistung zu qualifizieren, die nicht unbedingt zu den juristischen Dienstleistungen gehört."

67 The Ombudsman Association; vgl. oben Kap. 5.

68 Über die Rechtsnatur einer solchen "Verpflichtung" können an dieser Stelle keine weiteren Ausführungen erfolgen. Sie sind auch dem deutschen Rechtskreis nicht fremd. So legt z.B. der Bundesverband deutscher Unternehmensberater BDU e.V.

Verpflichtung zu Vertraulichkeit und zur Unabhängigkeit.[69] Ausdrücklich erwähnt wird der Verzicht auf Rollen- und Interessenkollision innerhalb der Organisation,[70] die von der Ombudsperson geforderte Unparteilichkeit bezieht sich auch auf den Verzicht auf Doppelfunktionen, und hier insbesondere auf Funktionen, in denen die Ombudsperson ermittelnd tätig sein soll.

Die American Bar Association hat am 7.8.2001 "Standards for the establishment and operation of ombuds-offices"[71] erlassen. Diese sollen Leitlinien bei der Errichtung von Ombudsbüros auch in Betrieben[72] bieten.[73]

Als "essential characteristics" werden aufgeführt: Unabhängigkeit,[74] bezogen auf die Struktur, Funktion und Erscheinung der Ombudsperson,[75] Unparteilichkeit und Vertraulichkeit. Ombudspersonen sollen auch auf eigene Initiative

---

für seine Mitglieder verbindliche Grundsätze auch zum Thema Vertraulichkeit fest. Dazu merkt Quiring 1994, 62 an: "Juristisch nicht abschließend geklärt ist, ob diese Berufsgrundsätze, denen sich die Mitglieder des BDU regelmäßig nur diesem gegenüber unterwerfen, eine unmittelbare Rechtswirkung zugunsten aller potentiellen Beratungskunden entfalten. Verträge zwischen zwei Personen mit Schutzwirkung zugunsten einer dritten Person werden von unserer Rechtsordnung zwar durchaus anerkannt Als fraglich erscheint aber, ob die pauschale Anerkennung der BDU-Grundsätze im Rahmen der Beitrittserklärung zu diesem privaten Verein den Rückschluss auf einen unbedingten Verpflichtungswillen des Beraters zugunsten sämtlicher potentiellen Klienten erlaubt. Eine Vertiefung dieser Detailfrage im Rahmen des vorliegenden Buchs erscheint als wenig hilfreich."

69 "We are designated neutrals and remain independent of ordinary line and staff structures. We serve no additional role within an organization where we serve as ombudsman".

70 We do not serve in any additional function in the organization which would undermine the privileged nature of our work".

71 www.abanet.org/dispute.

72 "Organizational Omuds".

73 "An Organizational Ombuds may be located in either the public or private sector and ordinarily addresses problems presented by members, employees, or contractors of an entity concerning its actions or policies."

74 "The ombuds is and appears to be free from interference in the legitimate performance of duties and independent from control, limitation, or a penalty imposed for retaliatory purposes by an official of the appointing entity or by a person who may be the subject of a complaint or inquiry."

75 Dabei sind als Faktoren wichtig "whether anyone subject to the ombud's jurisdiction or anyone directly responsible for a person under the ombud's jurisdiction (a) can control or limit he ombud's performance of assigned duties or (b) can, for retaliatory purposes, (1) eliminate the office (2) remove the ombuds or (3) reduce the budget or resources of the office".

hin tätig werden können.[76] Klargestellt wird, dass Ombudspersonen keine verbindlichen Entscheidungen treffen oder über Rechtsansprüche entscheiden.[77]

Anhaltspunkt für Verhaltensanforderungen für betriebliche Mediatoren in deutschen Unternehmen können darüber hinaus die Empfehlung der Europäischen Kommission über die Grundsätze für an der einvernehmlichen Beilegung von Verbraucherrechtsstreitigkeiten beteiligte außergerichtliche Einrichtungen vom 4.4.2001[78] sowie die vorläufigen Empfehlungen im Grünbuch ADR vom 19.4.2002[79] bieten. Beide entfalten jedoch keine Bindungswirkung. Gem. Art. 249 Abs. 5 EG verpflichten Empfehlungen die Mitgliedstaaten nicht zum Erlass innerstaatlicher Umsetzungsregelungen. Beim Grünbuch[80] handelt es sich um eine vorbereitende Vorlage der Kommission ohne Bindungswirkung.

In der Empfehlung zur Beilegung von Verbraucherrechtsstreitigkeiten werden als Verhaltensanforderungen an Mediatoren v.a. die Wahrung der Unparteilichkeit, die Sicherung der Fairness des Verfahrens durch Information über Verfahrensalternativen, die Sicherung der Vertraulichkeit, Anspruch auf Gehör sowie das Angebot einer Bedenkzeit vor Abschließen einer Vereinbarung gestellt. Das ADR-Grünbuch will für die Aufstellung von Qualitätsmindestnormen an die Empfehlungen zum Verbraucherrecht anknüpfen.[81] Unter den Mindest-

---

76 "act on the omubd's own initiative to address issues within the omubd's prescribed jurisdiction".

77 Offengelassen wird, ob die Informationen, die die Ombudsperson erhält, an die Verantwortlichen des Arbeitgebers weitergegeben werden dürfen: "Notice: These standards do not address the issue whether a communication to the ombuds will be deemed notice to anyone else including any entity in or for which the ombuds acts. Important legal rights and liabilities may be affected by the notice issue." Ombudspersonen in Organisationen soll außerdem das Recht zustehen, eigene Ermittlungen durchzuführen, Berichte herauszugeben und sich innerhalb der Organisation für Veränderungen einzusetzen.

78 ABl. L 109 v. 19.4.2001, 56.

79 KOM(2002)196 endgültig vom 19.4.2002; abgedruckt unter www.mediate.de.

80 Das Grünbuch bezieht sich ausdrücklich auch auf ADR-Verfahren im Arbeitsrecht; vgl. Grünbuch ADR 2002, 6.

81 Im Grünbuch heißt es: "Diese im Verbraucherrecht verankerten Grundsätze könnten mit den notwendigen Anpassungen durchaus für alle ADR-Verfahren nützlich sein. In dem bereits erwähnten Beschluss vom 29.5.2000 stellt der Rat in Bezug auf das Grünbuch und etwaige weitere Arbeiten zur alternativen Streitbeilegung folgendes fest: "Vorrang wird das Bemühen um Aufstellung allgemeiner oder auch speziell auf bestimmte Bereiche zugeschnittener grundlegender Prinzipien haben, die die erforderlichen Garantien dafür bieten sollen, dass die Streitbeilegung durch außergerichtliche Instanzen den für die Rechtspflege gebotenen Grad an Verlässlichkeit bietet."; Grünbuch ADR 200 , 31.

verfahrensgarantien erscheint der Kommission besonders die Achtung der Vertraulichkeit von Wichtigkeit,[82] der ADR-Verantwortliche ist zu absoluter Vertraulichkeit verpflichtet.

In Deutschland haben alle der in den letzten Jahren entstandenen Berufsverbände für Mediatoren eigene Richtlinien und Standards erlassen.[83] Auch sie orientieren sich an den ursprünglich von der Berufsorganisation Society of Professionals in Dispute Resolution (SPIDR) in Kooperation mit der American Bar Association (ABA) und der American Arbitration Association (AAA) erarbeiteten Mediationsstandards.

Es handelt sich, ebenso wie bei den "Codes of Ethics" für Ombudspersonen, um Verhaltensregeln, die Berufsverbände den in ihnen organisierten Mitgliedern auferlegen. Die Rechtsverbindlichkeit solcher freiwilligen Verhaltensregeln für Arbeitnehmer und Arbeitgeber als Verbraucher der Mediation ist fraglich.[84] In keiner der vorliegenden Vereinssatzungen ist geregelt, mit welchen Sanktionen ein Mitglied rechnen muss, das die festgeschriebenen Verhaltensanforderungen missachtet. Zudem sind viele Mediatoren und Konfliktmanager und insbesondere Konfliktlotsen nicht Mitglied in einem der Mediatoren-Berufsverbände.

Gesetzliche Regelungen, in denen Standards für Mediatoren geregelt sind, gibt es in Deutschland derzeit nicht.[85] Allerdings ist die Tätigkeit von Mediatoren, die gleichzeitig zur Rechtsanwaltschaft zugelassen sind, durch das anwaltliche Berufsrecht normiert.[86]

Geprüft werden soll nun, ob die bestehenden Verhaltensstandards von deutschen Berufsverbänden und etwaig vorhandene gesetzliche Regelungen für den Einsatz betrieblicher Mediatoren für die Absicherung eines fairen betrieblichen Mediationsverfahrens ausreichen oder ob und ggf. welche Regelungen durch die Vertragspartner, die Betriebspartner, Tarifvertragsparteien oder den Gesetzgeber getroffen werden müssten.[87]

---

82 Grünbuch ADR , 32.

83 Vgl. Kap. 4, aktueller Überblick unter www.mediate.de.

84 Vgl. Quiring 1994, 62 für ähnliche Verhaltensanforderungen der im Bund deutscher Unternehmensberater e.V. organisierten Unternehmensberater; s.o.

85 Anders als etwa in Österreich, wo derzeit über ein Mediationsgesetz beraten wird.

86 Dies ergibt sich aus § 18 der Berufsordnung, der festlegt, dass Mediation anwaltliche Tätigkeit ist. Für den Handels- und Wirtschaftsbereich ist eine Regelung auf Europäischer Ebene zu erwarten; vgl. Grünbuch ADR 2002.

87 Dazu Kap. 8. Die im folgenden dargestellten Verhaltensanforderungen an den Mediator gelten zumeist sowohl für externe als auch für interne Mediatoren. Sollte für eine der beiden Gruppen eine gesonderte Regelung erforderlich sein, wird dies hervorgehoben.

6.3.1 Sicherung der Unabhängigkeit

Für die betriebliche Mediation ist insbesondere die Unabhängigkeit der internen oder externen Mediatoren vom Arbeitgeber als i.d.R. zahlendem "Auftraggeber" zu sichern. Der betriebsexterne Mediator ist als selbständiger Dienstleister dem Arbeitgeber gegenüber nicht weisungsgebunden. Dennoch könnte es faktisch zu einer wirtschaftlichen Abhängigkeit des Mediators vom Arbeitgeber als Auftraggeber kommen, insbesondere, wenn häufig oder immer derselbe Mediator[88] verpflichtet wird. Neben den institutionellen Anforderungen an den Arbeitgeber[89] ist die eigene Haltung und Berufsethik des Mediators daher von wesentlicher Bedeutung.

Die Verpflichtung des Mediators zur Unabhängigkeit ergibt sich auch ohne Vorliegen von Mediationsgesetzen in Deutschland aus den Verfahrensgrundsätzen der Mediation selbst.[90] Die Unabhängigkeit des Dritten in einem Konflikt zwischen zwei anderen Parteien ist für das Mediationsverfahren "schlechthin konstitutiv"[91]. Es handelt sich hier um Verhaltensanforderungen, die sich - vergleichbar den Prozessmaximen in Gerichts- oder Schiedsverfahren - aus den Verfahrensgrundsätzen der Mediation an sich ergeben.[92]

6.3.2 Sicherung der Allparteilichkeit

Eine absolute Neutralität des Mediators ist nicht möglich.[93] Neben der eigenen Gruppenzugehörigkeit in Hinblick auf Geschlecht, ethnische Zughörigkeit, Beruf etc. prägt im betrieblichen Bereich auch die gesellschaftspolitische Haltung des Mediators dessen Haltung in der Mediation. Zu verlangen ist hier eine kritische Selbstreflexion in Fortbildung und Supervision, jedoch kein Verzicht auf dieses Engagement.

Mindestanforderung muss sein, dass Mediatoren keine eigenen Interessen am Ausgang des Konflikts haben und keine Entscheidungsmacht über die erzielte Lösung haben dürfen. Alle Tatsachen, die Zweifel an der Unparteilichkeit oder

---

88 Als "Hausmediator".

89 Zur institutionellen Absicherung der Weisungsunabhängigkeit für Konfliktmanager und Konfliktlotsen im Verhältnis zum Arbeitgeber s. weiter unten.

90 Neben der mit dieser eng verbundenen Neutralität bzw. Allparteilichkeit.

91 Prütting 1997, 69.

92 Vgl. Prütting 1997, 57 f.; Breidenbach 1995, 169 f.; Heß & Sharma 2002, 679.

93 Vgl. oben Kap. 2.

"Allparteilichkeit"[94] des Mediators oder Konfliktmanagers geben könnten, sind vom Mediator den Konfliktparteien vor Übernahme des Mediationsauftrags offenzulegen.

Aus dem Grundprinzip der Allparteilichkeit ergibt sich für den Mediator zunächst die Pflicht, unparteilich zu sein. Eine Legaldefinition des Begriffs der Unparteilichkeit liegt nicht vor. Allerdings erwähnt das BetrVG in § 76 Abs. 2 S. 1 BetrVG, der Vorsitzende der Einigungsstelle habe "unparteiisch" zu sein.[95] Daher dürfe es sich weder um einen Vertreter des Arbeitgebers noch der Arbeitnehmer, aber auch nicht um Gewerkschaftsbeauftragte oder Vertreter von Arbeitgeberverbänden handeln.[96]

Die Unparteilichkeit des Einigungsstellenvorsitzenden ergibt sich ebenso wie die des Richters oder Schiedsrichters aus dem Rechtsstaatsgebot des Grundgesetzes und der Funktion der Einigungsstelle.[97] Für Einigungsstellenvorsitzende und Schiedsrichter besteht demnach die Verhaltensverpflichtung, von sich aus alle die Unparteilichkeit in Frage stellenden Tatsachen offenzulegen, bevor der Vorsitz übernommen wird.

---

94 S.o. Kap. 2.

95 Dasselbe ergibt sich aus § 49 ArbGG i.V. mit § 42 Abs. 2 ZPO: ein Richter, auch ein ehrenamtlicher Beisitzer beim Arbeitsgericht, kann von einer Partei abgelehnt werden, sofern die Besorgnis der Befangenheit besteht. Diese ist gegeben, wenn Misstrauen gegen die Unparteilichkeit eines Richters besteht.

96 Fitting 2002, § 76 BetrVG Rz. 24, ebenso Pünnel 1997 Rz. 13. Diese "Unparteilichkeit" schließt nicht ein partei- oder gesellschaftspolitisches Engagement des Einigungsstellen-Vorsitzenden aus: so auch Berg in Däubler u.a. 2002, § 76 Rz. 17; für die Richter der Arbeitsgerichtsbarkeit: Germelmann in Germelmann u.a. 2002, § 49 ArbGG Rz. 21 f. m.w.N. Bei der Berufung eines Einigungsstellenvorsitzenden sollte stets nur eine solche Persönlichkeit zum unparteiischen Vorsitzenden bestellt werden, "die außerhalb des Betriebes steht und nicht im entferntesten irgendein Interesse am Ausgang des Einigungsstellenverfahrens hat."; Pünnel 1997, Rz. 14. Im Gegensatz zu Mediatoren haben Einigungsstellenvorsitzende allerdings die Befugnis und die Pflicht über den Streitstoff zu entscheiden, sofern sich keine einvernehmliche Lösung erzielen lässt. Sie sind daher unmittelbar mit Richtern und Schiedsrichtern zu vergleichen. Gem. § 1036 ZPO hat eine Person, der ein Schiedsrichteramt angetragen wird, alle Umstände offenzulegen, die Zweifel an ihrer Unparteilichkeit oder Unabhängigkeit wecken können. Ein Schiedsrichter ist auch nach seiner Bestellung bis zum Ende des schiedsrichterlichen Verfahrens verpflichtet, solche Umstände den Parteien unverzüglich offenzulegen, wenn er sie ihnen nicht schon vorher mitgeteilt hat.

97 BAG Beschl. v. 11.9.2001, BB 2002, 576 f.: "Der Einigungsstellenvorsitzende entscheidet nämlich von Gesetzes wegen den Konflikt der Betriebsparteien mit seiner Stimme, soweit die von den Betriebsparteien benannten Beisitzer in einem ersten Abstimmungsgang kein Einvernehmen erzielen."

Mediatoren besitzen zwar keine Entscheidungskompetenz. Daher können die Anforderungen an sie nicht aus dem Rechtsstaatsgebot[98] abgeleitet werden. Dennoch handelt es sich bei Mediation um ein Verfahren mit klaren Strukturen und Verfahrensgrundsätzen. Auch für Mediatoren gilt daher die Pflicht, von sich aus alle die eigene Unparteilichkeit gefährdenden Tatsachen den Medianten und dem Arbeitgeber als Auftraggeber gegenüber offen zu legen.[99] Dazu gehört insbesondere die Offenlegung der früheren Beauftragung durch Arbeitgeber, den Betriebsrat oder einzelne Konfliktparteien.

Für anwaltliche Mediatoren[100] gilt gem. § 43a Abs. 4 BRAO das Verbot der Vertretung widerstreitender Interessen.[101] Der Begriff "derselben Angelegenheit" in § 43a BRAO ist nach überwiegender Auffassung weit auszulegen: diese liegt bereits dann vor, wenn bei zwei Streitfällen eine teilweise Identität des zugrundeliegenden Lebenssachverhalts gegeben ist, z.B. die Ehe bei der familienrechtlichen Mediation[102] oder das Mietverhältnis bei der mietrechtlichen Mediation.[103] Für einen Syndikusanwalt oder einen Unternehmensrechtsanwalt liegt wegen Übernahme einer Mediation in derselben Angelegenheit ein Verstoß gegen das Verbot der Vertretung widerstreitender Interessen gem. § 43a BRAO vor.

Ebenso kommen Arbeitnehmeranwälte, die einen Arbeitnehmer oder den Betriebsrat vorher rechtlich beraten oder vertreten haben, nicht mehr als Mediatoren in Betracht.[104] Auch das Handeln von gegenwärtigen oder früheren Sozien, Mitarbeitern oder Kooperationspartnern unterfällt § 45 Abs. 3 BRAO.[105]

---

98 Art. 97 GG.

99 In den USA werden Mediation und schiedsrichterliches Verfahren meist in gemeinsamen Dokumenten mit unterschiedlichen Bestimmungen für das jeweilige Verfahren geregelt; vgl. Grundsätze der American Arbitration Association und der World Intellectual Property Organization, die für beide Verfahren ähnliche Verhaltensanforderungen an den Dritten stellen.

100 D.h. externe Mediatoren, die eine als Rechtsanwälte zugelassen sind.

101 Sofern ein Rechtsanwalt vor Beginn der Mediation bereits in derselben Angelegenheit für einen der Konfliktpartner tätig war, kommt eine Übernahme des Mediationsmandats, das von allen Konfliktbeteiligten gemeinsam ausgeht, nicht in Betracht.

102 Hartung & Holl 2001 § 3 BORA Rz. 22 ff. m.w.N.

103 Feuerich & Braun 2000, § 113 BRAO Rz. 69 m.w.N.

104 Dasselbe muss für Verbandsvertreter von Arbeitgeber- oder Arbeitnehmerseite gelten.

105 Henssler & Prütting & Eylmann BRAO § 45 Rz. 39.

Diese sich für Anwaltmediatoren aus anwaltlichem Berufsrecht ergebenden Grundsätze für die Gewähr der Unparteilichkeit müssten nach den Verfahrensgrundsätzen der Mediation analog auch für Angehörige anderer Herkunftsberufe gelten: ein Unternehmensberater, der den Arbeitgeber als Unternehmer[106] berät, war vorher parteilich für eine Konfliktpartei tätig und ist zur Offenlegung dieser Tatsache verpflichtet.[107] Dasselbe gilt für Gewerkschaftssekretäre und Arbeitgeberverbandsvertreter sowie für andere Berater einer der Betriebsparteien oder einzelner Arbeitnehmer.

Neben dem Verbot der Vertretung widerstreitender Interessen kann auch die Ausübung von Doppelfunktionen die Allparteilichkeit insbesondere interner Konfliktmanager und Konfliktlotsen einschränken.[108] Insbesondere ist eine Kollision zwischen ermittelnden und entscheidenden Funktionen und der Rolle als Mediator in derselben Angelegenheit auszuschließen.

So ist ein Rollenwechsel vom Mediator in einen Einigungsstellenvorsitzenden oder -beisitzer in derselben Angelegenheit wegen der Übernahme einer Doppelfunktion ausgeschlossen.[109]

Dasselbe muss für den Beisitz auf Arbeitgeber- oder Arbeitnehmerseite in Einigungsstellen in der mediierten Angelegenheit[110] gelten. Ein Mediator darf auch nicht als ehrenamtlicher Richter in einem streitigen Arbeitsgerichtsverfahren über dieselbe Angelegenheit, in der er mediiert hat oder mediieren wird, entscheiden. Eine Doppelfunktion eines internen Mediators als Vorgesetzter mit Entscheidungskompetenzen in dieser Angelegenheit oder als Mitarbeiter der Rechts- oder Personalabteilung mit Entscheidungskompetenzen kommt ebenfalls nicht in Betracht, da dies mit den Grundsätzen der Unparteilichkeit des Mediators nicht zu vereinbaren ist.[111]

---

106 Z.B. in Bezug auf Rationalisierung, Umstrukturierung, Fusionen etc.

107 Bzw. in dem gesamten Unternehmen.

108 Prütting 1997, 69 führt Beispiele für die die Neutralität der Mediatoren beeinträchtigende Doppelfunktionen in den Bereichen des Verbraucherschutzes bei Banken und Versicherungen für Dritte auf.

109 Auch das von Dendorfer 2000 vorgeschlagene Modell, betriebliche Mediatoren in einer zweiten Stufe als innerbetriebliche entscheidungsbefugt Mitglieder der Einigungsstelle mit einem "Arbeitgeber"- und einem "Arbeitnehmer"-Mediator zu bestellen, muss daher schon an dem Verfahrensgrundsatz der Allparteilichkeit scheitern.

110 Z.B. bei einem Beschwerdeverfahren gem. § 85 Abs. 2 BetrVG.

111 Dies spricht auch erheblich gegen das von Ponschab & Dendorfer 2002 vorgestellte Modell der innerbetrieblichen Mediation durch Syndikusanwälte aus der Rechtsabteilung eines Unternehmens oder durch die Personalabteilung.

Neben dem Ausschluss der Vertretung widerstreitender Interessen und von Doppelfunktionen ist an den Mediator die Anforderung der Durchführung einer unparteilichen Verhandlungsführung zu stellen. Hierzu gehört v.a. das Recht auf "rechtliches" bzw. auf tatsächliches Gehör der beteiligten Konfliktparteien. Der Mediator hat danach im Rahmen seiner Allparteilichkeit die Pflicht, auf eine ausgewogene, gleichbehandelnde Strukturierung des Verfahrens zu achten. Umstritten ist, inwieweit den Mediator die Verpflichtung trifft, einer schwächeren oder uninformierteren Konfliktpartei verstärkt zur Seite zu stehen, um eine ausgewogene Verhandlung erst zu ermöglichen.[112]

6.3.3 Sicherung der Verschwiegenheit des Mediators

Zu den wichtigsten Verhaltensanforderungen an den Mediator gehört dessen Wahrung der Vertraulichkeit, zunächst bezogen auf den Betrieb.[113] Besondere Sorgfalt ist auf den Umgang mit Gesprächsprotokollen v.a. aus internen Mediationen oder aus anderen Konfliktberatungs- und Vorgesprächen zu legen. Diese dienen ausschließlich der persönlichen Unterstützung des Konfliktmanagers oder externen Mediators. Sie sind nach Abschluss der Mediation zu vernichten. Eine Ausnahme bilden anonymisierte Informationen über den Mediationsfall. Diese können aus Gründen der Berichterstattung aufbewahrt werden. Bei Präsentation von Statistiken und Übersichten i.R. der Berichte interner Konfliktmanager dürfen keinerlei Rückschlüsse auf einzelne Beschäftigte möglich sein.[114] Der Verschwiegenheitsgrundsatz bezieht sich nicht nur auf die unmittelbar beteiligten Mediatoren, Konfliktmanager und Konfliktlotsen, sondern auch auf deren Mitarbeiter.

Zu prüfen ist, ob für die Anforderung der Verschwiegenheit des Mediators eine gesetzliche Grundlage besteht. Aus § 75 Abs. 2 BetrVG ergibt sich eine Verschwiegenheitsverpflichtung für Betriebsrat und Arbeitgeber über persönliche Angelegenheiten des Arbeitnehmers. Arbeitgeber und Betriebsrat haben gem. § 75 Abs. 2 BetrVG die freie Entfaltung der Persönlichkeit der Arbeitnehmer zu schützen und zu fördern. Daraus ist abzuleiten, dass von den Betriebspartnern vertrauliche Angaben über persönliche Angelegenheiten nicht ohne Zustimmung

112 Vgl. oben Kap.2 ; Breidenbach 1995, 255f.

113 Zur Frage der prozessualen Verwertbarkeit von in der Mediation erlangten Informationen weiter unten

114 Was bedeutet, dass interne Mediation nur in Betrieben mindestens mittlerer Größenordnung, etwa ab 500 Mitarbeiter, eingesetzt werden kann.

des Betroffenen weitergegeben dürfen[115] - eine gesetzliche Schweigepflicht für Mediatoren und Konfliktmanager ergibt sich daraus unmittelbar jedoch nicht.

Einer Verschwiegenheitspflicht für den Umgang mit persönlichen Informationen unterliegt gem. §§ 82 Abs. 2 und 83 Abs. 1 ein Betriebsratsmitglied, das von einem Arbeitnehmer hinzugezogen wird bei der Einsicht in seine Personalakten und bei Personalgesprächen über die Möglichkeiten der beruflichen Entwicklung. Das Mitglied des Betriebsrats hat über den Inhalt dieser Verhandlungen Stillschweigen zu bewahren soweit es vom Arbeitnehmer im Einzelfall nicht von dieser Verpflichtung entbunden wird. Diese Vorschrift bezieht sich jedoch ausschließlich auf Betriebsratsmitglieder. Mediatoren und Konfliktmanager sind de lege lata nicht mit einer gesetzlichen Schweigepflicht belegt. Um die Rechtslage für Mediatoren und Konfliktmanager im Betrieb grundsätzlich abzusichern, käme eine Ergänzung durch den Gesetzgeber in Betracht.[116]

Die Teilnahme an einer Mediation ist vergleichbar mit der Offenbarung von intimen Geheimnissen im Verfahren vor einer Beschwerdestelle gem. § 86 BetrVG. Neben der Einigungsstelle im kollektiven Beschwerdeverfahren nach § 85 Abs. 2 BetrVG wird auch für die Beschwerdestelle in § 79 Abs. 2 BetrVG eine gesetzliche Schweigepflicht normiert. Nach § 79 Abs. 2 BetrVG sind Mitglieder der Einigungsstelle, der tariflichen Schlichtungsstelle gem. § 76 Abs. 8 BetrVG und einer betrieblichen Beschwerdestelle gem. § 86 BetrVG verpflichtet, Betriebs- oder Geschäftsgeheimnisse, die ihnen wegen ihrer Zugehörigkeit zu dieser Stelle bekannt geworden sind und vom Arbeitgeber ausdrücklich als geheimhaltungsbedürftig bezeichnet worden sind, nicht zu offenbaren oder zu verwerten.

Fraglich ist aber, ob es sich bei der Durchführung einer Mediation durch einen Mediator oder Konfliktmanager um ein Verfahren der Beschwerdestelle als in § 79 Abs. 2 bezeichnete Stelle handelt. Dies ist nur dann der Fall, wenn die Mediation im Rahmen eines betrieblichen Beschwerdestellen- oder Einigungsstellenverfahrens nach § 85 Abs. 2 BetrVG durchgeführt wurde.[117]

Da es sich bei den vertraulichen Informationen in der Mediation nicht um Betriebs- oder Geschäftsgeheimnisse handelt, scheidet die Anwendung von § 79 Abs. 2 BetrVG aus. Die Aufzählung der Geheimhaltungspflichten des § 79 Abs. 2 BetrVG ist darüber hinaus abschließend. Wird ein Mediator in keiner der aufge-

115 Buschmann in DKK 2002 § 79 Rz. 28.

116 Dazu unten.

117 Dies sollte, wie oben ausgeführt, aufgrund der Kollision der Aufgaben von Mediatoren und Konfliktmanagern mit den Aufgaben als Ermittler und Entscheider in der Beschwerdestelle nicht geschehen.

zählten Stellen tätig, gilt die gesetzliche strafbewehrte Geheimhaltungspflicht aus §§ 120 Abs. 2 und 79 Abs. 2 nicht.[118] Gem. § 120 Abs. 2 BetrVG wird bestraft, wer unbefugt ein fremdes Geheimnis eines Arbeitnehmers, namentlich ein zu dessen persönlichen Lebensbereich gehörendes Geheimnis, offenbart, das ihm in seiner Eigenschaft als Mitglied oder Ersatzmitglied des Betriebsrats oder einer der in § 79 Abs. 2 bezeichneten Stellen bekannt geworden ist und über das nach den Vorschriften dieses Gesetzes Stillschweigen zu bewahren ist. Unter Geheimnis werden Dinge, die zum "Intimbereich" des einzelnen Arbeitnehmers gehören und die nicht offenkundig, sondern nur einem eng begrenzten Personenkreis bekannt sind, verstanden. Es sind die persönlichen Verhältnisse und Angelegenheiten des Arbeitnehmers, die ihrer Bedeutung oder ihrem Inhalt nach einer vertraulichen Behandlung bedürfen.[119] Dazu zählen auch die betrieblichen Belange des einzelnen Arbeitnehmers, z.B. das Verhältnis zu Kollegen und Vorgesetzten, sofern dies nicht allgemein bekannt ist.[120] Das Offenbaren dieser Informationen ist allerdings nur dann nach § 120 Abs. 2 strafbar, wenn das BetrVG ausdrücklich das Bewahren des Stillschweigens vorschreibt.[121] Die in Frage kommenden Normen der §§ 75 Abs. 2 und §§ 82 Abs. 1 und 83 Abs. 1 richten sich nicht an Mediatoren und Konfliktmanager. Da die Sachverhalte, über die Stillschweigen über persönliche Geheimnisse einzuhalten sind, vom BetrVG abschließend geregelt werden, und der Schutz von Informationen aus Mediation oder Konfliktberatung dort nicht aufgezählt wird, kommt eine Strafbewehrung gem. § 120 Abs. 2 für den Verrat aus Geheimnissen aus der Mediation nicht unmittelbar in Betracht. De lege ferenda könnten die §§ 82 Abs. 1 und 83 BetrVG[122] entsprechend ergänzt werden.

6.3.3.1 Verschwiegenheitsverpflichtung für anwaltliche Mediatoren

Eine gesetzliche Verpflichtung zur Verschwiegenheit über Angelegenheiten, die in einer Mediation bekannt geworden sind, könnte sich für Mediatoren, die gleichzeitig als Rechtsanwälte zugelassen sind[123] aus § 203 StPO i.V. mit §§ 43a Abs. 2 BRAO, 18 BORA ergeben.

---

118 Da im Strafrecht ein Analogieverbot besteht, kommt auch eine analoge Anwendung von §§ 120 Abs. 2 und 79 Abs. 2 nicht in Betracht.

119 Fitting 2002, § 79 Rz. 32.

120 Fitting 2002, § 120 Rz. 5.

121 Fitting 2002, § 120 Rz. 5: Dazu zählen die Tatbestände des §§ 80 Abs. 2 S. 3, 83 Abs. 1 S. 2, 99 Abs. 1 S. 1 Zf. 3, 102 Abs. 2 S. 5 i.V.m. § 99 Abs. 1 S. 1 Zf. 2 BetrVG.

122 S.u. Kap. 7.

123 Sog. "Anwaltmediatoren".

Gem. § 18 BORA ist Mediation anwaltliche Tätigkeit. Die Satzungsversammlung der Bundesrechtsanwaltskammer hat damit die Entscheidung getroffen, Mediation als genuin anwaltliche Tätigkeit zu definieren. Folgt man dieser h.M.,[124] gilt die Verschwiegenheitsverpflichtung aus § 43a BRAO als Grundpflicht auch für den "Anwaltmediator". Diese Verpflichtung bezieht sich auf alle Angelegenheiten, die dem anwaltlichen Mediator in einer Mediation bekannt geworden sind. Im Unterschied zu der alleinigen Beauftragung durch einen Mandanten selbst wird bei betrieblichen Mediationen meist, auch wenn der Arbeitgeber nicht selbst unmittelbar Konfliktbeteiligter ist, der Mediator zunächst von diesem mandatiert.[125] Zu prüfen ist, ob die Verschwiegenheitsverpflichtung den eigentlichen Medianten gegenüber auch gegenüber dem Arbeitgeber als Auftraggeber gilt. Anderenfalls könnte ein wesentlicher Verfahrensgrundsatz der Mediation im Betrieb nicht eingehalten werden.

Die Verschwiegenheitsverpflichtung eines anwaltlichen Mediators besteht nach Auffassung der Kommentarliteratur zur anwaltlichen Berufsordnung gegenüber jedermann, also hier auch gegenüber dem Arbeitgeber als Dritten.[126] Über die Verpflichtung aus § 43a BRAO hinaus ist die Schweigepflicht des Rechtsanwalts und damit auch des "Anwaltmediators" gem. § 203 Abs. 1 Zf. 3 StGB strafbewehrt. Eine gesonderte vertragliche Festlegung der Verschwiegenheitsverpflichtung auch gegenüber dem Arbeitgeber als de-facto-Auftraggeber ist damit zwar rechtlich verzichtbar,[127] sollte aus Transparenzgründen jedoch Bestandteil eines schriftlichen Mediationsvertrages mit dem Arbeitgeber, aber auch mit den Arbeitnehmern als Medianten sein.

Für interne Konfliktmanager und Konfliktlotsen muss das Schweigerecht gegenüber dem Arbeitgeber auf andere Weise, z.B. durch Betriebsvereinbarung oder Tarifvertrag, festgelegt werden.[128]

---

124 Zur Kritik an § 18 BRAO und dem Vorschlag, Mediation als erlaubten Zweitberuf für Rechtsanwälte zuzulassen vgl. Budde 2000b, 695ff. m.w.N.

125 Und auch die Kosten übernommen.

126 Holl in Hartung & Holl 2001 § 18 BORA, Rz. 34. Eine Ausnahme besteht lediglich durch die Anzeigepflicht des § 138 StGB unter der Einschränkung des § 139 Abs. 3 Zf. 2 StGB. Wer im Rahmen einer Mediation den Mediator über eine von ihm geplante Straftat nach § 138 StGB informiert, genießt keinen Vertraulichkeitsschutz. Für den Mediator besteht zur Strafvereitelung demnach die Pflicht, den Arbeitgeber und andere über etwaig geplante Straftaten zu informieren.

127 Für einen auch faktischen Verzicht: Hacke 2001, 256.

128 Vgl. unten Kap. 7.

6.3.3.2 Verschwiegenheitsverpflichtung für psychologische und sozialpädagogische Mediatoren

Fraglich ist, ob eine gesetzliche Verschwiegenheitsverpflichtung auch für andere Berufsgruppen anzunehmen ist. Dies könnte für staatlichen Berufspsychologen, Berater in Fragen der Ehe-, Familien-, Erziehungs- oder Jugendangelegenheiten oder Sozialarbeiter oder Sozialpädagogen, den in § 203 StGB abschließend aufgezählten[129] Berufsgruppen gelten.

Als betriebliche Mediatoren kommen hiervon typischerweise lediglich die Berufspsychologen sowie Sozialarbeiter und Sozialpädagogen in Betracht. Für beide Berufsgruppen gilt aufgrund von § 203 StGB ebenfalls eine strafbewehrte berufsrechtliche Schweigepflicht. Es gilt daher das oben für anwaltliche Mediatoren Ausgeführte.

6.3.3.3 Eigenständige Verschwiegenheitsverpflichtung für Mediatoren ?

Zu prüfen ist weiter, ob eine Verschwiegenheitsverpflichtung auch für Mediatoren als neue eigenständige Berufsgruppe, unabhängig vom Ursprungsberuf anzunehmen ist. Eine solche gesetzliche Verpflichtung könnte sich aus dem Charakter des Mediationsvertrages als Geschäftsbesorgungsvertrag ergeben. Geschäftsbesorgungsverträge sind auf der Grundlage von Treu und Glauben grundsätzlich von einem besonderen Vertrauensverhältnis geprägt: die Verschwiegenheitspflicht stellt somit eine "selbstverständliche Nebenpflicht" des Geschäftsbesorgers dar.[130]

Da mittlerweile dem Mediator als Träger sonstiger Ämter und Funktionen mit Zeugnisverweigerungsrecht aus persönlichen Gründen gem. § 383 Abs. 1 Zf. 6 ZPO zugestanden wird,[131] ist auch für den Mediator, der nicht zusätzlich einer Berufsgruppe mit berufsrechtlich geregelter und strafbewehrter Verschwiegenheitsverpflichtung unterliegt, eine Verschwiegenheitsverpflichtung anzunehmen.

---

129 BVerfGE 33, 367=NJW 1972, 2214.

130 BGHZ 27, 241f. (246); vgl. ausführlich Hacke 2001, 257. Ebenso, allerdings abgeleitet aus den "üblichen Mediationsstandards" der nationalen und internationalen Verbände: Mähler & Mähler 2001b, 1202; anders: Groth und v. Bubnoff NJW 2001, 338 ff.

131 So Zöller 2002, § 383 Rz. 20.

6.3.3.4 Prozessuale Verwertbarkeit von in der Mediation erlangten Informationen

Neben der materiellrechtlichen Verschwiegenheitsverpflichtung ist für die Akzeptanz und Effizienz von betrieblicher Mediation die Beantwortung der Frage, ob diese Verschwiegenheitsverpflichtung auch "gerichtsfest"[132] ist, entscheidend. Zu fragen ist zunächst, ob Mediatoren, Konfliktmanager und Konfliktlotsen über ein Zeugnisverweigerungsrecht verfügen. Eine Offenlegung von Informationen und der eigenen Interessen kann nur von Konfliktparteien erwartet werden, die nicht befürchten müssen, dass die Offenlegung dieser Informationen ihnen in einem etwaig anschließenden Gerichtsverfahren schädlich sein könnten oder dass gar die Mediation missbräuchlich nur deswegen eingeleitet wird, um über die Zeugenaussage des Mediators an verdeckte Informationen der Gegenseite zu gelangen.[133] Diese Gefahr besteht für betriebliche Mediationen in noch höherem Maße. Der Arbeitgeber könnte versuchen, über den Mediator als Zeugen für ein Arbeitsgerichtsverfahren mehr Informationen über einen Arbeitnehmer zu erhalten. Eine Aussagepflicht für Zeugen, also auch für Mediatoren als Dritte, ergibt sich für das Zivil- und Arbeitsrecht grundsätzlich aus §§ 46 Abs. 2 ArbGG, 380, 390 ZPO und aus §§ 51, 70 StPO für Strafrechtsverfahren.

6.3.3.5 Zeugnisverweigerungsrecht in Strafrechtsverfahren

Für strafrechtlich relevante Angelegenheiten regeln die § 52 ff. StPO ein Zeugnisverweigerungsrecht für Rechtsanwälte und Psychotherapeuten. Eine Ausweitung über die in § 52 Abs. 1 StPO aufgezählten Berufsgruppen hinaus ist nicht möglich. Durch die abschließende Aufzählung des Gesetzgebers kommt auch keine vertragliche Vereinbarung eines strafprozessrechtlichen Zeugnisverweigerungsrechts für die nicht in § 203 StGB aufgezählten Berufsgruppen in Betracht.[134] Mediatoren, die nicht als Psychotherapeuten oder als Rechtsanwälte zugelassen sind, verfügen nicht über ein Zeugnisverweigerungsrecht in Strafverfahren. Dies kann auch vertraglich nicht eingeräumt werden.[135]

---

132 Groth & v. Bubnoff 2001, 338 f.

133 S.o. Fn. 30, vgl. auch Hacke 2001, 258.

134 Groth & v. Bubnoff 2001, 339: Hacke 2001, 260 m.w.N.

135 Hacke 2001, 260 und Groth & v. Bubnoff 2001, 339 m.w.N. Dies ist für die Mediation als solche allerdings wenig belastend. Werden in einer Mediation strafrechtlich relevante Informationen offengelegt - wie ggf. z.B. in Mobbing- Belästigungs-, Unterschlagungs- oder Diebstahlsangelegenheiten - besteht aufgrund von § 139 StGB, wie oben erläutert, ohnehin eine Strafvereitelungs- und daher Offenlegungspflicht des Mediators.

6.3.3.6 Zeugnisverweigerungsrecht im Zivil- und Arbeitsrecht

Etwas anderes gilt für arbeits- und zivilgerichtlich relevante Informationen. Hier könnte sich ein gesetzliches Zeugnisverweigerungsrecht für Mediatoren aus § 383 Abs. 1 Zf. 6 ZPO ergeben. Gem. § 383 Abs. 1 Zf. 6 ZPO 1. Alt. besteht ein Zeugnisverweigerungsrecht, wenn die Pflicht zur Verschwiegenheit gesetzlich festgelegt und deren Verletzung strafbewehrt ist.

Gem. § 46 Abs. 2 ArbGG gelten für das Urteilsverfahren des ersten Rechtszugs die Vorschriften der ZPO über das Verfahren vor Amtsgerichten entsprechend, soweit das ArbGG nichts anderes bestimmt. Über das Zeugnisverweigerungsrecht aus beruflichen Gründen wird im ArbGG nichts von den allgemeinen Grundsätzen der ZPO Abweichendes bestimmt. Es gelten dieselben Grundsätze wie im Zivilverfahrensrecht. Unzweifelhaft besteht ein gesetzliches Zeugnisverweigerungsrecht somit für Rechtsanwälte, Psychotherapeuten und Sozialpädagogen/Sozialarbeiter, auch wenn sie als Mediatoren tätig sind.

Für andere Mediatoren könnte sich ein gesetzliches Zeugnisverweigerungsrecht aus § 383 Abs. 1 Zf. 6 2. Alt. ergeben. Danach steht Personen ein Zeugnisverweigerungsrecht zu, denen kraft ihres Amtes, Standes oder Gewerbes Tatsachen anvertraut sind, deren Geheimhaltung durch ihre Natur oder durch gesetzliche Vorschrift geboten ist, in Betreff der Tatsachen, auf welche die Verpflichtung zur Verschwiegenheit sich bezieht.

Eine solche verkehrsübliche Verschwiegenheitsverpflichtungen ist für die Mediation ohne weiteres anzunehmen: es ist gerade Wesen der Mediation, ein offenes Verhandeln in einem geschützten und vertraulichen Rahmen zu ermöglichen. Die Verschwiegenheitsverpflichtung für Mediatoren schafft eine den berufsrechtlich geregelten Fällen ähnliche Vertrauensstellung und Geheimhaltungspflicht.[136] Auch Mediatoren, die nicht gleichzeitig als Rechtsanwälte oder Psychotherapeuten zugelassen sind, verfügen über eine gesetzliches Zeugnisverweigerungsrecht in Zivil- und Arbeitsgerichtsverfahren.[137]

---

136 gl. Hacke 2001, 260 m.w.N.

137 A.A. Groth & v. Bubnoff 2001, 341, die lediglich eine vertragliche Möglichkeit der Vereinbarung eines Zeugnisverweigerungsrechts in Zivil- und Verwaltungsgerichtsverfahrens durch vorprozessualen Verzicht auf Nennung des Mediators als Zeugen herleiten. Die im Gesetzestext in § 383 Abs. 1 Zf. 6 ZPO genannte "Natur der anvertrauten Tatsachen" könne sich auch aus einer vertraglichen Abrede ergeben. Der Gesetzgeber habe mit dieser Öffnung des Gesetzes ausdrücklich weitere als die gesetzlich ausdrücklich geregelten Vertrauensverhältnisse geschützt. Gerade durch den im Zivilprozess vorherrschenden Grundsatz der Verhandlungsmaxime liege es in der Befugnis der Parteien bereits im Vorfeld eines etwaigen Prozesses einvernehm-

Betriebliche Mediatoren verfügen damit im Arbeits- und Zivilgerichtsverfahren über ein gesetzliches Zeugnisverweigerungsrecht.[138]

6.3.3.7 Umgang mit Aufzeichnungen und Mediationsprotokollen

Zu klären ist weiter der Umgang mit Mediationsprotokollen bzw. Notizen des Mediators aus den Mediationssitzungen. Aus Vertraulichkeitsgründen sollte von Konfliktmanagern und Konfliktlotsen auf die Protokollierung von Mediationsverfahren verzichtet werden.[139]

Ist ein externer Mediator gleichzeitig Rechtsanwalt, ist er gem. § 50 BRAO zur Führung von Handakten verpflichtet. Daraus ergibt sich eine zumindest "grobe" Protokollierungspflicht.[140]

Protokolle für Handakten sollten sich - ebenso wie Protokolle die den Medianten nach einer Mediationssitzung ggf. zugesandt werden - lediglich auf Gesprächsergebnisse beziehen. Nicht protokolliert werden sollte der Verlauf des Gesprächs, einzelne Anwürfe und Positionen und deren Wortlaut. Ist der Mediator nicht gleichzeitig Rechtsanwalt, sollte auf eine Protokollierung in der betrieblichen Mediation verzichtet werden, um die Vertraulichkeit des Verfahrens zu sichern. Eine gesetzliche Regelung hierzu liegt nicht vor. Für Konfliktmanager und Konfliktlotsen könnte die Verpflichtung zur Vernichtung von Gesprächsprotokollen in einem Tarifvertrag oder einer Betriebsvereinbarung geregelt werden.[141]

6.3.4 Sicherung der Gewährleistung von Chancengleichheit

In Verbindung mit dem Grundprinzip der Eigenverantwortlichkeit der Konfliktparteien steht der Grundsatz der Gleichberechtigung der Medianten in der Mediation. Im Rahmen der ersten Konfliktanalyse haben Konfliktmanager und Konfliktlotsen sowie externe Mediatoren zu prüfen, ob die Konfliktpartner

---

lich auf bestimmte Zeugen - hier den Mediator - zu verzichten. Das abredewidrige Nennen des Mediators als Zeuge durch die andere Partei sei durch dessen vertraglich vereinbartes Zeugnisverweigerungsrecht geschützt. Groth & v. Bubnoff 2001, 341.

138 Zu der Fallkonstellation, dass der Arbeitgeber in einem arbeitsgerichtlichen Verfahren gegen einen der beteiligten Arbeitnehmer klagt und die anderen Mediationsteilnehmer als Zeugen benennt weiter unten.

139 So sieht es z.B. auch der Code of Ethics der TOA. Vgl. auch § 6 der Verfahrensordnung für Wirtschaftsmediation der gwmk: www.gwmk.de.

140 So auch Hacke 2001, 242 m.w.N.

141 Vgl. unten Kap. 7.

privatautonom und selbstbestimmt miteinander verhandeln können oder ob das Machtgefälle zwischen ihnen die Eigenverantwortlichkeit einer oder mehrerer Beteiligten ausschließt.[142] Sind die oben dargelegten Verfahrensgarantien als strukturelle Rahmenbedingungen für Arbeitnehmer-Medianten abgesichert, kann grundsätzlich von einer annähernden Chancengleichheit in der Mediation ausgegangen werden. Unabhängig vom strukturellen Machtungleichgewicht bietet ein Mediationsverfahren gerade die Chance, in einem geschützten Rahmen Konflikte mit Vorgesetzten[143] oder Kollegen unmittelbar zu äußern. Durch die Möglichkeit, in der Mediation von gleich zu gleich zu sprechen, werde - so Beatrice Blohorn-Brenneur, die Präsidentin des Court d'Appel in Grenoble, das 1999 ein Modellprojekt zur gerichtsnahen Mediation implementierte, anders als im Gerichtsverfahren - die Chance gewährt, die je eigene Würde der Kontrahenten wieder herzustellen.[144] Umstritten ist, bis zu welchem Grad der Mediator bei Machtgefällen verpflichtet ist, aktiv zu intervenieren.[145] Grenze der Interventionsmöglichkeiten bietet die Verpflichtung zur Allparteilichkeit. Damit kann die Verpflichtung des Mediators zur aktiven Herstellung von Chancengleichheit verglichen werden mit der Anforderung an den Richter, materielle Gleichwertigkeit im Sinne von prozessualer Chancengleichheit zu verwirklichen.[146] Der Mediator hat die Pflicht, die Parteien - hier insbesondere den strukturell schwächeren Arbeitnehmer - auf Möglichkeiten der externen Rechtsberatung und Begleitung zum Ausgleich des Machtgleichgewichts hinzuweisen.

---

142 S.o. Zum Thema Umgang mit Machtgefällen in der Mediation Budde 2000c.

143 D.h., dem Arbeitgeber.

144 "Le contrat de travail est caractérisé par le lien de subordination. De ce point de vue on peut dire qu'il n'y a, en médiation, ni salarié, ni employer. Les parties s'expliquent sur un pied d'égalité. La médiation permet de réparer l'injuste inégalité entre des hommes égaux. Les sentiers sinueux du droit social ont débouché sur la voies royale des droits de l'Homme où chacun peut s'exprimer et retrouver sa dignité." Blohorn-Brenneur 2002, Präsidentin der Chambre à la Cour d'appel de Grenoble, entspricht dem deutschen Landesarbeitsgericht; vgl. Prütting in Germelmann u.a. 2002, Einleitung Rz. 271. vgl. www.mediationsociale.com

145 Überblick über den Meinungsstand bei Budde 1999c; vgl. auch Breidenbach 1995, 101 f., 171 f. : "Noch drastischer wird es, wenn der Mediator einer (vermeintlich) schwächeren Partei Schützenhilfe leistet, da man sich hier an der Grenze zur personenbezogenen Einflussnahme bewegt."

146 Prütting in Germelmann u.a. 2002, Einleitung Rz. 196 m.w.N.: § 139 Abs. 2 ZPO schützt eine inhaltlich schwächere Partei, indem das Gericht eine Hinweispflicht für Gesichtspunkte, die eine Partei erkennbar übersehen oder für unerheblich gehalten hat trifft, sofern es seine Entscheidung auf diese Gesichtspunkte stützen will.

6.3.5 *Qualifikation und Mediator-Orientierung*

Eine wesentliche Rolle für Ablauf und Erfolg der Mediation besteht darin, wer als Mediator hinzugezogen wird, d.h. über welche persönlichen und fachlichen Kompetenzen der Mediator verfügt. Wesentlich ist die jeweilige Mediator-Orientierung bzw. Haltung des Mediators.[147] Da der Beruf des Mediators in Deutschland bislang keiner staatlichen rechtlichen Regulierung unterliegt, ist der Arbeitgeber und sind die Konfliktpartner auf den Nachweis von Mediationsausbildung bzw. -fortbildung und entsprechende Expertise angewiesen. Mediationsfortbildungen werden mit sehr unterschiedlichem Umfang und Niveau von privaten Anbietern oder universitätsangegliederten Weiterbildungseinrichtungen angeboten.[148] Die Absolventen der verschiedenen Mediationsausbildungen[149] können sich bisher je nachdem, bei welcher Institution oder welchem privaten Anbieter sie ihre Weiterbildung absolviert haben, bei einem der verschiedenen Verbände mit unterschiedlichen Zugangsvoraussetzungen akkreditieren lassen. Die meisten Verbände erkennen nur Weiterbildungen bei den ihnen jeweils angeschlossenen Trainingsinstituten an. Die Inhalte von Fachlehrgängen und die Voraussetzung für die Zertifizierung durch einen der Verbände ist unterschiedlich und für Mediationsverbraucher nicht nachzuvollziehen.[150] Eine spezielle Fortbildung für den betrieblichen Bereich oder ein ausschließlich auf Mediation im Betrieb bezogener Verband oder eine staatlich zertifizierte Vermittlungsstelle gibt es bislang[151] nicht.

Auf europäischer Ebene werden Überlegungen zur Vereinheitlichung von Mediationsstandards im Bereich des Handels- und Wirtschaftsrechts sowie des Arbeitsrechts der Mitgliedsstaaten diskutiert. Die Europäische Kommission hat im Jahre 2002 ein Grünbuch ADR zur Frage der rechtlichen Absicherung von Wirtschaftsmediation veröffentlicht, zu dem die Bürger der Mitgliedsstaaten bis zum 15.10.2002 Stellung nehmen können. Auch nach Auffassung der Autoren des Grünbuchs ADR der Kommission der Europäischen Gemeinschaft ist die Ausbildung und Zulassung von Mediatoren das wesentliche Qualitäts-

---

147 Vgl. oben Kap. 2.

148 S.o. Kap. 2. Überblick unter www.centrale-fuer-mediation.de.

149 Im juristischen Sinne handelt es sich um Weiterbildungen.

150 "Wirtschaftsmediationsausbildungen" umfassen zwischen 20 und 400 Unterrichtsstunden.

151 Im Unterschied zu anderen Ländern wie Großbritannien und den USA.

kriterium.[152] Erwogen wird von Seiten der Grünbuch-Autoren, für "eine eigene Ausbildung zu sorgen, vor allem wenn die ADR-Verantwortlichen keinem reglementierten Berufsstand angehören, und eine Kontrolle der Befähigungsnachweise sicherzustellen, um auf diese Weise die Niederlassungsfreiheit der ADR-Verantwortlichen innerhalb der Europäischen Union zu ermöglichen."[153] Es sei "Aufgabe des Staates, dafür zu sorgen, dass es Mindestgarantien für die Qualifikation der ADR-Verantwortlichen gibt."[154] Dabei stelle sich "die Frage, ob der Staat nun die von privater Seite begonnenen Arbeiten weiterführen und ein Zulassungssystem für ADR-Verantwortliche einrichten soll, ohne allerdings Anpassungsfähigkeit und Unkompliziertheit der ADR-Verfahren zu beeinträchtigen."[155]

Von Mediatoren sind klare Informationen über die eigenen Kompetenzen, ihre Ausbildung und Erfahrung im beruflichen Bereich und Aussagen zur eigenen Orientierung bzw. Haltung einzufordern.[156] Es ist den Medianten und dem Arbeitgeber gegenüber Transparenz über das jeweils durchgeführte Verfahren zu schaffen.[157] Nur durch eine Verpflichtung zur Transparenz über die eigene Mediatororientierung[158] und die eigene Qualifikation können die Erwartungen des "Mediationsverbrauchers"[159] klargestellt werden. Dies ist u.a. für eine et-

---

152 "Die Qualität der alternativen Streitbeilegung hängt in erster Linie von der Kompetenz der Personen ab, die diese Verfahren leiten. Die Beherrschung der ADR-Techniken setzt eine solide Ausbildung voraus. Die Fachausbildung spielt somit eine herausragende Rolle, und zwar nicht nur für die Leistungsfähigkeit der ADR, ihre Qualität und damit für den Schutz der ADR-Nutzer, sondern auch im Hinblick auf die in Art. 49 EG-Vertrag garantierte Dienstleistungsfreiheit."; Grünbuch ADR 2002, 36.

153 Grünbuch ADR 2002, 37.

154 Grünbuch ADR 2002, 37.

155 Grünbuch ADR 2002, 37.

156 Vergleichbar den Regelungen des Uniform Mediation Act.

157 So auch Empfehlungen der Europäischen Kommission über die Grundsätze für an der einvernehmlichen Beilegung von Verbraucherrechtsstreitigkeiten beteiligte außergerichtliche Einrichtungen unter II. Buchstabe B.; abgedruckt in Haft & Schlieffen 2002, 706ff. Dabei kann sich der in einer Angelegenheit jeweils adäquate Mediationsstil, - vgl. zur Einordnung zwischen evaluierend und moderierend, und begrenzter oder umfassender Konfliktbetrachtung: Riskin 1996, 24-35 - vgl. auch Kap. 2, je nach Einsatz verändern.

158 Ist er ausschließlich Vermittler und für die Strukturierung des Verfahrens zuständig? Übernimmt er auch inhaltliche Informations- und Beratungsfunktionen, z.B. über die rechtlichen Rahmenbedingungen der Mediation ? Beabsichtigt er, Einzelgespräche einzusetzen?

159 Also von Arbeitgeber und Arbeitnehmer.

waig erforderlich werdende ergänzende Vertragsauslegung von Mediationsverträgen im Streitfalle und für die Beurteilung der Frage, wofür ein Mediator im Einzelfall haftet, Voraussetzung.[160]

Umstritten ist, welche beruflichen Voraussetzungen Mediatoren und Konfliktmanager mitbringen müssen.[161] Um die Verfahrensanforderungen an die betriebliche Mediation zu erfüllen, ist unabhängig von der Frage der Zulassung zur Rechtsanwaltschaft die Anforderung zu stellen, dass sie über die für die Sicherung der Chancengleichheit von Arbeitnehmern erforderlichen Erfahrungen und Grundkenntnisse des individuellen und kollektiven Arbeitsrechts verfügen. Diese Grundkenntnisse[162] sollten zwingender Bestandteil jeder betrieblichen Mediationsausbildung sein.[163]

In allen Konfliktfällen mit juristischem Bezug[164] ist von nicht-juristisch vorgebildeten[165] Mediatoren zu fordern, dass sie diese nur in Co-Mediation mit einem arbeitsrechtlich versierten Rechtsanwalt übernehmen. Für nicht-juristisch vorgebildete Mediatoren besteht eine Hinweispflicht auf das Erfordernis einer externen parteilichen Rechtsberatung für arbeitsrechtlich relevante Regelungspunkte sowie auf das Recht der Begleitung und Vertretung durch ein Betriebsratsmitglied.

Neben rechtlichen Kenntnissen können auch andere Kenntnisse für eine betriebliche Mediation erforderlich sein. Dazu können z.B. betriebswirtschaftliche Kenntnisse gehören oder spezifische Branchenkenntnisse. In Bezug auf solche Anforderungen ist dem Mediator aufzuerlegen, vor der Übernahme von Mediationsmandaten eingehend zu prüfen, ob er selbst in der Lage ist, die

---

160 Vgl. Eidenmüller 2001, 35, der die "abstrakten Rollenerwartungen der Medianten" für die Auslegung eines Mediationsvertrages für entscheidend hält.

161 Zur Frage, ob Mediatoren per se zur Rechtsanwaltschaft zugelassen sein müssen s.o. Kap. 2

162 Insbesondere auch über Fristen und die Grenzen der Möglichkeiten der Mediation für Nichtjuristen in Streitigkeiten um die Beendigung von Arbeitsverhältnissen.

163 So wie die Bundesarbeitsgemeinschaft für Familienmediation BAFM für psychologische und pädagogische Mediatoren zwingend den Besuch von Familienrechtsseminaren vorsieht; vgl. www.mediation-bafm.de.

164 D.h. Fälle, in denen ein Arbeitsgerichtsverfahren der nächste Schritt und die Beste Alternative zur Mediation darstellt. Für eine Vereinbarung, in der Kollegen niederlegen, dass und wie sie sich künftig grüßen, wie und wer Ordnung am Arbeitsplatz schafft, ist i.d.R. kein besonderer juristischer Sachverstand erforderlich.

165 Wobei unter juristisch vorgebildet hier nicht unbedingt Rechtsanwälte gemeint sind. Ein nicht auf Arbeitsrecht spezialisierter Rechtsanwalt bringt häufig weniger Rechtskenntnisse als ein Betriebsratsmitglied oder ein Gewerkschafts- oder Arbeitgebervertreter mit.

Mediation zu übernehmen, ob ggf. eine Co-Mediation mit einem Experten oder die Hinzuziehung eines Sachverständigen geboten ist.[166]

Beim Einsatz interner Konfliktmanager und Konfliktlotsen sind Arbeitgeber und Betriebsrat verantwortlich, entsprechend qualifizierte Mitarbeiter einzustellen und auszuwählen bzw. adäquate Fortbildungen zur Verfügung zu stellen.

6.3.6 Haftung von Mediatoren und Konfliktmanagern

Geklärt werden muss, inwieweit Mediatoren den Medianten oder dem Arbeitgeber als Auftraggeber gegenüber zum Ersatz eines ggf. von ihnen verursachten Schadens verpflichtet sind. Zu differenzieren ist zwischen der Haftung externer Mediatoren und derjenigen interner Konfliktmanager und Konfliktlotsen.

Eine Haftung des externen Mediators gegenüber dem Arbeitgeber kommt dann in Betracht, wenn der Mediator vorsätzlich oder fahrlässig gegen Pflichten aus dem Mediationsvertrag verstößt und dadurch beim Arbeitgeber ein Schaden entsteht.[167] Da der externe Mediator nicht das Ergebnis seiner Dienstleistung schuldet, kommt eine Haftung für das Nicht-Erreichen einer Vereinbarung bzw. den Abbruch einer Mediation nicht in Betracht.

Auch für den materiellen Vereinbarungsinhalt haftet der Mediator dem Arbeitgeber gegenüber nicht, da dieser eigenständig und privatautonom von den Konfliktpartnern ausgehandelt wurde. Allerdings ist die Haftung für eine ordentliche Durchführung des Mediationsverfahrens nach den "Regeln der Mediationskunst"[168] anzunehmen. Verletzt ein Mediator nachweislich die Verfahrensregeln und die sich daraus an ihn ergebenden Verhaltenspflichten,[169]

---

166 In komplexen Konflikten in und zwischen Gruppen kann Erfahrung im Bereich der Gruppendynamik und eine therapeutisch-beraterische Vorbildung erforderlich sein. Hier sind z.B. anwaltliche Mediatoren gehalten, ihre Grenzen zu erkennen und solche Mandate nicht allein zu übernehmen.

167 Dies könnte beispielsweise der Fall sein, wenn ein Mediator seine Verschwiegenheitsverpflichtung über Betriebgeheimnisse verletzt und z.B. die Presse informiert.

168 Budde 2000b, 695 f.; Brieske 2000, 279.

169 Z.B. indem er nur einen Konfliktbeteiligten zu Wort kommen lässt. Die Verhaltenspflichten ergeben sich, wie Eidenmüller betont, auch aus der im Mediationsvertrag ausgedrückten Mediatororientierung im Einzelfall, insbesondere ist für Anwaltmediatoren aus dem Mediationsvertrag nachweisbar, ob diese auch für die Rechtsberatung im Rahmen der Mediation haften, oder ob sie die Rechtsberatung ausdrücklich ausgeschlossen haben und den Medianten eine externe parteiliche Rechtsberatung durch dritte Rechtsanwälte angeraten haben.

haftet er dem durch dieses unprofessionelle Verhalten geschädigten Medianten[170] auf Schadensersatz.[171]

Für freiberufliche Mediatoren gibt es die Möglichkeit, sich über eine Haftpflichtversicherung gegen Vermögensschäden aus Haftungsfällen zu versichern.[172]

Dem Arbeitnehmer als Konfliktbeteiligtem haftet der Mediator[173] ggf. auch für Schäden, die sich aus dem Übersehen von gesetzlichen oder tariflichen Fristen ergeben. Diese Schäden können ggf. auch schon vor der eigentlichen Mediation in Zusammenhang mit dem Abschluss des Mediationsvertrages auftreten.[174] In Betracht kommt hier insbesondere das Verpassen der von der h.M. als nicht-dispositiv erachteten Dreiwochenfrist für die Erhebung einer Kündigungsschutzklage gem. § 4 KSchG durch eine zu späte Terminierung der ersten Mediationssitzung.[175] Gem. § 5 Abs. 1 KSchG ist eine nachträgliche Zulassung der Kündigung möglich, wenn ein Arbeitnehmer trotz Anwendung aller ihm nach Lage der Umstände zuzumutenden Sorgalt verhindert war, die Klage innerhalb von drei Wochen nach Zugang der Kündigung zu erheben. Grundsätzlich kann das Verhalten des Arbeitgebers Anlass für die Fristversäumnis eines Arbeitnehmers sein. Mit dem Angebot der Durchführung einer Mediation durch den Arbeitgeber verbindet sich i.d.R. die Hoffnung des Arbeitnehmers auf eine außergerichtliche gütliche Lösung des Konfliktes. Dennoch vertritt die h.M. in Rechtsprechung und Literatur, dass auch das Führen von Vergleichsverhandlungen während des Laufs der Dreiwochenfrist nach § 4 KSchG einen Antrag auf nachträgliche Zulassung der Kündigungsschutzklage gemäß § 5 Abs. 1 KSchG nicht zu rechtfertigen vermag.[176] Dasselbe gilt für die Durchführung

170 D.h. hier Arbeitnehmern oder Arbeitgeber gegenüber.

171 Und ggf. Schmerzensgeld, z.B. bei psychischen Schädigungen, die durch die unprofessionelle Durchführung der Mediation entstanden sind. Problematisch erscheint hier allerdings, ähnlich wie im Bereich der Psychotherapie der Nachweis der alleinigen Kausalität für eine psychische Beeinträchtigung.

172 Für anwaltliche Mediatoren ist eine solche Versicherung vorgeschrieben. Sie gilt automatisch - aufgrund von § 18 BORA - auch für Schäden aus Mediationsverfahren.

173 Auch wenn die parteiliche Rechtsberatung im Mediationsvertrag ausdrücklich ausgeschlossen wurde.

174 Kein Schadensersatzanspruch ergibt sich dann aus § 305 Abs. 1 S. 2.

175 Vgl. Kittner in KSchR 2001, § 4 KSchG Rz. 27; Albrecht 2001, 70 m.w.N.

176 Kittner in KSchR 2001, § 5 KSchG Rz. 5 m.w.N.; Grenze bildet das arglistige Abhalten des Arbeitnehmers vor Erheben einer fristgerechten Kündigungsschutzklage durch den Arbeitgeber; ebenda.

einer Mediation. Dem Mediator, der Mediationen im betrieblichen Bereich übernimmt, kann als Verhaltenspflicht, auch wenn er nicht Rechtsanwalt i.S. der BRAO ist, die Aufklärung über gesetzliche und tarifliche Fristen bzw. eine Hinweispflicht der sofortigen Rechtsberatung zugemutet werden. Betriebliche Mediatoren treffen in Bezug auf die Terminierung von Mediationssitzungen demnach schon vor Abschluss des Mediationsvertrages Informationspflichten über möglicherweise verstreichende gesetzliche oder tarifliche Pflichten. Dies gilt auch für nicht-anwaltliche betriebliche Mediatoren.

Verpasst ein Arbeitnehmer aufgrund der verzögerten Terminierung der Mediation oder bei Nichteinigung die Frist des § 4 KSchG, haftet demnach u.U. der Mediator.[177]

In Bezug auf tarifliche Ausschlussfristen gem. § 4 TVG besteht seitens des Mediators ebenfalls eine Hinweispflicht. Sind Ausschlussfristen in Arbeitsverträgen, Betriebsvereinbarungen oder Tarifverträgen festgelegt, erlöschen zwischen Arbeitgeber und Arbeitnehmer bestehende Rechte, wenn sie nicht innerhalb der festgelegten Frist geltend gemacht werden. Tarifliche Ausschlussfristen laufen auch, wenn sie einer oder beiden Parteien unbekannt sind.[178]

Handelt es sich um sog. zweistufige Ausschlussfristen, bei denen die schriftliche Geltendmachung in der ersten Stufe nicht ausreicht, sondern im Falle der Ablehnung oder Nichtreaktion innerhalb einer weiteren Frist Klage erhoben werden muss,[179] ist der Mediator zu einem Hinweis auf unmittelbare externe Rechtsberatung gehalten oder muss als Anwaltmediator auf die Möglichkeit der Klageerhebung zur Fristwahrung durch übereinstimmende Erklärung der Parteien gegenüber dem Gericht gem. § 251 ZPO i.V. mit §§ 46 Abs. 2 ArbGG, 495 ZPO hinweisen. Um solche "Fristenfallen" künftig zur Förderung der Mediation im Betrieb auszuräumen, wäre eine ergänzende Regelung des § 4 KSchG sinnvoll.[180]

Umstritten war vor dem 1.1.2002, inwieweit eine Verpflichtung des Mediators besteht, eine Seite auf etwaige Verjährungstatbestände hinzuweisen, ohne die eigene Allparteilichkeit zu gefährden. Gem. § 203 BGB in der seit dem

177 Im selben Umfang kommt dem Arbeitgeber gegenüber eine Haftung bei fehlendem Hinweis auf die Zweiwochenfrist des § 626 Abs. 2 in Betracht.

178 BAG 8.1.1970, DB 70, 687.

179 So. z.B. in den für allgemeinverbindlich erklärten Regelungen des §16 des Bundesrahmentarifvertrages für das Gebäudereinigerhandwerk oder §23 des Rahmentarifvertrages für das Gebäudereinigerhandwerk.

180 S.u. Kap. 7; s. auch Albrecht 2001, 68.

1.1.2002 geltenden Fassung wird die Verjährung durch das Schweben von Verhandlungen über den Anspruch oder die den Anspruch begründenden Umstände so lange gehemmt, bis eine Partei die Fortsetzungen der Verhandlungen verweigert. Da in einer Mediation (auch) über Ansprüche der Parteien gegeneinander verhandelt wird, ist die Verjährung der umstrittenen Ansprüche für die Zeit der Mediationsverhandlungen gehemmt. Die in der Vergangenheit gefürchtete “Verjährungsfalle” gibt es daher nicht mehr.[181] Schadensersatzansprüche für Arbeitnehmer ergeben sich aus § 276 BGB für Vorsatz und Fahrlässigkeit, aus §§ 280 Abs. 1, 281, 311 Abs. 2, § 241 Abs. 2 BGB.[182]

Für den Inhalt und die etwaige Fehlerhaftigkeit einer Schlussvereinbarung[183] haftet der anwaltliche Mediator dann, wenn im Mediationsvertrag dieser Erwartungshorizont der Medianten nicht ausgeschlossen wurde.[184] Wurde der Mediator als auch rechtlich beratender Dritter hinzugezogen, der am Ende die rechtlich verbindliche Umsetzung der Mediationsvereinbarung übernimmt,[185] haftet er auch für die Fehlerhaftigkeit der Schlussvereinbarung. Wurde im Mediationsvertrag allerdings eine klare Rollentrennung zwischen der Mediatorentätigkeit als ausschließliche Unterstützung bei der privatautonomen Gestaltung und der anschließenden rechtsförmigen Formulierung der Mediationsvereinbarung vorgenommen und auf die zusätzliche externe Rechtsberatung hingewiesen, haftet der Mediator nicht für Form- und Rechtsfehler der Vereinbarung.

---

181 Vgl. auch Hacke 2001, 130 m.w.N.; Wrede 2002, 466.

182 Vgl. zur vergleichbaren Haftung des Unternehmensberaters: Quiring 1994, 48 f.; ab dem 1.8. 2002 sind ggf. auch die mit dem Schadensrechtsänderungsgesetz eintretenden Schmerzensgeldansprüche zu berücksichtigen; s.o. Kap. 5

183 Z.B. aufgrund von Formverstößen.

184 Vgl. Brieske 2000,282.

185 Z.B. in Form der Formulierung eines Aufhebungsvertrages.

6.4 Anforderungen an Arbeitgeber

Für die Einführung von Mediation im Rahmen eines IKMS richten sich wesentliche Anforderungen an den Arbeitgeber.[186]

6.4.1 Transparenz und rechtliche Verbindlichkeit für Verfahren und Stelle in einem IKMS

Soll Mediation als Verfahren im Rahmen eines IKMS implementiert werden, ist es Aufgabe des Arbeitgebers, Sorge dafür zu tragen, dass alle Mitarbeiter über Mediation informiert sind und die Wesensmerkmale und Unterschiede der einzelnen Verfahren und Interventionen klargestellt werden. Dazu gehört auch, über die unterschiedlichen Angebote einer neu zu implementierenden Stelle zu informieren.[187] Ein IKMS sollte grundsätzlich nicht ohne rechtliche Grundlage eingeführt werden. Dies kann in Form einer Betriebsvereinbarung oder eines Tarifvertrages geschehen. In Betrieben mit Betriebsrat ergibt sich die Verpflichtung zur Mitbestimmung des Betriebsrats und damit die grundsätzliche Erzwingbarkeit entsprechender Betriebsvereinbarungen aus § 87 Abs. 1 Zf. 1 BetrVG.[188]

Ein einseitiges "Self-Commitment der Unternehmensführung"[189] mit der Erklärung, dass nunmehr alternative Konfliktbearbeitungsverfahren eingesetzt werden sollen,[190] ist angesichts der Fülle der oben aufgezeigten Problemfelder nicht ausreichend.[191]

---

186 Auch in den USA wurde 1995 im "Due Process Protocol for Mediation and Arbitration of Statuory Disputes Arising out of the Employment Relationship" von Mitgliedern der American Bar Association, Gewerkschaftsmitgliedern, Mitgliedern der American Arbitration Association, der Federal Mediation and Conciliation Services u.a. Verhaltensanforderungen an Arbeitgeber formuliert. Es handelt sich um Empfehlungen, die keine unmittelbare Rechtsverbindlichkeit aufweisen; vgl. www.abanet.org/dispute.

187 Verdeutlicht werden muss insbesondere der Unterschied zwischen Mediation und Ermittlungsaufgaben des Betriebsrats in Diskriminierungsfällen.

188 Auch die von der American Bar Association erlassenen *"Standards for the establishment and operation of ombuds-offices"* (www.abanet.org/dispute) empfehlen Arbeitgebern ein Ombudsbüro nur auf der Grundlage einer schriftlichen Vereinbarung (*"the charter"*) zu implementieren.

189 Ponschab & Dendorfer 2002, 1045

190 Z.B. in Unternehmensleitlinien und -grundsätzen.

191 Anders Ponschab & Dendorfer 2002, 1045.

6.4.2 *Gewährleistung von (Weisungs-)Unabhängigkeit der Dritten und der zuständigen Stelle*

Für Konfliktmanager ist sicherzustellen, dass diese nicht in die Hierarchie des Betriebs eingegliedert sind. Ihre organisationale Stellung muss ihnen die für die Durchführung ihrer Aufgaben erforderliche Unabhängigkeit garantieren. Der Arbeitgeber hat dafür Sorge zu tragen, dass eine entsprechende organisatorische Einbindung vorgenommen wird.

Vorbild könnte die Gestaltung der Arbeitsverhältnisse von Beauftragten sein.[192]

Auch beim Einsatz externer Mediatoren ist auf deren Unabhängigkeit zu achten. Der Unabhängigkeit eines Mediators nicht förderlich ist dessen Einsatz als vom Arbeitgeber "bestellter Hausmediator". Den Konfliktparteien sollten vom Arbeitgeber mehrere Mediatoren zur Auswahl angeboten werden.[193]

Beim Einsatz von nebenberuflichen Konfliktlotsen sollten mehrere dafür qualifizierte Mitarbeiter zur Verfügung stehen, die möglichst der Belegschaftszusammensetzung entsprechend in Hinblick auf Geschlecht, ethnische Zugehörigkeit, beruflichen Hintergrund, Lebenserfahrung etc. divers zusammengesetzt sind. Die Unabhängigkeit solcher nebenberuflich eingesetzter Konfliktlotsen muss durch Betriebsvereinbarung oder Tarifvertrag abgesichert werden.[194]

Vom Arbeitgeber ist weiterhin zu verlangen, beim Einsatz interner Konfliktmanager und Konfliktlotsen[195] - aber auch bei der Auswahl externer Mediatoren - qualifizierte Personen vorzuschlagen oder auszuwählen. Angesichts der oben dargestellten Intransparenz der in Deutschland bisher angebotenen Fortbildungsangebote und Anerkennungen durch diverse Verbände sollte ein betrieblicher Mediator eine mindestens 90-stündige Fortbildung in betrieblicher Mediation und mindestens zwei dokumentierte Fallbeispiele nachweisen können. Ansonsten können sich Arbeitgeber an den Empfehlungen der American Bar Association zum Einsatz von internen Ombudspersonen orientie-

---

192 Vgl. zur arbeitsrechtlichen Stellung der Beauftragten im betrieblichen Umweltschutz: Becker & Kniep 1999, 243-244, die zwischen dem der Beauftragung zugrundeliegenden Arbeitsvertrag und der Beauftragtenstellung unterscheiden.

193 Das Due Process Protocol schlägt daher verpflichtend die gemeinsame Auswahl eines Mediators durch Arbeitgeber und Medianten vor.

194 Vgl. Dienstvereinbarung über den Einsatz von Konfliktlotsen bei der Stadtverwaltung Kerpen, Anhang .

195 Vgl. zur Evaluierung der Qualifizierung QUAK Budde 2001a.

ren,[196] bis ggf. EU-weit in Folge des Grünbuch ADR eine Zertifizierung für interne Mediatoren erfolgt.

Die ausgewählten internen Konfliktmanager etc. müssen darüber hinaus zum Schutz ihrer Unabhängigkeit umfassend vor Behinderungen ihrer Arbeit und vor Benachteiligungen geschützt werden. Dies könnte analog den Vorschriften für Betriebsräte und für Mitglieder von betrieblichen Beschwerdestellen geschehen. Gem. § 78 BetrVG dürfen diese Personen in der Ausübung ihrer Tätigkeit nicht gestört oder behindert werden. Sie dürfen wegen ihrer Tätigkeit nicht benachteiligt oder begünstigt werden; dies gilt auch für ihre berufliche Entwicklung. Die Regelung erstreckt sich ausdrücklich auf Mitglieder der Einigungsstelle[197] und die Mitglieder einer betrieblichen Beschwerdestelle gem. § 86 BetrVG.[198] Der gesetzliche Benachteiligungsschutz gilt de lege lata nicht für Konfliktmanager und Mediatoren, die nicht Mitglieder des Betriebsrats, einer betrieblichen Beschwerdestelle oder Einigungsstelle sind. Eine Ergänzung von § 78 BetrVG um Konfliktmanager und Konfliktlotsen wäre empfehlenswert.[199] Ansonsten bedarf es der Regelung durch Arbeitsvertrag, Betriebsvereinbarung oder Tarifvertrag.

6.4.3 Kostentragung

Für die Wahrung der Unabhängigkeit des Mediators wird in den USA für externe Mediationen zwischen Arbeitgeber und Arbeitnehmer eine paritätische Kostenteilung empfohlen.[200] In der bisherigen Praxis der betrieblichen Mediation in Deutschland kommt es selten zu einer Kostenteilung. Meist werden die Gesamtkosten für den externen Mediator vom Arbeitgeber übernommen, unabhängig davon, ob er selbst Konfliktbeteiligter ist oder es sich um einen Konflikt zwischen zwei Arbeitnehmern handelt. Abzusichern ist auch von Seiten des Ar-

---

196 "including substantive, procedural and remedial issues to be confronted (...) to train experts in the statutes as to employer procedures governing the employment relationship as well as due process and fairness in the conduct and control of mediation sessions."

197 Also auch auf betriebsfremde Externe vgl. Buschmann in DKK 2002 § 78 Rz. 6.

198 Buschmann in DKK 2002, § 86 Rz. 5.

199 Vgl. unten Kap. 7.

200 "In cases where the economic condition of a party does not permit equal sharing, the parties should make mutually acceptable arrangements to achieve that goal if at all possible."; Due Process Protocol.

beitgebers, dass es damit nicht zu einer Abhängigkeit des Mediators vom Arbeitgeber kommt.[201]

6.4.4 Sicherung der Vertraulichkeit durch den Arbeitgeber

Vom Arbeitgeber ist weiter zu fordern, dass er es Mediatoren gegenüber unterlässt, Informationen aus dem Mediationsverfahren oder über die Medianten zu erfragen. Gleiches gilt für Mitarbeiter der Mediatoren oder andere Teilnehmer an der Mediation. Der Arbeitgeber verpflichtet sich - im Mediationsvertrag mit dem externen Mediator - in einer Betriebsvereinbarung oder einem Tarifvertrag für den Einsatz von Konfliktmanagern und Konfliktlotsen, die in der Mediation gewonnenen zusätzlichen Informationen über den Arbeitnehmer nicht zu dessen Nachteil zu verwenden.

In diesem Zusammenhang stellt sich nochmals die Frage, ob sich der Vertraulichkeitsgrundsatz in Mediationen zwischen zwei oder mehreren Arbeitnehmern, in denen der Arbeitgeber nicht Konfliktpartei ist, auch auf das Ergebnis - die schriftliche Mediationsvereinbarung[202] - beziehen soll.[203] Dies sollte grundsätzlich in der Dispositionsfreiheit der Konfliktpartner liegen. Schließen die Konfliktpartner die Weitergabe der Inhalte der Vereinbarung an den Arbeitgeber aus, ist der Mediator aufgrund seiner Verschwiegenheitsverpflichtung hieran gehalten. Eine Ausnahme kann nur gelten, wenn alle Konfliktbeteiligten einer Weitergabe der Mediationsvereinbarung an den Arbeitgeber zustimmen.

Etwas anderes könnte dann gelten, wenn der Arbeitgeber ein Mediationsangebot ausdrücklich anstelle von arbeitgeberseitigen Sanktionen als "letzte Chance" angeregt hat und von vornherein die Aufnahme der Mediations-

---

201 Das Due Process Protocol empfiehlt, Arbeitnehmern das Recht auf Vertretung und Begleitung zu garantieren und die Kosten dafür zu übernehmen. The "right to be represented by a spokesperson of their own choosing". The mediation (...) procedure should so specify and should include reference to institutions which might offer assistance, such as bar associations, legal service associations, civil rights organizations, trade unions etc. (...) Employees should have access to all information reasonably relevant to mediation of their claims. The employee's representative should also have reasonable pre-hearing and hearing access to all such information and documentation."

202 Bei der Mediationsvereinbarung handelt es sich um einen privatautonom von den Konfliktbeteiligten geschlossenen Vertrag, in dem sich diese zu gegenseitigen Rechten und Pflichten verpflichten.

203 Vgl. dazu oben Kap. 5 zur Dokumentationsfunktion einer Mediationsvereinbarung vor oder statt Abmahnung.

vereinbarung in die Personalakte angekündigt hat. Hier ist ein berechtigtes Interesse des Arbeitgebers am Inhalt der Mediationsvereinbarung zu bejahen. Er muss die Möglichkeit haben, die Einhaltung der Vereinbarung zu überwachen[204] und bei neuerlichem Übertreten ggf. andere Maßnahmen zu ergreifen.

In einer Mediation, in der der Arbeitgeber selbst Konfliktpartei ist, ist ihm als Vertragspartner der Inhalt der Mediationsvereinbarung ohnehin bekannt. Dieser kann unter den oben dargelegten Gründen des berechtigten Interesses, sofern dies vor Beginn der Mediation mit dem Arbeitnehmer vereinbart war, Teil der Personalakten werden. In allen anderen Fällen ist eine Aufnahme in die Personalakte nur bei beiderseitigem Einverständnis zulässig.[205]

6.4.5 Sanktionsverzicht gegenüber Arbeitnehmern

Während und im Anschluss an eine Mediation muss gewährleistet sein, dass keine Benachteiligung von Arbeitnehmern wegen der Teilnahme an einer Mediation erfolgt. Hierzu ist der Arbeitgeber aus den gesetzlichen Verboten der §§ 612a BGB, 84 Abs. 3 BetrVG verpflichtet.[206]

---

204 Ob sich z.B. Arbeitnehmer, denen Mobbing vorgeworfen wurde, nun an die mit dem Mobbing-Opfer vereinbarten Spielregeln hält.

205 Z.B. zur Prävention einer Abmahnung. Wurde die Mediation vom Arbeitgeber als ultima ratio vor oder nach Ausspruch der Abmahnung oder Kündigung in einem Konflikt zwischen Arbeitnehmern angeboten und besteht eine diesbezügliche Vereinbarung sowohl zwischen den Konfliktpartnern als auch zwischen Arbeitgeber und Konfliktpartnern, ist gegen die Weitergabe der Inhalte der Mediationsvereinbarung nichts einzuwenden. Die gemeinsam ausgehandelte Mediationsvereinbarung stellt die Grundlage für das künftige Miteinander-Umgehen der Arbeitnehmer dar. Ist allen Beteiligten der Stellenwert der Mediationsvereinbarung klar und stimmen alle Beteiligten im Rahmen des Mediationsvertrages zu, spricht in Mediationsfällen im Vorfeld von verhaltensbedingten Kündigungen nichts gegen eine Offenlegung des Vertragsinhalts dem Arbeitgeber gegenüber. Dieser hat den Arbeitnehmern die Mediation als "letzte Chance" angeboten und finanziert diese. Dafür hat er einen Anspruch auf Information über diese Vereinbarung. Verhalten sich die Konfliktbeteiligten nicht ihrer eigenen Vereinbarung entsprechend, kann dies eine Grundlage für spätere personelle Maßnahmen darstellen, sofern die Arbeitnehmer darüber von vornherein informiert waren.

206 S.o.

6.4.6 *Verzicht auf Geltendmachung von während der Mediation weiterlaufenden Fristen*

Im Sinne der Verfahrensgrundsätze der Mediation könnte von Arbeitgebern verlangt werden, auf die Einrede der tariflichen Ausschlussfrist bei der Geltendmachung von tariflichen Ansprüchen durch Arbeitnehmer zu verzichten, wenn die Fristüberschreitung durch Teilnahme an einer betrieblichen Mediation zustande kam.

Bietet der Arbeitgeber Arbeitnehmern an, das Verfahren der Mediation in Anspruch zu nehmen, um einen Arbeitsplatzkonflikt zu bearbeiten, könnte es eine unzulässige Rechtsausübung bedeuten, wenn sich der Arbeitgeber dennoch auf das Vorliegen der Ausschlussfrist beruft. Dies kann nach Auffassung des BAG im Einzelfall gegen Treu und Glauben verstoßen.[207] Erweckt der Arbeitgeber durch sein Verhalten beim Arbeitnehmer vorsätzlich den Eindruck, die gerichtliche Klärung eines Anspruchs sei entbehrlich, kann er sich demnach nicht mehr auf den Ablauf der Verfallsfrist berufen.[208] Um eine unzulässige Rechtsausübung anzunehmen, muss allerdings über das Angebot und die Teilnahme an einer Mediation hinaus ein aktives Tun des Arbeitgebers, den Arbeitnehmer von der Klageerhebung innerhalb der Frist abzuhalten, hinzukommen.

---

207 Eine derartige nach §§ 242, 134 BGB unzulässige Rechtsausübung wird angenommen, wenn der Arbeitgeber durch positives Tun oder durch pflichtwidriges Unterlassen dem Arbeitnehmer die Geltendmachung des Anspruchs oder die Einhaltung der Frist erschwert oder unmöglich gemacht hat. Das kommt auch in Betracht, wenn der Arbeitgeber objektiv den Eindruck erweckt hat, der Arbeitnehmer könne darauf vertrauen, dass der Anspruch auch ohne Wahrung der Ausschlussfrist erfüllt werde; vgl. BAG vom 5. 8. 1999 - 6 AZR 752/97 - ZTR 2000, 36.

208 So auch Eisemann in Küttner u.a. 2001, Ausschlussfrist Rz. 35 m.w.N.

6.5 Aufgaben des Betriebsrats

Schließlich ist zu prüfen, welche Aufgaben der Betriebsrat bei der Implementierung eines IKMS hat. Dabei sollen die Rechte und Pflichten des Betriebsrats bei der Einführung eines IKMS und bei der Durchführung von betrieblichen Mediationen geprüft werden.

6.5.1 Mitbestimmung des Betriebsrats bei der Einführung von Mediation und der Errichtung von Stellen

6.5.1.1 Mitbestimmung gem. § 87 Abs. 1 Zf. 1 BetrVG

Gem. § 87 Abs. 1 Zf. 1 BetrVG besteht ein erzwingbares Mitbestimmungsrecht des Betriebsrats bei Fragen der Ordnung des Betriebs und des Verhaltens der Arbeitnehmer im Betrieb. Zweck des Mitbestimmungsrechts ist es, durch die Beteiligung des Betriebsrats die Belange der Arbeitnehmer geltend zu machen und auf diese Weise unter Einschränkung der Regelungsbefugnis des Arbeitgebers beide Interessenlagen zu einem gleichberechtigten Ausgleich zu bringen. So soll die gleichberechtigte Beteiligung der Arbeitnehmer an der Gestaltung der Arbeitsbedingungen und der Zusammenarbeit von Arbeitgeber und Arbeitnehmer sowie der Arbeitnehmer untereinander gewährleistet werden. Die generelle Gestaltung der betrieblichen Ordnung ist daher von Arbeitgeber und Betriebsrat gemeinsam unter Wahrung des Schutzes der Persönlichkeit des einzelnen Arbeitnehmers vorzunehmen.[209]

Unter das Mitbestimmungsrecht fallen alle generellen Regelungen, unabhängig davon wie viele Arbeitnehmer betroffen sind. Einzige Ausnahmen sind konkrete Einzelanweisungen des Arbeitgebers, die sich auf die arbeitsvertraglichen Pflichten einzelner Arbeitnehmer beziehen.[210]

Es ist dabei ohne Bedeutung, wie der Arbeitgeber seine Maßnahme trifft, ob er eine förmliche Arbeitsordnung erlassen will, ob er einheitliche Anweisungen erteilt oder gleichförmiges Verhalten durch Vereinbarungen im Arbeitsvertrag wünscht. Auch Maßnahmen, die nur mittelbar das Verhalten der Arbeitnehmer beeinflussen sollen, sind mitbestimmungspflichtig.[211]

Sowohl bei der über den Einzelfall hinausgehenden Einführung von Mediation in Arbeitsplatzkonflikten als auch bei der Errichtung von Stellen für Konflikt-

---

209 Fitting 2002, § 87 Rz. 63.

210 BAG 8.8.89, DB 90, 893.

211 Fitting 2002 § 87 Rz. 68.

management und Mediation im Rahmen eines IKMS, unabhängig vom präferierten Modell, ist der Betriebsrat mitbestimmungsberechtigt und -verpflichtet i.S. des § 87 Abs. 1 Zf. 1 BetrVG. Die Verwendung von Mediationsklauseln in Arbeitsverträgen[212] fällt ebenfalls unter die Mitbestimmungspflicht des § 87 Abs. 1 Zf. 1 BetrVG. Kommt es nicht zu einer Einigung zwischen Betriebsrat und Arbeitgeber, kann gem. § 87 Abs. 2 BetrVG die Einigungsstelle abschließend entscheiden.[213]

6.5.1.2 Mitbestimmung gem. § 87 Abs. 1 Zf. 7 BetrVG ?

Darüber hinaus kommt auch ein Mitbestimmungsrecht des Betriebsrates gem. § 87 Abs. 1 Zf. 7 BetrVG in Betracht. Danach hat der Betriebsrat im Rahmen der gesetzlichen Vorschriften mitzubestimmen bei Regelungen über den Gesundheitsschutz. Im Arbeitsschutzgesetz vom 7.8.1996 wird im Gegensatz zur vorherigen traditionellen Definition des Arbeitsschutzes von einem erheblich erweiterten Arbeitsschutzbegriff ausgegangen. Gem. § 2 Abs. 1 ArbSchG gehören zu den Maßnahmen des Arbeitsschutzes i.S. des ArbSchG seither auch Maßnahmen zur Verhütung von arbeitsbedingten Gesundheitsgefahren, einschließlich Maßnahmen der menschengerechten Gestaltung der Arbeit; dazu gehört auch die präventive Gesundheitsförderung.[214] Zu den Maßnahmen einer menschengerechten Arbeitsgestaltung gehören: Achtung der Menschenwürde der Beschäftigten und Gewährleistung ihrer körperlichen und geistig-seelischen Gesundheit, Förderung der Persönlichkeit der Beschäftigten i.S. von mehr individueller Freiheit, persönlicher Unversehrtheit und Lebensqualität sowie die Kommunikation mit anderen Beschäftigten.[215] Gerade die häufig auch konfliktbedingten

---

212 S.o. Kap. 5.

213 Umstritten ist allerdings das Vorliegen eines Initiativrechts des Betriebsrats zur Einführung präventiver Maßnahmen, z.B. eines IKMS unter Einsatz von Mediation. Wolmerath bejaht unter Berufung auf die "inzwischen ...herrschende Meinung zumindest in der Literatur" so Wolmerath 2001, 260, ein solches Initiativrecht für präventive Maßnahmen gegen Mobbing. Anders aber z.B. LAG Hamburg, v. 15.7.1998. In: NZA 1998, 1245.; s.o., vgl. Budde 1999a, 113 ff.

214 Diese zielt nach der Definition der Weltgesundheitsorganisation - Ottawa Charta der WHO zur Gesundheitsförderung , zit. nach Bücker u.a. 1994, Rz. 54 - "auf einen Prozess, allen Menschen ein höheres Maß an Selbstbestimmung über ihre Gesundheit zu ermöglichen und sie damit zur Stärkung ihrer Gesundheit zu befähigen."

215 Kittner und Pieper 1997, § 2 ArbSchG Rz. 9 m.w.N.

“psychomentalen” Belastungen am Arbeitsplatz gehören zu den größten Risiken für gesundheitliche Beeinträchtigungen der heutigen Arbeitsplätze.[216]

Gem. § 3 ArbSchG ist der Arbeitgeber verpflichtet, die erforderlichen Maßnahmen des Arbeitsschutzes unter Berücksichtigung der Umstände zu treffen, die die Sicherheit und Gesundheit der Beschäftigten bei der Arbeit beeinflussen. Er hat eine Verbesserung des Gesundheitsschutzes der Beschäftigten anzustreben. Dazu hat der Arbeitgeber gem. § 3 Abs. 2 ArbSchG zur Planung und Durchführung der Maßnahmen nach Abs. 1 unter Berücksichtigung der Art der Tätigkeiten und der Zahl der Beschäftigten für eine geeignete Organisation zu sorgen und die erforderlichen Mittel bereitzustellen. Auch für den präventiven Gesundheitsschutz gilt das Mitbestimmungsrecht des Betriebsrats gem. § 87 Abs. 1 Zf. 7 BetrVG. Die Formulierung “im Rahmen der gesetzlichen Vorschriften” weist darauf hin, dass sich die obligatorische Mitbestimmung nach Zf. 7 auf die Konkretisierung, nicht aber auf die Anhebung des Schutzniveaus der Rahmenvorschriften erstreckt.[217] Die Regelungen des ArbSchG bilden den Rahmen der gesetzlichen Vorschriften. Dass auch Generalklauseln wie die in §§ 2, 3 ArbSchG als ausfüllungsbedürftige Vorschriften gem. § 87 Abs. 1 Zf. 7 in Betracht kommen, hat das BAG mehrfach entschieden.[218] Umstritten ist, ob sich daraus ein Initiativrecht auch für die Einführung bestimmter präventiver Gesundheitsschutzmaßnahmen - hier der Einführung eines IKMS - ergibt.[219] Das Mitbestimmungsrecht des Betriebsrats umfasst jeweils nur das gesetzlich festgelegte Mindestniveau. Die Ziele des Gesundheitsschutzes sind im Rahmen des Mitbestimmungsrechts des Betriebsrats nach § 87 Abs. 1 Zf. 7 zu berücksichtigen. Für eine Verpflichtung des Arbeitgebers, Mediation und IKMS auf der Grundlage von §§ 2 und 3 ArbSchG einzuführen, ergeben sich keine Anhaltspunkte. Ein Initiativrecht des Betriebsrats besteht für die Einführung eines IKMS gem. § 87 Abs. 1 Zf. 7 nicht. Allerdings verfügt der Betriebsrat ein Mitbeurteilungs- und Mitbestimmungsrecht, sofern der Arbeitgeber ein IKMS zu implementieren plant.

---

216 Vgl. auch Meschkutat u.a. 2002 mit aktuellen Daten aus einer vom Bundesministerium für Arbeit bei der Sozialforschungsstelle Dortmund in Auftrag gegebenen Repräsentativstudie ”Mobbingreport”.

217 Hanau & Kania in ErfKomm 2002 § 87 Rz. 63 m.w.N.

218 BAG 2.4.1996 AP Nr. 5 zu § 120 GewO; Hanau & Kania 2002 § 87 Rz. 63 m.w.N.; Klebe in DKK 2002 § 87 Rz. 178.

219 So wohl Klebe in DKK 2002 § 87 Rz. 178 m.w.N.; Wolmerath 2001 b,418.

6.5.2 Information, Unterstützung und Beratung von Arbeitnehmern in der Mediation

Zu den Aufgaben des Betriebsrats gem. § 80 Abs. 1 Zf. 1 BetrVG gehört es, darüber zu wachen, dass die zugunsten der Arbeitnehmer geltenden Gesetze, Verordnungen, Unfallverhütungsvorschriften, Tarifverträge und Betriebsvereinbarungen durchgeführt werden. Ziel der Vorschrift von § 80 Abs. 1 Zf.1 BetrVG ist es, sicherzustellen, dass alle Schutzvorschriften zugunsten der Arbeitnehmer auch tatsächlich eingehalten und angewendet werden. Neben der allgemeinen Überwachung soll der Betriebsrat den einzelnen Arbeitnehmern bei der Durchsetzung ihrer Rechte aus dem Gesetz helfen.[220] Gem. § 80 Abs. 1 Zf. 3 BetrVG ist es Aufgabe des Betriebsrats, Anregungen von Arbeitnehmern entgegenzunehmen. Mit "Anregung" ist hier der Oberbegriff für Vorschläge und Beschwerden gemeint. Die Anregungen können sich auf allgemeine Missstände, aber auch auf andere Arbeitnehmer beziehen.[221]

6.5.3 Verschwiegenheitsverpflichtung des Betriebsrats

Gem. §§ 120 Abs. 2 und 79 Abs. 2 BetrVG hat jedes Betriebsratsmitglied über in der Mediation erlangte Informationen eine strafbewehrte Verschwiegenheitsverpflichtung. Allerdings findet dieses Recht bzw. diese Pflicht in der Aussageverpflichtung in etwaig anschließenden Gerichtsverfahren ihre Grenze. Die StPO enthält kein Aussageverweigerungsrecht für Betriebsräte.[222]

6.5.4 Mitbestimmung bei der Einführung von Schulungs- und Qualifizierungs-programmen für Konfliktmanagement und Mediation

Dem Betriebsrat kommen weiter Aufgaben bei der Einführung qualifizierender Maßnahmen in Konfliktmanagement und Mediation[223] zu. Gem. § 96 Abs. 1 BetrVG haben Betriebsrat und Arbeitgeber die Berufsbildung der Arbeitnehmer zu fördern. Die in den §§ 96 bis 98 BetrVG geregelten Beteiligungsrechte des Betriebsrats beziehen sich auf die Berufsbildung sowie auf die sonstige Bil-

---

220 Buschmann in DKK 2002, § 80 Rz. 6; Fitting 2002, § 80 Rz. 5.

221 Fitting 2002, § 80 Rz. 24.

222 Fitting 2002, § 120 Rz. 6.

223 Z.B. bei der Einführung einer Qualifizierung betrieblicher Konfliktlotsen.

dung im Sinne von § 98 Abs. 6 BetrVG.[224] Eine nähere Definition des Begriffs Berufsbildung im Sinne der §§ 96 bis 98 BetrVG wird im BetrVG nicht vorgenommen. In § 1 Abs. 1 BBiG wird Berufsbildung als Oberbegriff für Berufsausbildung, berufliche Fortbildung und berufliche Umschulung festgelegt. Nach Auslegung des BAG ist der Begriff der Berufsbildung in den §§ 96 ff. BetrVG jedoch weiter auszulegen und geht über die Begriffsbestimmung nach BBiG hinaus. Demnach sind Maßnahmen Bildungsmaßnahmen i.S. der §§ 96 f. BetrVG, wenn sie systematisch methodisch Kenntnisse und Fähigkeiten vermitteln.[225] Mit dem BetrVerfRefG ist in § 97 Abs. 2 ein Mitbestimmungs- und Initiativrecht des Betriebsrats zur Einführung von betrieblichen Bildungsmaßnahmen neu eingefügt worden. Dies gilt, wenn der Arbeitgeber Maßnahmen geplant oder durchgeführt hat, die dazu führen, dass sich die Tätigkeit der betroffenen Arbeitnehmer ändert und ihre beruflichen Kenntnisse und Fähigkeiten zur Erfüllung ihrer neuen Aufgaben nicht mehr ausreichen. Zweck des Mitbestimmungsrechtes aus § 97 Abs. 2 ist es, durch Initiierung betrieblicher Qualifizierungsmaßnahmen das Risiko des Arbeitsplatzverlustes zu verringern und damit zur Beschäftigungssicherung beizutragen.[226]

Wesentlich für die Annahme eines Mitbestimmungsrechts ist die Berufs- und die Aufgabenbezogenheit der Bildungsmaßnahme. Da es sich bei der Einführung eines IKMS und von betrieblicher Mediation und dem damit verbundenen Trainingsbedarf nicht um Bildungsmaßnahmen handelt, die für eine berufliche Tätigkeitsänderung der teilnehmenden Arbeitnehmer erforderlich ist, liegt ein Mitbestimmungsrecht des Betriebsrats gem. § 97 Abs. 2 BetrVG nicht vor.

In Betracht kommt jedoch das Mitbestimmungsrecht bei der Durchführung von sonstigen Bildungsmaßnahmen im Betrieb gem. § 98 Abs. 6 BetrVG. Bildungsmaßnahmen sind Veranstaltungen, die Lernprozesse durch theoretische Einsichten vermitteln und vollziehen.[227]

Bei der Qualifizierung von betrieblichen Konfliktlotsen und der Durchführung von innerbetrieblichen Schulungen zum Thema Konfliktmanagement und

224 Fitting u.a. 2002 § 96 Rz. 6; vgl. ausführlich Däubler &Peter 1995.

225 StRspr.: BAG 28.1.1992 AP Nr. 1 zu § 96 BetrVG 1972; Berufsbildungsmaßnahmen vermitteln dem Arbeitnehmer Kenntnisse und Erfahrungen, die zur Ausfüllung seines Arbeitsplatzes und seiner beruflichen Tätigkeit dienen; BAG 18.4.00 AP Nr. 9 zu § 98 BetrVG 1972.

226 Fitting u.a. 2002, § 97 Rz. 10.

227 FAKH 2002, § 98 BetrVG Rz. 37.

Mediation handelt es sich um solche Bildungsmaßnahmen gem. § 98 Abs. 6 BetrVG. Der Betriebsrat hat daher i.V. mit § 98 Abs. 1 bis 5 BetrVG das Recht, bei der Durchführung der Maßnahme, bei der Bestellung und Abberufung der zur Durchführung der Schulung beauftragten Person und bei der Auswahl der teilnehmenden Arbeitnehmer mitzubestimmen. Das Mitbestimmungsrecht ist an die Durchführung der Bildungsmaßnahme geknüpft. Es umfasst auch alle Folgeentscheidungen nach der Einführung. Die Einführung von Schulungen nach § 98 BetrVG kann allerdings nicht gegen den Willen des Arbeitgebers erzwungen werden. Der Fortbildungsetat wird arbeitgeberseitig festgelegt. Gem. § 98 Abs. 2 BetrVG kann der Betriebsrat aber der Bestellung einer mit der Durchführung der betrieblichen Berufsbildung beauftragten Person wiedersprechen oder ihre Abberufung verlangen, wenn diese die persönliche oder fachliche insbesondere die berufs- und arbeitspädagogische Eignung im Sinne des BBiG nicht erfüllt. Dabei ist es unerheblich, ob es sich bei den Beauftragten um Arbeitnehmer des Betriebs oder um freiberuflich Tätige handelt. Dieses Recht bezieht sich ausdrücklich auch auf die sonstigen beruflichen Bildungsmaßnahmen gem. § 98 Abs. 5 BetrVG.[228] Der Betriebsrat könnte demnach der Beauftragung von Trainern oder Trainingsinstituten für Konfliktmanagement und Mediation durch den Arbeitgeber widersprechen, wenn diese die persönliche oder fachliche Eignung nicht erfüllen[229] und kann durch dieses Recht Einfluss auf die Qualitätssicherung von Trainings- und Qualifizierungsmaßnahmen im Bereich Konfliktmanagement und Mediation nehmen.

Auch auf die Teilnehmerauswahl für die Qualifizierung von Konfliktlotsen hat der Betriebsrat gem. § 98 Abs. 5 BetrVG i.V. mit § 98 Abs. 3 und 4 BetrVG Einfluss. Führt der Arbeitgeber betriebliche Maßnahmen der Berufsbildung durch oder stellt er für außerbetriebliche Maßnahmen der Berufsbildung Arbeitnehmer frei oder trägt er die durch die Teilnahme von Arbeitnehmern an solchen Maßnahmen entstehenden Kosten ganz oder teilweise, so kann der Betriebsrat Vorschläge für die Teilnahme von Arbeitnehmern oder Gruppen von Arbeitnehmern des Betriebs an diesen Maßnahmen der beruflichen Bildung machen. Arbeitgeber und Betriebsrat müssen sich über alle Teilnehmer einigen. Der Betriebsrat kann dabei eigene Vorschläge für dei Teilnahme von einzelnen bildungswilligen und -fähigen Arbeitnehmern oder von Gruppen von Arbeit-

---

228 Fitting u.a. 2002, § 98 Rz. 13.

229 Zum Verfahren des Widerspruchs und der Abberufung: FAKH § 98 Rz. 19 ff.

nehmern unterbreiten. Kommt eine Einigung nicht zustande, entscheidet die Einigungsstelle.[230]

6.5.5 *Erforderlichkeit von Schulungsveranstaltungen zum Thema Konfliktmanagement und Mediation für den Betriebsrat*

Um einerseits selbst als Betriebsräte qualifiziert mit Arbeitsplatzkonflikten umgehen zu können, andererseits auch um die Qualität von Schulungsveranstaltungen beurteilen zu können, könnte Betriebsratsmitgliedern ein Anspruch auf Schulung zu den Themen Konfliktmanagement und Mediation zustehen. Ein Anspruch auf Teilnahme an einer solchen Schulung könnte sich aus § 37 Abs. 6 BetrVG ergeben. Danach sind Mitglieder des Betriebsrats für die Teilnahme an Schulungs- und Bildungsveranstaltungen ohne Minderung des Arbeitsentgelts von ihrer beruflichen Tätigkeit zu befreien, wenn und soweit diese Kenntnisse vermitteln, die für die Arbeit des Betriebsrats erforderlich sind.

Fraglich ist, ob Schulungen im Bereich Konfliktmanagement und Mediation Kenntnisse vermitteln, die für die Arbeit des Betriebsrats erforderlich sind. Dazu muss sich die Kenntnisvermittlung auf Gegenstände beziehen, die zu den Aufgaben des Betriebsrats gehören.[231] Dazu zählen v.a. rechtliche Kenntnisse sowie Kenntnisse der Betriebsorganisation.

Nach der Rechtsprechung des BAG ist die Vermittlung von Kenntnissen erforderlich, wenn diese unter Berücksichtigung der konkreten Verhältnisse im Betrieb und im Betriebsrat notwendig sind, damit der Betriebsrat seine gegenwärtigen oder in naher Zukunft anstehenden Aufgaben sach- und fachgerecht erfüllen kann.[232]

Unbestritten gehören zu den generell für die Betriebsratsarbeit erforderlichen Schulungsinhalten solche, die Betriebsräten Rechtskenntnisse im BetrVG und im Arbeitsrecht verschaffen.[233] Dies ergibt sich aus der Einbettung des Betriebsverfassungsrechts in das allgemeine Arbeitsrecht und aus der allgemeinen Überwachungspflicht des Betriebsrats nach § 80 Abs. 1 BetrVG.

---

230 Ausführlich zu den Voraussetzungen und Kriterien für eine Auswahlentscheidung FAKH 2002, § 98 Rz. 31 f.

231 Fitting u.a. 2002, § 37 Rz. 139; grundlegend: Däubler & Peter 1995.

232 StRspr. des BAG 9.10.1973 AP Nr. 4 zu § 37 BetrVG 1972; BAG 15.2.1995 AP Nr. 106 zu § 37 BetrVG 1972.

233 Fitting u.a. 2002, § 37 Rz. 143, 144.

Für den Themenbereich des Mobbing und für Rhetorik- und Verhandlungstrainings ist die Erforderlichkeit von Rechtsprechung und Literatur bislang überwiegend abgelehnt worden. Die rein theoretische Möglichkeit, dass eine bestimmte Frage einmal im Betrieb auftreten könne, reiche nicht aus, um die generelle Notwendigkeit solcher Schulungen zu begründen.

Nur bei Vorliegen besonderer Gründe sind nach Auffassung des BAG Schulungen über Gesprächs-, Diskussions- und Verhandlungsführung erforderlich i.S. des § 37 Abs. 6 BetrVG.[234] Seminare zum Thema Mobbing sind nach der Rechtsprechung des BAG nur dann erforderlich i.S. des § 37 Abs. 6 BetrVG, wenn eine konkrete betriebliche Mobbing-Konfliktlage dargelegt wird und der Betriebsrat das auf der Schulung vermittelte Wissen benötigt, um im Rahmen seiner gesetzlichen Aufgaben sich dieses Problems annehmen zu können.[235]

In der ersten veröffentlichten Entscheidung zur Frage der Erforderlichkeit der Teilnahme eines Personalratsmitglieds an einer Schulungsveranstaltung zum Thema "Mediation: Wie vermittle ich in Konfliktsituationen" kommt das OVG Berlin[236] zu dem Ergebnis, es fehle ein systematischer Bezug zur Durchführung der Aufgaben des Personalrates. Die Teilnahme an der Schulung sei daher nicht erforderlich im Sinne der §§ 42 Abs. 3, 40 Abs. 1 PersVG Berlin.

Hier wie auch in den BAG-Entscheidungen zur Erforderlichkeit von Mobbing- und von Verhandlungsführungs-Schulungen für den Betriebsrat zeigt sich die starke Rechte-Orientierung der Arbeitsgerichtsbarkeit, die für die Aufgabenerfüllung des Betriebsrats juristische Kenntnisse für zentral, aber auch für ausreichend hält. Dies entspricht weder den Praxisanforderungen an Betriebs- und Personalräte noch ihrer Aufgabenstellung. Da Konflikte in Betrieben zum Alltag gehören,[237] ist für den Betriebsrat die Kenntnis von Instrumenten eines adäquaten situativen Konfliktmanagements von großer Bedeutung. Hierzu bedarf es nicht erst eines konkreten Anlasses. Die effiziente Bearbeitung von Konflikten gehört für ein Betriebsratsmitglied genauso zu seinen Aufgaben, wie die Überwachung der Einhaltung der zugunsten der Arbeitnehmer geltenden Gesetze. Dies ergibt sich in Bezug auf kollektive Konfliktbearbeitung aus §§ 2 und

---

234 BAG 24.5.1995 AP Nr. 109 zu § 37 BetrVG. Dasselbe gilt für Seminare über Sprech- und Argumentationstechnik für Betriebsratsmitglieder, die hauptsächlich die Verhandlungen mit der Arbeitgeberseite führen; vgl. Fitting u.a. 2002 § 37 Rz. 153.

235 BAG 15.1.1997 AP Nr. 118 zu § 37 BetrVG 1972.

236 Urt. v. 23.9.1998; PersR 1999, 358-359.

237 Vgl. oben Kap. 2.

74 BetrVG. Für die Bearbeitung individueller Konflikte ist der Betriebsrat gem. § 85 BetrVG verpflichtet, sich adäquat mit Konflikten bzw. Beschwerden einzelner Arbeitnehmer zu befassen. Die Kenntnis von Verfahren und Interventionen des Konfliktmanagements ist für die Aufgabenerfüllung des Betriebsrats daher generell erforderlich.

6.5.6 Mitbestimmung bei der Einstellung von Konfliktmanagern oder der Auswahl von freiberuflichen Mediatoren

Weiterhin verfügt der Betriebsrat bei der Einstellung von hauptamtlichen Konfliktmanagern und Mediatoren über die ihm aus § 99 BetrVG zustehenden Mitbestimmungsrechte.

6.6 Installierung einer Stelle für Konfliktmanagement und Mediation beim Betriebsrat

Grundsätzlich könnte der Betriebsrat selbst eine Stelle für Konfliktmanagement installieren. Allerdings bestehen angesichts der weiteren Aufgaben des Betriebsrats als parteilicher Vertreter von Arbeitnehmerinteressen zum Wohle des Betriebs aus tatsächlichen Gründen starke Bedenken gegen ein solches Modell.[238]

Daneben kommt eine paritätische Beteiligung des Betriebsrats an einer gemeinsamen Stelle von Arbeitgeber und Betriebsrat auf der Grundlage von § 86 BetrVG als betrieblicher Beschwerdestelle in Betracht. Auch gegen eine solche Stelle bestehen aufgrund der Verfahrensgrundsätze der Mediation und den mit diesen kollidierenden Aufgaben von Beschwerdestellen aus tatsächlichen und rechtlichen Gründen Bedenken.

238 Dazu oben.

7 Zusammenfassung und Perspektiven für die Institutionalisierung und Gestaltung integrierter Konfliktmanagementsysteme

7.1 Zusammenfassung

Deutlich geworden sind Chancen und Vorteile der Implementierung konflikt- und betriebsnaher integrierter und miteinander vernetzter Formen des betrieblichen Konfliktmanagements in einem Integrierten Konfliktmanagementsystem. Dabei werden abgestuft u.a. je nach Konflikteskalationsstufe situativ die jeweils adäquaten eher interessen- oder eher rechte-orientierten Verfahren und Interventionen zur Anwendung gebracht. Traditionelle arbeitsrechtliche Verfahren werden damit ebenso wie die in Reinform bislang im arbeitsrechtlichen System Deutschlands unbekannte Mediation[1] und andere informelle Interventionen als "Werkzeuge" auf einem Kontinuum des betrieblichen Konfliktmanagements verstanden. Festgestellt wurde, dass im deutschen Arbeitsrechtssystem zweistufige Schlichtungsverfahren mit einer ersten Stufe, in der eine dritte Person vermittelt, und einer zweiten Stufe, in der dieselbe Person[2] entscheidet, ebenso wie Schlichtungsverfahren, in denen ein Dritter einen Entscheidungsvorschlag unterbreitet,[3] häufig anzutreffen sind.[4] Hiervon wurde Mediation mit den ihr inhärenten Verfahrensgrundsätzen abgegrenzt und insgesamt festgestellt, dass Mediation als interessen-orientiertes Verfahren im deutschen Arbeitsrecht eine Novität darstellt.

Die Untersuchung von Mediation im Kontext des traditionellen Arbeitsrechts ergab, dass die Anwendung betrieblicher Mediation sowohl in individuellen Streitigkeiten zwischen Arbeitnehmer und Arbeitgeber als auch zwischen Arbeitnehmern als auch in kollektiven Streitigkeiten zwischen Arbeitgeber und Betriebsrat oder zwischen Arbeitgeberverbänden und Gewerkschaften zulässig ist und kumulativ zu den traditionellen Verfahren angewendet werden kann. Die

1 Vgl. auch Zachert 2002 in seinem Bericht "conciliation, mediation and arbitrage jurisdiction in Germany" für die Europäische Kommission.

2 Bzw. bei der Güteverhandlung als vorsitzender Richter sich letztlich i.d.R. mit seiner Rechtsauffassung durchsetzt und mittelbar entscheidungsbefugt ist.

3 Bei der tariflichen Schlichtung.

4 Vgl. oben Kap.3; z.B. das Einigungsstellenverfahren und das arbeitsgerichtliche Güteverfahren.

Untersuchung möglicher Kollisionen mit bereits gesetzlich vorgeschriebenen Konfliktbearbeitungswegen ergab, dass für Ausbildungsstreitigkeiten nach § 111 Abs. 2 ArbGG, Schlichtungsverfahren nach § 28 f. ANErfG, Schiedsverfahren gem. § 101 Abs. 2 ArbGG, Beschwerdeverfahren nach §§ 84 und 85 BetrVG sowie erzwingbare Einigungsstellenverfahren gem. § 76 BetrVG eine Substitution durch Mediation de lege lata unzulässig ist. Keine rechtlichen Bedenken bestehen gegen eine kumulative Verbindung dieser Verfahren mit Mediation und anderen Interventionen im Rahmen eines Integrierten betrieblichen Konfliktmanagementsystems. Gerade aus sozialwissenschaftlicher und betriebswirtschaftlicher Sicht hat sich die stufenweise Verbindung einzelner Interventionen und Mediation sowie traditionellen arbeitsrechtlichen Verfahren zu einem abgestuften IKMS bewährt.

Erläutert wurde die Notwendigkeit einer betriebsbezogen Entwicklung eines IKMS unter Einbeziehung der jeweils vorhandenen Strukturen und traditionell verwendeten Verfahren. Dafür sind Kenntnisse und Erfahrungen der sozialwissenschaftlichen und sozialpsychologischen Organisationsentwicklung unabdingbar.

Im BetrVG ist keine abschließende Regelung enthalten, die den Betriebsrat zum alleinigen betrieblichen Konfliktmanager in allen Konfliktsituationen bestimmt. Vielmehr fehlt dem Betriebsrat die für die Durchführung einer betrieblichen Mediation sich aus den Verfahrensgrundsätzen der Mediation zwingend ergebende Allparteilichkeit.

Bei Verwendung von Mediationsklauseln in Arbeitsverträgen sind die Grundsätze des Verbraucherschutzes zu berücksichtigen. Der Rechtsweg zu den Arbeitsgerichten, insbesondere für die Geltendmachung tariflicher Ausschlussfristen oder die Geltendmachung von Klagefristen, darf durch Mediationsklauseln nicht ausgeschlossen oder erschwert werden.

Die Betriebspartner sind grundsätzlich aus § 75 Abs. 2 BetrVG sowie mit den sich aus der Umsetzung der Richtlinien 2000/78 EG vom 27.11.2000 und 2000/43/EG vom 29.6.2000[5] ergebenden Auswirkungen zur Einführung von Maß-

5 Und seit 23.9.2002 der Änderungsrichtlinie 2002/73/EG zur Gleichbehandlungsrichtlinie; ABl. EG Nr. L 269 v. 5.10.2002; vgl. Dötsch 2002, 505f., der feststellt, das Diskriminierungsverbot aus § 75 BetrVG werde "dem von den Richtlinien geforderten umfassenden Schutz der von ihnen betroffenen Personengruppen nicht gerecht."; Dötsch 2002, 506. Weiter hält er es für geboten, den Anwendungsbereich des BeschSchG "auf andere Formen der Belästigung auszudehnen und damit wirksamer als bisher allen Spielarten des Mobbing entgegenzuwirken."; Dötsch 2002, 508.

nahmen der Prävention von Diskriminierung verpflichtet. Dies beinhaltet allerdings keine unmittelbare Verpflichtung zur Einführung eines spezifische Konfliktmanagementsystems oder zur Einführung betrieblicher Mediation.

Die Untersuchung der Frage, an welchen Stellen sich Mediation in das traditionelle deutsche Arbeitsrechtssystem - insbesondere in individualrechtlichen Streitigkeiten zwischen Arbeitgeber und Arbeitnehmer - einfügen lassen könnte, ergab, dass sie als milderes Mittel in einem abgestuften Konfliktmanagementsystem v.a. im Vorfeld zu verhaltensbedingten Kündigungen ihren Platz finden könnte. Die Rechtsprechung des BAG zum "ultima-ratio-Prinzip" der Kündigung bietet Ansatzpunkte, die Durchführung einer Mediation als "vorletzte Chance" auch vor dem Ausspruch einer Abmahnung[6] zu fordern. Bei Streitigkeiten zwischen Arbeitnehmern oder bei der Forderung nach einer Druckkündigung könnte von der Rechtsprechung eine vorherige Verpflichtung des Arbeitgebers zum Angebot einer Mediation vor Ausspruch von Abmahnung oder Kündigung aufgestellt werden. In kollektivrechtlichen Streitigkeiten kann Mediation anstelle freiwilliger Einigungsstellen oder als Vorstufe zur erzwingbaren Einigungsstelle eingesetzt werden. Der Einsatz der Personen, die die Mediation durchgeführt haben in anschließenden Einigungsstellenverfahren ist aufgrund des Verstoßes gegen den Verfahrensgrundsatz der Verschwiegenheit des Dritten unzulässig.

Die Rahmenbedingungen für die Durchführung eines "ordentlichen" Mediationsverfahrens im Betrieb unterscheiden sich von denen in anderen Anwendungsfeldern. Zu berücksichtigen sind v.a. die strukturellen Ungleichheiten zwischen Arbeitgeber und Arbeitnehmer und damit verbunden die hierarchische Arbeitsteilung in Organisationen. Wirksame gegenseitige Verträge wie die Mediationsvereinbarung können nur geschlossen werden, wenn die Eigenverantwortung[7] der Vertragspartner gegeben ist. Bei ranggleichen Arbeitnehmern als Medianten ist dies i.d.R. vorauszusetzen. Für Streitigkeiten, an denen der Arbeitgeber bzw. seine Vertreter als Konfliktpartei beteiligt sind, müssen Rahmenbedingungen gewährleistet werden, die insbesondere die Eigenverantwortlichkeit der Arbeitnehmer für die Mediation sichern.

Für die Absicherung der Einhaltung der Verfahrensgrundsätze wurden die Verhaltensanforderungen und Schutzbedürfnisse aus Sicht der Arbeitnehmer als Medianten, des Mediators, des Arbeitgebers und des Betriebsrats geprüft.

---

6 Und unter bestimmten Voraussetzungen auch anstelle einer Abmahnung.

7 I.S. von Selbstbestimmung.

Für Arbeitnehmer ergibt sich eine unabdingbare Rechtsweggarantie zur Arbeitsgerichtsbarkeit aus dem Rechtsstaatsprinzip des Grundgesetzes[8] sowie im Rückschluss aus § 4 ArbGG. Der jederzeit mögliche sanktionslose Abbruch der Mediation zum Schutz der (relativen) Freiwilligkeit der Teilnahme an einer Mediation mit einem externen Mediator ergibt sich aus § 627 Abs. 1 BGB. Die Frage des Abbruchs einer Mediation mit einem internen Mediator ist nicht gesetzlich geregelt und müsste in einem Mediationsvertrag, einer Betriebsvereinbarung oder einem Tarifvertrag abgesichert werden. Dasselbe gilt für den Vertraulichkeitsschutz der Medianten untereinander[9] und gegenüber dem Arbeitgeber. Dies bezieht sich auch auf den Umgang mit schriftlichen Mediationsvereinbarungen, für die nur im Einzelfall und mit Einverständnis aller an einer Mediation teilnehmenden Arbeitnehmer ein Einsichtsrecht des Arbeitgebers vereinbart werden kann. Das Recht eines Arbeitnehmers auf Informationen sowie auf Unterstützung und Beratung in der Mediation ergibt sich aus §§ 84 BetrVG sowie aus dem allgemeinen Persönlichkeitsrecht.[10] Ein Benachteiligungsschutz einzelner Arbeitnehmer wegen der Teilnahme an einer Mediation und der dort geäußerten Beschwerden ist mit §§ 612a BGB, 84 Abs. 3 BetrVG i.V.m. Art. 5 GG ausreichend gesetzlich normiert.

Für den Einsatz externer Mediatoren oder interner Konfliktmanager und Konfliktlotsen liegen bislang keine spezifischen gesetzlichen Normierungen vor. Allerdings ergeben sich aus dem Verfahren der Mediation und seiner Struktur unabdingbare, für das Verfahren konstitutive Voraussetzungen.

Zur Absicherung der Allparteilichkeit von Mediatoren, Konfliktmanagern und Konfliktlotsen gilt das Verbot der Vertretung widerstreitender Interessen.[11] Doppelfunktionen zumindest in derselben Angelegenheit sind daher auszuschließen. Dies gilt z.B. für die Übernahme des Vorsitzes einer Einigungsstelle oder den Beisitz als Richter am Arbeitsgericht. Über den Konflikt entscheidende Vorgesetzte oder Mitarbeiter aus Personal- und Rechtsabteilung, die in der Angelegenheit über Entscheidungsbefugnisse und -pflichten verfügen, können deshalb und aufgrund fehlender Allparteilichkeit ebenfalls nicht als Mediatoren eingesetzt werden.[12] Dasselbe gilt für beratende Rechtsanwälte des Arbeitge-

8 Art. 20 Abs. 3 GG.

9 Zum Vertraulichkeitsschutz dem Mediator gegenüber s.u.

10 Art. 2 Abs. 1 i.V.m. Art. 1 Abs. 1 GG.

11 Wie es für anwaltliche Mediatoren in § 43a Abs. 4 BRAO geregelt ist.

12 Wegen der Vertretung widerstreitender Interessen der Medianten selbst sowie des Arbeitgebers bzw. des Betriebs als Ganzem.

bers oder des Betriebsrats.[13] Eine gesetzliche Regelung liegt nur für anwaltliche Mediatoren vor. Durch Betriebsvereinbarung oder Tarifvertrag sollte dies daher beim Einsatz interner Konfliktmanagern und -lotsen sowie beim über den Einzelfall hinausgehenden Einsatz von externen Mediatoren im Rahmen eines IKMS geregelt werden.[14]

Eine strafbewehrte Verschwiegenheitsverpflichtung ergibt sich für anwaltliche Mediatoren aus § 203 StGB i.V. mit §§ 43a Abs. 2 BRAO, 18 BORA. Für Berufspsychologen, Sozialarbeiter und Sozialpädagogen ergibt sich dasselbe aus § 203 StGB. Für anwaltliche Mediatoren ergibt sich darüber hinaus ein Zeugnisverweigerungsrecht in zivil- und arbeitsrechtlichen sowie in strafrechtlichen Verfahren aus §§ 46 Abs. 2 ArbGG, 380, 390 ZPO, §§ 51 und 70 StPO. Für Berufspsychologen, Sozialpädagogen und Sozialarbeiter ist lediglich ein gesetzliches Zeugnisverweigerungsrecht in Zivil- und Arbeitsgerichtsverfahren normiert.

Die Verschwiegenheitsverpflichtung von Mediatoren mit anderen erstberuflichen Hintergründen kann als selbstverständliche Nebenpflicht aus dem Rechtscharakter des Mediationsvertrages als Geschäftsbesorgungsvertrag abgeleitet werden. Ein Zeugnisverweigerungsrecht ergibt sich aus § 383 Abs.1 Zf. 6 ZPO, da Mediatoren als Inhaber sonstiger Ämter oder Funktionen gelten, die aus persönlichen Gründen ein Zeugnisverweigerungsrecht in Anspruch nehmen können. Dasselbe gilt für interne Konfliktmanager und -lotsen. Die Verschwiegenheitsverpflichtung gilt auch für den Umgang mit Protokollen und Aufzeichnungen sowie für die Mediationsvereinbarung.[15]

Keine rechtliche Normierung liegt für eine etwaige Verpflichtung des Mediators vor, im Mediationsverfahren individuelle Machtungleichgewichte auszugleichen und für tatsächliche Chancengleichheit zu sorgen. Allerdings kann eine Verpflichtung zum Hinweis auf externe (Rechts-)Beratungsmöglichkeiten aus den Verfahrensgrundsätzen der Mediation abgeleitet werden. Diese ist ggf. in Mediationsvertrag, Betriebsvereinbarung oder Tarifvertrag zu regeln.

Mediatoren haften grundsätzlich nur für die Einhaltung der Regeln der Mediationskunst, nicht für Ergebnisse der Mediation.[16] Eine Haftung von

---

13 Darauf weist auch Wrede 2002, 464 ausdrücklich hin.

14 Und wird damit für alle Mitarbeiter transparent.

15 Davon unberührt bleibt die für Anwaltmediatoren in § 50 BRAO normierte Pflicht zum Führen von Handakten.

16 Etwas anderes gilt nur, wenn ein Anwaltmediator zusätzlich damit beauftragt wird, die Inhalte einer stichwortartig ausgehandelten Vereinbarung rechtlich zu prüfen und vertraglich zu fixieren.

Mediatoren ist allerdings anzunehmen, wenn Medianten aufgrund fehlenden Hinweises vor Beginn einer Mediation Klagefristen oder tarifliche Ausschlussfristen versäumen.

Der Arbeitgeber hat für die Gewährleistung der Unabhängigkeit interner Konfliktmanager und -lotsen Sorge zu tragen. Für ihre Tätigkeit müssen sie frei von Weisungsverpflichtungen des Arbeitgebers sein. Zur Sicherung der Unabhängigkeit von Konfliktmanagern kann die Konstruktion anderer Beauftragtenstellen Vorbild sein. Gesetzliche Regelungen liegen nicht vor. Daneben ist der Arbeitgeber verpflichtet, Konfliktmanager und -lotsen in ihrer Tätigkeit vor Benachteiligungen zu schützen, wie z.B. Mitglieder der Einigungsstelle oder des Betriebsrats. Gesetzliche Regelungen hierzu liegen nicht vor. Auch für die Auswahl von Mediatoren, Konfliktmanagern und -lotsen treffen den Arbeitgeber Sorgfaltspflichten. Er hat sicherzustellen, dass die ausgewählten Personen fachlich und persönlich in der Lage sind, eine Mediation oder die jeweilige andere Intervention nach den Regeln der Kunst qualifiziert durchzuführen. U.U. kann der Arbeitgeber gem. §§ 242 und 134 BGB verpflichtet sein, auf die Geltendmachung von tariflichen Ansprüchen zu verzichten, wenn Arbeitnehmer wegen der Teilnahme an einer Mediation durch das Handeln des Arbeitgebers darüber getäuscht wurden, dass für die Geltendmachung von Ansprüchen ggf. eine Klageerhebung[17] erforderlich ist.

Der Betriebsrat hat ein Mitbestimmungsrecht bei der Einführung eines IKMS und dem generellen Angebot betrieblicher Mediation gem. § 87 Abs. 1 Zf. 1 und 7 BetrVG. Das Mitbestimmungsrecht beinhaltet ein Initiativrecht, das sich allerdings nicht auf eine kostenpflichtige Einführung eines bestimmten Konfliktmanagementsystems oder spezifischer Verfahren oder Interventionen bezieht. Gem. § 98 Abs. 6 BetrVG kann der Betriebsrat die Einführung von Schulungs- und Qualifizierungsprogrammen zum Thema Konfliktmanagement und Mediation initiieren. Das Mitbestimmungsrecht erstreckt sich gem. § 98 Abs. 5 BetrVG auch auf die Auswahl von Trainern und Beratern sowie gem. §§ 98 Abs. 5 i.V.m. 98 Abs. 3, 4 BetrVG die Teilnehmerauswahl. Der Betriebsrat kommt aufgrund fehlender Un- bzw. Allparteilichkeit und aufgrund des Verbots der Vertretung widerstreitender Interessen selbst i.d.R. nicht als Mediator in Betracht.[18]

17 Zumindest zur Fristwahrung.

18 Eine Ausnahme können Konflikte zwischen gleichgestellten Arbeitnehmern bilden, sofern das Betriebsratsmitglied nicht anschließend in anderen Verfahren Stellung beziehen muss. Auch hier hat der Betriebsrat aber das Wohl des gesamten Betriebs als eigenständiges Interesse, das u.U. seine Allparteilichkeit einschränkt.

7.2 Formen der Institutionalisierung innerbetrieblicher integrierter Konfliktmanagementsysteme

Für die konkrete betriebliche Institutionalisierung eines Integrierten Konfliktmanagementsystems kommen grundsätzlich drei unterschiedliche Modelle in Betracht.

7.2.1 *Einsatz von Ansprechpartnern ohne strukturelle, organisatorische Anbindung und ohne rechtliche Absicherung*

Bei einem informellen Einsatz von Ansprechpartnern für Konfliktsituationen - ohne strukturelle und organisatorische Anbindung und ohne rechtliche Regelung - handelt es sich nicht um Mediation i.e.S., sondern um eine einseitig durch den Arbeitgeber angebotene präventive Maßnahme des Konfliktmanagements.[19] Die einseitige Abschaffung solcher Angebote durch den Arbeitgeber ist jederzeit möglich.

7.2.2 *Anbindung von einzelnen Konfliktmanagern und/oder Konfliktlotsen an schon bestehende Stellen*

In Frage kommt zum einen die Anbindung bei traditionell beim Arbeitgeber angesiedelten Stellen, z.B. in der Personal-[20] oder der Rechtsabteilung. Zum anderen kann eine Stelle für Konfliktmanagement und Mediation beim Betriebsärztlichen Dienst, beim Betriebsrat oder durch Anknüpfung an schon bestehende paritätische "Clearingstellen"[21] oder Betriebliche Beschwerdestellen installiert werden. In Betracht kommt auch eine Erweiterung der Aufgaben von Vertrauensleuten und Sozialen Ansprechpartnern um die Funktion von Konfliktlotsen.[22]

Bei der Personal- oder Rechtsabteilung angesiedelte Stellen haben den Vorteil der Sach- und Inhaltsnähe. Sie sind allerdings Einrichtungen des Arbeitge-

19 Die nur mit Zustimmung des Betriebsrats möglich ist; s.o. Kap. 6.

20 Hier kommt auch die Abteilung Personalentwicklung und die Fortbildungsabteilung in Betracht.

21 Z.B. für Konflikte in Zusammenhang mit der Einführung von Zielvereinbarungen; vgl. Bauer & Diller & Göpfert 2002, 883.

22 Hierzu ist die rechtliche Absicherung der nebenamtlich eingesetzten Personen in Bezug auf die Einhaltung der Verfahrensgrundsätze der Mediation erforderlich.

bers und werden von Arbeitnehmern auch als solche wahrgenommen.[23] Um die Unabhängigkeit der Stelle von Weisungen des Arbeitgebers zu sichern, müssten die Befugnisse solcher Stellen durch Betriebsvereinbarung oder Tarifvertrag bindend festgelegt werden. Grundsätzlich ist von einer Implementierung beim Arbeitgeber v.a. bei Personal- oder Rechtsabteilung aufgrund der fehlenden "inneren" Allparteilichkeit und aufgrund der zu großen Gefahr einer "Rollenvermischung" mit entscheidenden und ermittelnden Funktionen abzuraten.[24]

Für eine Ansiedlung beim Betriebsärztlichen Dienst oder bei der Betrieblichen Sozialarbeit spricht ebenfalls deren Sachnähe. Gem. § 3 Abs. 1 ASiG haben Betriebsärzte die Aufgabe, den Arbeitgeber beim Arbeitsschutz und bei der Unfallverhütung in allen Fragen des Gesundheitsschutzes zu unterstützen. Sie haben dabei auch arbeitspsychologische Fragen zu berücksichtigen.[25] Unter Maßnahmen des Arbeitsschutzes fällt gem. § 2 Abs. 1 ArbSchG die Verhütung arbeitsbedingter Gesundheitsgefahren einschließlich Maßnahmen der menschengerechten Gestaltung der Arbeit. Auch die Prävention von Mobbing wird daher als Frage des betrieblichen Gesundheitsschutzes betrachtet.[26] Das Angebot von Konfliktmanagement und Mediation dient u.a. der Prävention von psychischen gesundheitlichen Beeinträchtigungen.[27] Für Betriebsärzte ist deren Unabhängigkeit und Verschwiegenheit gesetzlich geregelt.[28] Gegen die Zuordnung beim Betriebsarzt oder der Betrieblichen Sozialarbeit sprechen allerdings tatsächliche Gründe: zu befürchten ist eine "Pathologisierung" von Konflikten. Dies widerspricht dem oben dargestellten neueren Verständnis von Konfliktmanagement als Beitrag zur Steigerung von Arbeitseffizienz.[29]

Eine Verbindung käme auch mit den in der betrieblichen Praxis neuerdings häufiger anzutreffenden paritätisch von Arbeitgeber und Betriebsrat besetzten sog. Clearingstellen, z.B. für die Bearbeitung von Konflikten in Zusammenhang mit der Einführung von Zielvereinbarungen,[30] in Betracht. Der Aufgabenbereich solcher Clearingstellen könnte erweitert werden auf alle Konfliktfälle zwischen Arbeitgeber und Arbeitnehmer und zwischen Arbeitnehmern. Die Beisitzer der

23 Zumindest ohne einschränkende rechtliche Regelungen.
24 Anders Ponschab & Dendorfer 2002, s.o.
25 § 3 Abs. 1 Zf. 1 d. ASiG.
26 Wolmerath 2001, 262.
27 S.o. Kap. 6
28 §§§ 8 ASiG.
29 Vgl. oben Kap. 2.
30 Bauer & Diller & Göpfert 2002, 883.

Clearingstelle müssten in Grundlagen des Konfliktmanagements und der Mediation qualifiziert und eine die Verfahrensgrundsätze der Mediation sichernde Betriebsvereinbarung oder ein entsprechender Tarifvertrag abgeschlossen werden.

Gleiches kann für die in einigen Betrieben eingeführten sog. Sozialen Ansprechpartner[31] gelten. Hier wurden bereits Dienst- oder Betriebsvereinbarungen abgeschlossen, die die Unabhängigkeit und Verschwiegenheit der Sozialen Ansprechpartner absichern.

Problematisch ist allerdings - ebenso wie bei der Ansiedlung an den Betriebsärztlichen Dienst - die mögliche "Pathologisierung" von Personen, die in Konfliktsituationen einen Konfliktlotsen als Sozialen Ansprechpartner zu Rate oder zu Hilfe ziehen.

Die Ansiedlung bei von den Mitarbeitern gewählten betrieblichen oder gewerkschaftlichen Vertrauensleuten wäre eine weitere Möglichkeit der Implementierung. Hier könnten aus der Mitte der Vertrauensleute Mitarbeiter vorgeschlagen werden, die in den Grundsätzen von Konfliktmanagement und Mediation qualifiziert werden.[32] Vereinzelt vorgeschlagen wird, Mediation bei den Betrieblichen Beschwerdestellen auf der Grundlage von § 86 BetrVG anzusiedeln. Dafür spräche insbesondere die bereits gegebene gesetzliche Absicherung.[33] Dagegen spricht neben der Bezeichnung "Beschwerdestelle", durch die das Themenspektrum möglicher Konflikt-Konstellationen verengt wird, v.a. deren rechtliche Einengung auf die Aufgaben einer Einigungsstelle nach §§ 85 Abs. 2, 76 BetrVG. Neben der Vermittlung sind die Mitglieder der Beschwerdestelle verpflichtet, eigene Ermittlungen durchführen und mit Stimmenmehrheit über die Berechtigung von Beschwerden zu entscheiden.

Vorgeschlagen wird weiter, Mediation als genuine Aufgabe des Betriebsrats zu begreifen und das Angebot interner Mediation unmittelbar beim Betriebsrat anzusiedeln. Als Hauptargument führt Lembke[34] die schon vorhandene gesetzliche Absicherung wesentlicher Verfahrensgrundsätze der Mediation an. So seien die Grundsätze der Verschwiegenheit, Unabhängigkeit sowie der Schutz vor Benachteiligungen bereits vom Gesetzgeber geregelt. Wegen fehlender Unparteilichkeit eindeutig ausgeschlossen ist die Tätigkeit von Betriebsratsmitglie-

---

31 Z.B. bei den Unternehmen des RWE, bei den Landesministerien in NRW und deren nachgeordneten Dienststellen, z.B. den Polizeidienststellen.

32 Problematisch könnten ggf. fehlende persönliche Kompetenzen der vorgeschlagenen Vertrauensleute sein.

33 S.o. vgl. Lembke 2001, 232f.

34 Lembke 2002, 114f.

dern als Mediatoren in kollektiven Konflikten mit dem Arbeitgeber. Auch die Mediation von Konflikten zwischen Arbeitgeber und Arbeitnehmer, z.B. zwischen Vorgesetzten und Untergebenen, kommt aufgrund fehlender Allparteilichkeit von Betriebsräten nicht in Betracht.[35]

Infrage käme die Installierung eines Betriebsrats-Ausschusses mit hierfür qualifizierten Betriebsratsmitgliedern für die Bearbeitung von Konflikten zwischen Arbeitnehmern einer Hierarchiestufe oder Konflikte zwischen Arbeitsgruppen und Abteilungen.

Nachteil eines solchen Ausschusses ist allerdings seine begrenzte Zuständigkeit. Im Sinne einer Integration unterschiedlicher Stellen und Verfahren in einem IKMS erscheint eine zusätzliche Errichtung einer Stelle ohne Verbindung mit anderen nicht empfehlenswert.

7.2.3 Die Errichtung einer zusätzlichen Stelle für Konfliktmanagement und Mediation als "Screening-Stelle"

Grundsätzlich empfohlen werden kann - zumindest für große und mittlere Unternehmen - die Schaffung einer zusätzlichen unabhängigen und allparteilichen Stelle für Konfliktmanagement und Mediation. Diese kann zum einen als erste Ansprechstelle und Koordinationsstelle für unterschiedliche Interventionen und Verfahren des betrieblichen Konfliktmanagements und zum anderen der Vernetzung mit anderen inner- und außerbetrieblichen Stellen dienen. Daneben ist eine zusätzliche Stelle für die Koordination nebenamtlicher Konfliktlotsen[36] zuständig. Damit ist eine klare Trennung zu Ermittlungs- und Entscheidungsfunktionen anderer schon bestehender Stellen gewährt.

Festzulegen ist, ob es sich um eine von Arbeitgeber und Betriebsrat paritätisch getragene Stelle handeln soll, die mit unabhängigen Experten für Konfliktmanagement und Mediation besetzt wird,[37] aber, vergleichbar den Arbeitsschutzausschüssen gem. § 11 ASiG, durch einen Beirat beraten und begleitet wird. Zusätzliche Stellen sollten in Abstimmung zwischen Betriebsrat und Arbeitgeber mit gemeinsam ausgewählten Konfliktmanagementexperten besetzt werden.

---

35 Insbesondere würde der Betriebsrat durch das Allparteilichkeitsgebot seine eigene Kraft als Interessenvertreter schwächen.

36 Und für die Organisation von Fortbildungen und Supervision und die innerbetriebliche Öffentlichkeitsarbeit.

37 Und damit nicht unbedingt paritätisch durch Arbeitgeber und Betriebsrat selbst besetzt wird.

Eine paritätische Besetzung mit Vertretern von Arbeitgeber- und von Betriebsratsseite empfiehlt sich nur dann, wenn die delegierten Personen sowohl die persönlichen als auch die fachlichen Kompetenzen für die Durchführung von Konfliktanalysen mitbringen.

Insgesamt stehen, wie aufgezeigt, unterschiedliche Wege der Institutionalisierung einer Struktur für die unterschiedlichen Interventions- und Verfahrensangebote eines betrieblichen IKMS zur Verfügung. Die Entscheidung für eine Struktur hängt von den jeweiligen betrieblichen Erfordernissen und Rahmenbedingungen, insbesondere von einer klaren Ist-Analyse der bisherigen Konfliktbearbeitungskultur des Unternehmens ab. Bei der Entscheidung über die Form der Installierung im jeweiligen Betrieb ist das gemeinsame Beraten von Arbeitgeber und Betriebsrat nicht nur rechtlich geboten,[38] sondern v.a. aus inhaltlichen Gründen erforderlich.[39]

7.3 Institutionalisierung von Verfahren und Interventionen

Neben der strukturellen Implementierung eines IKMS ist die Frage nach den im jeweiligen Betrieb im Rahmen des IKMS anzubietenden traditionell arbeitsrechtlichen Verfahren und interessenorientierten Interventionen sowie ggf. deren stufenweise Verknüpfung miteinander zu beantworten. Auf der Grundlage der Ergebnisse einer betrieblichen Konfliktpotenzialanalyse mit Feststellung der "typischen" Konfliktfelder und -muster[40] werden präventiv Verfahrens- und Interventionswege festgelegt und in Form einer Betriebsvereinbarung oder eines Tarifvertrags normiert. Neben der dadurch gewährten Transparenz der Verfahrens- und Interventionswege und der rechtlichen Absicherung der Unabhängigkeit der in den Verfahren agierenden Dritten bietet diese präventive Festlegung von spezifischen Wegen des betrieblichen Konfliktmanagements einen wesentlichen Beitrag zur Vermeidung betriebswirtschaftlich[41] schädlicher

38 Gem. § 87 Abs. 1 Zf. 1 BetrVG mitbestimmungspflichtig.

39 Zu einer den Implementierungsprozess begleitenden Projektbegleitgruppe gehören darüber hinaus auch weitere betrieblich wichtige Akteure, s.o. Kap. 4.

40 Vgl. oben Kap. 4.

41 Und volkswirtschaftlich, wenn auch die gesellschaftlichen Folgekosten ungelöster Konflikte durch dauerhafte Erkrankungen, Frühverrentungen etc. einbezogen werden.

destruktiver Konflikteskalationen. Gleichzeitig könnte damit auch eine wesentliche Entlastung der Arbeitsgerichtsbarkeit einhergehen.

Entsprechend dem Ansatz, "maßgeschneiderte" betriebliche Integrierte Konfliktmanagementsysteme im Rahmen von Organisationsentwicklung zu entwickeln, sollen im folgenden lediglich beispielhaft Wege des Konfliktmanagements angedeutet werden.

Traditionell arbeitsrechtlich verankert ist für Betriebe mit oder ohne Betriebs- oder Personalrat die Möglichkeit,[42] sich ohne Angst vor Benachteiligungen bei zuständigen Stellen des Betriebes zu beschweren. Neben den dafür traditionell als zuständig geltenden unmittelbaren Vorgesetzten sollte ausdrücklich geregelt werden, dass eine Beschwerde auch bei jedem ranghöheren Vorgesetzten oder bei dafür explizit festgelegten Stellen des Arbeitgebers erhoben werden kann. Gilt allein der unmittelbare Vorgesetzte als zuständige Stelle, ist für Arbeitnehmer, die einen Konflikt mit dem unmittelbar Vorgesetzten haben, der Beschwerdeweg zunächst versperrt.[43] Die festgelegten zuständigen Stellen können entweder der Beschwerde unmittelbar abhelfen und selbst tätig werden, die Weiterleitung der Angelegenheit an andere Stellen empfehlen oder ggf.[44] auch selbst Kontakt zur Gegenseite aufnehmen, um ein erstes gemeinsames Gespräch in Gang zu setzen. Dafür ist eine Qualifizierung der zuständigen Stellen in Grundlagen der Konfliktbearbeitung unabdingbar.

Bislang wird in den wenigsten Betrieben ausdrücklich auf Beschwerdemöglichkeiten und -wege hingewiesen.[45] Es könnte sinnvoll sein, im Rahmen einer Betriebsvereinbarung über die Implementierung eines IKMS die individuelle Beschwerde als erste Stufe eines IKMS zu benennen und betriebsöffentlich zu machen.

In einer solchen Betriebsvereinbarung mit stufenweiser Regelung des präventiven Konfliktmanagements könnte auch eine freiwillige Verpflichtung des Arbeitgebers festgelegt werden, nach einer Beschwerde eines Arbeitnehmers bei einer zuständigen Stelle, wenn von dieser die Falleignung grundsätzlich bejaht wird, interne oder externe Mediation zur Verfügung zu stellen und ggf. konfliktbeteiligte Vorgesetzte zu verpflichten, sich an der Mediation zu beteiligen.

---

42 Vergleichbar der "Open Door Policy" in den USA.

43 Vgl. oben Kap. 3: erst nach vergeblicher Beschwerde beim Vorgesetzten kann nach h. M. der betriebsinterne "Instanzenweg" beschritten werden.

44 Mit Einverständnis des Beschwerdeführers.

45 Da, wie in Kap. 3 ausgeführt, das betriebliche Beschwerdewesen insgesamt ein Schattendasein fristet.

Neben der individuellen Beschwerde ist[46] parallel zur Mediation eine Beschwerde gem. § 85 Abs. 1 BetrVG an den Betriebsrat grundsätzlich zulässig. Geregelt werden sollte, dass die Einigungsstelle gem. § 85 Abs. 2 BetrVG erst nach Beendigung des Mediationsverfahrens und nur mit Bevollmächtigung des einzelnen Arbeitnehmers eingesetzt werden kann.[47] Damit stellt die Beschwerde nach § 84 BetrVG an den nächsthöheren Vorgesetzten oder weitere ranghöhere Vorgesetzte die erste Stufe eines IKMS dar. Danach folgt als zweite Stufe[48] die Weitervermittlung an andere betriebsinterne oder -externe Stellen, die einseitige Konfliktberatung oder die interne oder externe Mediation durch einen allparteilichen unabhängigen Dritten.

Aufgehoben werden sollte die bisherige Trennung in Beschwerdesysteme für Arbeitnehmer und für Leitende Angestellte. Ein Integriertes Konfliktmanagementsystem sollte für Arbeitnehmer, Leitende Angestellte, aber auch für Freie Mitarbeiter und andere Beschäftigte im Betrieb zugänglich sein.

Obgleich die Grundkonzeption des Beschwerdeverfahrens nach § 86 BetrVG mit der Installierung einer Betrieblichen Beschwerdestelle Elemente von "alternative dispute resolution" enthält, sprechen wichtige Gründe gegen diese Form der Institutionalisierung.[49]

Eine Betriebsvereinbarung oder ein Tarifvertrag nach § 86 BetrVG kann de lege lata lediglich die Einzelheiten des individuellen und des kollektiven Beschwerdeverfahrens nach §§ 84 und 85 BetrVG regeln. Die Einigungsstelle kann dabei durch die Betriebliche Beschwerdestelle nach Satz 2 ersetzt werden. Diese kann dann aber nur für Beschwerden nach § 85 Abs. 2 BetrVG zuständig sein.[50] Dies schließt das Angebot von Mediation oder die Weitervermittlung an andere - ggf. besser geeignete Stellen - grundsätzlich aus. Die betriebliche

46 Als "Open Door Policy".

47 Das kollektive Beschwerdeverfahren kann auf Wunsch des Arbeitnehmers jederzeit wieder abgebrochen werden, auch ohne dass der Beschwerdeführer seine Beschwerde grundsätzlich zurücknimmt. Dies ist zulässig, da dem Arbeitnehmer damit nicht das Beschwerderecht des § 85 BetrVG insgesamt entzogen wird. Die Begrenzung der Einleitung eines kollektiven Beschwerdeverfahrens erst nach Abschluss des individuellen ist nach h.M. möglich; vgl. oben Kap.3 und 5.

48 Je nach Art des Konflikts und nach Betriebsgröße.

49 Vorgeschlagen wird die Implementierung eines IKMS auf der Grundlage von § 86 Abs. 1 BetrVG; vgl. Lembke 2001, 232ff.

50 So jedenfalls die bisher h.M. in der Literatur; s.o. Kap. 3. Vgl. auch Fitting 2002, § 86 Rz. 4.

Beschwerdestelle ist zu einer Entscheidung über die stellvertretende Beschwerde des Betriebsrats verpflichtet.

Im Gegensatz zu Mediation und Konfliktberatung, Supervision und Coaching ist ein traditionelles Beschwerdeverfahren ein betriebsjustizielles Verfahren, das zwischen "Tätern" und "Opfern" differenziert. Dagegen geht das Leitbild der Mediation davon aus, dass Konflikte aufgrund unterschiedlicher Wahrnehmungen und Konstruktionen ein und derselben Situation entstehen.[51] Diesem systemischen Verständnis widerspricht die starre Zuordnung in Beschwerdegegner als "Täter" und Beschwertem als "Opfer". Ziel eines Beschwerdeverfahrens ist die Feststellung ihrer Berechtigung. Es soll festgestellt werden, ob der Beschwerdeführer "Recht" hatte. Auch dies widerspricht dem systemischen und prozesshaften Wesen von Mediation. Im kollektiven Beschwerdeverfahren nach § 85 BetrVG wird der Betriebsrat zunächst als Ermittler tätig. Er hat die Berechtigung und Verpflichtung, die Beschwerde zu prüfen. Auch diese staatsanwaltsähnliche Funktion kollidiert mit den Grundprinzipien und Verfahrensgrundsätzen der Mediation.

Darüber hinaus ist der Betriebsrat in Verfahren nach § 85 Abs. 2 BetrVG Stellvertreter des Beschwerdeführers und damit Konfliktpartei gegenüber dem Arbeitgeber. Die dem Betriebsrat aufgrunddessen fehlende Allparteilichkeit schließt seine Mediatorenfunktion in kollektiven Beschwerdeverfahren grundsätzlich aus. Im Gegensatz zu einer Mediation nimmt an einem Beschwerdeverfahren nach § 85 BetrVG in der Regel keiner der Konfliktpartner persönlich teil. Verhandlungspartner sind Arbeitgeber und Betriebsrat. Diese Stellvertretung der eigentlich am Konflikt Beteiligten durch den Betriebsrat widerspricht dem Grundgedanken der eigenverantwortlichen Konfliktbearbeitung und Lösungsfindung, dem wesentlichsten Verfahrensgrundsatz der Mediation.

Letztlich sprechen gegen eine Institutionalisierung von Mediation in einem IKMS über § 86 BetrVG gerade die negativen bisherigen Erfahrungen mit dem "Schattendasein" des Beschwerdeverfahrens. Auch die begriffliche Anbindung durch Benennung eines "Beschwerdebeauftragten"[52] führt in die falsche Richtung.

Grundsätzlich gilt für alle Arten der innerbetrieblichen Institutionalisierung adäquater Verfahren und Interventionen i.R. eines IKMS die Berücksichtigung der klaren Trennung zwischen vermittelnden auf der einen und ermittelnden

---

51 S.o. Kap. 2 m.w.N.

52 gl. Lembke 2001, 232.

und entscheidenden Verfahren auf der anderen Seite. Neben der Gewährleistung der Unabhängigkeit der Dritten und der jeweiligen Verfahrensgrundsätze bildet die Qualifizierung von Konfliktmanagern, Konfliktlotsen und Mediatoren die Voraussetzung für das Funktionieren eines IKMS.

7.4 Rechtliche Absicherung und Gestaltungsmöglichkeiten für ein IKMS

Zwar ist eine informelle Einführung von Stellen und Verfahren des Konfliktmanagements grundsätzlich[53] möglich. Aus Gründen der Verfahrenssicherheit und des Arbeitnehmerschutzes ist die rechtliche Absicherung des IKMS durch Betriebsvereinbarung, Tarifvertrag und ggf. gesetzliche Regelungen vorzunehmen. Dies dient darüber hinaus auch der innerbetrieblichen Transparenz über Struktur und Verfahren und Interventionen des IKMS.

7.4.1 Regelung durch Betriebsvereinbarung

Die Absicherung der Grundprinzipien und Verfahrensgrundsätze der Mediation und die Absicherung von Dritten sowie Teilnehmern an Verfahren des adäquaten Konfliktmanagements könnte sowohl in Form von freiwilligen Betriebsvereinbarungen gem. § 88 BetrVG als auch auf Grundlage einer erzwingbaren Betriebsvereinbarung gem. § 87 Abs. 2 BetrVG erfolgen.

Betriebsvereinbarungen sind das durch schriftliche Vereinbarung zwischen Arbeitgeber und Betriebsrat geschaffene "Gesetz" des Betriebs.[54] Sie dienen der generellen Regelung der betrieblichen und betriebsverfassungsrechtlichen Ordnung sowie der Gestaltung der individuellen Rechtsbeziehungen zwischen Arbeitgeber und Arbeitnehmer. Betriebsvereinbarungen ersetzen sowohl betriebliche Maßnahmen, die sonst der Arbeitgeber kraft Direktionsrechts allein treffen könnte und die nun vor ihrer Durchführung der Beteiligung des Betriebsrats unterliegen, und regeln zum anderen materielle Arbeitsbedingungen, die bei Fehlen einer kollektiven Regelung einzelvertraglich vereinbart werden müssten.[55]

Betriebsrat und Arbeitgeber verfügen über eine umfassende Regelungskompetenz. Diese wird begrenzt durch den Tarifvorrang des § 77 Abs. 3

53 In Betrieben mit Betriebsrat nur mit Einverständnis desselben.

54 Fitting 2002, § 77 Rz. 12.

55 Fitting 2002, § 77 Rz. 12.

BetrVG.[56] Bislang wird der Einsatz von außerbetrieblicher Mediation nicht in Tarifverträgen geregelt. Daher ist eine Tarifüblichkeit i.S. der §§ 87 und 88 BetrVG nicht gegeben.

Durch freiwillige Betriebsvereinbarungen gem. § 88 BetrVG können insbesondere zusätzliche Maßnahmen zur Verhütung von Arbeitsunfällen und Gesundheitsschädigungen,[57] Maßnahmen zur Integration ausländischer Arbeitnehmer sowie zur Bekämpfung von Rassismus und Fremdenfeindlichkeit im Betrieb[58] geregelt werden. Damit gibt § 88 Beispiele für denkbare freiwillige Betriebsvereinbarungen, enthält aber keine abschließende Aufzählung der regelbaren Gegenstände.[59]

Daneben steht dem Betriebsrat in Bezug auf die Einführung eines Integrierten Konfliktmanagements unter Einsatz von Mediation grundsätzlich ein Mitbestimmungsrecht gem. § 87 Abs. 1 Zf. 1 BetrVG zu.[60] Seine Grenze findet das Initiativrecht des Betriebsrats bei der Verpflichtung des Arbeitgebers zu kostenpflichtigen spezifischen Maßnahmen des Konfliktmanagements.[61] Die Einführung freiwilliger Leistungen kann vom Betriebsrat mit Hilfe des Initiativrechts nicht durchgesetzt werden.[62] Auf dem Wege einer erzwingbaren Betriebsvereinbarung auf Initiative des Betriebsrats kann auch eine kostenverursachende Einführung von außerbetrieblicher Mediation nicht durchgesetzt werden.

Auch Verhaltensstandards für Konfliktparteien, Konfliktmanager und Konfliktlotsen sowie für Arbeitgeber und Betriebsrat können in einer Betriebsvereinbarung geregelt werden. Sie gelten damit unmittelbar und zwingend für alle Betriebsangehörigen. Gleichzeitig können die in Kapitel 6 vorgestellten unabdingbaren Verfahrensgrundsätze der Mediation in einer Betriebsvereinbarung abgesichert werden.[63]

---

56 Gem. § 77 Abs. 3 BetrVG können Arbeitsentgelte und sonstige Arbeitsbedingungen, die durch Tarifvertrag geregelt sind oder üblicherweise geregelt werden, nicht Gegenstand einer Betriebsvereinbarung sein. Dies gilt nicht, wenn ein Tarifvertrag den Beschluss ergänzender Betriebsvereinbarungen ausdrücklich zulässt.

57 Ziffer 1.

58 Ziffer 4.

59 Hanau & Kania in ErfKomm 2001, § 88 BetrVG Rz.1; Fitting 2002 § 88 Rz. 2.

60 S.o. Kap. 6.

61 Z.B. der Neu-Einstellung von Konfliktmanagern oder das Angebot eines innerbetrieblichen Trainings.

62 Fitting § 87 Rz. 558, 435 f.

63 Vgl. als Beispiel für eine Dienstvereinbarung zum Einsatz von Konfliktlotsen: Dienstvereinbarung für die Stadt Kerpen; Anhang Nr. 2.

7.4.2 *Regelung durch Tarifvertrag*

Die Einführung und Gestaltung eines IKMS unter Einführung interner und externer Mediation kann außerdem mittels Tarifvertrag geschehen. Auf der Grundlage von Art. 9 GG haben die Tarifvertragsparteien das Recht, die Arbeits- und Wirtschaftsbedingungen zu regeln. Die Tarifvertragsparteien bestimmen autonom, ob und für welche Mitglieder sie tarifliche Regelungen schaffen.[64] Bei der Vereinbarung eines IKMS mit der Einführung von Mediation handelt es sich um eine sog. Betriebsnorm. Betriebsnormen regeln das betriebliche Rechtsverhältnis zwischen Arbeitgeber und Belegschaft.[65] Gem. § 3 Abs. 2 gelten Rechtsnormen über betriebliche Fragen für alle Betriebe, deren Arbeitgeber tarifgebunden ist;[66] die Geltung für nicht-organisierte Arbeitnehmer ist durch Einbeziehung von sog. Außenseitern in eine tarifliche Regelung möglich.

Für die Einführung maßgeschneiderter betrieblicher IKMS könnte eine tarifliche Öffnungsklausel vereinbart werden. Dabei können die Tarifvertragsparteien dispositives Recht setzen, indem abweichende oder ergänzende Regelungen durch andere Tarifverträge,[67] Betriebsvereinbarungen und Individualabreden gestattet werden. Durch Tariföffnungsklauseln für Betriebsvereinbarungen wird die Regelungssperre nach § 77 Abs. 3 BetrVG beseitigt.[68]

Tarifverträge zur Einführung innerbetrieblicher Konfliktmanagementsysteme oder zur Implementierung von Mediation liegen in der Praxis bislang nicht vor. Ihr Abschluss bietet die Möglichkeit, interessenorientiertes Konfliktmanagement

---

64 Schaub in ErfKomm § 1 TVG Rz. 127: dabei muss dem Gleichheitssatz und der Gleichberechtigung Rechnung getragen werden.

65 Schaub in ErfKomm 2001§ 1 TVG Rz. 111.

66 Die Rechtsetzungsmacht der Tarifvertragspartner für Außenseiter ist stark umstritten. Nach BAG-Rechtsprechung wurde der Bereich der Betriebsnormen daher eingegrenzt; Schaub in ErfKomm 2001, § 1 TVG Rz. 112. Haben die Tarifpartner beabsichtigt, dass Außenseiter durch die Regelung erfasst werden, ist zu prüfen, ob für die Nicht-Organisierten die Betriebsnormen günstiger als die arbeitsvertraglichen sind; Schaub in ErfKomm 2001, § 1 TVG Rz. 112.

67 Z.B. Haustarifverträge. Zulässig wäre demnach auch ein Tarifvertrag, der Mediation als generelles Vorverfahren vor Einigungsstellen und vor Beschlussverfahren vorschreibt, aber abweichende Regelungen durch Haustarifvertrag oder Betriebsvereinbarung zulässt. Auch für die individualrechtliche Konfliktbearbeitung kann ein Tarifvertrag Reglungen treffen, sofern eine Öffnungsklausel die Anpassung an die jeweiligen betrieblichen Verhältnisse zulässt.

68 Schaub in ErfKomm 2001, § 4 TVG Rz. 48.

branchenweit einzuführen und bekannt zu machen.[69] Für die Tarifpartner besteht hier z.B. die Möglichkeit, gemeinsam Listen von externen Mediatoren zur Verfügung zu stellen und auf die Besetzung von innerbetrieblichen Stellen Einfluss zu üben.

7.4.3 Regelung durch Gesetz

In vielen Ländern wurden bereits Mediationsgesetze verabschiedet, um die Verfahrensgrundsätze der Mediation abzusichern.[70] Im Nachbarland Österreich[71] liegt ein Gesetzentwurf zur Sicherung der Mediation vor. Die Europäische Kommission leistet in ihrem "Grünbuch ADR" Vorarbeiten für eine europarechtliche Normierung der Mediation. Die Generaldirektion Beschäftigung und Soziale Sicherheit der Europäischen Kommission hat 2002 eine Erhebung zum Thema "Conciliation, Mediation and Arbitrage Jurisdiction"[72] in den EU-Mitgliedsstaaten durchgeführt, an die sich ggf. weitere Normierungsbestrebungen anschließen.[73] In Deutschland ist die Frage der Notwendigkeit gesetzlicher Regulierung der Mediation[74] umstritten.

Zu differenzieren ist zwischen der Frage der Absicherung der Verfahrensgrundsätze der Mediation, der staatlichen Normierung der Zugangsvoraussetzungen zur Ausübung des Berufs des Mediators[75] und der Normierung der gesetzlichen Förderung der Inanspruchnahme von Mediation.[76]

---

69 Zu erwägen wäre vor einer generellen tariflichen branchenweiten Einführung eine befristete Laufzeit und ggf. die Vereinbarung von Pilotunternehmen, deren Erfahrungen evaluiert werden.

70 So z.B. 2002 der Uniform Mediation Act in den USA, s.o. Kap. 2.

71 Dessen Arbeitsrecht mit dem deutschen vergleichbar ist; vgl. Aigner 2002. - Das Gesetz ist am 29.4.2003 vom Nationalrat verabschiedet worden.

72 Zachert 2002 für Deutschland.

73 In der Diskussion ist die Etablierung einer europäischen Institution für Mediation, Schlichtung und Schiedsverfahren für die Sozialpartner bei Streitigkeiten z.B. zwischen Euro-Betriebsräten. S. auch Zachert 2002.

74 Insgesamt, nicht spezifisch auf die betriebliche Mediation bezogen.

75 Vgl. Goll 2002, 146, der die gesetzliche Normierung von Mediations-Ausbildungsordnungen für verfrüht hält.

76 Z.B. als obligatorisches Vorverfahren, als Förderung der gerichtsnahen Mediation durch die Richterschaft; vgl. Bericht des Fachausschusses Mediation, abrufbar über www.mediate.de; Goll 2002, 144 f.; Zilleßen 2002, 147 f.

7.4.3.1 Gesetzliche Absicherung des Mediationsverfahrens

Nicht erforderlich ist die gesetzliche Regelung des Mediationsverfahrens selbst i.S. einer starren Mediationsordnung, wie sie z.T. von Verbänden[77] und Institutionen[78] vorgelegt werden. Einer solchen Normierungsbestrebung wird zu Recht vorgeworfen, sie trage zur Erstarrung des flexiblen und offenen Ansatzes der Mediation bei und führe durch die starke Rechte-Orientierung der Verfahrensordnungen letztlich zu einer ähnlichen Entwicklung wie die der Schiedsgerichtsbarkeit, das immer seltener in Anspruch genommen werde.[79]

Als Ergebnis der vorliegenden Arbeit kann jedoch festgehalten werden, dass gesetzlicher Regelungsbedarf insbesondere für die Sicherung der Verschwiegenheit von Medianten und internen Dritten, evtl. für die Gewährung eines Zeugnisverweigerungsrechts im Arbeits- und Zivilrechtsverfahren[80] für Nicht-Anwälte sowie in Bezug auf den Umgang mit Mediationsvereinbarungen[81] besteht. Hier bietet sich eine Ergänzung von § 79 Abs. 2 BetrVG an. Neben den Mitgliedern von Einigungsstellen und von betrieblichen Beschwerdestellen gem. § 86 BetrVG könnte in § 79 Abs. 2 nach "betrieblichen Beschwerdestellen oder sonstigen Stellen des Betrieblichen Konfliktmanagements" angefügt werden. Auch § 120 BetrVG, in dem die Strafbewehrung bei Verletzung von Geheimnissen geregelt wird, sollte entsprechend verändert werden. Nach Zf. 3b könnte eine Ziffer 3c angefügt werden, in der es heißt: "Konfliktmanager oder anderer im Rahmen des Konfliktmanagements eingesetzter Dritter."

Ist die Verschwiegenheitsverpflichtung gesetzlich geregelt, besteht kein weiterer Zweifel über die Frage, dass gem. § 383 Abs. 1 Zf. 6 ZPO Mediatoren, Konfliktmanagern und Konfliktlotsen ein Zeugnisverweigerungsrechts aus persönlichen Gründen in Zivil- und Arbeitsrechtsverfahren zusteht, da sie Träger sonstiger Ämter oder Funktionen sind.[82]

---

77 So die Ordnungen der Gesellschaft für Wirtschaftsmediation und Konfliktmanagement e.V. und des Bundesverbandes für Mediation in Wirtschaft und Arbeitswelt e.V.

78 So z.B. die Mediationsordnung der Hamburger Handelskammer.

79 Gottwald 1999, 645f.,

80 ähnlich dem von Rechtsanwälten

81 Frage der Geheimhaltung oder Aufnahme in Personalakten. Vgl. oben Kap. 6

82 Vgl. oben Kap. 6. Schon jetzt ist nach Zöller 202 § 383 Rz. 20 davon auszugehen, dass Mediatoren als Träger sonstiger Ämter und Funktionen zu gelten haben.

Regelungen zum Schutz der Unabhängigkeit von Mediatoren, zum Verbot der Vertretung widerstreitender Interessen durch Übernahme von Doppelfunktionen, die Hinweispflicht des Mediators auf rechtliche Beratungsangebote außerhalb der Mediation, das Recht auf jederzeitigen Abbruch einer internen Mediation, ein Benachteiligungsverbot für Konfliktmanager und Konfliktlotsen sowie die Verpflichtung des Arbeitgebers, qualifizierte Dritte auszuwählen bzw. entsprechende Qualifizierungsangebote zu unterbreiten, sollte durch Betriebsvereinbarung oder Tarifvertrag geregelt werden. Hier können Betriebsräte i.R. von § 87 Abs. 1 Zf. 1 für eine rechtliche Absicherung der Mediation und des IKMS im Sinne des Schutzes der Arbeitnehmer als Verbraucher initiativ werden. Angesichts des noch geringen Verbreitungsgrads der betrieblichen Mediation zum jetzigen Zeitpunkt sollte von einer gesetzlichen Normierung abgesehen werden. Sollten sich in der Praxis jedoch Schwachstellen zeigen, könnten gesetzliche Regelungen erforderlich werden.

7.4.3.2 Gesetzliche Regelung der Qualitätssicherung

Die Anwendung interessenorientierter Verfahren, v.a. der Mediation, ist mehr als die Durchführung rechte-orientierter Verfahren, abhängig von Haltung und persönlichen Kompetenzen des Dritten. Daher kommt der Frage der Qualitätssicherung eines IKMS durch Einsatz qualifizierter Dritter eine wichtige Bedeutung zu. Die Frage der Regelung der Qualitätssicherung durch den Gesetzgeber ist in Deutschland auch in Zusammenhang mit den geplanten Anhörungen zum ADR-Grünbuch der Europäischen Kommmission ein umstrittenes Thema. Neuere Entwicklungen im Bereich der Fortbildung zum "Wirtschaftsmediator" oder zum "Mediator in Unternehmen" weisen auf einen "Ausbildungsboom"[83] hin. Diesem ist die praktische Anwendung der Mediation in Betrieben nicht in nennenswertem Umfang gefolgt.[84] Angesichts der Unüberschaubarkeit der Angebote und der unterschiedlichen Zertifizierungsvorstellungen der zahlreichen Verbände für Wirtschaftsmediatoren könnte daher ein Bedarf nach staatlicher Regulierung bestehen. Von Befürwortern der Normierung wird insbesondere die Erforderlichkeit der Zulassung zur Anwaltschaft für die Ausübung der Mediation gefordert. Für andere Berufsgruppen sei schon aufgrund der

---

83 Dies lässt sich z.B. durch Verfolgen der "Chancen"-Seiten der Wochenzeitschrift "DIE ZEIT" belegen, wo wöchentlich ein bis zwei neue Ausbildungsinstitute für ihre (Wirtschafts-)Mediationsausbildung werben

84 So auch Prütting 2002, 965.

Vorschriften des Rechtsberatungsgesetzes kein Raum,[85] Mediation sei "Anwaltssache".[86] Für zur Rechtsanwaltschaft zugelassene Mediatoren liefere die Berufsordnung und die BRAO die weiter erforderlichen Zugangsregulierungen.[87] Dagegen wird v.a. von nicht-juristischen Mediatoren eingewendet, staatliche Zugangsbarrieren zum Beruf des Mediators, insbesondere die Begrenzung auf Rechtsanwälte, ließe die kreativen und innovativen Kompetenzen anderer Berufsgruppen unberücksichtigt.[88] Von Berufspsychologen wird juristischen Mediatoren die mangelnde Kompetenz im Umgang mit Emotionen in der Mediation vorgeworfen und Mediation als typische Ausübung des Psychologenberufs verstanden. [89]

Nicht für alle Anwendungsbereiche der Mediation sind dieselben Kompetenzen erforderlich.[90] Im betrieblichen Bereich liegen bislang noch zu wenig Praxiserfahrungen und empirische Forschungsergebnisse vor, um festzulegen, welche Kompetenzen betriebliche Mediatoren benötigen. Als Ergebnis der vorliegenden Arbeit ist allerdings zu fordern, dass nicht-juristische betriebliche Mediatoren, Konfliktmanager und Konfliktlotsen im Rahmen ihrer Qualifizierung Grundkenntnisse im Arbeitsrecht erwerben. Sie müssen in der Lage sein, die Grenzen des eigenen Einsatzes zu erkennen, rechtzeitig auf das Einholen externen rechtlichen Rats hinwirken und ggf. die Übernahme einer Mediation ablehnen, um rechtliche Nachteile für die Medianten als Mediationsverbraucher abzuwenden.[91]

---

85 So im Ergebnis Henssler 2002.

86 So der Titel einer Veranstaltung auf dem 48. Deutschen Anwaltstag 1998; dazu Henssler 2002.

87 Gem. dem neu in die BORA eingefügten § 7a ist für Rechtsanwälte die Erlaubnis, sich Mediator zu nennen, abhängig vom Nachweis einer "geeigneten" Ausbildung. Die Satzungsversammlung der Bundesrechtsanwaltskammer hat allerdings offen gelassen, was hierunter zu verstehen ist.

88 Vgl. Zilleßen 2002, 147, der sich aus diesem Grunde gegen eine gesetzliche Normierung von Mediationsstandards ausspricht.

89 So Montada & Kals 2001.

90 So nimmt in der Ausbildungsordnung der Bundesarbeitsgemeinschaft für Familienmediation der Umgang mit Kindern im Sorgerechtsverfahren in der Mediation einen breiten Raum ein.

91 Im Gegensatz dazu hält Zilleßen 2002 im Bereich der Wirtschaftsmediation, unter die er auch betriebliche Mediation fasst, Regulierungen für überflüssig. In den wenigsten der neuen "Wirtschaftsmediationsausbildungen" ist die Vermittlung arbeitsrechtlicher Grundkenntnisse, z.B. der Umgang mit Klagefristen, die Frage der Kollision mit anderen Verfahren, Rechtsformzwänge, der Umgang mit Mediationsvereinbarungen

Die Frage einer Zertifizierung für betriebliche Mediatoren durch Staat oder Verbände[92] wird derzeit im Anschluss an die nationalen Stellungnahmen zum Grünbuch ADR[93] diskutiert und von dort ggf. weiterentwickelt. Für die Qualitätssicherung von IKMS und betrieblicher Mediation ist die Beteiligung der Arbeitgeberverbände und Gewerkschaften von wesentlicher Bedeutung. Vorstellbar wäre z.B. die Verabschiedung gemeinsamer Leitlinien für die Qualifizierung betrieblicher Konfliktmanager, Konfliktlotsen und Mediatoren durch Gewerkschaften und Arbeitgeberverbände.[94] Gemeinsam könnten auch Gütesiegel vergeben werden und Leitlinien für ein Zertifizierungsverfahren festgelegt werden. Möglich wäre darüber hinaus, der Zusammenschluss von betrieblichen Konfliktmanagern, Konfliktlotsen und Mediatoren zu einem einheitlichen Verband.[95] Eine einheitliche gesetzliche Regelung würde sich dann erübrigen.

7.4.3.3 Gesetzliche Förderung der Mediation

Weiter stellt sich die Frage, inwieweit der Gesetzgeber die Inanspruchnahme von Mediation und die Implementierung von IKMS in Betrieben durch gesetzgeberische Maßnahmen fördern sollte.

Auch in den USA fand der Durchbruch der Anwendung von betrieblicher Mediation und die Verbreitung der Implementierung von IKMS in Behörden

etc. im Lehrplan enthalten. Es steht zu befürchten, dass durch schlecht qualifizierte Konfliktmanager und Mediatoren das Verfahren insgesamt in Verruf gerät und dem Missbrauch von Mediation als Mittel, Arbeitnehmer auf "sanfte Weise" unter Umgehung des Kündigungsschutzes zu entlassen, Tür und Tor geöffnet wird.

92 Ein einheitliches Vorgehen der unterschiedlichen auf dem Gebiet der betrieblichen Mediation tätigen Verbände ist in Deutschland nicht ersichtlich. Jeder Verband zertifiziert nur die von den je eigenen Mitgliedern ausgebildeten Mediatoren nach unterschiedlichen Kriterien. Selten verfügen die Mitglieder der Ausbildungskommissionen selbst über ausgeprägte Praxiserfahrung im betrieblichen Bereich.

93 Bezogen auf den gesamten Bereich der Wirtschaftsmediation wird dort gefragt, ob "es nicht notwendig ist, die Beteiligten dazu anzuhalten, die Umsetzung dieser Initiativen durch Dritte stärker zu kontrollieren und Gütesiegel (sog. Trustmarks) und Zertifizierungsverfahren einzuführen." Die Förderung solcher Selbstregulierungsinitiativen könne das Vertrauen in die alternative Streitbeilegung stärken, ohne dass ihre Anpassungsfähigkeit und Attraktivität darunter leide, und den Rückgriff auf weniger flexible Verfahren der öffentlichen Gewalt vermeiden helfen."; Grünbuch ADR 2002, 30.

94 Vergleichbar den Regelungen zum Sozialen Dialog auf EU-Ebene.

95 Ähnlich dem US-amerikanischen TOA - The Ombudsman Association -, der für seine Mitglieder strenge Qualitätskriterien zugrundelegt.

erst durch gesetzliche Verpflichtungen statt. Solange die relative Freiwilligkeit der Mediation gewahrt bleibt, spricht nichts gegen eine obligatorische Einführung von Mediation im Betrieb. Dabei sind betriebliche von gerichtsnahen gesetzlichen Förderungsmaßnahmen zu unterscheiden. Die Förderung innerbetrieblicher Mediation i.R. von IKMS könnte eine explizite Verankerung in § 80 Abs. 1 BetrVG darstellen. In Ziffer 9 könnte ergänzt werden: (Aufgabe des Betriebsrats ist es) "Maßnahmen des Konfliktmanagements (...) zu fördern."

Eine Erleichterung für die Anwendung betrieblicher Mediation wäre die Verpflichtung des Arbeitgebers zur Übernahme von Mediationskosten. Hier könnte § 76a BetrVG ergänzt werden: In Abs. 1 könnte nach "der Einigungsstelle" ergänzt werden: "und von anderen betrieblichen Einrichtungen des Konfliktmanagements"[96].

In Betracht käme auch die Einführung einer obligatorischen betrieblichen Mediation vor Klageerhebung vor dem Arbeitsgericht. Eine solche Regelung könnte sich an § 111 Abs. 2 S. 5 ArbGG orientieren, der bestimmt, dass einer Klage vor dem Arbeitsgericht in allen Fällen die Verhandlung vor einem Ausschuss für die Beilegung von Streitigkeiten zwischen Ausbildenden und Auszubildenden vorangehen muss. Als Mediationsstelle kommt dabei neben betrieblichen Stellen auch die Errichtung von tariflichen Mediationsstellen in Betracht.

Damit einhergehen müsste eine Novellierung von § 4 KSchG. Hier müsste ergänzt werden, dass die Teilnahme an einer Mediation die Klagefrist automatisch hemmt.[97] Dafür könnte § 4 KSchG ein Satz 5 angefügt werden. "Nimmt ein Arbeitnehmer an einem Mediationsverfahren mit dem Arbeitgeber teil, läuft die Frist zur Anrufung des Arbeitsgerichts erst vor Abschluss einer gemeinsamen Vereinbarung oder dem Abbruch der Mediation an."

Auch die Implementierung von internen Konfliktmanagementsystemen ist in den USA für Bundesbehörden durch den Administrative Dispute Resolution Act[98] verpflichtend vorgeschrieben. Die Ausgestaltung des jeweiligen Systems bleibt der Behörde überlassen. Eine solch weitgehende Verpflichtung käme in Deutschland wohl zunächst ebenso nur für den Bereich der Bundesverwaltung

96 In kollektivrechtlichen Streitigkeiten ist die Kostenübernahme für Kosten eines externen Mediators als (Konflikt-)Sachverständiger, der für beide Seiten gemeinsam tätig wird, gem. § 80 Abs. 3 BetrVG schon ohne gesetzliche Neuregelung möglich.

97 Vgl. Albrecht 2001, 68.

98 Vgl. oben Kap. 4.

in Betracht.[99] Festgelegt werden sollte eine Mindestbeschäftigtenzahl von ca. 500 Mitarbeitern, da bei kleineren Dienststellen die Allparteilichkeit interner Konfliktmanager und -lotsen nicht mehr zu gewährleisten ist.

In kollektiven Streitigkeiten zwischen Arbeitgeber und Betriebsrat könnte die Anwendung von Mediation durch eine personelle Trennung beider Verfahrensstufen beim erzwingbaren Einigungsstellenverfahren gefördert werden.

In der ersten Stufe übernimmt ein Mediator die Leitung der Verhandlungen. Nur für den Fall des Scheiterns der Mediation wird ein Einigungsstellenvorsitzender mit Entscheidungskompetenz bestellt. Hierzu müsste § 76 Abs. 2 und 3 verändert werden, etwa wie folgt:

Vor Abs. 1 wird eingefügt: "Bei Meinungsverschiedenheiten zwischen Arbeitgeber und Betriebsrat, Gesamtbetriebsrat oder Konzernbetriebsrat findet zunächst eine Mediation unter Leitung eines neutralen dafür nachweislich qualifizierten externen Dritten, auf dessen Person sich beide Seiten geeinigt haben, mit dem Ziel der einvernehmlichen Einigung, statt. Ist die Verhandlung gescheitert, ist bei Bedarf binnen einer Frist von zwei Wochen eine Einigungsstelle zu bilden. (...) Der Vorsitz der Einigungsstelle kann nicht durch den externen Mediator nach Abs. 1 übernommen werden."

In Abs. 3 wird Satz 3 gestrichen.

99 Dies betrifft allerdings den hier nicht untersuchten Bereich des Bundespersonalvertretungsgesetzes oder der Landespersonalvertretungsgesetze. Vgl. für die Entwicklung der Gleichstellungsgesetze für den Öffentlichen Dienst; vgl. Schiek 2002. Zu den Möglichkeiten betrieblicher Frauenförderung im Kontext von Organisationsentwicklung vgl. auch Budde 1989.

7.5 Perspektiven für die Verbindung mit außerbetrieblichen Formen des Konfliktmanagements

7.5.1 *Einführung einer obligatorischen Mediationsverhandlung vor streitiger Verhandlung*

Auch die Arbeitsgerichtsbarkeit selbst könnte die positiven Ergebnisse der oben dargestellten empirischen Forschung zur Verfahrenszufriedenheit von Medianten nutzen. Ähnlich wie in der Commission for Conciliation, Mediation and Arbitration in Südafrika[100] könnte die bisherige Güteverhandlung durch eine Mediationsverhandlung ersetzt und vom streitigen Entscheidungsverfahren sowohl zeitlich und räumlich als auch personell getrennt werden.[101]

Die Mediationsverhandlung könnte wahlweise durch in Mediation qualifizierte Richter[102] der Arbeitsgerichtsbarkeit oder von einem von den Parteien selbst zu finanzierenden externen Mediator geleitet werden. In die streitige Verhandlung können dann[103] lediglich Mediationsergebnisse einfließen, nicht - wie in der traditionellen Güteverhandlung - Informationen aus den Mediationsgesprächen selbst. Der Mediator ist vom Vorsitz oder Beisitz der Kammer in der streitigen Verhandlung der Angelegenheit auszuschließen.

Auf diese Weise kann die Offenlegung der den Rechtsansprüchen und Positionen zugrundeliegenden Interessen durch beide Parteien gefördert werden.

---

100 Vgl. Groß 2001.

101 Vgl. dazu Groß 2001, 67 f., (69) die die deutsche Güteverhandlung mit dem Modell der Commission for Conciliation, Mediation and Arbitration in Südafrika vergleicht. Preis merkt dazu an: "Der hohe Anteil gütlicher Einigungen drängt förmlich die Frage auf, ob dieses Vergleichsverfahren nicht aus dem Arbeitsgerichtsprozess herausgenommen werden muss, um vor einem arbeitsgerichtlichen Verfahren ein Schlichtungsverfahren einzuleiten, das schneller und weniger aufwendig als ein Gerichtsverfahren ist."; Preis 1990, 146.

102 Ähnliche Projekte laufen derzeit für Zivilrichter an Amts- und Landgerichten in Niedersachsen. Am Verwaltungsgericht in Freiburg wurde ein dazu ausgebildeter Richter als Mediator eingesetzt. Neben dem Einsatz von Berufsrichter-Mediatoren kommt auch die Qualifizierung von Rechtspflegern oder von ehrenamtlichen Richter für die Mediationsverhandlung in Betracht. Letztere könnten aufgrund ihres Praxisbezugs in einer Mediationsverhandlung ggf. sogar kompetenter mitwirken als traditionell in der streitigen Gerichtsverhandlung; vgl. auch Moritz 1987, 259 f., der für das Arbeitsgericht als "Schlichtungsstelle" eintritt: Der Gütetermin solle durch psychologisch geschulte betriebliche Sachverständige, die bisherigen ehrenamtlichen Arbeitsrichter, abgehalten werden.

103 Sofern keine umfassende Vereinbarung getroffen wurde.

In der mündlichen Mediationsverhandlung hat der Dritte weder Entscheidungs- noch sachverhaltsaufklärende Funktionen. Die Verhandlung kann so, statt zu klären, welche Seite auf der Rechte-Ebene ggf. "Recht haben" könnte, auf der Grundlage der offengelegten Interessen der Beteiligten zu einer wirklichen Konfliktbearbeitung und einer kreativen Lösung führen.

Über die Sitzungen der Mediationsverhandlungen soll kein Protokoll geführt werden. Die in der Mediationsverhandlung offengelegten Informationen entfalten keine Bindungswirkung und sind vertraulich. Die Gespräche finden unter Ausschluss der Öffentlichkeit in separaten Räumen mit geeigneter Infrastruktur statt.[104] Der Mediator ist berechtigt - falls dies erforderlich erscheint - Einzelgespräche mit jeder Partei zu führen, um ggf. Hintergründe und Ziele der Beteiligten genauer herauszuarbeiten.[105] Dazu können im Einzelfall auch Vorgespräche per Telefon gehören. Gesetzlich normiert werden sollte die Verpflichtung zum persönlichen Erscheinen zur Mediationsverhandlung.[106] Auf diese Weise könnte das ursprünglich beabsichtigten Ziel der "Güte"verhandlung, Arbeitsverhältnisse auch faktisch fortzusetzen, evtl. besser als bisher erreicht werden.

Dazu erforderlich ist jedoch ein erhöhter Zeitaufwand, die Qualifizierung von Richtern oder anderen Mediatoren und ggf. die Umgestaltung von Räumlichkeiten. Für die Richter der streitigen Verhandlung erhöht sich ggf. der Arbeitsaufwand je Angelegenheit, das sie sich neu in die jeweilige Angelegenheit einarbeiten müssten.

---

104 D.h. nicht-öffentlich. In einem gesonderten Mediationsraum könnte ein runder oder ovaler Tisch stehen. Der Mediator müsste das für eine qualifizierte Mediation erforderliche Handwerkszeug: Flipchart, Moderationswand - ggf. Beamer - zur Verfügung haben. Auf das Anlegen von Roben sollte verzichtet werden. Besonderer Wert ist auf die Sitzordnung der Beteiligten zu legen. Die häufig für Arbeitsgerichte gewählte Sitzordnung: Kläger samt Kläger-Anwalt unmittelbar gegenüber Beklagtem und Beklagten-Anwalt, also "Aug in Aug" übt einen eskalierenden statt deeskalierenden Einfluss auf die Konfliktentwicklung aus.

105 Dies wird als wesentlicher Vorteil gerichtsverbundener Mediationen im Gegensatz zu Gerichtsverhandlungen hervorgehoben. Vgl. Sander 1997a.

106 Groß 2001, 67 ff.: Dazu schlägt Groß 2001, 67ff. in Bezug auf die Mediationsverfahren der Commission for Conciliation, Mediation and Arbitration in Südafrika fest: "Eine formelle Sachverhaltsermittlung findet während des Schlichtungsverfahrens der CCMA i.d.R. nicht statt. Die Parteien würden vertrauliche Informationen, ihre wahren Interessen und Hintergrüne des Konflikts nicht preisgeben, wenn sie befürchteten, dass diese im anschließenden Verfahren verwendet würden. Diese Informationen und um uneingeschränktes Vertrauen in die Verschwiegenheit des Commissioner sind jedoch Grundvoraussetzungen einer interessenorientierten Lösung und damit eines erfolgreichen Schlichtungs- insbesondere Mediationsverfahrens."; Groß 2001, 70.

7.5.2 *Reformvorschlag Schiedsgerichte*

Vor einiger Zeit wurde vorgeschlagen, die traditionellen branchenspezifischen Schiedsgerichte nach § 101 Abs. 2 ArbGG als Modell für die effiziente branchenübergreifende Bearbeitung von Arbeitsrechtsstreitigkeiten zu nehmen.[107] Dadurch werde zum einen die Arbeitsgerichtsbarkeit entlastet und zum anderen eine schnellere und kompetentere Bearbeitung gewährleistet, da die Schiedsrichter sich an fachtypischen Gegebenheiten orientieren könnten und konfliktnäher eingesetzt würden.[108]

Gegen die generelle Einführung von Schiedsverfahren spricht deren starke Rechte-Orientierung. Bei Branchen-Schiedsgerichten ist auch fehlende Unparteilichkeit zu befürchten. Schiedsgerichtsverfahren im Arbeitsrecht bieten keine Vorteile gegenüber dem traditionellen arbeitsgerichtlichen Verfahren mit Güteverhandlung und streitiger Verhandlung.

Unabhängig von gesetzlichen Änderungen zur Förderung der betrieblichen Mediation bleibt auch de lege lata Spielraum für die Anwendung betrieblicher oder außerbetrieblicher Mediation. Gem. § 46 Abs. 2 ArbGG findet § 278 ZPO auch im arbeitsgerichtlichen Verfahren Anwendung. Gem. § 278 Abs. 5 S. 2 ZPO kann das Gericht in geeigneten Fällen den Parteien eine außergerichtliche Streitschlichtung vorschlagen. Entscheiden sich die Parteien hierzu, gilt § 251 ZPO entsprechend. Zu jedem Zeitpunkt des arbeitsgerichtlichen Verfahrens können Arbeitsrichter den Parteien eine Mediation empfehlen.

Erste Ansätze, auch in der Arbeitsgerichtsbarkeit "Fenster" zur außergerichtlichen Streitbeilegung zu etablieren, gibt es bereits in Frankreich. Bei der Chambre Sociale de la Cour D'appel de Grenoble wurden seit 1996 bei der Berufungsinstanz in Arbeitssachen[109] Fälle durch die dort arbeitenden Richter in die außergerichtliche Mediation empfohlen. Dabei stellte sich heraus, dass schriftliche Informationen über Mediation keine Auswirkungen zeigten, die mündliche Erläuterung des Verfahrens und die Empfehlung des Richters jedoch häufig dazu führten, dass sich die Parteien auf ein Mediationsverfahren mit gerichtsexternen Mediatoren einließen. Das zweitinstanzliche Verfahren ruht dann, bis eine Einigung erzielt oder die Mediation abgebrochen wurde. Mediation wurde bis Anfang 2001 in ca. 15 % der Angelegenheiten in Anspruch

107 So Vogel 1999, 26 ff.

108 Vogel 1999, 26 ff.

109 Vergleichbar dem deutschen Landesarbeitsgericht.

genommen. Bis zu diesem Termin wurden in Grenoble 400 betriebliche Mediationen auf Initiative des Gerichts hin durchgeführt.[110]

7.6 Mögliche Auswirkungen des Konzepts des adäquaten integrierten Konfliktmanagements auf die Arbeitsrechts-Wissenschaft

Das hier entwickelte IKMS-Konzept erweitert die Perspektive von der ausschließlichen Beschäftigung mit rechte-orientierter Streitentscheidung nach der juristischen Methode um die Perspektive des abgestuften integrierten adäquaten Konfliktmanagements. In diesem stellt die arbeitsrechtliche Streitentscheidung nur ein "Werkzeug" des betrieblichen Konfliktmanagements neben anderen dar. Dies kommt mehreren Tendenzen der letzten Jahre entgegen.

Ein als ein Mittel des Konfliktmanagements neben anderen Interventionen und Verfahren verstandenes Arbeitsrecht ist in der Lage, die Individualität von Arbeitnehmern und deren Bedürfnis nach Partizipation und Gestaltung besser zu berücksichtigen. Dies kann ein Korrektiv zu der u.a. von Simitis kritisierten "Kolonialisierung des Arbeitnehmerverhaltens" darstellen: "Gesetz und Tarifvertrag schlagen nicht die Brücke zur Selbstbestimmung des Arbeitnehmers, sie institutionalisieren im Gegenteil, um des besseren Schutzes des einzelnen Arbeitnehmers willen, die Fremdbestimmung. Nur solange Gesetz und Tarifvertrag den Arbeitnehmer nicht als Individuum, sondern als Teil eines Kollektivs wahrnehmen, vermögen sie ihre Aufgabe zu erfüllen. Die Folge: Gesetz und Tarifvertrag leiten eine zunächst kaum wahrnehmbare, sich ausbreitende und verfestigende Kolonialisierung des Arbeitnehmerverhaltens ein."[111] Von einer ebenso zwingenden wie abschließenden Regelung der Arbeitsbeziehungen soll nach Auffassung von Simitis abgesehen, und statt dessen einer Gesetzgebung der Vorzug gegeben werden, die Richtung und Rahmen festlegt, im übrigen aber durchaus bemüht ist, den Entscheidungsspielraum der Beteiligten mög-

---

110 Neben Einzelpersonen und Verbänden bietet in Grenoble seit 1998 die Anwaltskammer ("le barreau de Grenoble") ein "Centre de Mediation" seine Dienste an. Die dort arbeitenden Anwaltsmediatoren müssen "experts dans l'art de mener les entretiens, d'èxouter, d'àmener les autres a s'èxprimer et de leur faire découvrir le nœud du problème" sein.

111 Simitis 1991, 11.

lichst auszuweiten."[112] Mediation und die Integration arbeitsrechtlicher Verfahren in ein Konzept des Betrieblichen Konfliktmanagements kann diesen von Simitis geforderten Entscheidungsspielraum gewähren. Arbeitsrecht gilt dann als Bezugsrahmen und Korrektiv, interessen-orientierte Verfahren und Interventionen als Ergänzung und Vorstufe zu arbeitsrechtlichen Entscheidungen. Arbeitsrecht wird als Rahmenrecht zum von Teubner[113] geforderten "reflexiven" Recht.[114] Die Integration von Arbeitsrecht und anderen Interventionen des Konfliktmanagements im Kontext der Organisationsentwicklung stellt damit einen Schritt in die vierte Entwicklungsstufe der Bearbeitung von Arbeitsplatzkonflikten[115] dar. Diese Entwicklung entspricht der in anderen Staaten festgestellten Veränderungen der letzten Jahre. Neben Ländern wie den USA, Argentinien, Südafrika und Frankreich wird mittlerweile auch auf EU-Ebene über die Einführung interessen-orientierter Verfahren des Konfliktmanagements für die Bearbeitung von Konflikten zwischen den europäischen Sozialpartnern und den Europäischen Betriebsräten diskutiert.[116] Es bleibt zu beobachten, ob diese neueren Entwicklungen das Grundverständnis des Arbeitsrechts insgesamt beeinflussen werden.

Konkret bietet das Konzept des Integrierten betrieblichen Konfliktmanagements den professionell mit Arbeitsplatzkonflikten umgehenden Personen[117] Entscheidungskriterien für die Auswahl des jeweils adäquaten Weges des Konfliktmanagements.[118]

Ein Verständnis von Arbeitsrecht als "Rahmenrecht" und Orientierung kann einige in der Literatur kritisierte Defizite[119] ausgleichen: Kommt es zu Streitigkeiten zwischen Beschäftigten, z.B. zu Mobbing, sexueller Belästigung oder "Tätlichkeiten im Betrieb"[120] greifen entweder - wie im Falle des BeschSchG - spezielle gesetzliche Normen oder es muss auf die Fürsorgepflicht des Arbeit-

---

112 Simitis 1991, 17.

113 Teubner 1982.

114 Das entsprechender Re-Regulierungen bedarf.

115 Vgl. oben Kap. 4; nach reiner Macht-Orientierung, Rechte-Orientierung, und Anwendung einzelner interessenorientierter Interventionen.

116 Vgl. Zachert 2002.

117 D.h., v.a. Syndikusanwälte und Unternehmensjuristen sowie anderen Personalentscheidern, aber auch Arbeitsrichtern und Fachanwälten für Arbeitsrecht.

118 Allerdings ergibt sich hier noch erhöhter interdisziplinärer Forschungsbedarf.

119 Z.B. bei den Konfliktbereichen Mobbing und Diskriminierung.

120 Vogelsang 1997.

gebers rekurriert werden. Dies wirft im Zusammenhang mit der fortschreitenden Individualisierung von inneren Einstellungen und äußeren Verhaltensweisen[121] und der "Zunahme an postmaterialistischen Selbstentfaltungs- und Autonomiewerten (Individualität, Emanzipation, Partizipation, Abwechslung, Lebensgenuss) neue Fragestellungen auf. Anstelle der alten Opfer-Mentalität - alle eigenen Bedürfnisse und Wünsche der Arbeitswelt unterzuordnen, sie gleichsam zu "opfern" - tritt eine "Gleichgewichts-Ethik". Dies hat das Erreichen einer "Work-Life-Balance" mit ausgewogenen Möglichkeiten zur Realisierung eigener Vorstellungen, zur Mitbestimmung und zur Synchronisation von beruflichen und persönlichen Belangen zum Ziel. Diese Selbstbestimmungs- und Autonomie-Werte, werden - zumindest für jüngere und gut qualifizierte Arbeitnehmer - immer wichtiger."[122] Oppolzer fordert daher eine Modernisierung des bisherigen Arbeitsrechtssystems, "wobei das Verhältnis von individueller Freiheit und kollektiver Sicherheit besondere Aufmerksamkeit verdient."[123] Neben der Festlegung materieller Mindeststandards i.R. der Tarifautonomie stehe die Fixierung "prozeduraler Regelungen, im Rahmen derer eine Abstimmung zwischen persönlichen Bedürfnissen der Beschäftigten miteinander und mit betrieblichen Belangen erfolgen kann."[124] Unter prozeduralen Regelungen versteht Oppolzer im wesentlichen "Verfahrensregeln dafür, wie mögliche Konflikte zwischen Individuen und Gruppen ausbalanciert werden können. Solche Regelungen sollen eine Bewegungsform für den Widerspruch zwischen Individual- und Kollektivinteressen schaffen und damit erst seine Aufhebung ermöglichen."[125] Wie konkret der vorgeschlagene Prozess aussehen kann, der "nach bestimmten Regeln abläuft und dessen rationales Resultat daher Legiti-

---

121 Beck 1982.

122 Oppolzer 1998, 52; ähnlich Zilleßen 2002, 147: "Im Zeitalter des "eigenen Lebens" - wie der Soziologe Ulrich Beck es genannt hat - tritt eine dialogische Existenz an die Stelle eines Lebens nach vorgegebenen Normen oder Weisungen. Der Einzelne entscheidet in der Kommunikation mit anderen über das, was für sein Leben wichtig ist, und er will sich mit seinen Interessen in den Entscheidungen wiederfinden, die sein Leben betreffen. Mediation stellt eine der Formen dar, mit deren Hilfe eine eigenverantwortliche Gestaltung des Lebens in Gesellschaft durch einen verständigungsorientierten Interessenausgleich gelingen kann."; Zilleßen 2002, 147. Das Bedürfnis hiernach könnte ein Grund für die große Popularität des Berufs des Mediators sein.

123 Oppolzer 1998, 54.

124 Oppolzer 1998, 54.

125 Oppolzer 1998, 55.

mation und Akzeptanz bei den Beteiligten findet",[126] bleibt bei Oppolzer dagegen offen.[127]

Auch im Bereich des kollektiven Arbeitsrechts werden "Trends in der Arbeitnehmerschaft, die weg von Hierarchien und hin zur Nutzung von Kreativität und Eigeninitiative" wollen, festgestellt.[128] Den erhöhten Anforderungen an Entscheidungsfähigkeit und Verantwortung müsse das Recht zu Partizipation und Gestaltung des Arbeitsplatzes gegenüber stehen.[129]

Angeknüpft wird damit an die von Breisig[130] und anderen[131] festgestellte "Krise des Repräsentationsprinzips". Die Individualisierung von Lebenslagen[132] habe nicht nur die "Erosion des Normalarbeitsverhältnisses" mit Zunahme von nicht den normativen "typischen" arbeitsrechtlichen Beschäftigungsverhältnissen entsprechenden "prekären" Arbeitsverhältnissen zur Folge. Vielmehr sei es gleichzeitig zur "Krise des Repräsentationsprinzips" gekommen. Vom reinen Repräsentationskonzept mit seiner partiellen Bevormundungstendenz müsse es zu einer Stärkung direkter Partizipation und von Individualrechten der einzelnen Arbeitnehmer kommen.[133]

Das traditionelle Ziel des kollektiven Arbeitsrechts, gemeinsame Arbeitnehmerinteressen zu stärken und einzelne Beschäftigte von der individuellen Interessenwahrnehmung zu entlasten, sieht sich damit immer stärker in der Kritik. Auch mit dem BetrVRefG 2001 verfolgte der Gesetzgeber das Ziel, ohne "die Funktion des Betriebsrats als einheitliche Interessenvertretung" zu gefährden, "entsprechend dem gewandelten Selbstverständnis des Einzelnen im Betrieb", Maßnahmen zur Verfügung zu stellen, "die es den einzelnen Arbeitneh-

126 Oppolzer 1998, 55.

127 Hingewiesen wird auf andere Theoretiker, die ebenfalls durch die "Etablierung geregelter Verfahren" für einen Ausgleich divergierender Interessen sorgen wollen. Offen bleibt, was genau unter einem "geregelten" Verfahren zu verstehen ist. Sind damit Verfahrensregeln gemeint? Die rechtliche Normierung eines rechtsstaatlichen Anforderungen genügenden betrieblichen Konfliktbearbeitungsverfahrens? Seine Hinweise auf Rawls (1994) und Luhmann weisen darauf hin, dass eher informelle Verfahren gemeint sind.

128 BT-Drs. 14 /5741zur Begründung des BetrVRefG 2001.

129 Ebenda, 9.

130 Breisig 1993.

131 Z.B. Mückenberger 1993.

132 Beck 1982.

133 Wendeling-Schröder 2001, 359.

mern ermöglichen, sich stärker als bisher einzubringen."[134] Eine Integration von Mediation und anderen interessenorientierten Interventionen, die den Konfliktbeteiligten selbst Handlungsoptionen zur Verfügung stellen, können diese geforderte Ergänzung zur Verfügung stellen, ohne den erforderlichen kollektiven arbeitsrechtlichen Schutz als "subsidiäre Ordnung"[135] zu gefährden.[136]

Schließlich knüpft das Modell von betrieblichen Konfliktmanagern und Konfliktlotsen auch an das von Däubler[137] vorgeschlagene Modell der Einschaltung einer Vertrauensperson in Mobbing-Fällen - in Anlehnung an den Wehrbeauftragten bei der Bundeswehr - an.

Die Einführung von IKMS dient damit der Ergänzung, nicht der Substitution arbeitsrechtlicher Verfahren. Sie kann nur "im Schatten des Arbeitsrechts" ihren Platz finden.

---

134 BT-Drs. 14/ 5741, 16.

135 Däubler 1998b, 75.

136 Dazu führt Däubler aus: "Für ein besseres Arbeitsrecht zu kämpfen bedeutet nicht, sich Interessenvertretung nur in verrechtlichter Form vorzustellen. So kennt die betriebliche Praxis zahlreiche Fälle, in denen Konflikte durch Verhandlungen gelöst werden, ohne dass sich einer der Beteiligten auf Rechtsnormen beruft oder gar mit dem Kadi droht. Von daher ist das Arbeitsrecht oft nur eine "subsidiäre" Ordnung, auf die jede Seite nur dann zurückgreift, wenn sie keinen anderen Ausweg weiß. In Zeiten relativer Schwäche wird allerdings dem bestehenden Recht für die Gewerkschaftsbewegung besondere Bedeutung gewinnen, da die Belegschaften nur noch wenig konfliktfähig sind und der Arbeitgeber kaum Veranlassung sehen wird, über das gesetzlich Geforderte irgendwie hinauszugehen."; Däubler 1998b, 75.

137 1998b Rz. 469, Fn. 69.

8 Anhang: Fallstudien/Praxisbeispiele

8.1 USA: Haliburton,[1] Texas

Im Folgenden soll die Umsetzung eines integrierten betrieblichen Konfliktmanagementsystems anhand des bei der Firma Haliburton (vormals Brown & Root's) in Dallas, Texas eingeführten "Dispute Resolution Program" dargestellt werden. Grund für die Auswahl des Unternehmens ist zum einen die zu diesem Programm vorliegende beschreibende Literatur sowohl von direkt am Planungs- und Durchführungsprozess Beteiligten[2] als auch erste Evaluierungsversuche von externen Autoren[3] und zum anderen das Interview- und Beobachtungsmaterial, das die Verfasserin im Jahre 1998 per Email und in persönlichen Interviews und der Teilnahme an Trainings von Mediatoren im Unternehmen gewinnen konnte. Die Firma Haliburton war überdies eines der ersten US-amerikanischen Unternehmen, das sich zur Einführung eines Konfliktmanagementsystems entschied.[4]

Die Firma Haliburton ist ein texanisches Bauunternehmen mit zwischen 25.000 und 30.000 Beschäftigen, die nicht gewerkschaftlich organisiert sind. Zur Stammbelegschaft zählen 18.000 Mitarbeiter, davon 8000 in der Verwaltung Beschäftigte. Die Belegschaft ist ganz überwiegend männlich. Auf der Managementebene sind 97 % der Beschäftigten Männer.

Die Unternehmenskultur bei Haliburton ist sehr "familial" orientiert.[5] Häufig sind mehrere Mitglieder derselben Familie bei Haliburton beschäftigt.

---

1 In der Literatur zu finden unter "Brown & Root's".

2 Bedman 1995: William L. Bedman, Leiter der Rechtsabteilung seit 1975, ist verantwortlich für die Umsetzung des Dispute Resolution Plan bei Brown & Root's; Slaikeu & Hasson 1998: Karl Slaikeu und Ralph Hasson wurden mit ihrer Firma Chorda Conflict Management mit der Beratung für die Entwicklung des Integrierten Konfliktmanagementsystems bei Brown & Root's beauftragt.

3 Zinsser 1996, Dunlop Commission 1997, Barrier 1998, Rowe 1997a, Mc Dermott & Berkeley 1996.

4 Bedman 1995, 8.

5 Angaben nach Zinsser 1996, 152.

8.1.1 Anlass

Anlass für die Einführung des "Dispute Resolution Program"[6] war ein Ende der 80er Jahre begonnenes Verfahren einer Arbeitnehmerin wegen sexueller Belästigung am Arbeitsplatz.[7] 1992 wurde das gerichtliche Verfahren durchgeführt. Obwohl die Klage der Arbeitnehmerin abgewiesen wurde, kostete das Verfahren das Unternehmen mehr als USD 450.000 an Gerichts- und Anwaltskosten.[8] Dabei sind die Kosten für aufgewendete Arbeitszeit und indirekte Kosten des Verfahrens noch nicht berücksichtigt. V.a. haben im Verlauf des Verfahren menschliche Enttäuschungen und Misstrauen eine große Rolle gespielt. Diese "Kosten der Angst"[9] konnten zwar nicht genau beziffert werden, motivierten die Verantwortlichen aber dazu, sich grundsätzlich und strukturell mit dem Thema Konfliktbearbeitung im Unternehmen zu beschäftigen.

8.2 I. Vorbereitung: Errichtung einer internen Arbeitsgruppe ("Task Force")

1992 berief der General Councel[10] der Firma Brown & Root's eine Arbeitsgruppe ("Task Force"), die aus Vertretern der Rechtsabteilung, der Personalabteilung und Vertretern aus dem oberen operativen Management bestand. Aufgabe war die Untersuchung des Umgangs mit Konflikten im Unternehmen. Die Arbeitsgruppe führte einen internen Dialog zur Analyse der bisherigen Situation durch und recherchierte, welche Art von Maßnahmen für das Unternehmen geeignet sein könnte. Unterstützt wurde die Arbeitsgruppe durch "Chorda Conflict Management",[11] eine private texanische Konfliktberatungsfirma.[12]

---

6 Brown & Root Dispute resolution Program (o.J.).

7 Zinsser 1996, 153; Bedman 1995, 8.

8 Bedman 1995, 8.

9 Panse & Stegmann 1998.

10 Jim Wilson.

11 Die Firma der Autoren Karl Slaikeu und Ralph Hasson aus Texas, durch die die Verfasserin Zugang zur Firma Haliburton erhielt.

12 Daten zitiert nach Zinsser 1996.

8.3 II. Ist-Analyse

Im Rahmen der Ist-Analyse der bisherigen Formen der Konfliktbearbeitung wurden mit mehr als 300 Mitarbeitern des Unternehmens aus unterschiedlichen Hierarchieebenen in Arbeitsgruppen oder einzeln Interviews durchgeführt. Abgefragt wurden typische Konflikte in der Organisation, typische Antworten auf diese Konflikte, momentan angewendete Verfahren, um diese Konflikte zu behandeln sowie Vorschläge für neue Verfahren und Systeme.

Im Laufe der Untersuchung klärte sich als Ziel der Arbeitgruppe die Entwicklung eines maßgeschneiderten unternehmensspezifischen Konfliktmanagementsystems. Verzahnt werden sollte ein möglichst informelles, vertrauliches und informatives internes Konfliktmanagement unter Einsatz eigener Mitarbeiter mit externer Beratung, Mediation und (Schieds-)Gerichtsbarkeit.

8.4 III. Planung und Design des neuen Integrierten Konfliktmanagementsystems

8.4.1 Der Dispute Resolution Plan bei Brown & Root's

Die Task Force entwickelte in Abstimmung mit der Unternehmensleitung und mit Unterstützung externer Berater die Eckpunkte des "Dispute Resolution Plan". In diesem werden interne mit externen Konfliktbearbeitungsverfahren verbunden. Entwickelt wurde ein vierstufiges Vorgehen (Four Options Plan). Im Februar 1993 wurde das Konzept für den Dispute Resolution Plan genehmigt.[13] Ab Juni 1993 wurden die ersten Trainings durchgeführt. Nach einer 6-monatigen Vorbereitungszeit begann die erste Inanspruchnahme am 1.1.1994.[14]

8.4.2 Stufe 1: "Open Door Policy"

8.4.2.1 Open Door bei Vorgesetzten

Die Beschäftigten werden darin unterstützt, Konflikte frühzeitig und konfliktnah durch Gespräche mit Vorgesetzten aller höheren Hierarchiestufen zu besprechen. Alle Beschwerden, Konflikte oder störenden Vorkommnisse können unmittelbar angesprochen werden: Die Tür der Vorgesetzten, wenn erforderlich auch von weit ranghöheren, steht den Beschäftigten offen. Das Unterneh-

13 Bedman 1995, 5.

14 Zinsser 1996, 160.

men verpflichtet sich, Mitarbeitern, die "Open Door Policy" in Anspruch nehmen, vor Benachteiligungen aufgrund der Inanspruchnahme zu schützen. Als Sanktionsmöglichkeit gegen zuwiderhandelnde Vorgesetzte können personelle Maßnahmen, bis hin zur Kündigung ausgesprochen werden.[15]

Fraglich ist, ob die Open-Door-Policy-Strategie in großen Unternehmen ein effizientes Konfliktbearbeitungsverfahren ist. Mc Dermott und Berkeley halten die Open Door Policy nur in mittleren und kleinen Organisationen für anwendbar. Sie befürchten zudem, das Unternehmen könne sich aus der Verantwortung stehlen, da die Initiative zur Konfliktbearbeitung allein bei den betroffenen Arbeitgebern liege.[16]

8.4.2.2 Training von (vorgesetzten) Managern in Konfliktmanagementtechniken

Um für die "Open Door"-Gespräche zu qualifizieren, wurden bis 1995 1.500 Manager verschiedener Bereiche in Grundlagen des Konfliktmanagement und den Grundlagen des Dispute Resolution Plan trainiert. Ziel ist es, die Manager in die Lage zu versetzen, Konflikte nicht zu unterdrücken, um frühzeitig in die Bearbeitungsphase einzutreten. Zielgruppe dieser Trainings ist ("bedauerlicherweise"[17]) ausschließlich die Management-Ebene.[18]

8.4.2.3 Open Door bei der Personalabteilung

Konfliktparteien oder Beschwerdeführer können sich auch unmittelbar an die Personalabteilung oder wenden. Bei dieser Option, die den Beschäftigten schon immer offen stand, wird Vertraulichkeit nicht zugesichert. Es können dann auch Einträge in die jeweilige Personalakte vorgenommen werden.

---

15 In der Vergangenheit wurde wegen Zuwiderhandlung eines Vorgesetzten eine Kündigung ausgesprochen; Zinsser 1996, 155.

16 Mc Dermott & Berkeley 1996, 51.

17 So Zinsser 1996, 155, ohne weitere Begründung, aber wohl mit der Überzeugung, dass ein Training vieler Akteure auf unterschiedlichen Hierarchieebenen für das Gelingen der Open Door Policy wesentlich wäre.

18 Anders im deutschen Modell-Beispiel QUAK, wo Konfliktlotsen aus allen Hierarchiestufen der Unternehmen stammen und explizit Wert darauf gelegt wird, wesentlich betriebliche Akteure von Arbeitnehmer- und Arbeitnehmerseite zu qualifizieren; vgl. Budde 2001a.

8.4.2.4 Arbeitnehmer-Telefon-Hotline

Scheidet diese Möglichkeit aus irgendwelchen Gründen aus, z.B. weil ein Beschwerdeführer sein Anliegen zunächst vertraulich behandelt wissen möchte, können Beschäftigte eine telefonische "Hotline" in Anspruch nehmen. Die Telefonnummer ist allen Beschäftigten bekannt. An der Hotline sitzen eigens zu diesem Zweck trainierte "Adviser".

8.4.2.5 Einsatz und Qualifizierung von "Advisern"

Adviser sind Mitarbeiter aller Hierarchiestufen und Bereiche, die sich freiwillig für diese zusätzliche Aufgabe gemeldet haben. Nachdem die Auswahl der Adviser vom Programmdirektor des Dispute Resolution Plan durchgeführt worden ist, nehmen die ausgewählten "Adviser" an einem 50-stündigen Training teil. Die Trainingsinhalte umfassen: Konfliktmanagement, Gesprächstechniken (insb. Aktives Zuhören), Ethik, Vertraulichkeit und Neutralität.[19] 1998 hatten 125 "Advisers" das Training abgeschlossen.[20] Die Aufgabe der "Adviser" ähnelt der von Ombudspersonen.[21] Sie unterliegen denselben ethischen Ansprüchen wie Ombudspersonen. Die Einweisung in den "Code of Ethics" der American Ombudsman's Association[22] ist daher ein wesentlicher Bestandteil des Trainings. Adviser sollen mit denen ihnen anvertrauten Informationen vertraulich umzugehen, auch Vorgesetzten und Personalabteilung gegenüber und nehmen für sich ein Zeugnisverweigerungsrecht in etwaig folgenden gerichtlichen Verfahren in Anspruch.[23]

---

19 Zinsser 1996, 155. Angaben von Karl Slaikeu und Ralph Hasson; vgl. auch Transkription des Interviews mit L.A. Jagneaux, Jr., dem derzeitigen Program Coordinator des Dispute Resolution Program bei Haliburton am 20.12.1998 in Houston, Texas, S. 3.

20 Transkription Jagneaux 1998, S. 4.

21 Zu Definition, Aufgaben und Rolle, s. Kap.

22 Code of Ethics: "The ombudsman, as a designated neutral, has the responsibility of maintaining strict confidentiality concerning matters that are brought to his/her attention unless given permission to do otherwise. The only exceptions, at the sole discretion of the ombudsman, are where there appears to be imminent threat of serious harm. The ombudsman must take all reasonable steps to protect any records and files pertaining to confidential discussions from inspection by all other persons, including management. The ombudsman should not testify in any formal judicial or administrative hearing about concerns brought to his/her attention. When making recommendations, the ombudsman has the responsibility to suggest actions or policies that will be equitable to all parties. "; The Ombudsman Association, TOA, 1996.

23 Zur Zulässigkeit nach deutschem Recht

Adviser bei Haliburton sind unternehmensinterne, spezifisch dazu qualifizierte freiwillige Mitarbeiter aller Hierarchiestufen und Bereiche, die an der telefonischen Hotline mit Beschwerden und Konflikten von Beschäftigten umgehen können. Dieses Konzept des Adviser's scheint dem noch zu erläuternden Konzept des "betrieblichen Konfliktlotsen"[24] ähnlich zu sein. Wie Konfliktlotsen haben die Adviser unterschiedliche Funktionen: sie beantworten Fragen, vermitteln weiter zu anderen Stellen und Personen, helfen bei der Selbstklärung und -hilfe, informieren. Sie können auch dabei helfen, "die Türen zu öffnen" oder in Einzelfällen als neutraler Dritter fungieren.[25] Adviser lernen, den Prozess der Konfliktbearbeitung zu moderieren".[26] Die Adviser unterstehen dem Programm-Koordinator, der als "Team Leiter" fungiert.

8.4.2.6 Programm-Koordinator

Der Programm-Koordinator ist verantwortlich für den gesamte Dispute Resolution Plan. Er oder sie wählt Adviser und Manager aus, sorgt für adäquate Fortbildungsangebote und koordiniert die Trainings. Er/sie steht den Advisern vor und steht darüber hinaus selbst für komplexe Konfliktsituationen als Ombudsperson oder Mediator zur Verfügung. Die Position des Programm-Koordinators ist eine Vollzeit-Anstellung. Der Programm-Koordinator kann sich der Unternehmensleitung gegenüber auf den "Code of Ethics" der American Ombudsman Association (TOA) berufen und verfügt daher über weitreichende Schweige- und Zeugnisverweigerungsrechte. Als Ombudsperson ist er/sie auch an die "Standards of Practice" der American Ombudsman Association gebunden. In den "Standards of Practice werden die Code of Ethics-Grundlagen noch weiter spezifiziert. Die Begriffe "Vertraulichkeit" (confidentiality) und "Neutralität" bzw. Allparteilichkeit (neutrality) werden näher definiert. Im Rahmen der durch Neutralität und Verschwiegenheit gesetzten Grenzen soll der Programm-Koordinator anonymisiert auch eine Feedback-Funktion dem oberen Management und der Unternehmensleitung gegenüber übernehmen: typische Beschwerden und Konfliktfelder werden so frühzeitig sichtbar. Es können koordinierte Maßnahmen ergriffen werden und streitpräventiv interveniert werden.

---

24 Budde 2001a.

25 Zinsser 1996, 155.

26 Ebenda.

8.4.3 Stufe 2: Die "Konferenz"

Kann durch die Open Door Policy keine zufriedenstellende Konfliktlösung erarbeitet werden, haben alle Mitarbeiter die Möglichkeit, Stufe 2 - die sog. Konferenz - in Anspruch zu nehmen. Die Konferenz stellt ein Treffen zwischen dem Arbeitnehmer mit einem Konflikt, einem Adviser oder dem Programm-Koordinator (Ombudsmann) dar. Ziel des Treffens ist die Auswahl des adäquaten Konfliktbearbeitungsverfahrens. Es findet keine Mediation, sondern ein Vorgespräch mit einer Konfliktpartei statt. Die Aufgabe von Adviser oder Programm-Koordinator/Ombudsmann besteht darin, dem Beschwerdeführer bei der Auswahl der geeigneten Strategie zu beraten. Er/sie muss in der Lage sein, eine sorgfältige Konfliktanalyse vorzunehmen. Die Entscheidung, wie weiter verfahren wird, bleibt beim Beschäftigten. Ergebnis der Konferenz kann sein:

- Ein "Loop-Back"[27] zur Stufe 1, das Initiieren eines Open-Door-Gesprächs. Häufig stellt sich im Rahmen einer Konferenz heraus, dass andere als die ursprünglich identifizierten Personen Konfliktbeteiligte sind oder dass weitere Stellen im Unternehmen einbezogen werden müssten. Ein "Loop-Back" kann erreichen, dass der Konflikt sach- und personennah bearbeitet wird und ein unternehmensinterner Konflikt bleibt.
- Im Rahmen der Konferenz kann sich auch herausstellen, dass für den konkreten Fall die Durchführung einer Mediation sinnvoll wäre. Auf Stufe 2 des Dispute Resolution Plan wird eine Inhouse-Mediation durch Inhouse-Mediatoren oder Ombudspersonen angeboten. Im Rahmen des Trainingsprogramms wurden bei Haliburton 160 Einzelpersonen innerhalb des Unternehmens zu Inhouse-Mediatoren ausgebildet. Einige dieser Personen sind Adviser, viele sind es nicht. Wer einen Fall in Stufe 1 oder 2 als Adviser oder Ombudsperson bearbeitet hat, kommt später nicht mehr als Mediator in Betracht. Dies hat seinen Grund darin, dass Adviser und Ombudspersonen in Gesprächen auf Stufe 1 oder 2 schon "parteilich" für den Beschwerdeführer dessen Perspektive auf den Konflikt einnehmen und diesen unterstützen. Die für die Durchführung von Mediation unbedingt zu gewährleistende Allparteilichkeit des Dritten ist somit nicht mehr gegeben.
- Im Rahmen eines "Loop-Forward"[28] zu den nächsten Stufen des Systems kann der Konflikt mehr rechte-orientiert bearbeitet werden. Dies ist v.a. zur früh-

---

27 Vgl. Ury & Brett & Goldberg 1996.

28 Rowe 1996.

zeitigen Geltendmachung von Rechtsansprüchen von Beschäftigten wichtig. Durch externe Mediation oder ein externes Schiedsgericht können Konflikte, in denen es um die Klärung von Rechtsansprüchen geht, auf Stufe 3 und 4 des Dispute Resolution Plan weiter bearbeitet werden.

8.4.4 Stufe 3: Externe Mediation

Wird in der Konferenz festgestellt, dass eine unternehmensinterne Bearbeitung nicht adäquat ist, kann der Fall an eine externe Mediation geleitet werden. Die Firma Haliburton arbeitet mit der allgemein als neutral geltenden American Arbitration Association (AAA) zusammen. Die externen Mediatoren sind durch die AAA zertifiziert. Die Konfliktparteien können zwischen mehreren vorgeschlagenen Mediatoren auswählen. Die Kosten für das Mediationsverfahren übernimmt das Unternehmen bis auf eine Bearbeitungsgebühr von USD 50.-, die von den Beteiligten jeweils selbst übernommen werden muss.

8.4.5 Stufe 4: Externes Schiedsgericht

Die Angelegenheit kann durch die Konferenz auch unmittelbar an ein externes Schiedsgericht, das einen abschließenden und rechtsverbindlichen Spruch fällt, delegieren. Schiedsrichter werden ebenfalls von der American Arbitration Association gestellt.

Problematisch an Stufe 4 des Dispute Resolution Plan ist die verpflichtende und abschließende Teilnahme am Schiedsverfahren. Der Rechtsweg ist nach Abschluss des Verfahrens nicht mehr zugänglich. Die Verpflichtung zur Teilnahme an einem Konfliktmanagementsystem kann so die Geltendmachung von Arbeitnehmerschutzrechten im Endeffekt verhindern. Dies öffnet Arbeitgebern vielfältige Missbrauchsmöglichkeiten. Sinn und Zweck von Konfliktmanagementsystemen werden dadurch konterkariert. Das Ziel der Entwicklung integrierter Konfliktmanagementsysteme, einen konstruktiven und offenen Umgang mit Arbeitsplatzkonflikten zu fördern, wird dadurch verhindert.[29]

---

29 S o auch Zinsser 1996,158.

8.5 Ergänzung: Der Employment Legal Consultation Plan

Zusätzlich haben alle Beschäftigten im Rahmen des Dispute Resolution Plan auf jeder Stufe die Möglichkeit, sich auf Kosten des Unternehmens externen unparteilichen Rechtsrat einzuholen. Gezahlt werden muss vom Arbeitnehmer eine Bearbeitungsgebühr in Höhe von USD 25 sowie 10 % der entstehenden Anwaltskosten. Es besteht freie Anwaltswahl. Die Kostenübernahme wird beim Programm-Koordinator beantragt.

In den ersten zwei Jahren haben 80 Personen Leistungen aus dem Plan in Anspruch genommen. Die Inanspruchnahme ist angestiegen. Nicht eindeutig ist ob dies in dem höheren Bekanntheitsgrad der Leistung oder in einem Anstieg rechtlich relevanter Fälle begründet ist.

8.6 Praxismodelle zur Einführung von Konfliktbeauftragten und Konfliktlösungskommissionen zur Bekämpfung von Mobbing in deutschen Betrieben und Verwaltungen

In Zusammenhang mit dem Thema Mobbing und Diskriminierung am Arbeitsplatz greifen in den vergangenen Jahren Modelle innerbetrieblicher Konfliktbewältigung z.B. durch Konfliktbeauftragte mit neuen abgestuften Verfahrensangeboten um sich. In einigen Großunternehmen wurden Betriebsvereinbarungen zum Thema "Partnerschaftliche Zusammenarbeit am Arbeitsplatz" verabschiedet.[30] Alle vorgestellten Modelle beziehen sich auf die Bearbeitung individualrechtlicher innerbetrieblicher Konflikte um "Fehlverhalten" einzelner am Arbeitsplatz[31] meist zwischen Arbeitnehmern, in denen der Arbeitgeber lediglich Beteiligter, nicht eigentliche Konfliktpartei ist.

Die bekanntesten und häufig zitierten Modelle sind die Betriebsvereinbarung "Partnerschaftliches Verhalten am Arbeitsplatz" der Volkswagen AG vom

30 Vgl. den aktuellen Überblick (Stand Februar 2000) von Wolmerath 2001 mit den bis dahin veröffentlichten Mobbing-Betriebsvereinbarungen im Anhang (jeweils im Wortlaut).

31 Zur Begrifflichkeit: Aigner 2002.

27.6.1996" sowie die Dienstvereinbarung der Landeshauptstadt München für den Umgang mit Mobbing am Arbeitsplatz vom 14.10.1997.[32]

Im Folgenden sollen exemplarisch vier unterschiedliche Modelle der von Wolmerath[33] dokumentierten Betriebs- und Dienstvereinbarungen in Hinblick auf die Tauglichkeit für die Implementierung von Mediation i.R. eines IKMS vorgestellt werden.

8.6.1 Dienstvereinbarung "zum Schutz der Mitarbeiterinnen und Mitarbeiter gegen Mobbing am Arbeitsplatz" der Landesversicherungsanstalt Mecklenburg-Vorpommern vom 4.11.1997 :

In den "Grundsätzen", die der Betriebsvereinbarung vorangestellt sind, wird festgestellt dass "nicht gelöste Konflikte das Betriebsklima nachteilig beeinflussen." Unter "Mobbing" fällt hier auch sexuelle Belästigung und jegliche sonstige Diskriminierung.

Gem. Ziffer 4.1 wird aus der Mitte des Personalrats ein Konfliktbeauftragter benannt. Dieser hat Mobbingprävention zu betreiben und Mobbingkonflikte auf "einvernehmliche Weise zu lösen". Zu seinen Aufgaben gehören u.a. die Durchführung und Leitung von Gesprächen mit dem Ziel einer einvernehmlichen Konfliktlösung sowie die Einberufung und Leitung der in Ziffer 4.2 vorgestellten "Konfliktlösungskommission". "Der Konfliktbeauftragte hat einen Anspruch auf umfassende Unterrichtung über alle Konfliktsituationen im Betrieb sowohl durch den Arbeitgeber als auch durch den Personalrat. Er hat Zutrittsrecht zu allen Arbeitsplätzen und kann mit den im Konfliktumfeld Beschäftigten während der Arbeitszeit Gespräche führen."

Der Konfliktbeauftragte ist Vorsitzender der Konfliktlösungskommission. Neben ihm gehören ihr ein benannter Mitarbeiter des Personaldezernates sowie ein weiterer Sachverständiger, der gemeinsam ausgewählt wird, an. Eine weitere sachverständige Person kann mit beratender Stimme hinzugezogen werden.

Die Konfliktlösungskommission ist im Anschluss an eine gescheiterte einvernehmliche Konfliktlösung anzurufen. Sie leitet das Verfahren ein, stellt fest, ob es sich um Mobbing handelt, überwacht den Verfahrensverlauf und schlägt der

---

32 Wolmerath 2001.

33 Vgl. Wolmerath 2001, Anhang.

Verwaltung geeignete Maßnahmen zur Lösung des Konflikts vor. Die Gespräche werden protokolliert und für mindestens fünf Jahre aufbewahrt. Akteneinsichtsrecht haben die Konfliktparteien, das Personaldezernat und alle Mitglieder der Kommission. Das "Konfliktlösungsverfahren" wird in Ziffer 5. umschrieben und orientiert sich an dem Vorschlag von Wolmerath[34]:

In vier Stufen von der ersten Information über einen vermuteten Mobbingfall an den Konfliktbeauftragten über Sachverhalt und Analyse, in der der Konfliktbeauftragte feststellt, ob es sich um Mobbing handelt, folgt in der dritten Stufe eine "Schlichtung", bevor in der letzten Stufe der Konfliktbeauftragte die Konfliktlösungskommission einberuft.

In der "Schlichtung" führt der Konfliktbeauftragte weitere Gespräche mit dem Mobbingbetroffenen, eventuellen Beobachtern des Konflikts und schließlich mit dem Verursacher. Alle Schritte ab Stufe drei stehen unter dem Vorbehalt der Zustimmung des Betroffenen.

8.6.2 Betriebsvereinbarung "Partnerschaftliches Verhalten am Arbeitplatz" der Deutsche Telekom Niederlassung Kaiserslautern vom 2.6.1999

Bei der Deutschen Telekom in Kaiserslautern benennen gem. § 5 der Betriebsvereinbarung Betriebsrat und Arbeitgebervertreter einvernehmlich eine Person zur/zum Betrieblichen Konfliktbeauftragten und eine Person zum/zur Stellvertreter/in. Zu den Aufgaben des Konfliktbeauftragten zählen u.a. die Betreuung eines "Kummerkastens", die Beratung und Unterstützung von Betroffenen bei der Lösung ihrer Probleme, die Durchführung und Leitung von Gesprächen zur Konfliktlösung. Der Konfliktbeauftragte hat "die Funktion, Prävention zu betreiben und Konflikte, die sich aus den vorgenannten Problemfeldern ergeben, auf einvernehmliche Weise und auf Wunsch der/des Betroffenen zu lösen.

Der Konfliktbeauftragte hat einen Anspruch auf umfassende Unterrichtung über alle Konfliktsituationen im Zusammenhang mit dieser Betriebsvereinbarung, soweit dies der Betroffene nicht ablehnt. Vertraulichkeit wird in § 6 geregelt.

34 Wolmerath 2001, 275-276.

8.6.3 Betriebsvereinbarung zur Verhinderung von Mobbing für die Bildungsvereinigung Arbeit und Leben Niedersachsen e.V. vom 15.6.1999

Ein Konfliktbeauftragter wird gem. § 8 benannt, um "eine Eskalation von Konflikten zu verhindern". Sie/er werden von Geschäftsleitung und Betriebsrat im Einvernehmen benannt. Sie/er wird gesondert geschult und hat das Recht, Gespräche zwischen zwei Konfliktparteien einzuberufen und zu leiten, sofern noch keine Beschwerde[35] geführt wurde. Ein Beschwerdeführer hat das Recht, dass ein Gespräch mit dem Konfliktgegner unter Leitung des Konfliktbeauftragten innerhalb von zwei Wochen nach der Beschwerde stattfindet.[36] Weiter hat der Konfliktbeauftragte die Aufgabe, Verhandlungen im Auftrag des Beschwerdeführers zu führen, als Sachverständiger in der betrieblichen Beschwerdestelle aufzutreten und Lösungen vorzuschlagen. Er hat darüber hinaus ein Vetorecht gegen die Entscheidung der betrieblichen Beschwerdestelle, wenn es sich um einen Mobbing-Fall handelt. Legt der Konfliktbeauftragte ein Veto ein, muss die Beschwerdestelle eine externe Person zum Thema Mobbing hören und deren Vermittlungsvorschläge annehmen.

Daneben wird als ständige Einrichtung eine betriebliche Beschwerdestelle gem. § 7 eingeführt. Sie besteht aus drei Mitgliedern, von denen eine Person von der Geschäftsleitung und eine vom Betriebsrat genannt werden. Den Vorsitz übernimmt eine betriebsinterne neutrale Peron, auf die sich beide Seiten einigen. Die Beschwerdestelle entscheidet einstimmig. Sie hat das Recht, Maßnahmen zur Beilegung des Konfliktes zu beschließen. Die Geschäftsleitung und der Betriebsrat sind zur Umsetzung der Entscheidung der Beschwerdestelle verpflichtet. Kommt keine Einigung zustande, wird eine externe Person zur Vermittlung hinzugezogen, deren Vermittlungsvorschlag angenommen werden muss.[37] § 4 regelt "Maßnahmen zur Verbesserung des Betriebsklimas", d.h. Fortbildungsmaßnahmen für alle Mitarbeiter auch die Vorgesetzten unter Teilnahmeverpflichtung. Betriebsrat und Geschäftsleitung messen diesen Bildungsmaßnahmen im Rahmen von Qualitätsentwicklung hohe Bedeutung zu.

---

35 Nach § 6 s.u.

36 § 6.

37 § 7

8.6.4 Betriebsvereinbarung "Partnerschaftliches Verhalten am Arbeitsplatz" für den DRK Kreisverband Forst (Lausitz) e.V. vom 21.8.1999

Konfliktbeauftragter ist gem. § 8 eine Person aus der Mitte des Betriebsrats. Aufgaben sind: Beratung, Information, Kummerkasten, Kontaktpflege zu externen Stellen, Einberufung und Leitung der Beschwerdestelle. Der Konfliktbeauftragte hat sich einer Supervision zu unterziehen und in geeigneter Form fortzubilden. Gem. § 8 Abs. 2 besteht die Beschwerdestelle neben dem Konfliktbeauftragten aus einem Vertreter des Betriebsrats, einem Arbeitgebervertreter und ggf. einer vom Betriebsrat zu benennenden Person (Psychologen, Ärzte usw.), die jedoch nicht über ein Stimmrecht verfügt.

Die Beschwerdeverfahren führt v.a. das Ermittlungsverfahren gem. § 9 der Vereinbarung durch. Es können Sanktionen gegen Diskriminierer verhängt werden. Bei Meinungsverschiedenheiten aus der Betriebsvereinbarung wird gem. § 10 eine Schlichtungsstelle in Form einer Einigungsstelle gem. §§ 76und 76a BetrVG einberufen.

8.7 Dienstvereinbarung über den Einsatz von Konfliktlotsen bei der Stadtverwaltung Kerpen

Im Rahmen des oben vorgestellten EU-geförderten Modellprojekts QUAK wurden betriebliche Konfliktlotsen als erste Ansprechpartner für Konfliktsituationen qualifiziert. In der Stadtverwaltung Kerpen wurden diese auf der Grundlage der folgenden Dienstvereinbarungen für alle Bereiche der Stadtverwaltung im Jahre 2001 eingeführt.[38]

Dienstvereinbarung der Stadt Kerpen

Im Rahmen des oben vorgestellten EU-geförderten Modellprojekts QUAK wurden betriebliche Konfliktlotsen als erste Ansprechpartner für Konfliktsituationen qualifiziert. In der Stadtverwaltung Kerpen wurden diese auf der Grundlage der folgenden Dienstvereinbarungen für alle Bereiche der Stadtverwaltung im Jahre 2001 eingeführt.[13]

Zwischen der Stadtverwaltung Kerpen, vertreten durch den Bürgermeister, und dem Personalrat, vertreten durch den Personalratsvorsitzenden, wird folgende Dienstvereinbarung geschlossen:

(1) Präambel

Dienststelle und Personalrat sind sich bewusst, dass nicht gelöste destruktive Konflikte das Betriebsklima nachteilig beeinflussen, den Arbeitsprozess stören, die Produktivität des Betriebs sowie die Qualität der Arbeitsergebnisse mindern. Sie haben negative persönliche und wirtschaftliche Auswirkungen für Verwaltung, Personal und auch darüber hinaus.

Dienststelle und Personalrat gehen davon aus, dass betriebliche Konflikte nicht eskalieren müssen, sondern kollegiale Lösungswege offen stehen, um Umsetzungen, Versetzungen, Abmahnungen oder Kündigungen zu vermeiden. Dienststelle und Personalrat setzen sich daher gemeinsam dafür ein, dass eine möglichst frühzeitige Konfliktbearbeitung in der Verwaltung ermöglicht wird.

Dienststelle und Personalrat sind der Überzeugung, dass eine konstruktive Konfliktbearbeitung zwischen einzelnen und zwischen Gruppen, auch unterschiedlicher Hierarchieebenen, möglich ist und diese wesentlich zum individuellen und wirtschaftlichen Wohlbefinden von Beschäftigten und Verwaltung beitragen wird. Sie sind weiterhin davon überzeugt, dass Methoden und Haltungen der konstruktiven Konfliktbearbeitung erkennbar sind.

---

38 Zu den bisherigen Erfahrungen mit diesem Modell vgl. Budde 2002.

Daher werden sowohl Führungskräfte als auch Personalratsmitglieder und einzelne Mitarbeiter und Mitarbeiterinnen in Grundlagen des Konfliktmanagements als Konfliktlotsen/innen geschult.

(2) Geltungsbereich

Die Dienstvereinbarung gilt für die Stadtverwaltung Kerpen einschließlich ihrer Einrichtungen und das Abwasserwerk. Sie richtet sich an alle Mitarbeiterinnen und Mitarbeiter der Stadt Kerpen einschließlich der Auszubildenden.

(3) Verhalten von Dienststelle und Beschäftigten im Betrieb

Alle in der Verwaltung tätigen Personen sind verpflichtet, die Grundsätze von Recht und Billigkeit im Umgang untereinander einzuhalten und insbesondere jede unterschiedliche Behandlung von Personen wegen ihrer Abstammung, Religion, Nationalität, Herkunft, politischen oder gewerkschaftlichen Betätigung oder Einstellung, wegen ihres Geschlechts oder wegen Überschneidung bestimmter Altersstufen zu unterlassen. In der Stadt Kerpen wird die freie Entfaltung der Persönlichkeit der Einzelnen geschützt und gefördert.

(4) Konfliktlotsen/innen

Zur Verwirklichung der o.g. Ziele wird in der Stadtverwaltung Kerpen ein Konfliktlotsenpool mit mehreren Konfliktlotsen/innen aus verschiedenen Organisationseinheiten eingesetzt. Es sollen mindestens 2 Konfliktlotsen/innen je angefangene 100 Mitarbeiter/innen in der Stadtverwaltung Kerpen bestellt werden.

(4.1) Aufgaben der Konfliktlotsen/innen

Konfliktlotsen/innen haben folgende Aufgaben:

Verfahrenseinstieg: Dienststelle, Personalrat oder einzelne Beschäftigte können sich bei aktuellen Konflikten oder Problemsituationen an eine/n Konfliktlotsen/Konfliktlotsin aus dem Konfliktlotsenpool wenden. Konfliktlotsen/innen werden nur auf ausdrücklichen Auftrag tätig.

Konfliktdiagnose: Die Konfliktlotsen/innen führen nach der ersten Information über eine Konfliktsituation eine Konfliktdiagnose durch. Der Konfliktlotse/die Konfliktlotsin entscheidet ggf. nach ersten Klärungsgesprächen mit unmittelbar Beteiligten und Beobachtern/innen, welcher Konfliktbearbeitungsweg angemessen ist.

Konfliktberatung und -begleitung: Die Konfliktlotsen/innen bieten, sofern dies im Rahmen der ihnen zur Verfügung stehenden Kompetenzen und Ressourcen möglich ist, einzelnen Konfliktbeteiligten und -betroffenen Beratung und Begleitung an. Hierzu gehört sowohl die gemeinsame Reflexion der Situation als auch das Einüben von Konfliktverhalten in Rollenspielen und Übungen. In dafür geeigneten Fällen bietet der Konfliktlotse/die Konfliktlotsin selbst eine innerbetriebliche Mediation an (s. auch 5.2).

Weitervermittlung zu externen Beratern oder Mediatoren: Konfliktlotsen/innen können, sollte eine betriebsinterne Konfliktbearbeitung nach ihrer Einschätzung nicht adäquat sein, Beteiligte und Betroffene zu externen Beratungsstellen, Rechtsanwälten/innen oder Mediatoren/innen weitervermitteln. Die etwaige Kostenübernahme durch die Dienststelle für externe Beratung der Beschäftigten, z.B. bei Supervisoren/innen, Mediatoren/innen oder Rechtsanwälten/innen, wird von dem/der Konfliktlotsen/in nach sorgfältiger Abwägung für den Einzelfall im Rahmen bereitgestellter HH-Mittel entschieden (HHSt: Gerichts-, Anwalts- und Sachverständigenkosten).
Wegbereiter einer neuen Streit- und Konfliktkultur in der Dienststelle: Konfliktlotsen/innen bereiten durch ihr eigenes vorbildhaftes Verhalten im Konfliktfalle den Weg für einen konstruktiven Umgang mit Konflikten und Problemen in der Dienststelle.

(4.2) Pflichten der Konfliktlotsen/innen
Verschwiegenheit: Konfliktlotsen/innen sind über alle ihnen in ihrer Funktion bekannt gewordenen Informationen zum Schweigen verpflichtet.
Allparteilichkeit/Neutralität: Konfliktlotsen/innen sind dazu verpflichtet, in Konflikten, in denen sie eine der oben aufgezählten Aufgaben übernehmen, Neutralität und Allparteilichkeit zu wahren, d.h., sich nicht auf die Seite einer Konfliktpartei zu stellen.
Ergebnisoffenheit: Konfliktlotsen/innen übernehmen nur dann eine der oben genannten Aufgaben, wenn gewährleistet ist, dass in derselben Angelegenheit noch keine personelle oder sonstige Entscheidung getroffen worden ist.
Dokumentation: Konfliktlotsen/innen verpflichten sich, die für den eigenen Gebrauch angefertigten Notizen unmittelbar nach Ende ihrer Aufgabe im einzelnen Fall vollständig zu vernichten.

(4.3) Rechte der Konfliktlotsen/innen
Benachteiligungsverbot: Ein/e Konfliktlotse/in darf aufgrund seines/ihres Tätigwerdens nicht benachteiligt oder begünstigt werden. Es gilt § 42 LPVG NW analog, z.B. Ehrenamt, keine Benachteiligungen, keine Minderung der Bezüge, Möglichkeit der Dienstbefreiung, Freistellung für Schulungs- und Bildungsveranstaltungen.
Schweigerecht: Konfliktlotsen/innen sind berechtigt, gegenüber der Dienststelle oder Dritten über alle ihnen in ihrer Funktion bekannt gewordenen Informationen das Schweigen zu bewahren (Ziffer 4.2 - Verschwiegenheit bleibtunberührt).
Vorschlagsrecht: Konfliktlotsen/innen haben ein Vorschlagsrecht Personalrat und Dienststelle und Gleichstellungsbeauftragter gegenüber, präventive Maßnahmen, z.B. das Angebot von gezielten Fortbildungs- oder Informationsveranstaltungen anzuregen. Sie können im Einzelfall Maßnahmen zur konkreten Konfliktbearbeitung anregen.

Zutrittsrecht: Der/die betriebliche Konfliktlotse/in hat ein Zutrittsrecht zu allen Arbeitsplätzen und ist berechtigt, während der Arbeitszeit mit allen Beschäftigten, der Dienststelle, dem Personalrat und der Gleichstellungsbeauftragten Gespräche zu führen.
Einrichtung von Sprechstunden: Sollte sich das Erfordernis ergeben, können Konfliktlotsen/innen Sprechstunden anbieten und andere Möglichkeiten zur Kontaktaufnahme schaffen (z.B. Hotline/Nummer gegen Kummer, Intranetberatung, Kummerkasten).

(4.4) Stellung der Konfliktlotsen/innen
Die in der Konfliktbearbeitung geschulten Bediensteten werden nach der Ausbildung zu betrieblichen Konfliktlotsen bestellt.
Die Konfliktlotsen/innen sind mit bis zu 10 % ihrer Jahresarbeitszeit von ihrer sonstigen Arbeitszeit freigestellt. Sollte die Tätigkeit als Konfliktlotse/in negative Auswirkungen auf die sonstigen Aufgaben des/der Konfliktlotsen/in haben, wird die Dienststelle durch personelle Maßnahmen eine Entlastung von den sonstigen Aufgaben sicherstellen.

(4.5) Materielle Ausstattung
Der/die betriebliche Konfliktlotse/in kann sich der Ausstattung der Dienststelle bedienen (z.B. Dienstwagen, Schreibkraft, Räume zur Vorbereitung und Durchführung der Beratung, PC, Telefon, Literatur, Präsentationsmittel ...).

(4.6) Qualifizierung/Fortbildung
Voraussetzung für die Tätigkeit des/der betrieblichen Konfliktlotsen/in ist eine Ausbildung zum/zur betrieblichen Konfliktlotsen/in beim Institut für faires Konfliktmanagement und Mediation e.V. oder eine vergleichbare Ausbildung. Die Dienststelle ermöglicht den Konfliktlotsen/innen laufend die Teilnahme an Coachings/ Supervisionen und einer angemessenen Fortbildung. Die Kosten hierfür sind vom Arbeitgeber zu tragen.

(4.7) Kostentragung
Alle durch die Tätigkeit des/der betrieblichen Konfliktlotsen/in entstehenden Kosten trägt die Dienststelle.

(5) Konfliktbearbeitungsverfahren

(5.1) Betriebliche Konfliktlotsen/innen entscheiden nach erster Konfliktdiagnose über das weitere Vorgehen der Konfliktbearbeitung und können alle in der Ausbildung vermittelten Techniken und Verfahren anwenden. Wurden oder werden per-

sonelle Maßnahmen von Arbeitgeberseite angeordnet, kann der/die betriebliche Konfliktlotse/in die Beteiligten beraten.
(5.2) Unabhängig von den unter 4.1 genannten Möglichkeiten der Konfliktbewältigung besteht für den/die Konfliktlotsen/in die Möglichkeit des Einsatzes der Mediation. Mediation ist ein außergerichtliches Konfliktbearbeitungsverfahren, in dem ein neutraler Dritter ohne Entscheidungsmacht mit den am Konflikt Beteiligten eine von diesen selbstverantwortete einvernehmliche Konfliktlösung erarbeitet. Die schriftlich als Vereinbarung fixierte Konfliktlösung ist für die Konfliktpartner/innen verbindlich. Dies gilt in der Regel auch für die Dienststelle; Ausnahmen sind schriftlich zu begründen. Der Rechtsweg kann für individuelle Konflikte von den Bediensteten nicht ausgeschlossen werden.

(6) Rechte der Beschäftigten

Jede/r Beschäftigte hat das Recht, sich während der Arbeitszeit unter Fortzahlung der Vergütung bei betrieblichen Konfliktlotsen/innen zu informieren, Fragen zu stellen und sich ggf. zu beschweren. Zeiten, die dazu aufgewendet werden, betriebliche Konflikte zu bearbeiten, gelten grundsätzlich als Arbeitszeit.

(7) Rahmen für die Handhabung dieser Dienstvereinbarung

(7.1) Meinungsverschiedenheiten/Mediationsklausel

Vor einer Kündigung dieser Dienstvereinbarung haben die unterzeichnenden Parteien dieser Vereinbarung eine Einigung zu versuchen. Kommt diese nicht zustande, verpflichten sie sich, eine Mediation bei einem/einer externen Mediator/in in Anspruch zu nehmen.

(7.2) Salvatorische Klausel ...

(7.3) Inkrafttreten, Kündigung, Nachwirkung ...

Abkürzungsverzeichnis

a.A. .	anderer Ansicht
AAA	American Arbitration Association
ABl.	Amtsblatt der Europäischen Union
Abs.	Absatz
ACAS	Arbitration and Conciliation Association
ADR	Alternative Dispute Resolution
ADRA	American Dispute Resolution Act
a.F.	alte Fassung
AGB	Allgemeine Geschäftsbedingungen
AiB	Arbeitsrecht im Betrieb
a.M.	abweichende Meinung
AKR	Alternative Konfliktregulierung
AN	Arbeitnehmer
ANErfG	Arbeitnehmererfindungsgesetz
Anm.	Anmerkung
AP	Arbeitsrechtliche Praxis
ArbG	Arbeitsgericht
ArbGG	Arbeitsgerichtsgesetz
Arb-med	arbitration-mediation
ArbSchG	Arbeitsschutzgesetz
ARGE	Arbeitsgemeinschaft
Art.	Artikel
ASiG	Arbeitssicherheitsgesetz
Aufl.	Auflage
AUL	Arbeit und Leben
AuA	Arbeit und Arbeitsrecht
AuR	Arbeit und Recht
BAG	Bundesarbeitsgericht
BB	Betriebs-Berater
BBiG	Berufsbildungsgesetz
Bd.	Band
Bekl.	Beklagte
BerO.	Berufsordnung
BeschSchG	Beschäftigtenschutzgesetz
BeschSchG-E	Entwurf zum Beschäftigtenschutzgesetz
Beschl. v.	Beschluss vom
BEST	Betriebliche Einigungsstellen
BetrVG	Betriebsverfassungsgesetz
BetrVG-Komm	Kommentar zum Betriebsverfassungsgesetz
BetrVerRefG	Betriebsverfassungs-Reformgesetz
BGB	Bürgerliches Gesetzbuch
BGBl.	Bundesgesetzblatt
BMWA	Bundesverband für Mediation in Wirtschaft und Arbeitswelt
BORA	Berufsordnung für Rechtsanwälte
BRAO	Bundesrechtsanwaltsordnung
BT-Drs.	Bundestagsdrucksache
BVerfG	Bundesverfassungsgericht
BVerfGE	Bundesverfassungsgerichtsentscheidungen
bzw.	beziehungsweise
CMD®	Conflict Management Design
d. Verf.	Die Verfasserin
DB	Der Betrieb
DDR	Deutsche Demokratische Republik
ders.	derselbe
DGB	Deutscher Gewerkschaftsbund
d.h.	das heißt
DIS	Deutsche Institution für Schiedswesen
DKK	Däubler & Kittner & Klebe
Dr.	Doktor
DRiG	Deutsches Richtergesetz

ed.	editor, edition
EG	Europäische Gemeinschaft
EG-ZPO	Ergänzungsgesetz zur Zivilprozessordnung
Entspr.	Entsprechend
Einl.	Einleitung
ErfKomm	Erfurter Kommentar zum Arbeitsrecht = Dieterich & Hanau & Schaub (Hg.) 2001
erg.	ergänzt
EU	Europäische Union
EzA	Entscheidungssammlung zum Arbeitsrecht
f.	folgende
FA	Fachanwalt für Arbeitsrecht
ff.	fortfolgende
Fn.	Fußnote
Frankfurt/M.	Frankfurt am Main
GAO	General Accounting Office
GefVO	Gefahrenschutzverordnung
Gem.	gemäß
GewO	Gewerbeordnung
Ggf.	gegebenenfalls
gwmk	Gesellschaft für Wirtschaftsmediation und Konfliktmanagement
hg.	herausgegeben
Hg.	Herausgeber
h.M.	herrschende Meinung
HR	Human Resources
i.d.R.	in der Regel
i.e.	im eigentlichen
i.e.S.	im eigentlichen Sinne
IKMS	Integriertes Konflikt-managementsystem
insb.	insbesondere
i.R.	im Rahmen
i.S.	im Sinne
i.V.	in Verbindung mit
i.W.	im Wesentlichen
Jg.	Jahrgang
Jr.	Junior
Kap.	Kapitel
KJ	Kritische Justiz
KSchG	Kündigungsschutzgesetz
KSchR	Kündigungsschutzrecht
LAG	Landesarbeitsgericht
lat.	lateinisch
m.	mit
m.E.	meines Erachtens
med-arb	mediation-arbitration
Mitt.	Mitteilung
m.w.N.	mit weiteren Nachweisen
NegJ.	Negotiation Journal
neubearb.	neubearbeitet, neubearbeitete
NJW	Neue Juristische Wochenschrift
No.	Number
Nr.	Nummer
NRW	Nordrhein-Westfalen
NW	Neue Wirtschaft
NZA	Neue Zeitschrift für Arbeitsrecht
o.ä.	oder ähnlich(es)
OE	Organisationsentwicklung
o.g.	oben genannt(e)
o.J.	ohne Jahr
OVG	Oberverwaltungsgericht
PersR	Der Personalrat
PersVG	Personalvertretungsgesetz
Prof.	Professor
RdA	Recht der Arbeit
REFA	Reichsausschuss für Arbeitszeitermittlung
Richtl.	Richtlinien
Rz.	Randziffer
S.	Seite, Siehe
Sec.	section
SGB	Sozialgesetzbuch

sog.	sogenannt(e)	v.	vom
s.o.	siehe oben	v.a.	vor allem
SprAuG	Sprecherausschussgesetz	vgl.	vergleiche
StGB	Strafgesetzbuch	Vol.	Volume
Stop	Strafprozessordnung		
St.Rspr.	ständige Rechtsprechung	WATNA	Worst Alternative to negotiated agreement
s.u.	siehe unten	WS	Wintersemester
TVG	Tarifvertrag	WSI	Wirtschafts- und Sozialwissenschaftliches Institut
TzBfG	Teilzeit- und Befristungsgesetz	z.B.	zum Beispiel
u.a.	unter anderem	ZERD	Zentrum für Europäische Rechtspolitik
u.a.	und andere	Zf.	Ziffer
überarb.	überarbeitet(e)	ZfA	Zeitschrift für Arbeitsrecht
Univ..	Universität(-s)	ZfRSoz.	Zeitschrift für Rechtssoziologie
Urt. v.	Urteil vom	ZKM	Zeitschrift für Konfliktmanagement
US	United States	ZPO	Zivilprozessordnung
USA	United States of America	z.T.	zum Teil
USD	US-Dollar		
usw.	und so weiter		
u.U.	unter Umständen		

E-Mailverzeichnis

www.abanet.org
www.abanet.org/dispute
www.abanet.org/adminlaw/ombuds
www.acas.org
www.centrale-fuer-mediation.de
www.centrale-fuer-mediation.de/Verbaende
www.gao.gov
www.mediation-bafm.de
www.mediate.com/articles/adra1998.com
www.mediate.com
www.ombudsman-toa.org
www.tarifregister.nrw.de/landesschlichter
www.usdoj.gov/adr/pdf/adra/pdf

Literaturverzeichnis

Abel, Richard (1980). Delegalization. A Critical Review of Ist Ideology, Manifestations, and social consequences. In: Blankenburg & Klausa & Rottleuthner 1980, 27-47.

Abeln (2000): Mediation – (k)eine Alternative zur Einigungsstelle? In Fällen erzwingbarer Mitbestimmung gilt es, Vor- und Nachteile der Mediation gegenüber Einigungsstellenverfahren sorgsam abzuwägen. In: Personalführung 10/2000, 62-65.

Aigner, Tatjana (2002). Antworten auf Arbeitnehmerfehlverhalten. Frankfurt/M.: Peter Lang. (Diss.).

AKR-Handbuch (Loseblatt seit 1997) Gottwald & Strempel & Beckedorff & Linke (Hg.). Neuwied & Darmstadt: Luchterhand.

Albers, Georg (1999). Zivile Bearbeitung ethno-sozialer Konflikte – Möglichkeiten und Grenzen konsensorientierter Interventionsverfahren. Frankfurt/M. & Berlin & Bern & Bruxelles & New York & Oxford & Wien: Peter Lang.(Diss.).

Albrecht, Britta (2001). Mediation im Arbeitsrecht – Individualarbeitsrecht und Betriebsverfassungsrecht. Frankfurt/M. & Berlin & Bern & Bruxelles & New York & Oxford & Wien: Peter Lang. (Diss.).

Alexander, Nadja (1999): Wirtschaftsmediation in Theorie und Praxis. Eine deutsch australische Studie. Frankfurt/M., Berlin, Bern, Bruxelles, New York, Wien: Europäische Verlagsanstalt. (Diss.).

Altmann, Gerhard & Fiebinger, Heinrich & Müller, Rolf (1999). Mediation: Konfliktmanagement für moderne Unternehmen. Weinheim & Basel: Beltz Verlag.

American Bar Association, Section of Administrative Law and Regulatory Practice, Section of Dispute Resolution.(2000) Report to The House of Delegates: Draft of Standards for Ombudsmen. www.abanet.org/adminlaw/ombuds.

Ausschuss Mediation der BRAK: Gesetzgebungsvorschlag der BRAK zu § 278 ZPO gerichtsnahe Mediation). In: KammerForum 2002, 37-40.

Baer, Susanne (2001). Recht gegen Fremdenfeindlichkeit und andere Ausgrenzungen. Notwendigkeit und Grenzen eines Gesetzes gegen Diskriminierung. In: ZRP 2001, 500-508.

Bauer, J.H., Diller, M. & Göpfert, B. (2002). Zielvereinbarungen auf dem arbeitsrechtlichen Prüfstand. In: BB 2002, 882-887.

Beck, Ulrich (1982). Risikogesellschaft. Frankfurt/M.: Suhrkamp.

Beck, Reinhilde & Schwarz, Gotthart (1995). Konfliktmanagement. Alling: Verlag Prof. Dr. Jürgen Sandmann.

Becker, Jochen & Kniep, Klaus (1999). Die Beauftragten im betrieblichen Umweltschutz – arbeitsrechtliche Aspekte. In: NZA 1999, 243-244.

Beck'sches Rechtsanwalts-Handbuch 2001/2002. (2001). München: Beck.

Bedman, William L. (1995). From Litigation to ADR: Brown & Root's Experience. In: Dispute Resolution Journal 1995, 8-14.

Bendersky, Corinne (1998). Culture: The Missing Link in Dispute Systems Design. In: Negotiation Journal 1998, 307-311.

Bertelsmann-Stiftung und Hans-Böckler-Stiftung (Hg.) (1998). Mitbestimmung und neue Unternehmenskulturen. Bilanz und Perspektiven. Bericht der Kommission Mitbestimmung. Gütersloh: Bertelsmann Stiftung.
Beyer, Heinrich & Fehr, Ulrich & Nutzinger, Hans G. (1995). Unternehmenskultur und innerbetriebliche Kooperation, Anforderungen und praktische Erfahrungen. Wiesbaden: Gabler.
Beyer, Heinrich & Fehr, Ulrich & Nutzinger, Hans G. (1996) Unternehmenskultur und innerbetriebliche Kooperation: Anforderungen und praktische Erfahrungen. Wiesbaden: Gabler.
Bierbrauer, Günter & Falke, Joseph & Giese & Koch & Rodingen (1978). Zugang zum Recht. Bielefeld: Gieseking.
Bitzer, Bernd & Liebsch, Kerstin & Behnert, Annette (2002). Betriebliche Konfliktlösung durch Mediation. Heidelberg: Sauer.
Blankenburg, Erhard & Schönholz, Siegfried unter Mitarbeit von Rogowski, Ralf (1979). Zur Soziologie des Arbeitsgerichtsverfahrens. Die Verrechtlichung von Arbeitskonflikten. Neuwied & Darmstadt: Luchterhand.
Blankenburg, Erhard & Stock, Johannes (1999). Endbericht Sekundäranalyse der Literatur zur außergerichtlichen Streitbeilegung im Auftrag des Bundesministeriums der Justiz. Basel: Prognos AG (n.v. Manuskript).
Breidenbach, Stephan (1995). Mediation. Struktur, Chancen und Risiken von Vermittlung im Konflikt. Köln: Dr. Otto-Schmidt.
Breidenbach, Stephan (1997a). Mediation – Komplementäre Konfliktbehandlung durch Vermittlung. In: Breidenbach & Henssler 1997, 1-12.
Breidenbach, Stephan & Henssler, Martin. (1997b). Mediation für Juristen. Köln: Dr. Otto Schmidt.
Breidenbach, Stephan (1998). Thesen zur Stellung der Mediation im Rechtssystem. In: Vögele, Wolfgang (Hg.) (1998). Mediation – vermitteln, verhandeln – schlichten. Rechtspolitische Chancen kooperativer, vorgerichtlicher Konfliktbearbeitung. Loccumer Protokolle 2/98, S. 82-85.
Breisig, Thomas (1993). Innerbetriebliche Konfliktregulierung durch Beschwerden aus der Belegschaft. Trier (Habilitationsschrift).
Budde, Andrea (1997). Mediation im Bereich betrieblicher Konflikte. In: Gottwald u.a. (Hg.) (1997). Kap. 5.2, 1-8.
Budde, Andrea (1999a) Anmerkung zu LAG Hamburg, Beschluss vom 15.7.1998. In: kon:sens 1999, 113-115.
Budde, Andrea (1999b). Der Umgang mit Machtgefällen in der Mediation. FernUniversität Hagen, Lehrbrief für das Weiterbildungsstudium Mediation, Fachbereich Rechtswissenschaft, (Univ. Prof. Dr. Katharina Gräfin von Schlieffen).
Budde, Andrea (2000a). Mediation im Arbeitsrecht. In: Henssler, Martin & Koch, Ludwig (Hg.). Mediation in der anwaltlichen Praxis. Bonn: Deutscher AnwaltVerlag, 497-533.
Budde, Andrea (2000b). Chancen der Mediation in anwaltlichen Berufsfeldern. In: Zeitschrift für die anwaltliche Praxis, Heft 10, 695-706.
Budde, Andrea (2001a). Konflikt im System – System im Konflikt. Das Modellprojekt

QUAK. Köln: Selbstverlag. Unter Mitarbeit von Hüsch, Hans-Peter, Löning, Annette, Werpers, Katja & Boße, Anke.
Budde, Andrea (2001b). Mediation und Integrierte Konfliktmanagementsysteme. In: Arbeitsrecht im Betrieb, 350-352.
Budde, Andrea (2002). Mediation in Behörden und Verwaltungen. In: Der Personalrat, 157-162.
Büchting, Hans-Ulrich & Heussen, Benno (2001) (Hg.). Beck'sches Rechtsanwalts-Handbuch 2001/2002. München: C.H. Beck.
Bühl, Walter L.(1972) (Hg.). Konflikt und Konfliktstrategie. Ansätze zu einer soziologischen Konfiktsoziologie. München: Nymphenburger Verlagshandlung.
Bush, Robert A. Baruch & Folger, Joseph P. (1994). The Promise of Mediation. San Francisco: Jossey-Bass.
Cavanagh, Thomas D. (2000). Business Dispute Resolution – Best Practice, System Design & Case Management. Kanada: West.
Costantino, Cathy. A. & Merchant , Christina Sickles. (1996). Designing Conflict Management Systems. San Francisco: Jossey-Bass.
Clarke, Oliver (1997). Dispute Procedures in Western Europe. In: Gleason (Hg.), 157-186.
Cloke, K. & Goldsmith, J. (2000). Resolving conflicts at Work. San Francisco: Jossey-Bass.
Däubler, Wolfgang (1980). Rezension zu: Rainer Erd, Verrechtlichung industrieller Konflikte. In: KJ 1/1980, 107-109.
Däubler, Wolfgang (1995a). Mobbing und Arbeitsrecht. In: BB 1995, 1347 f.
Däubler, Wolfgang & Peter, Gabriele (1995b). Schulung und Fortbildung von betrieblichen Interessenvertretern. § 37 Abs. 6 und 7 BetrVG und andere vergleichbare Vorschriften. 4. Auflage. Köln: Bund.
Däubler, Wolfgang. (1998a). Das Arbeitsrecht 1, Leitfaden für Arbeitnehmer. Hamburg: Rowolth Taschenbuch.
Däubler, Wolfgang (1998b). Das Arbeitsrecht 2. 11. Auflage. Hamburg: Rowolth.
Däubler, Wolfgang (2001a). Die Auswirkungen der Schuldrechtsmodernisierung auf das Arbeitsrecht. In: NZA 2001, 1329-1337.
Däubler, Wolfgang (2001b). Neues Schuldrecht – ein erster Überblick. In: NJW 2001, 3729-3734.
Däubler, Wolfgang, Kittner, Michael & Klebe, Thomas (Hg.) (2002). BetrVG Betriebsverfassungsgesetz – Kommentar für die Praxis. 8. überarb. Auflage. Köln: Bund.
De Dreu, Carsten K.W. (1997). Productive Conflict: The Importance of Conflict Mangament and Conflict Issue. In: De Dreu, Carsten K.W. & van de Vliert, Evert (Hg.). Using Conflicts in Organizations. London: Sage.
De Shazer, Steve (1994).Words Were Originally Magic. London: Norton & Company.
Dendorfer, Renate (2000). Konfliktprävention und Konfliktbewältigung durch unternehmensinterne Mediation – KonfliktManagementSystem. In: FA Spezial 9/ 2000, Sonderheft. S. 12-17.
Dendorfer, Renate (2001b.). Ja gerne – ein Slogan wird zur Unternehmensphilosophie. In: ZKM 2001, 167-176

Deutsch, Morton (1976). Konfliktregelung: konstruktive und destruktive Prozesse. München & Basel: E. Reinhardt.
Deutsch, Morton & Coleman, Peter T. (Hg.). The Handbook of Conflict Resolution. San Francisco: Jossey-Bass.
Dieter, Anne, Montada, Leo & Schulze, Annedore. (Hg.) (2000): Gerechtigkeit im Konfliktmanagement und in der Mediation. Frankfurt/M.: Campus.
Dieterich, Thomas & Hanau, Peter & Schaub, Günter (2001) (Hg.). Erfurter Kommentar zum Arbeitsrecht. München: C.H. Beck.
DKK (2002). Däubler & Kittner & Klebe (Hg.).
Dötsch, Jochen (2002). EU-Richtlinie aktualisiert. In: AuA 2002, 505-508. EU-Gleichbehandlungsrichtlinie.
Domnick, Hans, Harms, Regina & Neuffer, Manfred (1996). Mediation löst betriebliche Konflikte. In: Arbeitgeber 13, 1996, 438-441.
Doppler, Klaus & Lauterburg, Christoph (1997). Change Management: Den Unternehmenswandel gestalten. Frankfurt/M.: Campus.
Draft Guidelines for the Design of integrated conflict management systems within organizations 2000 der American Bar Association: *www.abanet.org*.
Dütz, Wilhelm (1978). Die Beilegung von Arbeitsstreitigkeiten in der Bundesrepublik Deutschland. In: RdA, 291-303.
Dunlop Report, Report to the Chairman, Subcommittee on Civil Service, Committee on government reform and Oversight, House of Representatives, August 1997, GAO/GGD-97-157, ADR in the Workplace.
Dunlop, John & Zack, Arnold (1997). Mediation and Arbitration of Employment Disputes. San Francisco. Jossey-Bass.
Duve, Christian (1999). Mediation und Vergleich im Prozeß. Eine Darstellung am Beispiel des Special Master in den USA. Köln: Dr. Otto Schmidt.
Edelmann, L. & Lande, J. & Lande, J. (2000). Internal Dispute Resolution: The Transformation of Civil Rights in the Workplace. In: Law & Society Review, Vol. 27, No. 3, S. 497-534.
Eidenmüller, Horst (1997). Ökonomische und spieltheoretische Grundlagen von Verhandlung/ Mediation. In: Breidenbach & Henssler (1997), 31-56.
Eidenmüller, Horst (2001). Vertrags- und Verfahrensrecht der Wirtschaftsmediation. Köln: Dr. Otto Schmidt.
ErfKomm (2001). Dieterich & Hanau & Schaub (Hg.)
Eyer, Eckart & Redmann, Britta (1999). Wirtschaftsmediation als Alternative zu Stillstand und Einigungsstelle. In: Zeitschrift für Human Resource Management 12/ 1999, 618-622.
Eyer, Eckart, Redmann, Britta & Webers, Thomas. (2000). Wirtschaftsmediation – ein erfolgreicher Weg zu tragfähigen und zukunftweisenden Betriebsvereinbarungen. In: REFA-Nachrichten. 2/2000.
Eyer, Eckart (2001) (Hg). Report Wirtschaftsmediation. Düsseldorf: Symposion.
Falke, Josef, Höland, Armin, Rohde, Barbara & Zimmermann, Gabriele (1981). Kündigungspraxis und Kündigungsschutz in der Bundesrepublik Deutschland. Eine empirische Untersuchung im Auftrag des Bundesministers für Arbeit und Sozialord-

nung. 2 Bde. Bonn: Forschungsbericht Arbeitsrecht 47, Bundesminister für Arbeit und Sozialordnung.
Falke, Josef & Gessner, Volkmar (1982). Konfliktnähe als Maßstab für gerichtliche und außergerichtliche Streitbehandlung. In: Blankenburg, Edwald, Gottwald, Walther & Strempel, Dieter (Hg.). Alternativen in der Ziviljustiz – Berichte, Analysen, Perspektiven. Köln: Bundesanzeiger.
Feliu, A. (1987). Legal Consequences of Nonunion Dispute Resolution Systems. In: Employee Relations Law Journal. Vol. 13, No. 1. 83-103.
Feuerich, Wilhelm & Baun, Anton (2000). Bundesrechtsanwaltsordnung. 5. Auflage. München: Beck.
Fietkau, Hans-Joachim (2000). Psychologie der Mediation. Lernchancen, Gruppenprozesse und Überwindung von Denkblockaden in der Umweltmediation. Berlin: Ed. Sigma.
Fischer, Ulrich. (2000). Einigungsstellenvorsitz – quasi richterliche oder Mediationstätigkeit sui generis? In: DB 4/2000, 217-221.
Fischer, Bertram (1992). Die Schiedsstellen für Arbeitsrecht in den neuen Bundesländern: Rechtliche und empirische Analyse eines Übergangsphänomens. Bremen: Zentrum für Europäische Rechtspolitik (ZERP), Diskussionspapier 2/92.
Fisher, Roger, Ury, William L. & Patton, Bruce (1990). Das Harvard Konzept. Sachgerecht verhandeln. Erfolgreich verhandeln. 9. Auflage. Frankfurt & New York: Campus.
Fitting, Karl (2002) (Hg.). Betriebsverfassungsgesetz: Handkommentar. 21. neubearb. Auflage hg. v. Kaiser, Heinrich. München: Vahlen.
Foerster, Heinz von (1994). Das Konstruieren einer Wirklichkeit. In: Watzlawick, Paul (Hg.).
Folberg, J. & Taylor, A. (1984). Mediation. A Comprehensive Guide to Resolving Conflicts Without Litigation. San Francisco. Washington. London: Jossey-Bass 1984.
Forschungsgruppe Mediation im Betrieb. Fachhochschule Hamburg (Hg.) (1999). Konflikte im Arbeitsleben. Mediation – ein Konzept zur Konfliktvermittlung in Unternehmen, Betrieben, Verwaltungen, Behörden, Organisationen und Verbänden. Hamburg.
French, Wendell L., Bell jr., Cecil H. (1994). Organisationsentwicklung. Sozialwissenschaftliche Strategien zur Organisationsentwicklung. Bern, Stuttgart, Wien: UTB.
Gadlin, Howard (2000). The Ombudsman: What's in a name? In: Negotiation Journal. Vol. 16, Number 1, January 2000, S. 37-46.
GAO-Report (2001). United States General Accounting Office (Hg.). Human Capital. The Role of Ombudsmen in Dispute Resolution. GAO-01-466. www.gao.gov.
Germelmann, Claas-Hinrich, Matthes, Hans-Christoph, Müller-Glöge, Rudi & Prütting, Hanns (2002). Arbeitsgerichtsgesetz. Kommentar. 4. neubearbeitete Auflage. München: Beck.
Gessner, Volkmar (1976). Recht und Konflikt: Eine soziologische Untersuchung privatrechtlicher Konflikte in Mexiko. Tübingen: Mohr.
Geyr, Marco (2000). Der Kündigungsschutz von Arbeitnehmern durch Willkür- und Diskriminierungsverbote im deutschen und amerikanischen Arbeitsrecht. Frankfurt u.a.: Lang.

Glasersfeld, Ernst von (1994). Einführung in den radikalen Konstruktivismus. In: Watzlawick 1994.
Glasl, Friedrich (1997). Konfliktmanagement. Ein Handbuch für Führungskräfte, Beraterinnen und Berater. 5. Auflage. Bern: Haupt.
Gleason, Sandra (ed) (1997a). Workplace dispute Resolution: Directions for the Twenty-First Century. East Lansig.
Goldberg, Stephen B., Sander, Frank E.A. & Rogers, Nancy (1992). Dispute Resolution. Negotiation, Mediation, and Other Processes. Boston, Toronto, London: Little, Brown & Company.
Goldberg, Stephen, Sanders, Frank & Rogers, Nancy (1995). Dispute Resolution. 1995 Supplement. Boston, New York, Toronto & London: Little, Brown & Company.
Goll, Ulrich (2002). Wie viel Freiheit benötigt, wie viel Zwang verträgt die Mediation? In: ZKM 2002, 144-148.
Gottwald, Walther (1981). Streitbeilegung ohne Urteil. Tübingen: Mohr.
Gottwald, Walther & Strempel, Dieter (Hg) (1995). Streitschlichtung: rechtsvergleichende Beiträge zur außergerichtlichen Streitbeilegung. Köln: Bundesanzeiger.
Gottwald, Walther, Strempel, Dieter, Beckedorff, Rainer F. & Linke, Udo (Hg.) (Loseblatt Standardwerk 1997). Außergerichtliche Konfliktregelung. AKR-Handbuch. Köln: Luchterhand.
Gottwald, Walther (1999). Verrechtlichung der Mediation. Steckt eine Profession ihre Claims ab? In: kon:sens 1999, 331-334.
Gottwald, Walther (2000). Alternative Streitbehandlungsformen: Erprobungsspielräume für gerichtsverbundene Modellversuche. In: Anwaltsblatt 5/ 2000, 265-273.
Groth, Klaus-Martin & Bubnoff, v. Daniela (2001). Gibt es "gerichtsfeste" Vertraulichkeit bei der Mediation? In: NJW 2001, 338-342.
Grotmann-Höfling, Günter (1995). Strukturanalyse des arbeitsgerichtlichen Rechtsschutzes, Frankfurt/M. 1995.
Grotmann-Höfling, Günter (1999). Die Arbeitsgerichtsbarkeit 1998 im Lichte der Statistik. In: Arbeit und Recht 9/1999, 335-337.
Groß, Anne (2002). Die südafrikanische Commission for Conciliation, Mediation and Arbitration. Frankfurt/M., Berlin, Bern, New York, Paris & Wien: Peter Lang.
Grünbuch ADR (2002). Vgl. Kommission der Europäischen Gemeinschaft (Hg.) (2002). Grunwald Wolfgang & Redel Wolfgang. (1988). Konflikte in Betrieben. Theoretische, empirische, methodische Aspekte. In: Die Unternehmung 42, 137-154.
Habermas, Jürgen (1995). Theorie des kommunikativen Handelns. Bd. 1.: Handlungsrationalität und gesellschaftliche Rationalisierung. Bd. 2: Zur Kritik der funktionalen Vernunft. Frankfurt/M.: Suhrkamp.
Haft, Frietjof (1992). Verhandeln – Die Alternative zum Rechtsstreit. München: C.H. Beck.
Haft, Frietjof & Schlieffen, Katharina Gräfin von (Hg.) (2002). Handbuch Mediation. München: Beck.
Hage, Marion & Heilmann, Günther (1997). Perspektiven für betriebliche Konfliktbewältigung. In: AuA, Heft 10, 339-342.

Hage, Marion & Heilmann, Günther (2000). Betriebliche Konfliktlösung – Alternative zur Justiz. In AuA, Heft 1, 26.
Hage, Marion (2001). Betriebliche Konflikthandhabung in der DDR und der Bundesrepublik. Qualitative Analyse und rechtspolitische Perspektiven. (Diss.). Hamburg: Verlag Dr. Kovac.
Hagedorn, Ortrud (1995). Konfliktlotsen – Lehrer und Schüler lernen die Vermittlung im Konflikt. Stuttgart: Klett Schulbuchverlag.
Hallmen, Bettina (1997). Die Beschwerde des Arbeitnehmers als Instrument innerbetrieblicher Konfliktregelung. Frankfurt/M., Berlin, Bern, New York, Paris & Wien: Peter Lang.
Hartung, Wolfgang & Holl, Thomas (2001). Anwaltliche Berufsordnung. München: Beck.
Hehn, Marcus & Rüssel, Ulrike (2001). Der Mediator – kein Schlichter oder (Schieds-) Richter – Der Versuch einer begrifflichen Klarstellung im sprachlichen Wirrwarr der Mediationsliteratur. In: ZKM 2001, 62-66.
Henssler, Andreas & Koch, Ludwig (Hg.)(2000) Mediation für Juristen. Köln: Dr. Otto Schmidt.
Henssler, Andreas, Prütting, Hanns & Eylmann, Horst (1997). Bundesrechtsanwaltsordnung. München: Beck.
Henssler, Andreas (2002). Mediation und Rechtsberatung. In: Mitteilungsblatt der ARGE Mediation im Deutschen AnwaltVerein 1/ 02.
Hermenau, Cristina. (2000). Die Anwendung von Mediation in der Interessenwahrnehmung von Beschäftigten. In: ZKM, 12-15.
Heß, Burkhard & Sharma, Daniel (2002). Rechtsgrundlagen der Mediation. In: Haft & von Schlieffen 2002, 675-711.
Hoeren, Thomas (1997). Bankenombudsmann. In: Gottwald u.a. (Hg.).
Holtwick-Mainzer, Andrea (1985). Der übermächtige Dritte. Eine rechtsvergleichende Untersuchung über den streitschlichtenden und streitentscheidenden Dritten. Berlin: Duncker & Humblot.
Hommerich, Christoph, Niederländer, Loni & Stock (1993a). Forschungsbericht "Schiedsstellen für Arbeitsrecht in den neuen Bundesländern". Hg. Bundesministerium für Arbeit und Sozialordnung. Bonn.
Hommerich, Christoph, Niederländer, Loni & Stock (1993b). Schiedsstellen für Arbeitsrecht – Erfahrungen und Perspektiven. AuA 6/1993, 175-188.
Hoyningen-Huene, Gerrick von (1987). Streitschlichtung im Betrieb. In: NZA 1987, 577-581.
Hoyningen-Huene, Gerrick von (1991). Belästigungen und Beleidigungen von Arbeitnehmern durch Vorgesetzte. In: BB 1991, 2215- 2221.
Hughes, Paula Ann & Grote, Richard Charles (1993). Peer Review Places Trust With Employees. In: HR Magazine, June 1993, 57-60
Hümmerich, Klaus & Holthausen, Joachim (2002). Der Arbeitnehmer als Verbraucher. In NZA 2002, 173-192.
Hümmerich, Klaus & Spisolke, Matthias (2003). Das arbeitsrechtliche Mandat. Bonn: Deutscher AnwaltVerlag.

Jahns, Christopher (1999). Integratives integriertes Management. Sternefels: Wissenschaft & Praxis.
Jakob, Wolfgang (1993). Arbeitsrechtliche Schlichtung in Deutschland, England und den Vereinigten Staaten von Amerika in Hinblick auf eine Europäische Lösung. Juristische Dissertation: Freie Universität Berlin.
Jansen, Dorothea (1988). Parallelen in Sozial- und Rechtspolitik: Ein Vergleich der Diskussion zur Selbsthilfe und Alternativen zum Recht. In: ZfRSoz 9/1988,1-35.
Jeschke, Barnim G. (1993). Konfliktmanagement und Unternehmenserfolg. Ein situativer Ansatz. Wiesbaden: Gabler.
Jost, Peter-J. (1998). Strategisches Konfliktmanagement in Organisationen. Eine spieltheoretische Einführung. Wiesbaden: Gabler.
Kaiser, G. & Metzger-Pregizer, G. (1976). Betriebsjustiz. Untersuchungen über die soziale Kontrolle abweichenden Verhaltens in Industriebetrieben. Berlin 1976.
Keller, Berndt (1973). Theorien über den Einfluss des Neutralen auf Schlichtungsverhandlungen. Berlin: Duncker & Humblot.
Kerst-Würkner (2001). Das schleichende Gift "Mobbing" und die Gegenarznei. In: AuR 2001, 251-261.
Kieser, Alfred & Hegele, Cornelia (1998). Kommunikation im organisatorischen Wandel. Stuttgart: Schäffer-Pöschel.
Kirchner, Dieter (1966). Vereinbarte Schlichtung und vereinbarte Schiedsgerichtsbarkeit – Abgrenzungsprobleme. In: RdA, 1966, 1-14.
Kittner, Michael & Trittin, Wolfgang (1995). Kündigungsschutzrecht. Kommentar für die Praxis zum Kündigungsschutzgesetz und zu den anderen Kündigungsvorschriften. 2. Auflage. Köln: Bund.
Kittner, Michael & Pieper, Ralf (2000). Arbeitsschutzgesetz. Basiskommentar. Frankfurt/M.: Bund.
Kittner, Michael, Däubler, Wolfgang & Zwanziger, Bertram (2001). Kündigungsschutzrecht. Frankfurt: Bund.
Klebe, Thomas, Wedde, Peter & Wolmerath, Martin (Hg.). Recht und soziale Arbeitswelt – Festschrift für Wolfgang Däubler. Frankfurt/M: Bund.
Knevels, Peter (1988). Das Schlichtungswesen in der Bundesrepublik – Instrument der Tarifpolitik, Möglichkeiten und Grenzen. In: Zeitschrift für Tarifrecht 11/1988, 408-415.
Koch, Ludwig (2000). Vertragsgestaltungen in der Mediation. In: Henssler & Koch 2002, 245-270.
Kölner Verhandlungs- und Mediationstage (1997). 5./6.12.1997 (n.v. Tagungsunterlagen).
Königsbauer, Gerhard (1971). Freiwillige Schlichtung und tarifliche Schieds-gerichtsbarkeit. Stuttgart: Gustav Fischer.
Kolb, Deborah & Putnam, Linda L. (1991). The Multiple Faces of Conflict in Organizations. Cambridge, Mass.: Program on Negotiation Harvard Law School Working Paper Series 91-98.
Kolb, Deborah & Sheppard, B.H. (1985). Do managers mediate or even arbitrate? In: NegJ, 1. Jg. 1985, Heft 4, 379-388.

Kolb, Deborah (Hg.) (1993). When Talk Works. Profiles of Mediators. San Francisco: Jossey-Bass.
Kolb, Deborah (1989). Labor Mediators, Managers, and Ombudsmen: Roles Mediators Play in Different Contexts. In: Kressel, Kenneth & Pruitt, Dean G. (Hg.) (1989). Mediation Research. The Process and Effectiveness of third-Party Intervention. San Francisco & London: Jossey-Bass.
Kollmannsperger, Martina (2001). Erfolgskriterien des Konfliktmanagements. Frankfurt/M.: Peter Lang. (Diss.).
Kommission der Europäischen Gemeinschaft (Hg.) (2002). Grünbuch über alternative Verfahren zur Streitbeilegung im Zivil- und Handelsrecht. Vorlage der Kommission. (=Grünbuch ADR). KOM (2002) 196 endgültig v. 19.4.2002.
Kotthoff, Hermann (1994). Betriebsräte und Bürgerstatus. Wandel und Kontinuität betrieblicher Mitbestimmung. München: Hampp.
Krapp, Thea (1995a). Zivilrechtliche Schlichtung an japanischen Gerichten. In: Gottwald, Walther & Strempel, Dieter (1995). Streitschlichtung. Rechtsvergleichende Beiträge zur außergerichtlichen Streitbeilegung. Bonn: Bundesanzeiger, 77-84.
Krapp, Thea (1995b). Schlichtung in der Republik China (Taiwan). In: Gottwald, Walther & Strempel, Dieter (1995). Streitschlichtung. Rechtsvergleichende Beiträge zur außergerichtlichen Streitbeilegung. Bonn: Bundesanzeiger, 85-94.
Kressel, Kenneth & Pruitt, Dean G. (Hg.) (1989). Mediation Research. San Francisco & London: Jossey-Bass.
Kressel, Kenneth (2000). Mediation. In: Deutsch, Morton & Coleman, Peter T. (Hg.). The Handbook of Conflict Resolution, 522-545.
KSchR (2001). Kittner & Däubler & Zwanziger. 5. Auflage.
Kuhn, James W. (1961). Bargaining in grievance settlement. The power of industrial work groups. New York & London.
Külp, Bernhard (1972). Der Einfluss von Verlauf und Schlichtungsformen auf Verlauf und Ergebnis von Tarif- und Schlichtungsverhandlungen. Berlin: Duncker & Humblot.
Küttner, Wolfdieter (Hg.). Personalbuch 2001. München: Beck.
Lembke, Mark (2000). Staatliche Schlichtung in Arbeitsstreitigkeiten nach dem Kontrollratsgesetz Nr. 35 – Relikt der Besatzungszeit oder Modell für Mediation im Arbeitsrecht? RdA 2000, 223 ff.
Lembke, Mark (2001). Mediation im Arbeitsrecht. Heidelberg: Recht und Wirtschaft.
Lembke, Mark (2002). Innerbetriebliche Streitigkeiten – Mediation im Rahmen des Beschwerdeverfahrens nach §§ 84 bis 86 BetrVG. In: ZKM 2002, 111-116.
Lenz, Cristina & Müller, Andreas (1999). Business mediation – Einigung ohne Gericht – Geschäftsbeziehungen erhalten, Konflikte lösen, Gerichtskosten sparen. Landsberg/Lech: Moderne Industrie.
Lipsky, David B. & Seeber, Ronald R. (1998). The Appropriate Resolution of Corporate disputes: A report on the growing use of ADR by U.S. corporations. Cornell.
Luhmann, Niklas (1988). Soziale Systeme. Frankfurt/M.: Suhrkamp.
Luhmann, Niklas (1993). Legitimation durch Verfahren. 3. Auflage. Frankfurt/M.: Suhrkamp.

Lytle, Anne L., Brett, Jeanne M. & Shapiro Debra L. (1999). The Strategic Use of Interests. Rights and Power to Resolve Disputes. In: Negotiation Journal 1999, 31-51.
Mähler, Gisela & Mähler, Hans-Georg (1997a). Außergerichtliche Beratung und Vertretung. In: Beck'sches Rechtsanwaltshandbuch.
Mähler, Gisela & Mähler, Hans-Georg (1997b). Streitschlichtung – Anwaltssache, hier: Mediation. In: NJW 1997, 1262-1266.
Mähler, Gisela & Mähler, Hans-Georg (2000). Gerechtigkeit in der Mediation. In: Dieter, Anne, Montada, Leo & Schulze, Annedore (Hg.). Gerechtigkeit im Konfliktmanagement und in der Mediation. Frankfurt/M.: Campus.
Mähler, Gisela & Mähler, Hans-Georg (2001a). Mißbrauch von in der Mediation erlangten Informationen. In: ZKM 2000, 4-10.
Mähler, Gisela & Mähler, Hans-Georg (2001b). Mediation. In: Beck'sches Rechtsanwalts-Handbuch 2001/2002, 1185-1215.
Maggiolo, Walter A. (1985). Techniques of Mediation. New York, London & Rome: Oceana Publications.
Mastenbroek, Willem F.G. (1993). Conflict management and Organization Development. Chichester: John Wiley & Sons.
Matthies, Hildegard, Mückenberger, Ulrich, Offe, Claus, Peter, Edgar & Raasch, Sibylle (1994). Arbeit 2000. Anforderungen an eine Neugestaltung der Arbeitswelt – Eine Studie der Hans-Böckler-Stiftung. Reinbek bei Hamburg: rororo.
Maturana, Humberto R. & Varela, Francisco, J. (1987). Der Baum der Erkenntnis. Bern-München: Goldmann.
Mc Dermott, E. Patrick & Berkeley, Arthur Eliot (1996). Alternative Dispute Resolution In The Workplace. Concepts and Techniques for Human Resource Ecxecutives and Their Counsel. Westport, Ct: Quorum Books.
Meschkutat, Bärbel, Stackelbeck, Martina & Langenhoff, Georg (2002). Der Mobbing-Report – eine Repräsentativstudie für die Bundesrepublik Deutschland. Dortmund, Berlin: Wirtschaftsverlag NW.
Ministerium für Arbeit und Soziales, Qualifikation und Technologie des Landes NRW (Hg.) (2001). Arbeitswelt NRW 2000. Belastungsfaktoren – Bewältigungsformen – Arbeitszufriedenheit. (Broschüre).
Minssen, Heiner (1999). Von der Hierarchie zum Diskurs. Die Zumutungen der Selbstregulation. München & Mering: Hampp.
Mnookin, Robert H. & Kornhauser, Lewis (1979). Bargaining in the Shadow of the Law: The Case of Divorce. In: Yale Law Journal, 950 ff.
Montada, Leo & Kals, Elisabeth (2001). Mediation. Ein Lehrbuch für Psychologen und Juristen. Weinheim: Beltz PVU.
Moore, Christopher (1996). The Mediation Process. Practical Strategies for Resolving Conflict. 2nd ed. San Francisco: Jossey-Bass.
Moritz, Klaus (1987). Das französische Arbeitsgericht: Gerichtsverfassung und Verfahrensrealität eines Laiengerichts. Berlin: Duncker & Humblot.
Mückenberger, Ulrich (1993). Auf dem Weg zu einem post-fordistischen Arbeitsrecht. Das System rechtlicher Regulierung im Betrieb unter Veränderungsdruck. In: Müller-Jentsch (1999), S. 203-228.

Müller-Jentsch, Walther (Hg.) (1999). Konfliktpartnerschaft: Akteure und Institutionen der industriellen Beziehungen. 3. Auflage. München: Merin: Hampp.
Nader, Laura (1979). Disputing Without the Force of Law. In: Yale Law Journal 88, 998-1021.
Neuffer, Manfred (Hg.) (1998). Konflikte im Arbeitsleben. Mediation – ein Konzept zur Konfliktvermittlung in Unternehmen, Betrieben, Verwaltungen, Behörden, Organisationen und Verbänden. Dokumentation der Vortragsreihe im WS 1998/99
Nickel, Rainer (2001). Handlungsaufträge zur Bekämpfung von ethnischen Diskriminierungen in der neuen Gleichbehandlungsrichtlinie 2000/43/EG. In: NJW 2001, 2668-2671.
Niederländer, Loni (1995). Schieds- und Schlichtungsstellen in der ehemaligen DDR. In: Gottwald & Strempel (Hg.) (1995). Streitschlichtung: Rechtsvergleichende Beiträge zur außergerichtlichen Streitbeilegung.
Nothdurft, Werner (Hg.) (1995). Streit schlichten. Gesprächsanalytische Untersuchungen zu institutionellen Formen konsensueller Konfliktregelung. Berlin & New York: de Gruyter.
Oechsler, Walter A. & Schönfeld, Thorleif (1989). Die Einigungsstelle als Konfliktlösungsmechanismus. Eine Analyse der Wirkungsweise und Funktionsfähigkeit. Frankfurt/M: Kommentator.
Oppolzer, Alfred (1998). Individuelle Freiheit und kollektive Sicherheit im Arbeitsrecht. In: AuR 1998, 45-55.
Otto, Klaus-Stephan (2002). Offen sein für viele Wege – Konfliktlösung in Unternehmen und Organisationen. In: ZKM 2002, 19-222.
Panse, Wolfgang & Stegmann, W. (1998). Kostenfaktor Angst. Landsberg: Verlag für moderne Industrie.
Ponschab, Reiner & Dendorfer, Renate (2001). Mediation in der Arbeitswelt – eine ökonomisch sinnvolle Perspektive. In: Mediation & Recht, Beilage 2 zu Heft 2 BB 16/2001, 1-8.
Ponschab, Reiner & Dendorfer, Renate (2002). ConflictManagementDesign® im Unternehmen. In: Haft, Frietjof & Schlieffen, Katharina Gräfin von (Hg.), 1022-1053.
Preis, Ulrich (1987). Prinzipien des Kündigungsrechts bei Arbeitsverhältnissen. Eine Untersuchung zum Recht des materiellen Kündigungsschutzes, insbesondere zur Theorie der Kündigungsgründe. München: (Schriften des Instituts für Arbeits- und Wirtschaftsrecht der Universität zu Köln 53) Beck.
Preis, Ulrich (1990). Die verhaltensbedingte Kündigung. In: DB 1990, 630- 634; 685-689.Preis, Ulrich (2001). Kommentierung zu § 611 BGB. In: Dieterich & Hanau & Schaub (Hg.) (=Erfurter Kommentar zum Arbeitsrecht). München: Beck.
Proksch, Roland (1999a).Curriculum einer Mediationsausbildung – Mediation als Kulturinstrument menschlichen Streit- und Konfliktverhaltens. In: Zeitschrift für Mediation, Heft 2, 107.
Proksch, Roland (1999b).Curriculum einer Mediationsausbildung, Lehrbrief 2 – Praktische Einsatzmöglichkeiten von Mediation. In: kon:sens, Heft 4, 229-238.
Prütting, Hanns (1997). Verfahrensrecht und Mediation. In: Breidenbach & Henssler (Hg.), 57-73.

Prütting, Hanns (1999). Streitschlichtung und Mediation im Arbeitsrecht. In: Festschrift für Peter Hanau: Arbeitsrecht und Sozialpartnerschaft. Köln: Dr. Otto Schmidt.
Prütting, Hanns (2002). Mediation im Arbeitsrecht. In: Haft, Frietjof & Schlieffen, Katharina Gräfin von (Hg.). Handbuch Mediation, 950-966.
Pulte, Peter (1992). Betriebsbeauftragte in der gewerblichen Wirtschaft. Köln: Datakontext.
Pünnel, & Isenhardt (1997). Die Einigungsstelle des BetrVG 1972, 4. Auflage. Neuwied, Frankfurt: Luchterhand.
Quiring, Andreas (1994). Die rechtliche Absicherung der Unternehmensberatung. Kissing: Recht und Praxis.
Rahim, M. Afzalur (1992). Managing Conflict in Organizations. 2nd ed. Westport: Praeger. Rahim, M.A. & Bonoma, T.V. (1979). Managing Organizational Conflict: A model for diagnosis and intervention. Psychological Reports, 44, 1323-1344.
Raider, Ellen & Coleman, Susan & Gerson, Janet (2000). In: Deutsch & Coleman, 499-521.
Redmann, Britta (2000). Mediation – Erfolgreiche Alternative zur Einigungsstelle. In: Fachanwalt für Arbeitsrecht, 3/2000, 76-79.
Reitemeier, Jürgen (2001). Mediation und Streitschlichtung. Kissing: Weka.
Richardi, Reinhard (1992). Arbeitsrecht in der Kirche. 2. Auflage. München: C.H. Beck.
Richardi, Reinhard (1998). Betriebsverfassungsgesetz - Kommentar. 7. Auflage mit Ergänzungslieferung (April 2000). München: Beck.
Richter, Achim & Brüggemann, Markus (2002). Muss der Chef Arbeitnehmer vor Entlassung anhören? In: AuA 2002, 300-304.
Rieble, Volker (1993). Die tarifliche Schlichtungsstelle nach § 76 Abs. 8 BetrVG. In: RdA 1993, 140-153.
Rowe, Mary (1987). The Corporate Ombudsman: An Overview and Analysis. In: Negotiation Journal April 1987, S. 127-140.
Rowe, Mary (1991). The Ombudsman's Role in a Dispute Resolution System. In: Negotiation Journal, October, 353-362.
Rowe, Mary (1997a). Dispute Resolution in the Non-union Environment: An Evolution Toward Integrated Systems for Conflict Management? In: S. Gleason (ed.) (1997). Frontiers in Dispute Resolution in Labor Relations and Human Resources, 79-106.
Rowe, Mary (1997b). An effective, integrated complaint resolution system. In: Sandler, B. & Shoop, R. (ed.) (1997): Sexual Harrassment on Campus. New York: Allyn and Bacon.
Ruberg, Bernd (2002). Mobbing: Überlegungen zu Interventionsmitteln der Arbeitsgerichte, wenn statt der Sache die Person "erledigt" werden soll. In: AuR 2002, 201-207.
Rubin, Jeffrey, Pruitt, Dean G. & Kim, Sung Hee (1994). Social Conflict: Escalation, Stalemate and Settlement. 2. Auflage. New York: McGraw-Hill.
Sander, Frank & Goldberg, Stephen (1994). Fitting the forum to the fuss: A user-friendly guide to selecting an ADR procedure. In: Negotiation Journal 1994. In: Goldberg, Sanders & Rogers (1995).
Sander, Frank E.A. (1997a). Dispute Resolution within and outside the Courts – An Overview of the US Experience. In: Gottwald & Strempel (997), S. 19-29. Deutsche

Übersetzung, S. 1-42. Gerichtliche und außergerichtliche Streitbeilegung. Überblick über die Erfahrungen in den USA.
Sander, Frank E.A. (1997b). Das Multi-Door-Courthouse. In: Gottwald & Strempel (1997, Loseblatt). Handbuch zur Außergerichtlichen Konfliktregelung.
Schein, Edgar H. (1998). Organisationsentwicklung und die Organisation der Zukunft. In: Organisationsentwicklung , 40-49.
Schein, Edgar H. (2000). Prozessberatung für die Organisation der Zukunft. Köln: Ed. Humanistische Psychologie.
Schelling, Thomas (1997). The Strategy of Conflict. Cambridge & London: Harvard University.
Schettgen, Peter (2000). Der alltägliche Kampf in Organisationen. Wiesbaden: Westdeutscher Verlag.
Schiek, Dagmar (1995). Zweites Gleichberechtigungsgesetz für die Privatwirtschaft. Köln: Bund.
Schiek, Dagmar (2002). Unter Mitarbeit von Dieball, Heike, Horstkötter, Inge & Seidel, Lore. Frauengleichstellungsgesetze des Bundes und der Länder. Köln: Bund.
Schliemann, Harald (2000). Die Aufgabe(n) der Schlichtungsstellen der evangelischen Kirchen in Deutschland und ihr(e) Verfahren. In: NZA 2000, 1311-1319.
Schlussbericht des BRAK-Ausschusses Mediation. In: BRAK-Mitt. 5/1996, 186-188.Schönholz, Siegfried (1984). Alternativen im Gerichtsverfahren. Zur Konfliktlösung vor dem Arbeitsgericht unter besonderer Berücksichtigung des Prozessvergleichs. Amsterdam: VU Uitgeverij.
Schneider, Angela (2002). Mediation im gewerblichen Rechtsschutz. Frankfurt/M. u.a. : Lang.
Schönfeld, Thorleif (1988). Grundsätze der Verfahrenshandhabung der Einigungsstelle. In: NZA 1988, 3-10.
Schreyögg, Astrid (2002). Konfliktcoaching. Frankfurt/M. & New York: Campus.
Schröder , Peter (1995). Besser ein magerer Vergleich als ein fetter Prozeß – zur Güteverhandlung im Arbeitsgericht. In: Nothdurft, Werner (Hg) 1995, 134-267.
Schubert (2000). Mediation im Arbeitsrecht und in der Betriebsratsarbeit? In: Arbeitsrecht im Betrieb 9/2000, 524-528.
Schwarz, Gerhard (1997). Konfliktmanagement. 3. ergänzte Auflage. Wiesbaden: Gabler.
Simitis, Spiros (2000). Zur Autonomie des Individuums. In: Klippel, Diethelm & Schwab, Dieter (Hg.). Colloquia für Dieter Schwab zum 65. Geburtstag.
Slaikeu, Karl F. (1996). When push comes to shove. San Francisco: Jossey-Bass.
Slaikeu, Karl F. & Hasson, Ralph. (1998). Controlling the costs of conflict. How to Design a System for Your Organisation. San Francisco: Jossey-Bass.
Söllner, Alfred (1982). Schlichten ist kein Richten. In: ZfA 1982, 1-17.
Stevens-Bartol, Eckart (1997): Mediation im Arbeitsrecht? In: Breidenbach & Henssler (1997) (Hg.), 141-145.
Stiebel, David (2002). Die Taktik des Streitens. Reinbek: Rowohlt.
Stitt, Allan J. (1998). Alternative Dispute Resolution for Organizations. How to design a system for effective conflict resolution. Toronto: Wiley.

Stückemann, Wolfgang (2000). Chance für die Anwaltschaft: Wirtschaftsmediation in der Arbeitswelt. In: FA 9/2000 Sonderausgabe, S.5-8;
Teubner, Gunther (1982). Recht als autopoietisches System. Frankfurt/M.: Suhrkamp.
Thüsing, Gregor (2001). Die Umsetzungserfordernisse auf Grund der Richtlinie 2000/78/EG und 2000/43/EG. In: NZA 2001, 1061-1064.
Troja, Markus (2001).Umweltkonfliktmanagement und Demokratie – Zur Legitimation kooperativer Konfliktregelungsverfahren in der Umweltpolitik. Köln: Centrale für Mediation. (Diss.).
Ury, William L., Brett Jeanne M. & Goldberg, Stephen B. (1996). Konfliktmanagement. Frankfurt: Heyne Campus.
Vogel, F.-K. (1999). Die Bühnenschiedsgerichtsbarkeit - ein Modell für Tarifvertragsgerichte zur arbeitsrechtlichen Streitbeilegung? In : NZA 1999, 26 ff.
Vogelsang, Lars (1997). Zum Umgang mir Tätlichkeiten im Betrieb: eine Untersuchung der Rechtsprechung und der betrieblichen Konfliktverarbeitung mit Vorschlägen für die Praxis. Berlin: Berlin.
Voigt, Rüdiger (Hg.) (1980). Verrechtlichung. Analysen zu Funktion und Wirkung von Parlamentarisierung, Bürokratisierung und Justizialisierung sozialer, politischer und ökonomischer Prozesse. Königstein/Ts.: Athenäum.
Wagner, Volkmar (2000). Mediationsklauseln in Allgemeinen Geschäftsbedingungen. In: BB 2000 Supplement Mediation & Recht, 30-32.
Wahsner, Roderich (1999). Japans Gewerkschaften – politisch zersplittert, konservativ und unternehmensnah? In: Klebe, Wedde & Wolmerath (Hg.) (1999), 1-18..
Wahsner, Roderich (2000). Arbeitsrecht und ArbeitnehmerInnen. In: Wahsner, Roderich, Horstkötter, Inge & Bögenhold, Dieter (2000). Arbeit und Recht in Klein- und Mittelbetrieben. Frankfurt/M.: Bund.
Wahsner, Roderich, Horstkötter, Inge & Bögenhold, Dieter (2000). Arbeit und Recht in Klein- und Mittelbetrieben. Frankfurt/M. Bund-Verlag.
Wahsner, Roderich (2002). Yoga – Lebensphilosophie und Erfahrungswissenschaft. Frankfurt/M., Berlin, Bern, Bruxelles, New York, Oxford & Wien: Peter Lang.
Wasilewki, Rainer (1990). Streitverhütung durch Rechtsanwälte. Empirische Untersuchung von Umfang, Struktur und Bedingungen außergerichtlicher Beilegung, zivilrechtlicher Streitigkeiten durch Rechtsanwälte. Eine Studie des Instituts für Freie Berufe an der Friedrich-Alexander-Universität Erlangen-Nürnberg im Auftrag des Bundesministers der Justiz und der Bundesrechtsanwaltskammer. Köln: Bundesanzeiger. Essen: Deutscher Anwaltverlag.
Watzlawick, Paul (Hg.) (1994). Die erfundene Wirklichkeit. Wie wissen, wir, was wir zu wissen glauben? Beiträge zum Konstruktivismus, 8. Auflage. München, Zürich: Piper.
Weber, Max (1976). Wirtschaft und Gesellschaft. Grundriss der verstehenden Soziologie. Tübingen: Mohr.
Weisbord, Marvin (1987). Productive Workplaces: Organizing and managing for Dignity, Meaning and Community. San Francisco: Jossey-Bass.
Wendeling-Schröder, Ulrike (2001). Individuum und Kollektiv in der neuen Betriebsverfassung. In: NZA , 357-361.
Wesel, Uwe (2001). Risiko Rechtsanwalt. München: Karl Blessing.Wittschier, Bernd M.

(1999). Konflixt und zugenäht. Wiesbaden: Gabler.
Wittschier, Bernd M. (2000). Konfliktzünder Zeit. Wirtschaftsmediation in der Praxis. Wiesbaden: Gabler.
Wolmerath, Martin (2001a). Mobbing im Betrieb. Rechtsansprüche und deren Durchsetzbarkeit. Baden-Baden: Nomos.
Wolmerath, Martin (2001b). Die Mitbestimmung des Betriebs- und Personalrats bei psychosozialen Belastungen am Arbeitsplatz. In: AuR 2001, 416-419.
Wrede, Beatrice (2002). Möglichkeiten und Chancen der Mediation bei der Beendigung von Arbeitsverhältnissen. In: ZfA 2002, 455-467.
Zachert, Ulrich (2002). Conciliation, Mediation and Arbitrage Jurisdiction in Germany – National level. Bericht für die Europäische Kommission – Generaldirektion Beschäftigung und Soziale Sicherheit. *www.europa.int*, Stichwort "Mediation".
Zetlin, Minda (1992). A Neutral Third Party. Corporate ombudspeople lend an ear to employees and some stop lawsuits before they start. In: Management Review September 1992, 50-53.
Zilleßen, Horst (2002). Normen – hilfreich oder hinderlich? In: ZKM 2002, 147-148.
Zinsser, John W. (1996). Employment Dispute Resolution Systems: Experience Grows But Some Questions Persist. In: Negotiation Journal 1996, 151-165.
Zöller, Richard & Geimer, Reinhold (2002). Zivilprozessordnung. 23. neubearb. Auflage. Köln: Schmidt.

Ausführliches Inhaltsverzeichnis

OrganisationBeratungMediation

Harald Pühl (Hrsg.):
Mediation in Organisationen
Neue Wege des Konfliktmanagements:
Grundlagen und Praxis
ISBN 3-934391-16-8, 200 Seiten,
Euro 19,95

Beiträge von Andrea Budde, Gerhard Falk, Peter Heintel, Inka Heisig, Peter Knapp, Christa Kolodej, Cristina Lenz, Andreas Novak, Hüseyin Özdemir, Harald Pühl, Alexander Redlich, Karsten Waniorek.
Mediation hat sich als effektives und kostengünstiges Verfahren zur Konfliktvermittlung in Organisationen und Institutionen bewährt. Das zentrale Anliegen der Mediation ist es, allen Beteiligten durch sogenannte "win-win-Lösungen" gerecht zu werden. Mediation ist nicht nur ein humanes Verfahren zur Konfliktregelung, es erspart Reibungsverluste, weil langwierige und teure Rechtsauseinandersetzungen vermieden werden können. Zudem stärken Interessenausgleich und Konsens die Motivation aller Beteiligten.
In diesem Buch zeigen erfahrene Praktiker anhand ihrer konkreten Arbeit Wege auf, wie selbst verhärtete oder aussichtslos erscheinende Konflikte gelöst werden können: z. B. zwischen Betriebsrat und Unternehmensführung, zwischen Führungskräften, in Teams oder bei Mobbing. Auch Möglichkeiten interner Konfliktvermittlung mit Hilfe von Konfliktlotsen in Unternehmen und Schule werden vorgestellt.

UlrichLeutnerVerlag
www.leutner-verlag.de

Organisation**Beratung**Mediation

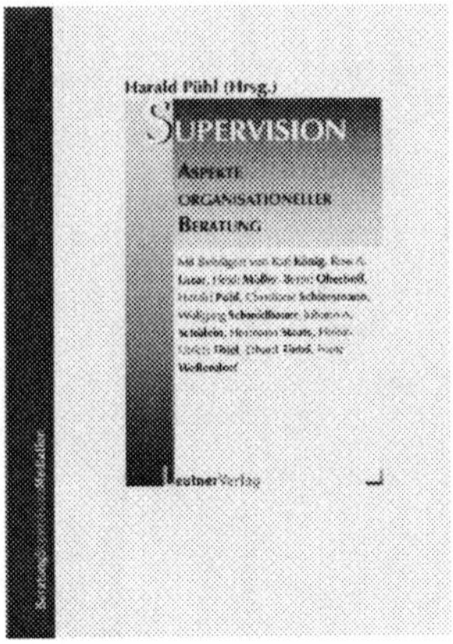

Harald Pühl (Hrsg.)
Supervision -
Aspekte organisationeller Beratung
216 S., Broschur, ISBN 3-934391-11-7,
Euro 19,95

Veränderungsprozesse und Qualitätssicherung in Organisationen zu begleiten und zu unterstützen stellt hohe Anforderungen an Beratung. Hier bietet dieses Buch Praktikern und Theoretikern reiches Material: zur Rolle des Beraters, zum Umgang mit Macht und zum vertieften Verständnis von Organisationsdynamiken. Mit Beiträgen von Karl König, Ross Lazar, Heidi Möller, Bernd Oberhoff, Harald Pühl, Christiane Schiersmann, Wolfgang Schmidbauer, Johann A. Schülein, Hermann Staats, Heinz Ulrich Thiel, Erhard Tietel, Franz Wellendorf.

Ulrich **Leutner** Verlag
www.leutner-verlag.de